A Concept Approach to
•:• —— *Spanish* —— •:•

D0169231

A Concept Approach to
Spanish

Fourth edition

Zenia Sacks Da Silva
Hofstra University

1817

HARPER & ROW, PUBLISHERS, New York
Cambridge, Philadelphia, San Francisco, Washington,
London, Mexico City, São Paulo, Singapore, Sydney

Photo credits *Page 20 top and bottom* © Stuart Cohen / *p. 59* Goldberg, Sygma / *p. 102 top left* © Ellis, Photo Researchers; *top right* © Feldman, Photo Researchers; *center* © 1978, Erika, Photo Researchers; *bottom left and right* Strickler, Monkmeyer / *p. 117 top* © Barnes, The Picture Cube / *p. 131 top* © Stuart Cohen; *bottom* © Siteman, 1983, Taurus / *p. 198 top left* © Franken, Stock, Boston; *top right* © Druskis, 1980, Taurus; *bottom left* © 1986 Peter Menzel; *bottom right* © Beryl Goldberg / *p. 250* Strickler, Monkmeyer / *p. 276* Pavlovsky, Sygma

Sponsoring Editor: Robert Miller/Leslie Berriman
Project Editor: Brigitte Pelner
Text Design: Laura Ferguson
Cover Design: Ron Gross
Cartoons: Susan Detrich
Text Art: Fineline Illustrations, Inc.
Photo Research: Mira Schachne
Production Manager: Jeanie Berke
Production Assistant: Brenda DeMartini
Compositor: Ruttle, Shaw & Wetherill, Inc.
Printer and Binder: R. R. Donnelly & Sons Company

Da Silva: A Concept Approach to Spanish, Fourth Edition
Copyright © 1987 by Zenia Sacks Da Silva

Library of Congress Cataloging in Publication Data

Da Silva, Zenia Sacks.
  A concept approach to Spanish.

  English and Spanish.
  Includes index.
  1. Spanish language—Textbooks for foreign speakers—
English.   2. Spanish language—Grammar—1950–
I. Title.
PC4129.E5D254   1987   468.2'421   86-26927
ISBN 0-06-041528-2

86 87 88 89 9 8 7 6 5 4 3 2 1

Para Albert, porque . . .

Contents

Preface

Back again! For the fourth time, and with so much new to tell you about.

A Concept Approach to Spanish was originally conceived as an intermediate and advanced manual of Spanish structure. It reorganized the conventional view of grammatical principles, stressing meaning over formula, communication over rote, currency over tradition. It divided each presentation into two parts—first, a recapitulation of basic usage, second, a more profound view, with exception and nuance. And it introduced for the first time adaptations of materials from periodicals and treated them as a source both of reference and discussion. As time went on, we added the experiment of a creative writing workshop, to enlarge the scope, to diversify. And it found its niche, most happily, in a blend of syntax, oral projection and free composition.

But the time has come to reorganize once again, to make the parts flow even more effectively. And so our new format takes this shape:

- The text is divided into five basic sections:
  1. *Momentos de acción:* Five lessons that review and expand upon the tenses of the indicative and the passive voice, together with reading/discussion materials that stress the narrative art.
  2. *Ahí vamos nosotros:* Five lessons that deal with pronouns in their every form, plus extracts that focus on dilemmas we all face.
  3. *La comedia humana:* Four lessons devoted entirely to the subjunctive, and amplified with situations that paint the human frame.
  4. *¿Cómo lo describiremos?:* Five lessons that teach **ser/estar** and the gamut of descriptive words, with activities that put them into play.
  5. *El mundo de hoy:* Five lessons that present articles and particles (including a separate chapter on **por** and **para**), in the context of the world we know today.

I should mention as well that each section opens with a "conversation piece" based on illustration and selected readings. So the stage is set even before the analysis begins.

- Each lesson within the section has an entirely new format:

  A repasar: A quick review of tenses, forms and fundamental uses, with brief conversational extension. For further practice on these "Level I" materials, there are self-correcting exercises, point by point, at the back of the book.

  Adelante: A more profound look into the actual workings of Spanish in use—the "twists" and subtleties that characterize native speech. (Incidentally, those points marked with the symbol ♦ are for recognition only.) Every explanation and exercise has been rethought, reworded. A good number have been enhanced with illustrations. And every "Creación"—ranging from narrative, dialogue and description to correspondence (personal and other), journalism and a touch of humor—stirs the fancy and the imagination.

• The laboratory materials, with their special technique for involving the student in actual conversations, have been newly recorded and reshaped. The *Student's Tape Manual* adds vocabulary expansion activities. And for the first time, we offer with this program an *Instructor's Manual* that includes not only course plans and applications but the full scripts of the tapes.

Of course, not everything is new, because the program has worked so well. The "concept approach" as a philosophy remains intrinsically the same. And the many *Reference Guides,* including the lengthy "What's the difference between . . .?", are still at your command—as am I, should you need my collaboration.

So once again, please accept my appreciation for helping this fourth edition to come about. I am grateful to David H. Darst, Florida State University; Trisha Dvorak, University of Michigan; Joyce Haggerty, Framingham State College; Ross Larson, Carleton University; Carlos H. Monsanto, University of Houston; Orlando Moreno, Central Florida Community College; Karen L. Smith, University of Arizona; Richard V. Teschner, University of Texas at El Paso; Leslie N. Wilson, Florida State University; and to my editors for their care, their suggestions and their expertise. I am indebted as well to those who have believed in the concept approach over the years and who have enhanced it with their own knowledge and zeal. Believe me, ever yours.

ZSD

Parte primera

Momentos de acción

¿Qué vemos aquí?

Ahora díganos: ¿Qué ve Ud. aquí? ¿Dónde cree Ud. que ocurre la acción? (¿En qué país? ¿En qué época?) . . . ¿Quién es la figura principal? ¿Cuántos años de edad cree Ud. que tiene? ¿Cómo es su aspecto físico? ¿Cuál es su profesión u oficio? ¿Qué sabe Ud. de él—de su vida, su familia, sus antecedentes, su educación? ¿Quiénes son los otros personajes que vemos aquí? ¿Qué piensa Ud. que dice el niño? ¿Qué piensa Ud. que va a pasar?

About the present indicative

A. The forms

1. Regular verbs

hablar *(to speak):* hablo, hablas, habla, hablamos, habláis, hablan
comer *(to eat):*   como, comes, come, comemos, coméis, comen
vivir *(to live):*   vivo, vives, vive, vivimos, vivís, viven

In order to keep the written word consistent with pronunciation, Spanish makes some slight spelling changes in the **yo**-form of the present tense:

- Verbs ending in -**ger** or -**gir** change **g** to **j**: **cojo, dirijo**
- Verbs ending in a consonant + **cer** change **c** to **z**: **convenzo**

2. Irregular verbs

ser *(to be):*   soy, eres, es, somos, sois, son
estar *(to be):* estoy, estás, está, estamos, estáis, están
ir *(to go):*   voy, vas, va, vamos, vais, van
dar *(to give):* doy, das, da, damos, dais, dan

tener *(to have):*   tengo, tienes, tiene, tenemos, tenéis, tienen
venir *(to come):*   vengo, vienes, viene, venimos, venís, vienen
decir *(to say, tell):* digo, dices, dice, decimos, decís, dicen
oír *(to hear):*   oigo, oyes, oye, oímos, oís, oyen

3. Irregular yo-forms

hacer *(to make, do):* hago   salir *(to go out, leave):* salgo
poner *(to put):* pongo   valer *(to be worth):* valgo
traer *(to bring):* traigo   caer *(to fall):* caigo
conocer *(to know):* conozco   pro**ducir** *(to produce):* produzco
saber *(to know how, etc.):* sé ver *(to see):* veo

4. Radical- (or stem-) changing verbs

e > ie	o > ue	e > i
cerrar, perder, sentir	mover, contar, dormir	pedir, servir, repetir
cierro	muevo	pido
cierras	mueves	pides
cierra	mueve	pide
cerramos	movemos	pedimos
cerráis	movéis	pedís
cierran	mueven	piden

B. When do we use the present tense?

The present tense in Spanish describes an action that *is happening now* or that occurs *as a general rule*. It has three translations in English:

Fumas demasiado.	*You **smoke** too much.*
	*You **are smoking** too much.*
—Sí. Fumo mucho.	*—Yes. I **do smoke** a lot.*

When we ask a question or add "not," English must use an auxiliary verb (*Is he working?*, *We **do not** need*, etc.). Spanish usually keeps the simple present tense:

¿Trabaja Pepe?	*Does Joe work? Is Joe working?*
No lo necesitamos, ¿verdad?[1])	*We don't need it, do we?*

Interludio personal

*Conteste Ud., o pregunte a sus compañeros de clase. (Claro está, Ud. puede hablarles en la forma de **tú** o de **Ud.**)*

1. Hola. ¿Cómo está(s)? ¿Cómo se llama? (¿Cómo te llamas?)   2. ¿Vive Ud. (Vives) aquí en la universidad? ¿Dónde viven sus (tus) padres?   3. ¿A qué hora sale(s) normalmente de casa? ¿Y a qué hora vuelve(s)?   4. ¿Cuántas materias estudia(s) este semestre? ¿Cuál es la más interesante? ¿Cuál considera(s) la más útil?   5. ¿Adónde va(s) esta tarde? ¿y este fin de semana? A propósito, ¿trabaja(s) fuera de la universidad?   6. ¿Conoce(s) a muchas personas de países hispánicos? ¿De dónde vienen la mayor parte de sus (tus) amigos?   7. ¿Qué tiene(s) en la mano

---

[1] The corroborating questions *don't you?*, *doesn't he?*, *haven't they?*, etc., are usually translated by ¿no?; the questions *do you?*, *does he?*, *have they?*, etc., by ¿verdad?

en este momento? ¿y en el bolsillo?   8. Hablando de cosas más serias, ¿qué cosas materiales necesitamos todos en esta vida? ¿Qué más necesitamos para ser felices? (¡Pues adelante! . . .)

 ▪▪▪▪▪▪▪▪▪▪ **ADELANTE** ▪▪▪▪▪▪▪▪▪▪

A. The present tense to tell what *has been going on*

1. With **desde** *(since)* . . .

Unlike English, Spanish uses the present tense for an action that *has been going on since* a certain time or date (and still is!):

Estamos casados desde junio.	*We have been married **since** June. (And we still are!)*
La conozco desde 1979.	*I have known her **since** 1979.*

Ahora díganos: 1. ¿Desde cuándo estudia Ud. español?   2. ¿Desde qué año viven Uds. (Ud. y su familia) en su casa actual?   3. Dime, amigo (o amiga): ¿Desde qué hora estás en la universidad hoy?   4. ¿Desde cuándo conoces a tu novio (o novia)?

2. With **hace** . . .

When something *has been going on for* a certain period of time (and still is!), **Hace . . . que** tells us *for how long,* and the following verb is also in the present tense:

Hace seis meses que estamos casados.	*We have been married **for** six months.*
Hace años que la conozco.	*I have known her **for** years.*

♦ Incidentally, if the period of time comes at the *end* of the sentence instead of at the beginning, we use **desde hace** . . .: La conozco desde hace años.

Usando las expresiones siguientes en el tiempo presente, pregunte a sus compañeros de clase si hace mucho tiempo que . . .

asistir a esta escuela . . . vivir en el mismo pueblo (en la misma ciudad) . . . conocer a su mejor amigo o amiga . . . estudiar lenguas extranjeras . . . manejar un carro . . . saber nadar (esquiar, etc.) . . . interesarse por la música (los deportes, el cine, etc.) . . .

¿Ah, sí? Pues, ¿cuánto tiempo hace?

[2] The ♦ symbol is used to call out concepts that are for recognition only.

♦ **3. Using llevar in place of hace . . .**

• To describe a *situation* that has been in existence for some time, we can simply use the present tense of **llevar**, in any person we choose! This is an extremely common way to convey the same idea as Hace . . . que está (vive, es, se halla, etc.):

Llevamos tres días aquí. (Hace tres días que estamos aquí.)	*We have been here for three days.*
¿Cuánto tiempo **llevas** de gerente? —**Llevo** sólo un mes.	*How long have you been manager?* *—I've been for only a month.*

• To describe an *action* that has been going on for some time, **llevar** (+ the period of time) is followed by a present participle:

Llevan meses **trabajando** en eso. (Hace meses que trabajan . . .)	*They have been working on that for months.*

• To describe something that *has not happened for some time*, **llevar** (+ the period of time) is followed by **sin** and an infinitive:

Llevan meses **sin** trabajar.	*They haven't worked for months. (And they're still not working!)*

♦ *¡Es lo mismo!*

*Exprese usando **llevar** en lugar de **hacer** . . .*

Por ejemplo:

¿Cuánto tiempo *hace que* está aquí? Hace años *que* lo buscamos. Hace días *que no* duermo.	**¿Cuánto tiempo lleva aquí?** **Llevamos años buscándolo.** **Llevo días sin dormir.**

1. ¿Cuánto tiempo *hace que estás* en la cama? 2. ¿Cuántas semanas *hace que vivís* en Madrid? 3. ¿*Hace* mucho tiempo *que* canta ópera? 4. *Hace* dos horas *que* los espero. 5. *Hace* horas *que* la llamamos. 6. *Hace* años *que no* vuelve a su casa. 7. *Hace* meses *que no* nos escribe.

B. Two special time expressions: acabar de and soler

1. In the present tense, **acabar de** + an infinitive means *to have just (done something)*:

¿Está Dori? —Sí. Acabo de verla. Acaba de llegar.	*Is Dori in? —Yes. I've just seen her.* *She has just arrived.*

♦ 2. Soler (suelo, sueles . . .) + an infinitive adds the idea of *generally* to the action. For example:

Suele llamar a estas horas.　　　　　*He generally calls around this time.*
No **suelo** trabajar tanto.　　　　　　*I don't usually work so hard.*

　　¿Qué nos dice?:　1. ¿Acaba Ud. de entrar en esta escuela?　2. ¿Acaba de pasar a otra casa su familia?　3. ¿Acaba de casarse algún pariente o amigo suyo? ¿alguna amiga?　4. ¿Acaban Uds. de tener una fiesta aquí en la universidad? 5. ¿Acaba de morir alguna persona famosa?　6. ¿Le acaba de ocurrir algo importante en su vida personal?

　　♦ **Un poco sobre su día:** ¿A qué hora suele Ud. levantarse por la mañana? ¿Suele bañarse por la mañana o por la noche? ¿Suele tomar un desayuno fuerte o ligero? ¿Suele almorzar antes o después de salir de la universidad? Finalmente, ¿suele acostarse antes o después de la medianoche?

♦ C. The graphic present

　　In conversational Spanish, the present tense often appears instead of a future or a past tense to give the action a more immediate, more vivid quality:

Te veo mañana, ¿está bien?　　　　　*I'll see you tomorrow, all right?*
　—Sí. Pero me llamas primero,　　　　　*—Yes. But you'll call me first, won't*
　　¿verdad?　　　　　　　　　　　*you?*
¿Abro la ventana?　　　　　　　　*Shall I open the window?*
　—No. Siento frío.　　　　　　　　*—No. I feel cold.*

English also uses this *graphic present* when narrating an incident in the past:

Ahí estaba yo sentadito y en paz. Y de　　*There I was, sitting down, minding my*
　repente se me acerca el tipo ese, y　　*own business. And suddenly that*
　me coge por la espalda, fuerte,　　　*guy comes over to me and grabs*
　¿entiendes?, y comienza a　　　　　*me from behind, real hard, you*
　pegarme, y dice . . .　　　　　　　*know, and begins to hit me, and*
　　　　　　　　　　　　　　　　says . . .

The present tense can even be used instead of both the subjunctive and the conditional in contrary-to-fact sentences, again for the vivid impact:

Si me ve, me mata.　　　　　　　　*If he saw me, he'd kill me.*
　　　　　　　　　　　　　　　　If he had seen me, he'd have killed
　　　　　　　　　　　　　　　　me.

◆ *Delante de mis ojos*

Exprese de una manera más gráfica, usando el tiempo presente:

1. ¿Cuándo me lo devolverás?   2. Nos veremos esta noche, ¿verdad?   3. ¿Así que saldrán para fines del mes?   4. Sin falta, te los traeré mañana.   5. ¿Nos acompañaréis o no?   6. Era un día cualquiera. No esperábamos a nadie y no teníamos planes para salir siquiera de casa. Pues, ¿saben? A las tres en punto hubo una llamada a la puerta. Yo la abrí y vi a dos hombres armados con pistolas. ¿Juan Ordóñez?, me preguntaron. Y sin poder yo contestar ni nada, me agarraron y me llevaron a un coche que estaba estacionado detrás de la casa. Les digo la verdad, en ese momento, si abriera la boca, me matarían. Así que no dije nada y les dejé hacer todo lo que querían hasta que . . .

Los testigos

Imagínese que ha ocurrido un accidente automovilístico y que varias personas están narrando su versión de lo que pasó. El conductor del primer coche comienza:

«Yo estaba andando despacio, despacito, a 20 kilómetros por hora, no más, cuando de repente veo que otro carro se me está acercando, y a una velocidad tal que . . . » (¿Cómo cree Ud. que seguirá la narración?)

El conductor del segundo coche interrumpe: «¡Caramba! ¿Han oído jamás unas mentiras tan grandes? Déjenme decirles lo que sí ocurrió, de verdad. Yo estaba . . . » (Otra vez, continúe Ud. . . .)

Y tres testigos que presenciaron el accidente ofrecen uno por uno sus propias versiones. ¿Qué dirán? Cuéntenoslo Ud., usando si le conviene el «presente gráfico».

The imperfect and preterite

NARRATIVA

El lunes **amaneció tibio** y sin lluvia. Don Aurelio Escovar, dentista sin título y **buen madrugador**, abrió su **gabinete** a las seis. Sacó de la **vidriera** una **dentadura postiza** montada en el molde de **yeso** y puso sobre la mesa un puñado de instrumentos que ordenó de mayor a menor, como en una exposición. Llevaba una camisa **a rayas**, sin cuello, cerrada arriba con un botón dorado, y los pantalones sostenidos con **cargadores** elásticos. (. . .)

Cuando tuvo las cosas dispuestas sobre la mesa, **rodó la fresa** hacia el **sillón de resortes** y se sentó a **pulir** la dentadura postiza. Parecía no pensar en lo que hacía, pero trabajaba con obstinación, pedaleando en la fresa incluso cuando no se servía de ella. (. . .) La voz **destemplada** de su hijo de once años lo sacó de su abstracción.

—Papá.

—Qué.

—Dice el Alcalde que si le sacas una muela.

—Dile que no estoy.

Estaba puliendo un diente de oro. Lo retiró a la distancia del brazo y lo examinó con los ojos **a medio cerrar**. En la salita de espera volvió a gritar su hijo.

—Dice que sí estás porque te está oyendo.

El dentista siguió examinando el diente. Sólo cuando lo puso en la mesa con los trabajos terminados, dijo:

—Mejor.

Volvió a operar la fresa. De una cajita de cartón donde guardaba las cosas **por hacer**, sacó un puente de varias piezas y empezó a pulir el oro.

—Papá.

—Qué.

—Dice que si no le sacas la muela **te pega un tiro**.

Sin apresurarse, con un movimiento extremadamente tranquilo, dejó de pedalear en la fresa, **la retiró** del sillón y abrió por completo la **gaveta** interior de la mesa. Allí estaba el revólver.

—Bueno—dijo—. Dile que venga a pegármelo.

(Gabriel García Márquez, *Un día de éstos*)

Glosses (right margin):

- amaneció tibio — dawned mild
- buen madrugador / gabinete — early riser / office
- vidriera / dentadura postiza / yeso — glass case / denture / plaster
- a rayas — striped
- cargadores — suspenders
- rodó la fresa / sillón de resortes / pulir — he wheeled the drill / swinging chair / polish
- destemplada — raucous
- Dice el Alcalde que si le sacas una muela — The Mayor says will you pull a tooth for him.
- a medio cerrar — half closed
- Dice que sí estás — He says you *are* in
- por hacer — yet to be done
- te pega un tiro — he'll shoot you
- la retiró — he pushed it away
- gaveta — drawer

Comentarios

¿Reconoció Ud. esta escena? Pues díganos: ¿Qué tiempo hacía aquel día? ¿Cómo estaba vestido don Aurelio? ¿Qué muebles y aparatos había en su gabinete? ¿En qué trabajaba el «dentista» cuando su hijo lo interrumpió? ¿Qué le dijo el niño? ¿Qué contestó su papá? ¿Qué amenaza le hizo entonces el alcalde? ¿Y cómo respondió Escovar?

Ahora use la imaginación y diga otra vez: ¿Qué adjetivos emplearía Ud. para describir el carácter de don Aurelio? (Era un hombre . . .) Finalmente, ¿cómo explica Ud. la enemistad que existía entre el alcalde y el «dentista»? ¿Qué significa para Ud. el título del cuento?

 ◆ ▬▬▬▬▬▬ **A REPASAR** ▬▬▬▬▬▬ ◆

A. Imperfect vs. preterite: An overview

Spanish has two simple past tenses: the imperfect and the preterite. The difference between them can be visualized this way:

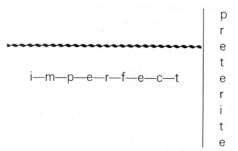

The continuous moving line of the imperfect describes what *was happening* at a certain time or how things *used to be*. It relives a past action in its progress. It paints the background of an event.

The abrupt stroke of the preterite cuts into the past, recording its events as completed units in time, reporting merely that they *took place*. "I came, I saw, I conquered."

B. The imperfect

1. Forms

• Regular

hablar: hablaba, hablabas, hablaba; hablábamos, hablabais, hablaban
comer: comía, comías, comía, comíamos, comíais, comían
vivir: vivía, vivías, etc.

• Irregular

ir: iba, ibas, iba, íbamos, ibais, iban
ser: era, eras, era, éramos, erais, eran
ver: veía, veías, veía, veíamos, veíais, veían

2. Uses

1. It tells what *was happening* at a certain time:

Amanecía y el cielo se tornaba rosado. —¡Ay, qué lindo!	*It was dawning, and the sky was turning pink. —How gorgeous!*
¿Qué hacían? —Sólo hablaban y se reían.	*What were they doing? —They were just talking and laughing.*

2. It recalls what *used to* happen over a period of time:

Buen madrugador, abría su gabinete a las seis. —¿Y a qué hora lo cerraba?	*An early riser, he would (used to) open his office at six. —Then at what time would he close it?*

3. It describes a physical, mental or emotional state in the past:

La casa no era grande, pero era cómoda. Por eso nos gustaba tanto.	*The house wasn't big, but it was comfortable. That's why we liked it so.*
No lo conocían muy bien, pero todos lo respetaban.	*They didn't really know him, but they all respected him.*

4. It tells the time in the past. It sets the stage on which another action was played:

Eran las nueve en punto.	*It was nine o'clock sharp.*
Era la Nochebuena . . .	*'Twas the night before Xmas . . .*
No había nadie en la calle. Parecía que el mundo estaba desierto.	*There was nobody in the street. It seemed that the world was deserted.*

Memorias

Volvamos por un momento hacia atrás. ¿El año? No lo sé. Pero tú tenías sólo diez años de edad, y . . . Dinos:

1. ¿Eras grande o pequeño (pequeña) para tu edad? 2. ¿Con quiénes jugabas más? ¿Tenías muchos amigos? 3. ¿Qué edad tenían entonces tus hermanos? 4. ¿Eran Uds. unos «angelitos» o «diablillos»? ¿Hacían mucho ruido? 5. ¿Les gustaba más jugar dentro de la casa o afuera? (Nos . . .) 6. ¿Qué programas de televisión veían? 7. ¿Qué les gustaba más comer? 8. ¿A qué hora ibas a la escuela? ¿Y cuándo volvías? 9. ¿Cuáles eran tus posesiones favoritas? (¿Las tienes todavía?)

C. The preterite

1. Forms

• Regular

hablar: hablé, hablaste, habló, hablamos, hablasteis, hablaron
comer: comí, comiste, comió, comimos, comisteis, comieron
vivir: viví, viviste, etc.

(After a vowel, -ió, -ieron > -yó, -yeron: cayó, oyó, leyeron)

Again, in order to keep the written word consistent with pronunciation, Spanish makes certain spelling changes in the **yo**-form of the preterite:

• Verbs ending in **-gar** change the **g** to **gu**: llegué
• Verbs ending in **-car** change the **c** to **qu**: saqué
• Verbs ending in **-zar** change the **z** to **c**: comencé

• Irregular patterns

Yo-form ends in unstressed **e**; **Ud.**-form ends in unstressed **o**. The entire conjugation repeats the stem of the **yo**-form:

tuve, tuviste, tuvo, tuvimos, tuvisteis, tuvieron

u stems

tener	**tuve**	estar	**estuve**	haber	**hube**	saber	**supe**
poner	**puse**	andar	**anduve**	poder	**pude**	-ducir	**-duje (-jeron)**

i stems

venir	**vine**	querer	**quise**	decir	**dije (-jeron)**	hacer	**hice . . . hizo**

a stems

traer   **traje**   (contraer, distraer, etc.—Eng. *-tract*)

• ser, ir, dar

ser, ir: fui, fuiste, fue, fuimos, fuisteis, fueron
dar: di, diste, dio, dimos, disteis, dieron

• -ir radical (or stem) changers

(3rd person—e > i; o > u)

pedir: pedí, pediste, pidió, pedimos, pedisteis, pidieron
morir: morí, moriste, murió, morimos, moristeis, murieron

2. Uses

The preterite records, reports, narrates. It views an event as a single completed unit in the past, no matter how long it lasted nor how many times it was repeated:

Anoche fuimos al cine. —¿Qué vieron?	*Last night we went to the movies.* *—What did you see?*
En 1984 nuestro equipo ganó quince partidos.—¿Qué me cuentas?	*In 1984 our team won fifteen games.* *—Go on!*
Pasó el resto de su vida allí.—Pero, ¿por qué?	*He spent the rest of his life there.—But why?*

Obviously, the imperfect and the preterite may appear in the same sentence. Only the meaning of each clause will determine which to use:

Llovía fuerte cuando salimos.   *It was raining hard when we left.*

¿Qué hicieron?

Usando las columnas siguientes, pregunte a sus amigos lo que hicieron ayer, anoche, la semana pasada . . . A ver cómo contestan.

A	B
(María), ¿tú . . . ?	venir a la escuela
Dr(a). . . . , ¿Ud. . . . ?	ir al cine (a un partido, una fiesta . . .)
Chicos, ¿Uds. (vosotros) . . . ?	ver, leer, o oír algo de interés
	hacer algo importante
	preparar una comida buena
	tener mucha suerte
	pedir dinero (o ayuda) a alguien
	perder o encontrar algo
	dormir bien (o mal)
	estar bien (o mal) de salud

Ahora, díganos por lo menos seis cosas que hizo Ud. ayer. Tres cosas que hicieron diversos miembros de su familia. Dos cosas que hicieron sus amigos. Una cosa que hizo su profesor(a) de español.

 ▬▬▬▬▬▬▬▬▬▬▬▬ **ADELANTE** ▬▬▬▬▬▬▬▬▬▬▬▬

A. How using imperfect or preterite changes the meaning

1. Very often, English reveals only by context whether we're reporting a past action as a completed unit or whether we're describing it "en route." In Spanish, the preterite or imperfect always maintains a clear distinction. For example:

I was sick last week.	Estuve enfermo la semana pasada. *(I took sick last week and I recovered.)*
	Estaba enfermo la semana pasada. *(There I was, sick as could be . . . No reference to the beginning or end of the illness.)*
We didn't like his manner of speaking.	No nos gustó su manera de hablar. *(It really struck us wrong at the time.)*
	No nos gustaba su manera de hablar. *(It always annoyed us.)*
He had to study.	Tuvo que estudiar. *(He was obliged to and he did.)*
	Tenía que estudiar. *(At a certain time or as a general rule, he was supposed to study. We don't know whether he did.)*

Notice how a single word or phrase can change the whole tone of a passage:

Last summer *we went to Mexico. We left on June 30 and returned on September 1.*	El verano pasado fuimos a México. Partimos el 30 de junio y regresamos el primero de septiembre.
Every summer *we went (used to, would go) to Mexico. We left on June 30 and returned on September 1.*	Todos los veranos íbamos a México. Partíamos el 30 de junio y regresábamos el primero de septiembre.

¿Qué nos cuenta?

1. ¿Adónde fue Ud. ayer? ¿Con quiénes estuvo? ¿A qué hora regresó a casa?
2. ¿A qué hora se despertó Ud. esta mañana? ¿Se vistió en seguida? ¿Qué tomó de desayuno?   3. ¿Qué tiempo hacía cuando salió de casa hoy? A propósito, ¿hizo mucho frío aquí el año pasado? ¿Nevó mucho?   4. Cuando Uds. eran niños, ¿tenían más amigos que ahora? ¿Eran más felices? ¿Dónde vivía su familia?   5. Hablando entre amigos: Cuando tú asistías a la escuela superior, ¿en qué clase salías mejor? ¿En cuál sales mejor ahora?   6. ¿Qué hacías ayer a estas horas? ¿Estabas muy ocupado (ocupada)? ¿Te sentías triste o contento (contenta)?   7. Y una cosa más: ¿Quién fue elegido en las últimas elecciones presidenciales? ¿Votaron (Votasteis) por él tú y tu familia? En tu opinión, ¿antes vivíamos mejor o peor?

¿Cómo se dice?

1. Marisa told me that she was ready to (**para**) leave and that she was expecting me right away. So I got dressed in five minutes, ate in two, and dashed over (went running) to her house. And when I arrived, there she was, talking on the telephone to a friend and not even dressed! Now do you understand why I got so angry with her?
2. It was a mild day. It wasn't very sunny, but at least it wasn't raining anymore. We got up early and decided to take a ride into the country. Well, everything seemed to go (**andar**) well until suddenly . . . I'll bet you'll never guess what happened.
3. He was wearing a striped shirt without a collar and his pants were held up by elastic suspenders. He took a false tooth out of a box and sat down to polish it. It seemed that he wasn't thinking about what he was doing. He knew that the mayor was waiting for him outside, and he didn't care at all (**en lo más mínimo**).

2. With certain verbs, there is a difference in translation as well as in meaning:

¿Tú lo sabías?	*Did you know it? (State of mind)*
—Claro. Lo supe hace tiempo.	*—Of course. I found out (learned it) long ago. (Moment of discovery)*
Ana quería llamarnos.	*Ann **wanted** to call us.*
Ana quiso llamarnos.	*Ann **tried** to call us. (She acted on her wish.)*
No querían pelear.	*They **didn't want** to fight.*
No quisieron pelear.	*They **refused** to fight.*
¿Le conocía Ud.?	*Did you **know** him?*
Le conocí hace años.	*I **met** him (made his acquaintance) years ago.*

Podía hacerlo.

*He **was able** to do it. (He was capable of doing it.)*

Pudo hacerlo.

*He **succeeded** in doing it. (He was able and did.)*

¿Pretérito o imperfecto?

Complete con la forma correcta de los verbos indicados:

1. ¿Cuándo _____ (tú) la noticia? (saber) —Esta mañana. Y no _____ creerla. (poder) 2. _____ la medianoche. (ser) La casa _____ oscura y _____ vacía. (estar, parecer) Miguel y yo _____ la puerta, y de repente _____ un grito. (abrir, oír) No _____ siquiera de dónde _____. (saber, venir) —Y entonces, ¿qué _____? (pasar) 3. Pobre Elsa. Diego siempre la _____ bastante mal. (tratar) Nunca _____ de su cumpleaños. (acordarse) Nunca la _____ cuando _____ triste. (consolar, sentirse) Y a pesar de todo, ella lo _____, lo _____. (amar, adorar).—¡Ay, qué tonta _____! (ser) 4. ¿Por qué no _____ ir (querer—*refused*)? —Porque _____. (llover y hacer mucho viento) 5. ¿Uds. _____ muy bien a Ramiro Galván? (conocer) —Ah, sí. Lo _____ en 1973 cuando su familia _____ la casa vecina. (conocer, comprar)

B. Imperfect and preterite in time expressions

1. Hace (*ago*)

After a verb in the preterite or imperfect, **hace** + a period of time means *ago*. When **hace** . . . begins the sentence, it is generally followed by **que**:

Se fue hace tres días.
Hace tres días que se fue.

He left three days ago.

La vi hace media hora.
Hace media hora que la vi.

I saw her half an hour ago.

Estaba muy gorda hace unos meses, ¡y ahora hay que verla!

She was very fat a few months ago, and you should see her now!

Un poco de lógica

1. Todas las clases en esta escuela son de cincuenta minutos. Ahora bien, si son las diez y media, y la clase empezó hace veinte minutos, ¿a qué hora va a

terminar? . . . Si empezó hace media hora, ¿cuánto tiempo nos queda? . . . En realidad, ¿cuánto tiempo hace que comenzó esta clase? ¿Estaba Ud. aquí hace una hora?

2. Si mi madre tenía veinte años hace dos décadas, ¿cuántos años tiene ahora? . . . A propósito, ¿qué edad tenía Ud. hace diez años? ¿Vivían Uds. en la misma casa hace seis años? ¿hace tres? ¿hace dos?

2. Hacía . . . que

- When something *had been going on for* a certain period of time (and still was going on until . . .), **hacía . . . que** states the length of time, and the following verb is also in the imperfect:

Hacía un mes que estaban casados.	*They had been married for a month.*
Hacía años que trabajábamos allí cuando . . .	*We had been working there for years when . . .*

♦ Just as in the present tense, if the period of time comes at the *end* of the sentence instead of at the beginning, Spanish uses **desde hacía** . . . Trabajábamos allí **desde hacía** años.

♦ Of course, the imperfect tense of **llevar** can replace **hacía** . . .:

Llevaban un mes de casados.	*They had been married for a month.*
Llevábamos años trabajando . . .	*We had been working for years . . .*
Llevaba días sin comer.	*He hadn't eaten for days.*

Ahora, ¿puede Ud. hallar las frases equivalentes?

1. Hacía sólo dos meses que se conocían cuando se casaron.
2. Hacía muchos años que estaba enfermo cuando murió.
3. Hacía días que no los veíamos.
4. Hacía semanas que vivían en nuestra casa.
5. ¿Cuánto tiempo hacía que trabajabas allí?

a. Llevaba una eternidad sufriendo cuando descansó por fin en Dios.
b. Llevaban poco tiempo tratándose cuando se desposaron.
c. Llevaban casi un mes con nosotros.
d. Llevábamos media semana sin verlos.
e. ¿Llevabas mucho tiempo en ese cargo?

A propósito: ¿Cuánto tiempo hacía que se conocían sus padres antes de casarse? ¿Cuántos años hacía que estaban casados cuando nació Ud.? Y tú, amigo (amiga): ¿Cuántos años hacía que estudiabas español cuando ingresaste en esta clase? ¿Cuánto tiempo hacía que lo estudiabas cuando comenzaste a entenderlo?

3. Acabar de and soler

In the imperfect tense, **acabar de** + an infinitive means *had just (done something).*

♦ **Soler** means *generally used to . . .*:

¿Acababas de llegar? —No. Acababa
de irme. No solía quedarme hasta
tan tarde.

*Had you just arrived? —No. I had just
left. I wasn't used to staying so late.*

¿Cómo se dice en español?

1. How did you know that it was going to snow? —I had just heard it on the radio.
2. Did you folks have dinner with them? —No. We had just eaten.   3. They had just
arrived in (a) Lima when they had to return home. —What a pity! ♦ 4. I generally
called them once a week (a la semana).   5. They usually visited us on Fridays.
6. You used to get up early, didn't you? And now you usually sleep till noon.

♦ C. A statement within a statement

When we report in our own words what someone said *(He said that . . . They explained
that . . .)*, we use the imperfect for a past action that was still going on. Using the
preterite means that the action *had happened* some time before:

Dijo que estaba enfermo.
Dijo que estuvo enfermo.

He said that he was sick (at that time).
*He said that he **had been** sick.*

Indicaron que asistían a nuestra
escuela.
Indicaron que asistieron . . .

*They indicated that they went to our
school (and still did).*
*They indicated that they **had gone** . . .*

♦ D. The imperfect in place of the conditional

In everyday speech, the imperfect is very commonly used in the result clause of a
condition contrary to fact:

Si yo lo tuviese, se lo daba.
Si lo supieran, nos echaban de casa.

If I had it, I would give it to him.
If they knew, they would throw us out.

CREACIÓN: ¡A la aventura!

Cuando ya estaba cerca de donde se rompían las olas, cesó de **remar** y dejó que la lancha **bogara** hacia la orilla con la **marejada.** Estaba **empapado de sudor** y el sucio traje de lino blanco se le adhería a la gordura del cuerpo, impidiendo o dificultando sus movimientos. Se volvió y vio a lo lejos, como un punto diminuto sobre las aguas, la lancha de Van Guld que lo venía siguiendo. **Encolerizado,** arrojó el **remo** hacia la costa. Estaba tan cerca que pudo oír el golpe seco que produjo sobre la arena húmeda, y la lancha **se deslizaba de largo sin encallar.** Había **pozas** y no sabía nadar . . . La lancha de su perseguidor seguía creciendo ante su mirada llena de angustia. Abrió las manos **regordetas,** manicuradas y las miró durante un segundo. Sangraban de remar. Sintió que la sangre le corría por la cara, y apretó la Luger contra sus **caderas** obesas.

row / drift / tide
soaked with sweat

furious
oar
slid by without grounding / deep areas

pudgy

hips

(Adaptado de Salvador Elizondo, *En la playa*)

Díganos: En su opinión, ¿quién era el gordo? ¿Qué detalles indican su categoría social? ¿Cómo se imagina Ud. su vida anterior a este momento? . . . ¿Quién era Van Guld? ¿Por qué perseguía al gordo? ¿Qué iba a hacer si lo alcanzaba? ¿Con quién simpatiza Ud. más? ¿Por qué?

Finalmente, ¿puede Ud. terminar el cuento a su propia manera?

The future and conditional

¿Qué pasará?

A.

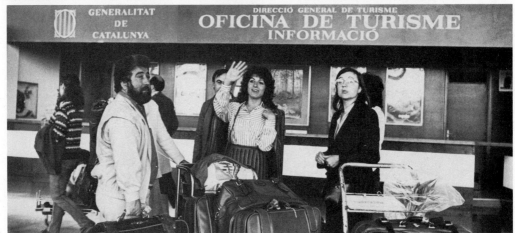

B.

A. ¿Quiénes serán estos jóvenes? ¿De dónde serán? ¿Qué estarán celebrando? . . . Proyecte su imaginación hacia el futuro y díganos: ¿Qué estarán haciendo estas personas dentro de diez años? ¿dentro de 20? ¿y de 30? ¿Qué les habrá pasado?

B. ¿Estarán partiendo o regresando estos viajeros? ¿Adónde irán (o adónde habrán ido)? ¿Quién es el hombre—el esposo de una de ellas, un amigo, algún pariente suyo—o simplemente el maletero? . . . A propósito, ¿sabe Ud. dónde están?

En el aeropuerto de Barcelona, España. ¡El letrero está en catalán!

A. The future tense

Exactly as in English, the future tense in Spanish tells what *will* (what *is going to*) happen:

Dice que irá.   *He says that he **will go**.*

It is normally formed by adding one set of endings to the whole infinitive:

daré, iré   *I will give, I will go*
darás, irás
dará, irá
daremos, iremos
daréis, iréis
darán, irán

A few verbs are irregular in the future, but the endings remain the same:

tener: tendré, tendrás, tendrá, tendremos, tendréis, tendrán
venir: vendré, vendrás, etc.

poner	pondré	salir	saldré	valer	valdré
haber	habré	saber	sabré	poder	podré
decir	diré	hacer	haré	querer	querré

—Cogeré el tren de las diez.   *I'll take the ten o'clock train.*
—Si quieres, te llevaremos.   *If you wish, we'll take you.*
—¡Qué bien! Pero, ¿tendrán tiempo?   *Great! But will you have time?*

Perspectivas personales

Hablando entre amigos, a ver qué nos dirás: ¿Qué harás mañana? ¿A qué hora te levantarás? ¿A qué hora saldrás de casa? ¿Tendrás clases? ¿Tendrás que trabajar? ¿Adónde irás este fin de semana? ¿Vendrá a visitarte alguien? ¿Verás a tu novio (o novia)? ¿Habrá *(will there be)* partido de fútbol u otra cosa de interés? ¿Qué más ocurrirá?

Mirando hacia adelante . . . ¿En qué año terminarás tus estudios? ¿Qué carrera iniciarás entonces? A propósito, ¿qué edad tendrás en el año 2000? ¿Dónde piensas que estarás viviendo? ¿Estarás casada (casado)? ¿Cuántos hijos crees que tendrás? ¿Vivirán Uds. (viviréis) más felices que ahora?

Proyecciones . . . Estamos en el año 2500. Dinos otra vez: ¿Seremos iguales o diferentes los seres humanos? ¿Existirán las mismas naciones? ¿Se encontrará vida humana en otros planetas? ¿Será más fácil o más difícil la vida en la tierra? ¿Sabrá vivir en paz la humanidad? (¡Ojalá!)

B. The conditional

The conditional is really the future of a *past* action. It tells what *was going to* happen, or what *would happen if* something were so:

Dijo que iría.	He said that he **would go**.
La ayudaríamos si pudiéramos.	We **would help** her if we could.
¿Quién me creería?	Who **would believe** me (if I told them)?

Normally, it just adds its own set of endings to the whole infinitive:

daría, iría   *I would give, I would go (if . . .)*[1]
darías, irías
daría, iría
daríamos, iríamos
daríais, iríais
darían, irían

Irregular verbs have the same stem as in the future tense:

tener   tendría   venir   vendría   hacer   haría, etc.

—Les dije que tomaría el tren. ¿Podrían Uds. llevarme a la estación?	I told them that I would take the train. Could you (would you be able to) take me to the station?
—Con mucho gusto lo haríamos, pero hoy no tenemos carro.	We'd be happy to do it, but we don't have a car today.

¿Qué harían Uds.?

1. Eran las once de la noche y tú estabas en la parada del autobús. De repente viste a un ratero metiendo la mano en la bolsa de una señora anciana. Desafortunadamente, no había más personas presentes en ese momento. ¿Qué harías? . . . ¿Te acercarías al ladrón? ¿Le gritarías algo? ¿Le dirías algo a la señora? ¿Te irías corriendo en busca de la policía? O posiblemente, ¿no harías nada?

---

[1] Occasionally, in the first person, English says *should* instead of *would*: **Me gustaría invitarlas**. (*I should like* to invite them.) Don't confuse this with the *should* that means *ought to!*

2. Era día de examen y Uds. no estaban preparados. ¿Por qué? Porque la noche anterior fueron a un partido de fútbol en lugar de estudiar. Bueno, ¿qué harían? . . . ¿Asistirían a la clase o se ausentarían? ¿Hablarían con el profesor (la profesora) y le dirían la verdad? ¿Le ofrecerían alguna excusa original? (¿Qué excusas usarían?)

3. Era noche de fiesta y su mejor amiga acababa de presentarse con un vestido nuevo que no la favorecía *(flattered)* en lo más mínimo. Evidentemente muy contenta, la joven le preguntó a Ud. qué pensaba de su nuevo vestido. ¿Qué haría Ud.? . . . ¿Le diría que le gustaba o le diría la verdad? ¿Qué más le podría decir?

Exprese ahora en español: (¿Hay otra lengua ya?)

I wouldn't propose a business deal to you because I don't understand anything about business. Neither would I ask you for money, because I don't need it . . . and because I know that you wouldn't give it to me. —Then would you believe that I would like very much to help you? I would like to share with you everything that I have. We could work together. We could help other people. And at last, I would be happy. —What? I don't understand. Could you (please) repeat it?

❖ ━━━━━━━━━━ **ADELANTE** ━━━━━━━━━━ ❖

A. The future and conditional of *probability*

1. Spanish often uses the future tense to express conjecture—to make a guess about what *is happening:*

Ya estarán aquí.	*They probably are here already.* (They must be—most likely are.)
¿Quién será?	*I wonder who he is.* (Who can he be?)
¿Qué estará pasando?	*What can be happening?*

2. It uses the conditional to make a guess about what *was happening:*

Estarían aquí antes.	*They probably were here before.* (They must have been here.)
¿Quién sería?	*I wonder who he was.* (Who could he have been?)
¿Qué estaría pasando?	*What could be happening?* (What could have been going on?)

«*Me pregunto . . .*» (I wonder . . .)

1. Ud. está pensando en las personas que conoce y en las cosas que estarán haciendo en este momento. Por ejemplo: ¿Mi madre? Pues si yo la conozco, estará trabajando. Estará hablando por teléfono con . . . Estará almorzando . . . preparando . . . haciendo . . . ¿Sabe? La noté cansada el otro día. ¿Se sentirá mejor? ¿Descansará un poco más? ¿Sabrá cuidarse? . . .

   Ahora continúe Ud.:

   ¿Mi novio (novia)? ¿Y mis hermanos? ¿Y mi(s) . . . ? (Proyecte la imaginación y díganos por lo menos una cosa que cada uno estará haciendo y una pregunta que Ud. tiene sobre ellos.)

2. El sábado pasado hubo fiesta en casa de unos amigos suyos, pero Ud. no pudo asistir. ¡Cuánto le hubiera gustado ir! Ud. comienza a pensar: ¿Quiénes estarían allí? ¿Qué música habría? Umm, la comida sería riquísima . . . Esta vez haga cinco conjeturas o preguntas sobre lo que pasaría aquella noche.

En español, por favor

1. I wonder who those strange people are. They must be from another planet. —No. They're my relatives, darling. I'll introduce you right away . . . Mom, this is my fiancé, Robert . . . Robert! . . . Robert!!   2. What time can it be? —It must be six o'clock, at least. —Oh, no! What will I do? Dad will be here soon and he'll be hungry. And there won't be time to (**para**) prepare supper. —Maybe we'll go out to eat. —Great idea! You're brilliant, you know?   3. It wasn't very late, but everyone was leaving. I wonder what was happening. Where could they be going? —Who knows? There must have been (there probably was) a problem.

B. Other meanings of the English *will*

In English, *will* is often used in the sense of *to be willing,* or *please.* In such cases, Spanish uses the present tense of **querer**, followed by an infinitive: *Do you want to . . . ?*

¿Quiere Ud. decirme por qué está aquí?	*Will you (please) tell me why you're here?*
¿Quieren Uds. sentarse?	*Will you be seated?*
No quiere escucharnos.	*He won't (will not, isn't willing to) listen to us.*

¿Cómo se dirá?

1. Gentlemen, will you please be seated? And will you give us (**prestar**) your attention? . . . Please, gentlemen. Will you allow us to begin this program? —¡Caramba! These people simply won't (don't want to) listen.   2. Will you do me a favor? —Of course. What would you like? —Will you close the windows? I think it will rain soon.

C. Other meanings of *would*

In English, *would* does not necessarily imply the conditional. Here are some of its other meanings, with their Spanish equivalents.

1. When *would* means *used to,* we use the imperfect:

Siempre que llovía, íbamos al cine.	*Whenever it would rain, we would go to the movies.*
Cuando no había tiempo para acabar, le pedíamos una prórroga y siempre nos la daba. —¡Qué simpático, eh!	*When there wasn't time to finish, we would ask him for an extension and he would give it to us. —How nice of him!*

2. When *would* means *please,* or merely conveys a softened request, we use the present of **querer** plus an infinitive:

¿Quiere Ud. traerme un pañuelo? . . . Ah, gracias.	*Would you bring me a handkerchief? . . . Ah, thanks.*

3. And when *would not* means *refused,* we generally use **no querer** in the preterite:

No quiso admitir que estaba equivocado. —¡Qué tipo!	*He wouldn't admit that he was wrong. —What a guy!*
Aunque sabían que era inocente, no quisieron perdonarlo. —¡Dios mío!	*Although they knew he was innocent, they refused to pardon him. —For Heaven's sake!*

¿Qué tiempo usamos?

Complete usando el imperfecto o el modo potencial («condicional»).

1. ¿Eloy dijo que venía? —Al contrario. Que _____. (**irse**)
2. ¿Me _____ Ud. un favor? (**hacer**) —_____ un gran placer. (**ser**)
3. Yo sabía que Marisa _____ tarde. (**venir**) —¿Por qué dices eso? —Porque siempre _____ la última en llegar cuando (nosotros) _____ juntos. (**ser, salir**)

4. Si tú estuvieras en mi lugar, ¿qué les _____? **(decir)** —Les _____ que tendrían que esperar. **(explicar)**
5. Mi esposo y yo _____ mucho gusto en recibirlos si pudiéramos. **(tener)** —Pues, ¿_____ Uds. invitarlos en otra ocasión? **(poder)**
6. Nadie lo conocía. ¿Quién _____ ese individuo? (*I wonder who . . .* —**ser**) ¿Qué _____? (*I wonder what . . .* —**querer**)
7. ¡Caramba! Ramón prometió que nos _____. **(ayudar)** Pero en el último momento, no _____. **(querer)** —No lo entiendo. Él nunca _____ así. **(ser)**

D. Deber *(should, ought to)*

Even though English occasionally uses *should* in place of the conditional *would (I should like to know why . . .),* there is no implication here of *ought to.* The way to express obligation in Spanish is by using the verb **deber:**

Sé que debo hacerlo, y no lo hago.   *I know that I should (ought to) do it,*
    —Así somos todos.   *but I don't. —That's how we all are.*

Notice how the connotations vary, however, when **deber** is used in different tenses.

1. What should we do now?

The present tense of **deber** carries a strong sense of obligation for now and the future:

Debes ayudarlos.   *You should (you ought to) help them.*

♦ The conditional or the **-ra** form of the imperfect subjunctive softens the tone considerably:

Deberías ayudarlos.   *You really should help them.* (It would
Debieras ayudarlos.   be nice if you did.)

2. What should we have done then?

• The imperfect of **deber** tells what we should have done while something was happening or shortly thereafter:

Sabía que debía ayudarlos.   *I knew that I should help them* (at that
                                                       time or later).
Dijo que debíamos invitarlos.   *He said that we should (ought to)
                                                       invite them.*

• The preterite reports what we should have done at some particular moment (but didn't):

Ud. debió ofrecérselo.	*You should have offered it to them.* (Why didn't you?)
No debieron aceptarlo.	*They shouldn't have accepted it.* (But they did.)

♦ **Debe haberlo hecho** is very close in meaning to **Debió hacerlo.** *(You should have done it at that time.)* But the simple preterite is more common.

♦ **Debía haberlo hecho** adds the idea of *previously. (You should have done it some time before.)*

Sabía que no debía haberlo dicho.	*I knew that I ought not to have said it (before).*
Dijo que debíamos haberlos invitado.	*He said that we should have (already) invited them.*

♦ **Debiera haberlo hecho** softens the tone of obligation about what you should have done before.

A conversar . . .

1. En su opinión, ¿debe legalizarse el uso de la marihuana? ¿Deben legalizarse las demás drogas? ¿Por qué?   2. Si un hijo vive todavía en casa de su familia, ¿debe acceder casi siempre a los deseos de los demás? ¿En qué puntos no debe acceder? ¿Debe mantener limpio su cuarto si no quiere? ¿Debe mantenerse limpio a sí mismo? ¿Debieran expresar los padres sus opiniones sobre los amigos de su hijo? ¿y sobre su manera de vestir?   3. Si los padres son viejos, ¿deben pedir ayuda económica a los hijos o deberían acudir primero a la ayuda social *(welfare)*? ¿Qué haría Ud.?   4. ¿Qué debía Ud. hacer antes de venir a la escuela esta mañana? ¿Lo hizo?   5. Díganos tres cosas que Ud. debía haber hecho en su vida y que no hizo. ¿Se arrepiente ahora?

3. Other uses of deber

• *"Probably . . ."*

Deber, sometimes followed by **de,** is an exact equivalent of the future or conditional of probability:

Debe (de) tener unos sesenta años.	*He must be (probably is) around sixty.*
Tendrá unos sesenta años.	

Debían (de) ser las doce cuando llegaron. Serían las doce . . .	*It must have been (probably was) twelve o'clock when they arrived.*
Debe (de) haberlo vendido. Lo habrá vendido.	*He probably (He must have) sold it.*
Debía (de) haberla visto antes. La habría visto antes.[2]	*He probably had seen her before.*

• *"Supposed to . . ."*

Generally used in the present or imperfect tenses of the indicative, **deber** can mean *supposed* or *expected to:*

El vuelo debe salir a las dos. —Pero, ¿no debía salir al mediodía?	*The flight is (expected) to leave at two o'clock. —But wasn't it supposed to leave at noon?*

• *"must . . ."*

Occasionally, **deber** has almost the force of **tener que:**

Debes saber que yo no admito eso en mi casa. —Sí, señor. Disculpe.	*You must (had better) know that I don't tolerate that in my home. —Yes, sir. Excuse me.*

¡Es lo mismo!

Exprese de otra manera, usando siempre **deber.**

1. Si no me equivoco, ese señor alto **será** su esposo. —Lo es. **Tendrá** unos cuarenta años, ¿no te parece?   2. **Sería** muy tarde cuando regresaron. Nadie los oyó entrar. —Claro. **Serían** las cinco de la madrugada.   3. ¿Dónde encontrarían esa pintura? —¿Quién sabe? La **habrán comprado** in México. (Deben haberla . . .) 4. ¿Los conoce el profesor? —Sí. Los **habrá tenido** en otras clases.

---

[2] In this instance, the conditional perfect would be more common.

Momento de decisión

El presidente de una compañía internacional, uno de los hombres más poderosos del mundo, ha llegado a conocer esta noche a Valentín, un sencillo profesor de escuela. Conversando con su nuevo amigo, el **industrial** confiesa de repente que no es feliz a pesar de su éxito material.

industrialist

El presidente: En este momento, bajo este cielo, debe haber muchos hombres que sueñan y ríen. ¿Por qué no soy uno de ellos? . . . Dígame. Voy a hacerle una proposición. ¿Quiere Ud. cambiar mi vida por la suya?

Valentín: ¡Cómo! Pero, señor presidente, Ud. se ha vuelto loco.

El presidente: ¡No sea estúpido! Lo que yo le propongo es sencillamente maravilloso. Déjeme Ud. a mí el puesto que Ud. ocupa en la vida. Yo daré sus clases. Yo jugaré al dominó con sus amigos. Yo cuidaré a sus pájaros. Y Ud., en cambio, se sentará en el gran sillón de mi despacho. Vivirá Ud. en mi mansión, dominará Ud. mis empresas. Entonces nada se opondrá a su voluntad. Todos sus sueños serán posibles. ¡Todos!

Valentín: ¡Señor presidente! ¿Sería Ud. capaz de hacer todo eso? ¿No me engaña? . . . Y yo, no sé si podría, no sé si debería . . .

El presidente: ¡Oh! Pero, ¿por qué duda? Si no es Ud. más que un **pobre hombre.**

a "nobody"

(Adaptado de *El presidente y la felicidad* por Víctor Ruiz Iriarte)

Análisis

1. ¿Cómo se imagina Ud. a Valentín? ¿Cuántos años tendrá? ¿Por qué piensa Ud. así? ¿Dónde vivirá—en la ciudad o en el campo? ¿Será soltero *(a bachelor)* o casado? ¿Podría Ud. describirnos un día típico de su vida?
2. ¿Cómo será el aspecto físico del presidente? ¿Será alto, pequeño o más bien de estatura mediana? ¿Será delgado o corpulento? ¿Qué es lo que le hace pensar así? ¿Asocia Ud. la estatura con el carácter de uno? ¿Cómo describiría Ud. la personalidad del presidente? ¿Por qué piensa Ud. que no es feliz?
3. ¿Con quién se identifica Ud. más—con Valentín o con el presidente? ¿Le gustaría a Ud. en este momento ser Valentín? ¿Conoce Ud. a alguien como él? ¿O como el presidente? ¿Quién es?
4. En su opinión, ¿aceptará Valentín la proposición del presidente? ¿Debe aceptarla? ¿Cómo cree Ud. que terminará esta obra? ¿Representarán Valentín y el presidente algún valor simbólico? ¿Cuál sería? ¿Está Ud. de acuerdo con aquella tesis?

CREACIÓN

Vamos a estudiar un poco hoy el arte del diálogo. Para comenzar, díganos: ¿Qué es lo primero que se le ocurre contestar al oír estos comentarios o preguntas?

1. Hola. ¿Estarás libre esta noche?
2. Mira, ¿quieres hacerme un favor?
3. ¿Quieres comer algo?
4. Señor(ita), ¿quiere Ud. explicarme por qué no vino a clase ayer?
5. ¡Ay, qué clima! ¡Qué día! ¡Qué frío tengo!
6. ¿A qué hora deben llegar los invitados? No estoy lista todavía.
7. ¿Quién será ese tipo tan raro?
8. Tengo hambre. ¿A qué hora será la comida?
9. Quédese, por favor. Me gustaría hablar con Ud.
10. ¡Dios mío! ¿Qué pasaría aquí mientras yo estuve fuera?
11. Tus padres estarán muy orgullosos de ti.
12. Soy rico y famoso, pero no soy feliz. ¿Quiere Ud. cambiar su vida por la mía?
13. No te creo. Estarás mintiendo.
14. Si no te casas conmigo, me quitaré la vida.
15. ¿Quién creería que Ricardo haría una cosa tan mala?
16. ¿Sabes? Me siento mal. Debíamos haberlos invitado a la fiesta.
17. ¿Ah, por fin Mati tuvo carta de su novio? ¿Y qué le diría?
18. ¿No te parece que debieras estudiar un poco más?
19. ¿Por qué saldrían corriendo de la casa?
20. Ahí estaba yo sin un centavo en el bolsillo, ¡y con un hambre . . . ! Dime tú, ¿qué harías en mi lugar?

The compound tenses of the indicative

CORRESPONDENCIA

Hola,

    ¿Sabes? Anoche soñé contigo. No me preguntes por qué, pero en estos últimos días he tenido tantos sueños curiosos, y tú siempre **has andado** en ellos. Bueno, casi siempre. En fin, déjame contártelo, ¿está bien?   *have taken part*

    Estábamos juntos, no sé dónde. Sólo recuerdo que habíamos llegado en alguna clase de avión. (**¿Habrá sido una nave espacial?** ¿Quién sabe?) Y era de noche. Había mucha gente alrededor. **Debía haber** diez mil o más, y cada uno hablaba una lengua distinta. Pero yo comprendía todo lo que decían. ¿No te he dicho siempre que soy **genial**?   *Can it have been a spaceship?* / *There must have been* / *a genius*

    Pues bien, **apenas hubimos** llegado cuando se encendió un enorme **faro** multicolor, como un gran **arco iris**, pero más brillante, más penetrante, e iluminó todo el cielo de colores increíbles. Quedamos fascinados. Lentamente el faro fue bajando hasta que **se posó** directamente sobre nosotros. **Echamos a** correr. La luz nos seguía siempre. Y de repente **retumbó** encima de nosotros una voz **estentórea**. «Intrusos», decía. «Uds. **habrán pensado** que sería fácil meterse así entre nosotros. Pero ya verán. Ya verán».   *hardly had we* / *spotlight / rainbow* / *it landed* / *we started to* / *boomed / very loud / must have thought*

    La luz me **cegaba**. Los colores me **aturdían**. Te quise coger de la mano, pero no te encontraba. **Habías desaparecido.** Me volví a la gente que me rodeaba, y les grité: «¡Ayúdenme! No les he hecho nada a Uds. Jamás les **habría hecho** nada». La luz y la voz **daban vueltas** alrededor de mí, y por encima se oían las risas diabólicas de la gente, riéndose **a más no poder**. «¡No se rían! ¡¡NO SE RÍAN!!»   *blinded / dazzled* / *you had disappeared* / *were spinning* / *uncontrollably*

    En ese momento me desperté. Ahora bien, dime, y por eso te estoy escribiendo, ¿cómo pudiste escapar tú entre tanta gente que nos miraba? Y más aún, ¿cómo pudiste huir dejándome a mí en **tal apuro**? De cualquier otra persona lo podría **esperar**. Pero, ¿de ti? ¿de ti?   *such a spot / expect*

    En fin, aquí me tienes como siempre. Las cosas me han ido bastante bien. **Te extraño** muchísimo. El trabajo aquí es un poco   *I miss you* fuerte, pero **me defiendo.** Y a ti, ¿cómo te va? ¿Y a los demás? Hace tiempo que no he tenido noticias de ahí. Me imagino que **habrá muchísimo que hacer** en esta **temporada.** ¿Habrá alguna nueva de interés? ¿Has soñado conmigo? Aunque te advierto que si te encuentras en un apuro igual . . . no, no te abandonaría jamás. Cuídate mucho y escríbeme, ¿está bien?

I get by
there must be a
lot to do /
season

Un abrazo fuerte,
P.

Comentarios

1. ¿Quién cree Ud. que está escribiendo esta carta? ¿Es hombre o mujer? ¿Qué es lo que le hace pensar así? ¿Cuántos años tendrá? ¿A quién se la habrá escrito? ¿Puede Ud. hacernos un bosquejo *(sketch)* físico-psicológico de los dos? ¿Qué relación existirá entre ellos?
2. ¿Sueña Ud. a menudo? ¿Cuál es el sueño más gracioso que haya tenido? ¿Suele Ud. tener pesadillas *(nightmares)*? ¿Ha tenido alguna vez un sueño recurrente? ¿Cuál es el sueño más espantoso *(frightening)* que haya tenido?

 A REPASAR

What are compound (or *perfect*[1]) tenses?

They are tenses that are composed of two parts: the auxiliary verb **haber** *to have* (done something) and the past participle of the main verb. They are very close in meaning and formation to their English counterparts: *I have gone, they had left, he would have been,* etc.

---

[1] *Perfect* (from the Latin *perfectum*) means *completed*. The function of the auxiliary verb **haber** is to state *when*.

A. The present perfect: *I **have** spoken, eaten . . .*

Present tense of **haber** + past participle

he	hablado, comido, vivido
has	
ha	
hemos	
habéis	
han	

Notice that the past participle never changes its ending after **haber**:

¿Pío ha regresado? —Sí, todos han venido. ¿No lo has visto?

Te hemos llamado muchas veces. —Y yo no he recibido ningún recado. ¡Qué cosa, eh!

Has Pio returned? —Yes, they have all come. Haven't you seen him?

We've called you many times. —And I have never received any message. Isn't that something!

¿Qué han hecho?

¿Cuáles de estas cosas ha hecho Ud. (has hecho tú) ya hoy? (Claro está, vamos a usar siempre el presente perfecto.)

despertarse (Me he . . .), levantarse, lavarse las manos y la cara, bañarse, tomar el desayuno, venir a la universidad, tomar el autobús, venir en carro, asistir a varias clases, ir a la biblioteca o al laboratorio, ir a trabajar, almorzar, ver a varios amigos, tomar un examen, leer el periódico, escuchar la radio, ver la televisión, hacer una llamada telefónica, ir al gimnasio, aprender el presente perfecto . . .

¿Cuáles ha hecho la clase? (La clase ha . . .) ¿Cuáles han hecho todos Uds. (habéis hecho vosotros)? (Hemos . . .)

B. The pluperfect (or past perfect): *I **had** been, gone . . .*

Imperfect of **haber** + past participle

había	estado, sido, ido
habías	
había	
habíamos	
habíais	
habían	

Te busqué, pero habías desaparecido. —¡Qué va! Yo no había ido a ninguna parte.

I looked for you, but you had disappeared. —Nonsense! I hadn't gone anywhere.

¿Comprasteis el coche? —No pudimos. Ya habíamos gastado el dinero.

Did you buy the car? —We couldn't. We had already spent the money.

Notice that the pluperfect (or past perfect) always reports what had happened *before* something else took place.

¿Qué habían hecho?

Empleando la lista siguiente, díganos: ¿Cuáles de estas cosas había hecho Ud. antes de venir a clase hoy? (Dinos, ¿cuáles habías hecho tú?) —(Me había . . .)

bañarse, ducharse, peinarse, afeitarse, vestirse, prepararse el desayuno, llamar (a alguien . . .), leer (algo), ver (algún programa de televisión), estudiar . . ., asistir a (alguna clase o función) . . . ¿Y qué más?

¿Cuáles de estas cosas cree que habíamos hecho todos?

C. The future perfect: *I will have done, said, written . . .*

Future tense of **haber** +   past participle

habré	hecho, dicho, escrito
habrás	
habrá	
habremos	
habréis	
habrán	

¿Se habrán ido Uds. (Os habréis ido) para el quince? —Habremos vuelto ya.

Will you have left by the 15th? —We will have gotten back by then.

The future perfect can also conjecture about what *probably has happened:*

¿Por qué no nos han escrito?

Why haven't they written us?

¿Por qué no nos **habrán** escrito? —Se habrán olvidado.

I wonder why they haven't written us. —They must have forgotten.

¿Cuántas de estas cosas habrán hecho Uds. para el año 2000?

(yo)	casarse, graduarse de esta escuela,
(mis hermanos)	iniciar una carrera profesional, tener
(la humanidad)	hijos, encontrar curas para las enfer-
(nosotros)	medades, aprender a vivir en paz, es-
	tablecer colonias espaciales, aprender
	a hablar español

¿Puede Ud. explicar estos casos en sus propias palabras, indicando conjetura siempre sobre los resultados?

1. Ud. mandó una carta importantísima a (un amigo, una firma comercial, etc.) hace (dos semanas, un mes, etc.) pero no ha llegado todavía. Posiblemente se ha perdido en el correo. Posiblemente . . . ¿qué más habrá ocurrido?
2. Varios miembros de esta clase (Ramón, Eloísa, etc.) no han venido hoy. Ud. se imagina que han ido a (la playa, un concierto, la biblioteca, al centro, etc.)
3. Uds. participaron en una competición (musical, dramática, literaria, etc.) hace más de (tres meses, seis meses, un año, etc.) y no han sabido nada todavía sobre los ganadores. Juzgando por eso, Uds. conjeturan que (han ganado, han perdido, no se ha tomado todavía la decisión final).

A traducir

   Who can those strange people have been? Where could they have come from? Never in my life have I seen eyes so red, mouths so large, teeth so sharp. Never have I heard voices so loud, tongues so harsh, so . . . Don't worry. You must have been in my dorm.

D. The conditional perfect: *I would have closed, opened, died . . .*

Conditional of **haber** +   past participle

habría	cerrado, abierto, muerto
habrías	
habría	
habríamos	
habríais	
habrían	

¿Tú habrías abierto esa puerta?	Would you have opened that door?
—Ay, no. Me habría muerto de susto.	—Oh, no. I would have been scared to death.

Of course, the conditional perfect can also tell what *probably had happened:*

¿Por qué no salió Carmen a recibirnos? —Porque se habría acostado ya.	Why didn't Carmen come out to greet us? —Because she probably had gone to bed already.

¿Qué habrían hecho Uds.?

1. Eran las once de la noche y María Lozano estaba sola en su casa. De repente oyó una llamada a la puerta. Era un hombre bien vestido, de unos sesenta años de edad. «Por favor, permítame usar su teléfono. Me asaltaron en la calle unos delincuentes y estoy herido». María abrió la puerta y le permitió entrar . . . ¿Qué habrías hecho tú?: ¿Le habrías permitido entrar? ¿Le habrías hecho esperar afuera mientras llamabas a la policía? ¿Habrías pedido primero una ambulancia? Viendo que estaba herido, ¿habrías tratado de administrarle los primeros auxilios? ¿Habrías telefoneado a algún amigo o pariente? (¿A quién?) ¿Qué más habrías hecho? O simplemente, ¿no habrías hecho nada? . . . A propósito, en tu opinión, ¿qué habrían hecho la mayor parte de las personas?

2. Era día de examen y Ramiro Gutiérrez, el peor estudiante de la clase, estaba copiando del papel de José Rosal. Parecía que Ramiro, un joven muy simpático, tenía poca aptitud para aprender lenguas. Además, trabajaba fuera de la universidad, y no tenía tiempo para dedicarse mucho a sus estudios. Desafortunadamente, Ramiro necesitaba ese curso para graduarse—ese curso, no más. Juan le dejó copiar . . . ¿Qué habrían hecho Uds.?: ¿Le habría dicho algo a Ramiro? ¿Habrían cubierto su papel con la mano? ¿Habrían cambiado de asiento? ¿Habrían llamado al profesor (a la profesora)? ¿Le habrían hablado a Ramiro después del examen? ¿Qué más habrían hecho Uds.? ¿O simplemente le habrían permitido copiar?

Conjeturas

Exprésalas usando el potencial («condicional») perfecto.

Adela Quirós no era una estudiante brillante en matemáticas, pero normalmente sacaba notas bastante buenas. Esta vez, sin embargo, sacó «F» en el examen. En su opinión, ¿qué le habría pasado?:

dormir poco la noche anterior . . . sentirse enferma . . . tener un disgusto con su novio o con sus padres . . . estar mal preparada . . . no comprender esa parte del texto . . .

ponerse nerviosa . . . ¿Qué más le habría pasado? O posiblemente, ¿habría sido la culpa de otra persona—del profesor, de algún compañero de clase, etc.? (Explique qué habría hecho ese individuo.)

Ahora, a conversar:

1. ¿Cuántas clases ha tomado Ud. ya en esta escuela? ¿En cuáles ha salido mejor?   2. ¿Había estudiado español en otra parte antes de llegar aquí? ¿Había comenzado a estudiar otra lengua extranjera?   3. ¿Habrá terminado este semestre escolar para fines de diciembre? ¿Cuántas lecciones cree Ud. que habremos estudiado para entonces?   4. ¿Adónde habría asistido Ud. si no le (la) hubieran aceptado aquí? ¿Le habría sido necesario ir a trabajar durante un tiempo?   5. ¿Cuál ha sido la experiencia más significativa de su vida? ¿Habrá cambiado en alguna forma su actitud hacia la vida?   6. ¿Quiénes han influido más en Ud.? ¿Habría sido una persona diferente si no fuera por ellos? ¿En qué sentido?

 ━━━━━━━━━━ **ADELANTE** ━━━━━━━━━━

A. Using the compound tenses in time expressions

1. Hace . . . que may be followed by the present perfect instead of by the present tense when we tell what *has not happened for* a certain period of time:

Hace años que no la **he visto.**   *I haven't seen her for years.*
   Or: Hace años que no la veo.

Remember: If we tell what *has been happening,* only the present is correct:

Hace años que la veo.   *I've been seeing her for years.*

2. Hacía . . . que may be followed by the pluperfect when we tell what *had not happened for* a certain period of time:

Hacía años que no **habíamos ido.**   *We hadn't gone for years.*
   Or: Hacía años que no íbamos.

Again, if the statement is affirmative, only the imperfect is used:

Hacía años que íbamos.   *We had been going for years.*

♦ **3.** Just as **hace** (+ a period of time) means *ago* after a verb in the imperfect or preterite, **hacía . . .** means *previously* or *before* after a verb in the pluperfect. Of course, **Hacía . . . que** can also begin the sentence:

Llegué hace una hora.   *I came an hour ago.*
Había llegado hacía una hora. (Hacía   *I had come an hour before.*
   una hora que había llegado.)

¿Cómo se dirá en español?

We arrived late and our friends had already left, thinking that we had missed **(perder)** the plane, or that we probably had decided to go directly to the capital. And what was worse, we hadn't thought to take their address or telephone number. I don't know really what we would have done, but by chance, a gentleman came over to us and offered to help us. Had we been here before? he asked. Yes. In fact, we had even lived here for a time. But we had lost contact with our old friends. And now we hadn't seen them for many years. He smiled. "I'll take you to them," he said, and he took out a gun . . .

♦ B. The preterite perfect: *I had been, had gone . . .*

Preterite of **haber +**   past participle

   hube   estado, ido
   hubiste
   hubo
   hubimos
   hubisteis
   hubieron

Just like the pluperfect, the preterite perfect means *had been, had gone,* etc. However, it is used very infrequently, primarily after conjunctions of time:

Apenas hubimos llegado cuando   *Hardly had we arrived when the phone*
   comenzó a sonar el teléfono.   *began to ring.*
Así que hubo terminado su comida, se *As soon as he had finished his meal,*
   acostó.   *he went to bed.*

Actually, Spanish prefers to avoid the preterite perfect in one of several ways.

   1. By using a simple preterite:

      Apenas llegamos . . .   *Hardly did we arrive . . .*
      Así que terminó su comida . . . *As soon as he finished his meal . . .*

   2. By using a past participle as an adjective:

      Apenas llegados . . .   *Hardly (had we) arrived . . .*
      Terminada su comida . . .   *His meal finished . . .*

3. By using a preposition + infinitive:

Al llegar . . .	*Upon arriving . . .*
Después de terminar su comida . . .	*After finishing his meal . . .*
Después de haber terminado . . . (less frequent)	*After having finished . . .*

4. By using **habiendo** + past participle:

Habiendo terminado su comida . . .	*Having finished . . .*
Habiendo llegado . . .	*Having arrived . . .*

Diga de otra manera:

1. No respondió **hasta que hubo revisado** todos los papeles.   2. **Así que hubieron pintado** la sala, comenzaron a arreglar el estudio.   3. **Cuando hubimos escrito** las cartas, las llevamos a Correos.   4. **Apenas hubimos entrado cuando** nos vimos rodeados de gente.

C. **Haber** as a main verb

Only in a few special idioms can **haber** be used as a main verb. Notice that in none of these does it ever mean *to have!*

1. The impersonal **hay** . . . *(there is, there are)*

In the present tense, **haber** has an impersonal form, **hay**, which means both *There is* . . . and *There are* . . .:

Hay cien discos aquí.	*There are a hundred records here.*
—Pero no hay ni uno bueno.	*—But there isn't one good one.*

♦ **Hay** can also be used to express distance. (Literally: *There is a distance of . . .*)

¿Cuánto hay de aquí a Lima?	*How far is it from here to Lima?*
Había cien kilómetros de allí a Santiago.	*It was a hundred kilometers from there to Santiago.*

• In all other tenses, we express the same idea by using the *third person singular* of **haber:**

Había mucha gente (muchas personas) alrededor.	*There were many people all around.*
Hubo un accidente.	*There was an accident. (An accident took place.)*

¿Qué nuevas habrá?	*What news can there be?*
No habría tiempo para huir.	*There wouldn't be time to escape.*

• In the compound tenses, **haber** is both the auxiliary and the main verb—and it is still singular!

Ha habido un error.	*There has been a mistake.*
¿Habrá habido jamás tantos problemas?	*Can there ever have been so many problems?*

• Even the infinitive **haber** keeps its impersonal meaning after another verb. *There is going to be, There has to be . . .* Of course, the lead-in verb once again is always singular:

Va a haber sólo un concierto.	*There's going to be only one concert.*
—¿No iba a haber más?	*—Weren't there going to be more?*
Tiene que haber un enchufe en cada cuarto. —Sí. Debía haber varios en aquella pared.	*There has to be an outlet in every room. —Yes. There should have been several on that wall.*
Puede haber culebras en la selva. —¡Qué va! . . . ¡Ayyyy!	*There may be snakes in the woods. —Nonsense! . . . Eeeek!*

¿Qué contesta?

1. ¿Cuántos días hay en un año? ¿Cuántos habrá en los dos próximos años? 2 ¿Cuántos estudiantes hay en su clase de español? ¿Había más estudiantes o menos el semestre pasado?   3. ¿Qué días feriados habrá este semestre?   4. ¿Ha habido alguna vez un robo en su dormitorio?   5. ¿Ha habido una huelga de estudiantes en esta universidad?   6. ¿Habrá habido jamás una escuela tan buena como ésta? (¡Claro!)   7. En serio, ¿habría más estudiantes de lenguas o menos si no fuera obligatorio estudiarlas?

¿Puede terminar a su propia manera?

1. Mañana va a haber . . .   2. Debía haber . . .   3. No puede haber . . .
4. Tendría que haber . . .   5. Iba a haber . . .   6. Debiera haber . . .

2. Hay que + infinitive (*One must, It is necessary . . .*)

Here, too, the third person singular of **haber** is used in all tenses other than the present:

Hay que tener fe.	*One must have faith. (You've got to . . .)*
Habrá que averiguarlo.	*It will be necessary to look into it.*

¡Había que ver la cara que puso!

You should have seen the look on his face.

Ha habido que cambiar el horario.

It has been necessary to change the schedule.

• When **hay** is separated from **que** by one or more words, it loses its sense of compulsion:

Siempre había mucho que hacer.
Hay muchas cosas que aprender.

There was always a lot to do.
There are many things to learn.

En su opinión: ¿Qué cosas hay que hacer para aprender bien una lengua extranjera? ¿y para establecer una relación buena entre padres e hijos? ¿Qué cosas habrá que hacer para asegurar la paz en el mundo? . . . Hablando de cosas más inmediatas, ¿hay mucho que hacer por aquí los fines de semana? (¿Por ejemplo . . . ?)

3. **Haber de** + infinitive (*to be supposed or expected to*)

Haber de usually implies little more than futurity, with the mildest added sense of obligation:

Ha de cantar en el Palacio.
Habíamos de cenar con ellos.

He is to sing at the Palace.
We were (supposed) to have dinner with them.

¿Cómo había de saberlo ella?

How should she have known (was she to know)?

♦ At times, it acquires the more forceful connotations of **deber** or **tener que:**

¿Por qué no he de decirlo ahora mismo? —Por favor, espera.
Uds. han de aprenderlo todo de memoria. —¡Ay, no! ¿Tanto?

Why shouldn't I say it right now? —Please, wait.
You are to (must) learn it all by heart. —Oh, no! So much?

♦ In literary usage, the preterite of **haber de** merely conveys the fact of a completed action, without obligation or necessity:

Hubieron de enterarse al día siguiente. —¿Y qué hicieron?

They found out on the following day. —And what did they do?

Otra vez, complete Ud:

1. ¿Por qué no he de . . . ?   2. Si esto es una democracia, ¿no hemos de . . . ?
3. Yo pensaba que habíamos de . . .   4. Según el horario nuevo, el (tren, autobús, etc.) ha de . . .   5. Si tú deseas . . . , has de . . .

*Ahora exprese usando **haber de:***

El vuelo #42 **va a** partir a las cinco, ¿verdad? —Lo siento, señor. **Debía** partir a las cinco, pero ha habido un fallo mecánico, y demorará unas cuantas horas en despegar. Entonces, **tenemos que** esperar aquí? —No, señor. Si pasa a la sala de espera, dentro de media hora **se anunciará** la nueva hora de salida.

♦ **D. He aquí (*Here is, This is, Here are, These are*)**

He aquí is used mainly in literary Spanish. It appears frequently in newspaper captions explaining news pictures, and in radio announcements:

He aquí los premios que se concedieron ayer.	*These are the prizes that were given out yesterday.*
He aquí la dirección de nuestra tienda en su vecindad.	*Here is the address of our store in your neighborhood.*

¿Qué preguntas evocarán estas contestaciones?

1. No. Sólo hay que tener salud para vivir feliz.   2. Sí, debe haber uno por aquí.
3. Habrá cincuenta kilómetros de aquí a la capital.   4. Sí, las hay todas las semanas, a las siete y media.   5. No sé. Pero puede haber más personas de las que piensas.
6. Porque ha habido muchos robos en esta vecindad.   7. Hubo un accidente. Chocaron dos coches.   8. Sí. Siempre hay mucho que hacer en esta temporada.
9. Había de aterrizar a las diez.   10. Porque tienes que aprender a guardar la lengua.   11. He aquí las fechas . . .

E. Haber vs. tener

As you know, **haber** means *to have* ONLY when it is part of a compound tense: *to have (done, gone, etc.)* **Tener** means *to have (and to hold), to possess:*

Tiene mucha paciencia.	*He has a lot of patience.*
Ha tenido mucha paciencia.	*He has had a lot of patience.*

1. **Tener** is used in many common expressions, such as:

tener (mucho) calor, frío	*to be (very) hot, cold (to feel . . .)*
tener sueño, miedo, cuidado	*to be sleepy, afraid, careful*
tener (mucha) hambre, sed	*to be (very) hungry, thirsty*

tener (mucha) razón, prisa	*to be right, to be in a hurry*
tener ganas de . . .	*to be in the mood to, feel like . . .*
tener . . . años (de edad)	*to be . . . years old*
tener que + *infinitive*	*to have to (do something)*
Tengo que contarte algo.	*I have to tell you something.*

Notice that when **tener** is separated from **que,** it loses its sense of compulsion:

| Tengo algo que contarte. | *I have something to tell you.* |

Interludio personal

1. ¿Cuántos años tiene Ud.? ¿Cuántos tenía en 1985? ¿Cuántos tendrá en el año 2000?   2. ¿Cuántos años tienen sus hermanos? ¿y su madre? ¿y su papá? 3. ¿Tiene Ud. ganas de comer algo en este momento? ¿Qué tiene Ud. ganas de hacer?   4. ¿Qué tiene Ud. que hacer esta tarde? ¿y esta noche? ¿Qué tuvo que hacer anoche? ¿Qué tendrá que hacer mañana?   5. ¿Qué bebida le refresca más cuando tiene sed? ¿A qué hora comienza a tener hambre por la tarde?   6. ¿Ha tenido Ud. alguna vez muchísimo frío? ¿Cuándo? ¿Le molesta más tener mucho frío o mucho calor?   7. ¿Les tienes miedo a los perros? ¿a los reptiles? ¿a otros animales?   8. ¿Para cuándo tenemos que terminar esta lección? ¿Tienen Uds. mucha prisa para acabarla?

2. Tener + a past participle

Tener, followed by a past participle, describes the resultant state of a completed action. It is close in meaning to **estar** + past participle, but adds the identity of the possessor:

La lista está preparada.	*The list is (already) prepared.*
Tengo la lista preparada.	*I have the list (already) prepared.*
¿Están escritas las cartas?	*Are the letters written?*
¿Ya las tienes escritas?	*Do you have them written yet?*

Remember: **Tener** (+a past participle) does not form a compound tense! **Tener** is a main verb, not an auxiliary, and the past participle functions merely as an adjective.

3. At times **tener** may mean *receive, get:*

| Ayer tuve una carta de Pepe.
—Nosotros también hemos tenido noticias suyas. | *Yesterday I got a letter from Joe. —We also have received word from him.* |

¿Cuál es la conclusión lógica?

1. —Uds. estarán muy ocupados en esta temporada, ¿verdad? —Ud. tiene mucha razón. (Tenemos poquísimo que hacer . . . Tenemos mil cosas que hacer . . . Es que tenemos demasiado tiempo para hacerlas.)
2. —Siéntate. Tengo algo que contarte y no quiero que te pongas a llorar. Con suerte, habrá remedio para todo. —(Ah, ésta va a ser una noticia muy buena . . . ¡Ay de mí! ¿Qué habrá pasado? . . . Tiene que ser una gran sorpresa para los niños.)
3. —¿Ya tenéis hechos todos los preparativos para la boda? —(Sí, y se los devolveré en seguida a los clientes . . . Sí, todos menos las invitaciones . . . No, y por eso tendremos que casarnos inmediatamente.)
4. —Ayer tuvimos una llamada de nuestra hija Marisa. Parece que ha ganado una beca para el año que viene. —(¡Qué bien! Les felicito de todo corazón . . . ¡Ay, no! Parece que las cosas siempre le van de mal en peor . . . Tendrá que avisarles a Uds. en seguida.)

The passive voice

¿Cómo funciona?

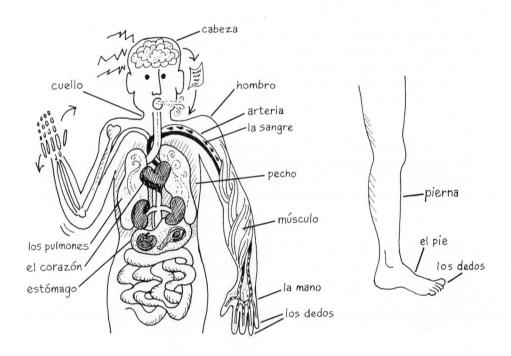

    ¿Sabe Ud. algo del cuerpo humano? Pues complete, usando siempre las palabras siguientes:

el pecho	los dedos	los hombros	los pies	el cuello

1. La cabeza está conectada con . . .
   La garganta está conectada con . . .
   Los brazos están conectados con . . .
   Las manos están conectadas con . . .
   Las piernas están conectadas con . . .
   ¿Qué más sabe Ud.?

el cerebro	los pulmones	los huesos	los intestinos	los
nervios	los músculos	los riñones	las venas	el estómago

2. La sangre es conducida al corazón por . . .
   Los dedos son empujados por . . .
   La comida es conducida al . . .
      donde es digerida por . . .
   El oxígeno es repartido en el cuerpo por . . .
   Las sensaciones son recibidas por . . .
      y son transmitidas al cuerpo por . . .
   La sangre es purificada por . . .
   El cuerpo es sostenido por . . . (Ah, ¡qué científicos somos!)

 ▬▬▬▬▬▬▬ **A REPASAR** ▬▬▬▬▬▬▬

What is the passive voice?

Spanish has two "voices"—the active and the passive. In the active voice, the subject of the verb does the action: "The president appointed her." In the passive voice, the subject *receives* the action: "She *was appointed* by the president."

A. The true passive

The true passive in Spanish is formed exactly as in English. Notice that only **ser** can translate *to be* and that the past participle agrees with the subject:[1]

Subject	+ **ser**	+ Past participle	+ **por**
Don Quijote	fue	escrito	por Cervantes.
Don Quixote	*was*	*written*	*by Cervantes.*
La nueva edición	será	publicada	por Aguilar.
The new edition	*will be*	*published*	*by Aguilar.*

[1] We call **ser** + a past participle the *true passive* to distinguish it from alternates that can replace it when we don't mention "by whom."

At times, **de** replaces **por**, particularly when the action is mental or emotional:

Eran	amados	de todos.
They were	*loved*	*by everyone.*

Important: The true passive MUST be used when we tell *by whom* the action is (or was) done. It may still be used in many cases even when we don't mention *by whom:*

Don Quijote	fue	escrito	en 1605.
Don Quixote	*was*	*written*	*in 1605.*
La nueva edición	será	publicada	pronto.
The new edition	*will be*	*published*	*soon.*
	Eran	amados	en su pueblo.
	They were	*loved*	*in their town.*

Un poco de historia

1492   1605   1776   1968   1975   1992

¿Qué ocurrió en estos años? Haga oraciones completas utilizando las tres columnas, ¡y la voz pasiva! (Tenga cuidado siempre de usar el tiempo más lógico del verbo **ser***.)*

Por ejemplo:
En 1492 el Nuevo Mundo fue descubierto por Cristóbal Colón.

¿Puede Ud. continuar?

A	B	C
el Nuevo Mundo	realizar	por Tomás Jefferson
la Declaración de Independencia	publicar	**por Cristóbal Colón**
la primera expedición a la luna	**descubrir**	por Cervantes
Don Juan Carlos I	celebrar	por los astronautas
nuevas elecciones presidenciales	preparar	por Tomás Edison
Don Quijote	inventar	rey de España
el fonógrafo	nombrar	en los Estados Unidos

Ahora díganos:

1. ¿Fue fundada por el estado o por una sociedad privada esta escuela? ¿Cuándo fue fundada (más o menos)?   2. ¿Fue construido recientemente o hace mucho tiempo este edificio?   3. ¿Serán construidos más dormitorios en el futuro cercano? ¿Será construido un nuevo estadio deportivo? ¿o un nuevo gimnasio?   4. ¿Quién fue elegido presidente de nuestro país en las últimas elecciones? En su opinión, ¿qué partido será elegido en las próximas elecciones?

Ahora hablando entre amigos, dinos:

5. ¿Ha sido robada alguna vez la casa de tus padres? ¿Ha sido robado alguna vez tu coche?   6. ¿Has sido asaltado (asaltada) alguna vez en la calle?   7. ¿Ha sido atropellado *(run over)* alguna vez algún amigo o pariente tuyo? ¿Has sido atropellado (atropellada) tú? . . . ¡Ojalá que no!

B. Estar + a past participle: The *pseudopassive*

Remember that the passive voice always involves an *action* done to the subject. When we describe an existing condition or situation, not an action, we use **estar** and there is no passive voice! Compare, for example:

La casa **estaba rodeada** de un hermoso jardín.	*The house was surrounded by a beautiful garden. (No action!)*
Durante la noche la casa **fue rodeada** por la policía.	*During the night the house was surrounded by the police. (That's what happened!)*
¿Están abiertas todavía las puertas? —No. Fueron cerradas a las seis.	*Are the doors still open? —No. They were closed at six. (Someone closed them at that time.)*

Díganos otra vez:

¿Ya estaba Ud. acostado (acostada) a las once anoche? ¿Estaba Ud. dormido (dormida) todavía a las ocho esta mañana? ¿Y a las siete? ¿Estaban dormidos todavía sus padres (o sus compañeros de cuarto) cuando Ud. salió de casa?

Hablando de este mismo momento:

¿Están sentados o parados Uds.? ¿Y su profesor(a)? ¿Están abiertas o cerradas las ventanas? ¿Estaba abierta la puerta cuando Uds. llegaron? Y una cosa más: ¿Está terminado ahora este ejercicio? —¡Ya!

❖ ▬▬▬▬▬▬▬▬ **ADELANTE** ▬▬▬▬▬▬▬▬ ❖

A. The reflexive in place of the true passive

1. When the doer of the action *isn't mentioned,* a reflexive verb can replace the true passive, as if the subject had done the action to itself! (The reflexive verb frequently precedes its subject when used in this way.):

Se cerró la fábrica hace dos meses. —Y **se cerraron** numerosas el año pasado. Da miedo, ¿eh?	*The factory was closed two months ago. —And a great many were closed last year. It's scary, isn't it?*

Spanish can show the person *to whom* the action is done merely by inserting the indirect object pronoun after **se**: **Se me** . . . **Se le** . . . **Se nos** . . . , etc.:

Se dice . . .	*It is said . . .*
Se **me** dice . . .	*I am told . . . (It is said to me . . .)*
Se han presentado varias oportunidades.	*Several opportunities have been offered.*
Se **nos** han presentado . . .	*We have been offered . . .*
Se **les** han presentado . . .	*They have been offered . . .*

2. Of course, if the subject could plausibly do the action to itself, Spanish avoids confusion by using **Se** + a verb in the third person *singular.* ("Someone did it.") The object pronoun, direct or indirect, again tells us *to whom:*

Se encerraba en su cuarto.	*She would lock herself in her room.*
Se la encerraba en su cuarto.	*She would be locked in her room.*
Se dejaron poco tiempo.	*They left themselves little time.*
Se les dejó poco tiempo.	*They were left little time.*

Incidentally, when we refer to males, only **le** or **les** can be used in the third person:

Se mató.	*He killed himself.*
Se **le** mató.	*He was killed. (Someone killed him.)*

Se invitan siempre.	*They always invite themselves.*
Se **les** invita siempre.	*They are always invited.*

♦ In actual usage, even when the subject of the passive sentence could plausibly do the action to itself, the simple reflexive construction is often accepted, provided the meaning is not likely to be misunderstood!

Se veían por todas partes.[2]	*They were seen everywhere.*
(Se les veía . . .)	
Se oyó gritar.	*She was heard shouting.*
(Se la oyó gritar.)	

3. The "not my fault" construction

The reflexive passive is used very often to imply that what happened was accidental. It almost suggests that the doer of the action was really its unsuspecting victim!

¡Dios mío! Se me han roto los anteojos. Se me cayeron de la mano.	*Oh, my! My eyeglasses broke.* (They went and broke on me!) *They dropped out of my hand.*
No me digan que se les ha perdido el dinero.	*Don't tell me that you lost the money* (it disappeared on you).
—Sí, a menos que se nos haya quedado en casa.	*—Yes, unless we left it at home* (it stayed home on us).

¿Sabían Uds. . . . ?

Exprese de otra manera, empleando siempre el reflexivo.

Por ejemplo:

La casa ha sido vendida.	**Se ha vendido** *la casa.*
	La casa **se ha vendido.**

1. Un paquete que contenía cien mil pesos **fue encontrado** ayer en el asiento trasero de un taxi. Si el dinero no **es reclamado** dentro de treinta días, **será entregado** a la persona que lo halló.

---

[2] Strictly speaking, this sentence would be correct grammatically only if it were meant to convey: *They saw each other* or *They saw themselves.* But usage supplants theory.

2. Nuevos fondos **han sido consignados** a nuestra cuenta en el Banco Nacional. **Serán empleados** para la renovación de la planta.
3. Un detective **ha sido empleado** para solucionar el misterio. (Se . . . a un detective) **Le será confiada** toda la información necesaria, aunque alguna parte **era considerada** confidencial.
4. ¡Felicitaciones! **Me han dicho** que te vas a casar. —Gracias. **Hemos sido** tan bien **recibidos** en todas partes.

Cuestiones prácticas, cuestiones morales

1. ¿Qué dice Ud.?: Si le duelen a uno las muelas, ¿se le manda al dentista o al médico? ¿Y si se le ha dado un catarro muy fuerte?
2. Si un individuo tiene fama de mentiroso, ¿se le cree siempre o se le toma muy poco en serio? ¿Y si tiene fama de muy honrado?
3. Si una joven de dieciséis años quiere casarse en seguida, ¿se acepta su decisión o se le dice que debe esperar? Y si ella insiste, ¿se la echa de casa?
4. Si un joven de quince años ha cometido un crimen violento, ¿se le debe mandar a la cárcel o se le ofrece tratamiento psiquiátrico? Y si un pariente ha cometido un asesinato, ¿se le debe ayudar a escapar?
5. Si un estudiante entrega un informe plagiado *(plagiarized)*, ¿se le debe suspender o se le da la oportunidad de rehacerlo? ¿Y si hace chuletas *(cheats)* durante el examen final?
6. Si los niños son desobedientes, ¿se les debe pegar o se les deben quitar los «privilegios»? Y si se esfuerzan *(try hard)* en la escuela pero todavía salen mal, ¿se les debe alabar o castigar?
7. Ahora, tres preguntas personales: Si se le ofreciera a Ud. la presidencia de los Estados Unidos, ¿la aceptaría? Si se le dejara un millón de dólares, ¿qué haría? Y finalmente, si se nos dijera que el mundo estaba para *(about to)* acabar, ¿qué deberíamos hacer?

¿Cómo se dice?

1. Have you ever been accused unjustly by somebody? —Many times. By you! 2. I don't understand why Henry was fired. —I have been told that he wasn't a very good worker. In fact, he was warned many times before. 3. The mirror was broken during the quarrel, wasn't it? —No. It broke (on us) while we were talking to each other, that's all **(nada más)**. 4. Oh, my! I dropped my purse **(se me cayó . . .)** on the street and my wallet was stolen. —Maybe not. Perhaps you left it at home, or you forgot it **(se le . . .)** somewhere. 5. Should children be punished or should they be explained what they have done wrong? —I'm not a psychologist, but I would say that obedience is engendered by understanding, not by fear.

B. The impersonal *they* in place of the true passive

Just as in English, when we do not state *by whom*, Spanish can say "They did it." instead of "It was done.":

Dicen que va a llover. (Se dice . . .)	*It is said (They say) that it's going to rain.*
Construirán un rascacielos en este sitio.	*A skyscraper will be built (They will build a skyscraper) on this site.*
Ayer anunciaron los premios.	*The prizes were announced (They announced the prizes) yesterday.*

The impersonal *they* is especially popular when the recipient of the passive action is a person:

No nos invitaron. (No fuimos invitados.)	*We weren't invited.*
Deben ascenderla. (Debe ser ascendida.)	*She should be promoted.*
Lo habían prendido dos veces ya. (Había sido prendido . . .)	*He had already been caught twice.*

A practicar

Substituya la voz pasiva por la tercera persona plural. Por ejemplo:

1. Un nuevo programa de ayuda social **fue iniciado** el año pasado. (Iniciaron un programa . . .) Muchas casas viejas **han sido derribadas** ya. (Han derribado . . .) Y otras modernas **serán construidas** en su lugar.
2. Una fábrica de explosivos **ha sido descubierta** en esta vecindad. Una investigación **será ordenada** sobre el asunto.
3. Antes esos productos **eran anunciados** siempre en la televisión. Ya no **son anunciados** porque hay nuevas restricciones. (Ya no los . . .)
4. La Dra. Almería era popularísima. **Fue elegida** tres veces a la Cámara de Diputados. (La . . .) —Sí. **Era conocida y respetada** en toda la región.

Frases originales

¿Cómo las termina Ud.?

1. Dicen que . . .   2. Han encontrado . . .   3. Celebraron . . .   4. Ya habrán anunciado . . .   5. Me han ofrecido . . .   6. Le habían dejado . . .   7. Este año construirán . . .   8. Han renovado . . .

Ahora cambie las oraciones 2, 3, 7 y 8, empleando en lugar de la tercera persona plural una verdadera voz pasiva.

C. When to avoid the true passive

1. When a person is the *indirect* recipient of the passive voice action ("It was told *to me.*") and we do NOT say *by whom*, Spanish generally uses **Se** . . . or the impersonal *They* . . . instead of the true passive. In spoken Spanish, *They* . . . is somewhat more common:

Me han dicho que . . .	*I have been told that . . .*[3]
Se me ha dicho que . . .	
¿Nos darán otro examen?	*Will we be given another exam?*
¿Se nos dará otro examen?	
Deben ofrecerles un empleo.	*They should be offered a job.*
Se les debe ofrecer . . .	

♦ **2.** When a person is the indirect recipient of the passive voice action and we DO say *by whom,* the true passive is usually replaced by a normal active construction. Notice how awkward the true passive would be:

True passive

Le han sido confiados ciertos documentos secretos por el presidente.	*He has been entrusted by the president with certain secret documents.*

Active

El presidente le ha confiado ciertos documentos secretos.	*The president has entrusted him . . .*

In most cases such as these, the active construction is the only viable option:

El jefe nos exigirá una respuesta inmediata.	*We will be asked for an immediate response by the boss.*

♦ **3.** Only if we use **estar siendo** (+ a past participle) does the true passive convey the idea of an action *in progress*. Otherwise, Spanish prefers an active construction to describe what *is* or *was being done* at a certain time:

---

[3] **Me ha sido dicho,** though grammatically correct, is seldom used.

Las camas están siendo tendidas por el camarero.	The beds are being made up by the steward.
El camarero tiende (está tendiendo) las camas ahora.	The steward is making up the beds now.
La cuestión estaba siendo discutida por el comité.	The matter was being discussed by the committee.
El comité discutía (estaba discutiendo) la cuestión.	The committee was discussing . . .

Of course, the true passive can portray a mental attitude or an habitual action:

Es respetado hasta de sus enemigos.	He is respected even by his enemies.
Estos romances eran cantados por los gitanos.	These ballads were sung by the gypsies.

♦ **4.** How to translate *to be killed*

Although **muerto** is the past participle of **morir** *(to die)*, Spanish uses **ser muerto** for *to be killed*, especially when we tell *by whom.*

Ser matado means *to be slaughtered* (as animals) or *to be assassinated:*

El pobre fue muerto por el autobús.	The poor fellow was killed by the bus.
El jefe de estado ha sido matado (asesinado).	The chief of state has been killed (assassinated).

When we do not say *by whom* the person was killed, Spanish often prefers the active verb **morir:**

Murió en la guerra (en el accidente, etc.).	He was killed (He died) in the war (in the accident, etc.).

¿Cómo se explica?

Complete lógicamente usando los verbos siguientes:

sentenciar	despedir	emplear	consultar	temer	amar	avisar

1. Era un jefe extraordinario. —No hay duda. Al mismo tiempo era _____ y _____ de todos.   2. Felipe Morales faltó tres veces la semana pasada al trabajo. —Ajá. Por eso _____   3. Han entrevistado a otra persona que viene muy bien recomendada. —¿Ah, sí? Entonces, ¿tú crees que _____?   4. ¿Lo hallaron culpable? —Sí. Y _____ a tres años de prisión.   5. ¿Por qué no te _____ a ti? —Porque me atreví a decirles la verdad la otra vez, y no les gustó.   6. _____ que va a haber un gran cambio administrativo. —¡Ojalá!

♦ D. Passive vs. pseudopassive

1. In Spanish, there can never be any doubt as to whether the action we describe is passive or not. In English, however, the meaning is often ambiguous, or depends on a specific context. Take, for example, *The door was closed:*

La puerta fue cerrada.
Se cerró la puerta.
Cerraron la puerta.

The Spanish records here the act of the door being closed—a classic passive voice.

La puerta **estaba** cerrada.

Here, the Spanish describes the condition of the door at a certain time. There is no reference to the act of its having been closed by anyone. If we add the word *suddenly,* the meaning becomes clearly passive:

De repente la puerta fue cerrada.
               se cerró la puerta.
               cerraron la puerta.

At that moment it was done!

2. At times, Spanish uses **estar** + a past participle, even though we seem to be describing an action and telling *by whom* it was done. Actually, by using the pseudo-passive, the stress falls on the state of affairs and not on the description of the act itself:

El pueblo estaba gobernado por un general siciliano.	*The town was governed by a Sicilian general.*

The emphasis of the Spanish sentence is placed on the situation of the governed— *The town was in the hands of . . .* —rather than on the action involved in governing. Similarly:

La revista está dirigida por el Sr. Ortiz.	*The magazine is edited by (under the editorship of) Mr. Ortiz.*
La casa estaba ocupada por un joven matrimonio danés.	*The house was occupied (being lived in) by a young Danish couple.*

¿Cómo se dice?

1. The country was being governed by a dictator, a man who had never been elected by the people. —What a pity!
2. Were the doors open when you arrived? —Yes, but they were closed a few moments later.

3. How could a person as well-known as Carlos Ramírez do such a thing? —I believe he was influenced by (under the influence of) the leaders of his party. It also occurs to me that he was involved once before in another political scandal. —Impossible!

REPORTAJE:
■ «Un sacerdote rescata a los gamines bogotanos» ■

Hace doce años, el sacerdote Javier de Nicoló obtuvo permiso para sacar de una cárcel de **menores** de Bogotá a 30 **reclusos** y se fue a pasar unas vacaciones con ellos en las playas de la costa. Los 30 jóvenes eran apenas una mínima parte de los miles de «gamines» (como siempre se les ha llamado en Bogotá) que **pululaban** por las calles de la capital colombiana. En su gran mayoría **fugados** de sus casas, abandonados por padres incapaces de criarlos, el padre Nicoló los había visto fumando marihuana, **arrebatando** relojes y joyas a los **transeúntes** o robando cualquier objeto de valor en los comercios. También los había visto fotografiados en revistas de distintos lugares del mundo. Se les mostraba durmiendo en «**camadas**» de 10 o 15 para darse calor, **tapados** con cartones u hojas de periódicos, en las **aceras** de las calles céntricas. Convencido de que el tratamiento que se daba al asunto no era el adecuado, y con **apoyo** oficial, el padre Nicoló comenzó la obra social quizá más significativa que se haya llevado a cabo en Colombia en los últimos años: la Operación Amistad.

Acompañado de un grupo de educadores, el sacerdote inició su trabajo una fría noche bogotana. Con guitarras, **confites** y amplias sonrisas de amistad, el grupo visitó una camada de unos 15 pequeños que **se acurrucaban** unos con otros en una desigual lucha contra el frío. La hostilidad característica de estos pequeños hacia los mayores **se desvaneció** rápidamente aquella noche, gracias a la presencia del sacerdote. A los representantes de la iglesia siempre se les trata con profundo respeto. La visita a las camadas se institucionalizó desde entonces. Simultáneamente con las visitas nocturnas, se abrieron a los gamines las puertas de un amplio **local** que se llamó el Patio, donde se les ofrece una serie de servicios y atenciones que reemplazan el **hogar** que nunca tuvieron. Allí van voluntariamente, pueden entrar y salir cuando quieran, reciben desayuno y almuerzo, servicios médicos y dentales, y sobre todo, pueden darse un baño. Como el Patio sólo está abierto hasta las cuatro de la tarde, todos deben salir a esa hora. No hay servicio de dormitorio. Pero si los gamines quieren pasar una noche menos **azarosa**

Glosses (right margin):
- minors / inmates
- swarmed
- runaways
- snatching
- passersby
- "dens"
- covered
- sidewalks
- support
- sweets
- were huddling
- faded
- building
- home
- risky

que las que pasan en la calle, el padre Nicoló tiene una solución. A pocos metros del Patio hay una casa llamada Liberia donde hay 30 camas. Pero en Liberia, se exigen algunas responsabilidades y **compromisos** que no existían en el Patio. El joven interesado tiene que comprometerse a respetar ciertas reglas: entrar a las cinco de la tarde y no salir hasta el día siguiente; y no llevar consigo ninguna droga ni armas ni objetos robados.

commitments

Superados ya los pasos del Patio y de Liberia, el joven tiene ante sí posibilidades en las que nunca había pensado antes: hogar, estudio, amistades **sanas**. Para llegar a esto sólo se necesita la voluntad del muchacho. El programa ideado por el sacerdote consta de cinco **etapas**, cuya duración puede ser de varios años (quizá 10 o 15), al cabo de los cuales el gamín puede quedar convertido en un respetable profesional o en un **cotizado** obrero técnico. El programa está siendo financiado ahora el 90% por el gobierno y el 10% por donaciones privadas.

accomplished

wholesome

stages

valuable

Se calcula que en los últimos diez años, más de 2000 gamines han sido rehabilitados. Ya no se ven con tanta frecuencia por las calles de Bogotá las bandas de pequeños **acechando** a los transeúntes para robarles. También se ha hecho raro el deplorable espectáculo de cientos de niños **amaneciendo** en las aceras, tapados con hojas de periódico. Y se cree que al fin se hallará solución definitiva al problema de los pequeños gamines.

stalking

waking up

(Adaptado de Carlos Segundo, *Américas,* marzo–abril, 1983)

Comentario

¿Puede Ud. contarnos en sus propias palabras la historia de los gamines de Bogotá? . . . Ahora díganos: ¿Cree Ud. que un programa como ése se pueda establecer en nuestro país? ¿Se debe confiar al gobierno o a alguna institución privada o religiosa? . . . En su opinión, ¿se debe encarcelar a los jóvenes delincuentes o se debe tratar de rehabilitarlos fuera del presidio? ¿A qué edad se les debe considerar responsables de todas sus acciones?

CREACIÓN

Estudie Ud. bien un periódico reciente y después redacte en sus propias palabras una de las noticias que le haya impresionado más. Siguiendo el modelo periodístico, comience diciendo dónde y cuándo ocurrió el episodio, desarrollando luego el suceso mismo y acabando con un buen título. ¡A la prensa!

Parte segunda

Ahí vamos nosotros

¿Qué nos dice Ud.?

Arte y realidad . . . Use la imaginación y díganos: ¿Quiénes son los tres señores sentados a la mesa larga del frente? ¿Quién lleva la palabra? ¿Quiénes le estarán escuchando? ¿Qué les estará diciendo? . . . Pasando a las figuras principales de la pintura: ¿Quiénes serán estos dos hombres y la mujer? Descríbanos todo lo que está pasando entre ellos. . . . Ahora bien, ¿quiénes son los tres personajes que se ven a la ventana?

Personal pronouns (1)

A. Subject pronouns

1. Forms and meaning

Person	Singular		Plural	
1	yo	I	nosotros (-as)	we
2	tú	you	vosotros (-as)	you
3	él	he	ellos	they (m.)
	ella	she	ellas	they (f.)
	usted (Ud.)[1]	you	ustedes (Uds.)[1]	you

In Spain, we use **tú** and **vosotros** when speaking with anyone with whom we are on a first-name basis. In Latin America, the singular **tú** generally remains, but the plural **vosotros** is replaced by **Uds.**:[2]

Hombre, ¿tú vas?	*Man, are **you** going?*
Hombres, ¿vosotros vais? *(Spain)* ¿Uds. van? *(Span. Am.)*	*Hey, guys, are **you** going?*

2. Omission of the subject pronoun

Since the verb ending generally shows who the subject is, Spanish normally *omits* the subject pronoun when the verb is expressed. In fact, inserting or repeating it needlessly is unnatural to the point of being incorrect:

¿Salís ahora? —Sí. Vamos a dar un
    paseo. ¿Quieres acompañarnos?
	Are you-all going out now? —Yes.
	    We're going to take a walk. Do you
	    want to go with us?

---

[1] The polite forms, **Ud.** and **Uds.** are also abbreviated **V., Vd.,** and **Vds.**

[2] In some families, it is considered polite to address one's elders (mother, father, mother-in-law, etc.) with the more formal **Ud.**

Ud. and **Uds.** can be used or omitted at the speaker's discretion, but even then it is best to avoid excessive repetition:

Uds. prometieron que lo harían, pero se olvidaron.	*You promised that you would do it, but you forgot.*
—¡Ay, perdón!	*Oh, my! Excuse me!*

Important: The subject pronouns refer only to persons! When the subject is *it,* or when *they* are not people, we do NOT use the pronoun at all:

Llueve y hace frío. —¿Es importante que salgamos?	*It's raining and it's cold out. —Is it important that we go out?*
¿Las llaves? Están en mi bolsa. —No. Han desaparecido.	*The keys? They're in my bag. —No. They've disappeared.*

Momento de vida

Exprésolo en español.

What time is it? —It's ten-thirty. —Then is it too late to (**para**) go out? —It depends. Is it very important? —Yes, but it won't be possible to get back before midnight. —Then wouldn't it be better to wait till tomorrow? —It may be (**Puede** . . .). But I don't care (it doesn't matter). Let's go, OK? —All right. Do you have the car keys? —They're upstairs. Do you want to go up? —Who, me? (**yo**). No, you! —Nonsense! You! —You. —All right, we. —But we can't. —Why? —It's too late. It's eleven o'clock.

3. When do we use the subject pronoun?

• For emphasis:

Tú puedes quedarte. Yo me voy.	*You can stay. I'm going.*

Remember: When you would raise your voice to stress the subject pronoun in English, insert the pronoun in Spanish.

• For clarification:

Siempre que él decía que sí, ella decía que no.	*Whenever **he** said yes, **she** said no.*
Uds. dijeron que ellos venían. —Sí, pero no pudieron.	*You said that they were coming. —Yes, but they couldn't.*

Más momentos

Tradúzcalos al español.

1. Luisa, do you have something to tell us? Do *you* know something that *we* don't know *(use present subjunctive).* —Well, *he* says that he was at home that evening and that he never left the house, but *she* says that she saw him downtown. Now what are we supposed to believe? —How should *I* know?
2. Let's see if I understand. You **(Uds.)** said that *they* wanted to go, didn't you? —No. We said that *you* wanted to go. —And what did they say when *you* said that we wanted to go? —Well, they said that *you* said that *they* were supposed to go, but now . . . ¡Caramba! I'm going alone!

- After the verb **ser,** or to stand alone:

—¿Quién es el gerente?	—*Who is the manager?*
—Soy yo, señorita.	—*I am (It's I), Miss.*
—¿Ud.? Pero no puede ser. Tan joven, tan buen mozo . . .	—*You? But it can't be. So young, so handsome . . .*
—Pues, gracias. ¿Y quién es Ud.?	—*Well, thank you. And who are you?*
—Su secretaria nueva, señor. Ud. necesita una secretaria, ¿no? . . . ¿no?	—*Your new secretary, sir. You do need a secretary, don't you? . . . don't you?*

Una cuestión de opinión

Conteste usando solamente el pronombre.

1. ¿Quién es más tolerante, su madre o su padre? (Ella . . . Él) ¿Quién tiene una personalidad más dominante? 2. ¿Quién estudia más, ¿tú o tu mejor amigo (amiga)? ¿tú o tus hermanos? ¿Quién tiene más aptitud lingüística? 3. ¿Quiénes son más nuevos en su vecindad, Uds. o sus vecinos? ¿Quiénes conocen a más gente allí? 4. ¿Quiénes parecen ser más intelectuales, vosotros o ellos? ¿Quiénes viven mejor? 5. En su opinión, ¿quiénes son más materialistas, los hombres o las mujeres? ¿Quiénes tienen más resistencia física? ¿Quiénes son más sentimentales? ¿más fuertes? ¿más ambiciosos (ambiciosas)? ¿más prácticos (prácticas)? (A propósito, ¿quién sabe más español, tú o yo? ¿Quiénes necesitan más práctica— nosotros o vosotros? —¡Ajá!)

B. Pronouns that follow a preposition[3]

1. Forms and meaning

Except for **mí** and **ti**, these pronouns are generally the same as the subject pronouns:

Person	Singular			Plural	
1	(para) mí	*(for) me*	(para)	nosotros (-as)	*us*
2	ti	*you*		vosotros (-as)	*you*
3	él	*him*		ellos	*them (m.)*
	ella	*her*		ellas	*them (f.)*
	Ud.	*you*		Uds.	*you*

—¿Hablaban de mí?   *Were they talking about me?*
—De ti, no. De nosotros y de todos   *About you, no. About us and about all*
  ellos, sí.   *of them, yes.*
—¡Qué gente, eh!   *What people, eh!*

2. Conmigo and contigo

After the preposition **con** *(with)*, the first and second person singular forms become **conmigo, contigo.** All the other forms remain unaltered: **con él, con ella, con Uds.,** etc.:

¿Vas conmigo? —Contigo, siempre.   *Are you going with me? —With you,*
  Con ellos, jamás.   *always. With them, never.*

Situaciones

Conteste usando solamente la preposición y el pronombre.

1. Ud. es chofer de taxi. Está lloviendo fuerte y hay un hombre y una mujer esperando en la esquina. Ninguno de ellos lleva paraguas. La mujer se ve pobre. El hombre se ve distinguido y rico. ¿Para quién se detiene Ud.—para él o para ella? . . . Ahora, si la mujer es joven y lleva a un niño entre sus brazos. El hombre es anciano. ¿A quién recoge Ud.? . . . La mujer quiere ir a un almacén más o menos cercano. El hombre quiere ir al aeropuerto. Esta vez, ¿a quién lleva Ud.?

2. Yo te he invitado a ir conmigo a la Copa Mundial de fútbol mañana. Otro amigo tuyo te ha invitado al campeonato internacional de tenis. ¿Con quién irás—con él o conmigo? . . . Para la semana siguiente nosotros te queremos llevar a la gran

---

[3] We'll talk about the reflexive **sí** in Lección ocho (p. 97).

recepción de la Academia de Cinematografía en Los Angeles. Otras personas te quieren llevar el mismo día a un concierto de tu cantante favorito. Esta vez, ¿con quiénes irás—con ellos o con nosotros? . . . Me gustaría llevarte a Acapulco en mi propia avioneta. Tus padres desean llevarte con ellos a París. ¿Con quién irás ahora—con ellos o conmigo?

3. Hace poco, mi esposo y yo compramos un escritorio lindo en una tienda de antigüedades de Madrid. Encontrando detrás de uno de los cajones un manuscrito original de Miguel de Cervantes, lo vendimos a un coleccionista por diez millones de pesetas. Ahora las dueñas de la tienda alegan que el manuscrito era de ellas y nos reclaman los diez millones . . . En su opinión, ¿de quiénes era el manuscrito, de ellas o de nosotros? . . . Y si fuera un billete de cien dólares americanos, ¿de quiénes sería? . . . Si fuera un anillo, o un pequeño diamante, ¿de quiénes sería?

 ADELANTE

A. The neuter pronoun **ello** (*it*)

Ello (loosely translated as *it, that,* or *this*) refers to a whole situation or statement, never to a specific object. It is used most frequently after a preposition:

Murieron en un accidente. —¡Qué cosa! Y yo no sabía nada de ello.	*They were killed in an accident. —How awful! And I didn't know anything about it.*
En ello me iba la vida. —¿Y quién tenía que ver con ello?	*My life was at stake in it (in the matter). —And who had to do with it?*

As subject of a verb, **ello** appears primarily in two expressions: **Ello es que** . . . (*The fact is that* . . .) and **Todo ello** . . . (*It all* . . ., *All this* . . .):

Ello es que nunca nos llamó. —¿Jamás?	*The fact is that he never called us. —Never?*
Todo ello me trae confuso. —A mí también.	*All this (it all) has me confused. —Me too.*

¿Cuáles de estas conclusiones funcionan? (Siempre hay más de una.)

1. No pudimos participar en la competición porque nadie nos avisó. ¿Por qué no nos llamaron?

    a. Ello es que no sabíamos que les interesaba.
    b. Ello es que Uds. no quisieron.
    c. Ello es que no había tiempo de avisarles.
    d. Ello es que nos parecían poco preparadas.

2. ¿Cómo vamos a celebrar nuestro aniversario este año? —No sé, mi amor.
    a. No he tenido tiempo para pensar todavía en ello.
    b. Óyeme, ¿por qué no te encargas tú de ello?
    c. Ello es que no me importa, con tal que estemos juntos.
    d. No se ha anunciado nada sobre ello.

3. ¿Por qué no llamaste a los bomberos cuando comenzó el incendio?
    a. Ello es que yo estaba dormida.
    b. Los bomberos no se interesarían en ello.
    c. Ello es que no había teléfono en ese lugar.
    d. Ello es que me asusté y salí corriendo.

B. The subject pronoun after certain prepositions

After **entre** *(between, among)*, **incluso** *(including)*, **menos** *(except)* and **según** *(according to)*, Spanish uses a subject pronoun, not the object of a preposition!

Entre tú y yo . . .	*Between you and me . . .*
Iremos todos, incluso tú. —Eso no.	*We'll all go, including you. —Oh, no!*
Todos pueden ir, menos yo.	*You can all go, except me.*

¿Puede Ud. emplear estas expresiones en oraciones originales?

entre tú y yo . . . incluso ellas . . . según ella . . . menos nosotros . . .

C. a mí, a ti . . . → heading in a certain direction

1. Verbs that describe movement in some direction (**ir**, **venir**, **acercarse**, etc.) are generally followed by **a mí, a ti, a él** . . .:

Ven a mí, Julito. No corras siempre a ella . . . Así, precioso.	*Come to me, Julie. Don't always run to her . . . That's it, sweetie.*
Me acerqué a él y le pedí ayuda. Y él me dijo: «Vaya a ellos». —¡Cruel!	*I went up to him and asked him for help. And he said to me: "Go to them." —How cruel!*

♦ **2.** With the verb **acercarse**, the indirect object pronoun is often used in place of **a mí, a ti**, etc.:

Se me acercó, pero no le presté ninguna atención.	*He approached me, but I didn't pay him any attention.*
—Ajá. Por eso se les acercó a ellos.	*—Aha! That's why he approached them.*

The combinations **Se te** . . . and **Se os** . . . are also possible, but here the prepositional phrase is far more common.

♦ **3.** In popular speech, when **venir** (and occasionally **ir**) are used without a real sense of *motion,* they can take an indirect object pronoun. Actually, the meaning of the verb here is closer to *bring* than to *coming* or *going:*

¿Me vienes otra vez con esos chismes?	*Are you coming to me again with that gossip?*
No le vayas a papá con esas ideas tuyas.	*Don't go to Dad with those ideas of yours.*

Dilemas

¿A quién vamos?

1. He perdido todo el sueldo de la semana jugando a las cartas y ahora tengo miedo de presentarme en casa. Mi esposa va a estar furiosa conmigo. ¿Debo ir a ella y decirle la verdad? ¿Qué más puedo hacer?

2. Ramona, estudiante universitaria de segundo año, se ha casado secretamente con un joven muy pobre. Si sus padres se enteran, no van a querer pagar su matrícula para el semestre que viene. ¿Debe dirigirse a ellos, explicarles el caso y pedirles el dinero? ¿Por qué? ¿A quiénes más se puede dirigir?

¿Cómo se dice?

1. The child came running to us, laughing and crying at the same time. —Oh, poor baby!   2. Go to him and ask him if he'll help you. Tell him that your future depends on it. —I can't. He'll say: "Don't come to me with that nonsense **(tontadas)**." —Well, then, if you need something, come to *me.*   3. I approached you first because I was told that you were in charge of it all. —Really? The fact is that I have nothing to do **(ver)** with it. —What a pity!

D. a mí, a ti . . . instead of the indirect object pronoun

If the *direct* object pronoun is **me, te, nos** or **os**, Spanish uses **a él, a ella**, etc., instead of the *indirect* object pronoun:

Me presentaron a él.	*They introduced me to him.*
Te mandará a ella.	*He will send you to her.*

BUT:

Me lo presentaron.	*They introduced him to me.*
Se la presentaron.	*They introduced her to him (to her, to*
	you, to them).
Te la mandará.	*He will send her to you.*

♦ E. *"We Americans"*: More about omitting the subject pronoun

When *we* or the plural *you* is followed by a noun, Spanish usually omits the pronoun and lets the verb form point out the subject:

Los americanos tomamos eso muy en serio. —¿Y quién no?	*We Americans take that very seriously. —And who doesn't?*
Los jóvenes no tenéis que pensar en ello. Los mayores no podemos evitarlo. —No es verdad.	*You young people don't have to think about it. We older people can't avoid it. —That's not true.*

For special emphasis, it is possible to use the pronoun as well:

Nosotros los estudiantes . . .	*We the students . . .*

Imagínese que va a haber un debate entre los estudiantes y los profesores de esta universidad. Cada uno tiene que explicar sus ideas y sugerencias para mejorar nuestro sistema de educación. ¿Cuántas ideas puede Ud. contribuir?

Por ejemplo:

Los estudiantes	*deseamos . . . merecemos . . .*
Los profesores	*necesitamos . . . exigimos . . .*
	queremos . . . proponemos . . .

♦ F. The Argentinian **vos**

In Argentina, particularly in and around Buenos Aires, and in parts of Uruguay, **tú** is replaced by **vos** in popular speech, and the verb form is a combination of the normal **tú** and **vosotros** forms. Incidentally, the object pronoun **te** still remains:

¿Lo tenés vos?	*Do you have it?*
Sentate (vos).	*Sit down.*

As in the rest of Latin America, **vosotros** is regularly replaced by **Uds.**

CREACIÓN

Imagínese que Ud. es el sujeto de esta foto (una de las personas que vemos aquí). ¿Cómo describiría a sus amigos exactamente lo que pasaba en aquel momento?

Alternativa: Escriba una carta a un amigo o pariente suyo contándole todas las noticias de aquí. Explíquele todas las cosas que Uds. han hecho y pregúntele por lo que hay de nuevo allí.

Personal pronouns (2)

━━ **TEATRO** ━━

Luisa: Están buscando al criminal por toda la **comarca.**   area

Juan: Me han dicho en el pueblo lo que piensa la Policía. Que el criminal o los criminales venían en el coche con él. Que **le dieron el tiro** un poco antes de llegar al sitio en que paró el   they shot him coche, **de manera que** tú pudiste oír un **disparo** . . . yo no oí   so that's how / nada . . . Pero ¿qué motivos tenían para matarlo? De eso no se   shot sabe nada.

Luisa: No. Verdaderamente, no se sabe nada.

Juan: ¿Qué quieres decir, Luisa? Has puesto cara de mucho misterio. La verdad es que **vengo notándote** un poco rara desde   I've been noticing que ocurrió el crimen. ¿Sabes algo tú? Todo lo demás en la   you casa sigue igual, menos tú. ¿Es que sabes algo?

Luisa: No, Juan. Nada.

Juan: No me vas a **ocultar** a mí una cosa, ¿verdad, Luisa? No me   hide la vas a ocultar.

Luisa: No.

Juan: Es que si algún día me ocultaras algo, no te podría perdonar. Siempre te lo he dicho.

Luisa: (Nerviosa). Está bien, está bien. Ya te he oído. ¿Quieres dejarme en paz?

Juan: Entonces, cuéntame lo que sea, Luisa.

Luisa: ¿De verdad quieres saberlo todo?

Juan: Sí.

Luisa: Tu padre me dijo que esto sería un gran dolor para ti; que te morirías de dolor.

Juan: ¿Qué es? . . . No tengas miedo. Habla.

Luisa: Es sobre el crimen, Juan. Fue tu padre quien lo mató.

Juan: ¿Cómo sabes eso?

Luisa: Porque lo vi.

Juan: Pero, ¿cómo es posible? ¿Quién era ese hombre?

Luisa: No lo sé.

Juan: Luisa, es terrible lo que me has contado. Es terrible. Mi padre no es un asesino, Luisa.

Luisa: Ya lo sé, Juan. Algo debió pasarle aquella noche para hacer lo que hizo.

Juan: Debió ser como un ataque. Como un ataque de locura.

Luisa: Tu padre me dijo que ese hombre **lo había amenazado de muerte.**   had threatened to kill him

Juan: Entonces es que tuvo miedo. Tuvo un enorme miedo y lo mató para defenderse del miedo . . . En un momento de locura. Hay que perdonárselo. Para mí no es un criminal. ¿Y para ti, Luisa? . . . (Luisa guarda silencio.) Es muy viejo y tenemos que ser buenos con él en estos momentos.

Luisa: Yo no quiero hacerte más daño, Juan; pero tu padre ha matado a un hombre, le ha dejado en el campo y ha vuelto a la casa tranquilo y casi alegre. Y está entre nosotros, y hace sus trabajos de cada día como un hombre honrado **cualquiera.** Y   ordinary
mientras tanto están buscando a un criminal por toda la comarca, y la Policía **habrá pegado** ya a más de un vagabundo   probably has beaten
inocente para que hable de algo que no sabe . . . Hay que tener en cuenta todo esto, Juan.

Juan: Yo no puedo tenerlo en cuenta. Yo no puedo.

(Alfonso Sastre, *La mordaza*)

Comentarios

1. ¿Puede Ud. contarnos en sus propias palabras lo que sucede en esta escena? ¿Dónde cree Ud. que ocurre la acción? ¿En qué época ocurrirá?

2. ¿Con quién simpatiza Ud. más—con Luisa o con Juan? ¿Por qué? ¿Cómo analizaría Ud. el carácter de los dos? ¿Qué adjetivos emplearía para caracterizar a Luisa? ¿y a Juan? ¿Quién le parece la figura más dominante? ¿Qué ha observado Ud. sobre la relación que existe entre ellos?

3. ¿Qué haría Ud. si se encontrara en la situación de Juan y Luisa? ¿Podría Ud. seguir amando a su padre si hubiera cometido un asesinato? ¿una serie de robos armados? ¿el secuestro de un niño? ¿una traición a su país? ¿atrocidades en la guerra? ¿A quién le sería más difícil perdonar—a su padre o a su esposo (o esposa)? ¿Por qué?

4. ¿Cómo piensa Ud. que acabará este episodio? ¿y la obra? ¿Cómo la acabaría Ud. si fuera el autor?

━━━━━━━━━━━━ **A REPASAR** ━━━━━━━━━━━━

What are object pronouns?

Object pronouns stand for the person or thing that receives the action of the verb. Direct objects answer the questions "What?" or "Whom?":

He hit *me.*   Me pegó.

Indirect objects answer the questions "To what (or whom)?", "For what (or whom)?"

He spoke *to me.*   Me habló.
He fixed my TV *for me.*   Me arregló la televisión.

Reflexive objects merely state that the subject is doing the action to itself.

Ouch! I cut *myself!*   ¡Ay, me corté!

A. Where do object pronouns go?

Object pronouns normally go immediately before the verb. If the verb has two parts, they go before the first:

—¿Me quieres?   *Do you love me?*
—Te adoro. Siempre te he   *I adore you. I have always adored you.*
  adorado.

There are only three exceptions to this rule.

• When we tell someone *to do* something, *we must attach* the object pronoun to the end of the command:

Tómelo.[1]   *Take it.*
Démelos.   *Give them to me.*

• When we tell someone *not to do* something, we *do not attach* the pronoun. It goes back to its normal position before the verb:

No lo tome.   *Don't take it.*
No me los dé.   *Don't give them to me.*

---

[1] Notice that when we add a pronoun onto a command form of more than one syllable, we must add a written accent over the stem vowel.

• When an infinitive or a present participle has no lead-in verb, the object pronoun *must be attached* to the end:

Al leerlo, se puso pálido.	*Upon reading it, he turned pale.*
Hallándola tan sola, la llevamos con nosotros.	*Finding her so alone, we took her with us.*

• When the infinitive or present participle does have a lead-in verb, the object pronoun *may be attached* to the end, or may go before the first verb:

Vamos a venderlos. Los vamos a vender.	*We're going to sell them.*
¿No quieres hacerlo? ¿No lo quieres hacer?	*Don't you want to do it?*
Estaban mirándonos. Nos estaban mirando.	*They were looking at us.*

¿Practicamos?

A. Cambie según las indicaciones:

1. ¿Le **gusta?** (importar)   2. Jamás lo han **hecho.** (decir)   3. ¿Nos **perdonarás?** (olvidar)   4. Me habrán **oído.** (ver)   5. Llámenos. (No . . .)   6. Hágalo. (No . . .)   7. Muéstrenselos. (No . . .)   8. Al **oírlo,** comenzó a llorar. (saber)   9. **Viéndolas** así, les sentí compasión. (encontrar)   10. Yo os lo habría **dado.** (mandar)

B. Ahora exprese de otra manera:

1. Te voy a traer algo. **(Voy a traer . . .)**   2. Lo estoy haciendo ahora mismo. **(Estoy . . .)**   3. De verdad, ¿quieres saberlo todo?   4. Nunca podría perdonarla. 5. Estaba leyéndolos cuando entramos.   6. Debes llamarlas cuanto antes. 7. Vamos a decírselo en seguida.   8. ¿Están vigilándonos?   9. ¿No iban a veros? 10. ¿Cuándo piensas llamarme?

B. Direct object pronouns

Person		Singular		Plural
1	me	*me*	nos	*us*
2	te	*you*	os	*you*
3	lo	*him, it, you (m.)*	los	*them, you (m.)*
	la	*her, it, you (f.)*	las	*them, you (f.)*
	(le)	*him, you (m.)*	(les)[2]	*(them, you)*

[2] In Spain, **le** and **les** are often used in place of **lo** and **los** when referring to *persons* (not things!). This usage extends to Latin America as well, but is less common there.

Note that **lo** may refer to a masculine person or thing, but the direct object **le** refers to a person:

Ya te conozco, amigo.	*Indeed I know you, friend.*
—No. No me conoces nada.	*—No. You don't know me at all.*
Pepe los invitó, no yo.	*Joe invited them, not I.*
—Y ahora nos van a matar de fastidio.	*—And now they're going to bore us to death.*
¿La has visto ya?	*Have you seen her yet?*
—No. La veré mañana.	*—No. I'll see her tomorrow.*

• To emphasize the pronoun, we simply add **a mí, a ti, a él**, etc. Remember that the object pronoun itself still stands!

¿Te pagó a ti? ¡Qué raro!	*He paid **you**? How odd!*
No me pagó a mí, ni a ellos.	*He didn't pay **me** or **them**.*

A practicar

me ⟷ te

Conteste según las indicaciones. (Y tenga cuidado de usar la forma correcta del verbo.)

Por ejemplo:
¿Me llamas? —Sí, mañana.   **Sí, te llamo mañana.**
¿Te conocían? —No . . . todavía.   **No me conocían todavía.**

1. ¿Me quieres? —Sí, muchísimo.   2. Tú me despertaste. —No, yo no . . .   3. Me odian, ¿verdad? —No, nadie . . .   4. ¿Me ayudarías? —Claro, siempre . . .
5. ¿Cómo te recibieron? —Divinamente.   6. ¿Te pondrán en la lista? —No, jamás . . .
7. ¿Te he ofendido? —Sí, profundamente.   8. ¿Te creyeron? —No, ni una palabra.

me ⟷ lo, (le), la

Otra vez, conteste.

Por ejemplo:
¿Me vio Ud.? —Sí, señor . . .   **Sí, señor, lo (le) vi anoche.**
* anoche.*
¿La veré otra vez? —Sí, el lunes.   **Sí, me verá el lunes.**

1. ¿Me aceptarán? —Sí, señor, sin duda.   2. ¿Cuándo me avisará Ud.? —Mañana, doctor, sin falta.   3. ¿Me habrán visto? —No, señorita, nunca.   4. ¿Puede Ud.

ayudarme? —Cómo no, señora . . .　5. ¿Lo invitaron a Ud.? —Sí, una vez.　6. ¿El jefe la contestó a Ud.? —Sí, en seguida.　7. ¿Le van a ascender pronto? —Sí, en enero.　8. ¿La estorbo? —No . . . de ninguna manera.

nos ⟷ os

1. ¿Nos llevarán en coche? —No, en autobús. **(No, os . . .)**　2. ¿Nos recomendaréis? —Sí . . . siempre.　3. No nos pagasteis. —Sí . . . ayer.　4. ¿Nos habríais olvidado? —No, jamás . . .　5. ¿Os molestó el ruido? —Sí, muchísimo. **(Sí, nos . . .)** 6. ¿Os han preparado? —No . . . del todo.　7. ¿Os habían visitado? —Sí, varias veces.　8. ¿Trataron de ayudaros? —Sí . . . pero no pudieron.

nos ⟷ los, (les), las

1. ¿La firma nos enviará al Japón? —No, señores . . . a México.　2. ¿Por qué no nos avisaron Uds.? —Pero, señoras, tratamos de . . .　3. ¿Uds. iban a dejarnos solas? —No, nunca . . .　4. ¿Uds. van a esperarnos? —Sí, ... hasta la una. 5. ¿Los conocían a Uds.? —Sí . . . bastante bien. **(Sí, nos . . .)**　6. ¿Quién las encontró a Uds.? —La policía . . .　7. ¿No quisieron verlas? —Sí, . . . pero no hubo tiempo.　8. ¿Les sorprendí? —Sí, mucho.

Variedades

1. *Sobre la belleza:*
¿Cómo se imagina Ud. una belleza perfecta? Por ejemplo: El pelo, ¿lo tiene rubio o moreno? La boca, ¿la tiene grande o pequeña? Los ojos, ¿de qué color los tendrá? Las manos, ¿las tendrá delicadas o fuertes? Las piernas, ¿debe tenerlas largas o de tamaño mediano? Y el cuerpo, ¿lo tendrá recio o más bien delgado?

2. *Sobre la ropa:*
El abrigo, ¿en qué estación del año lo llevamos? La pijama, ¿dónde la usamos? El impermeable y el paraguas, ¿cuándo los utilizamos? Las botas, ¿en qué época las usamos? Y los zapatos, ¿en qué parte del cuerpo los llevamos?

3. *Miscelánea:*
Las camas, ¿en qué cuartos las colocamos? El sofá, ¿dónde lo instalamos? Los platos, los vasos y las tazas, ¿en qué parte de la casa los encontramos?

Tengo sed y quiero un poco de agua. ¿En qué voy a tomarla? . . . Tengo frío y quiero un café caliente. ¿Qué usaré para beberlo? . . . Tengo hambre y he pedido un bisté. ¿Con qué utensilios voy a comerlo?

Quiero comprar unas camisetas. ¿En qué tienda podré encontrarlas? . . . Necesito aspirinas y otros medicamentos. ¿Adónde debo ir para comprarlos? . . . Nos gustaría ver la Estatua de la Libertad. ¿Dónde podríamos verla? . . . Me encanta oír hablar español. ¿En qué partes del mundo lo hablan?

Con énfasis, por favor

¿Cómo diría Ud. en español?

1. You won't fool *me*. Maybe you'll fool the others, but not *me*. —You know that I'd never try to fool *you*. Now which card is the queen? . . . 2. Did you see *him* or *her*? —I saw them both. But I didn't see *you-all*.

C. Indirect object pronouns

The indirect object pronouns are the same as the direct object pronouns, except in the third person. These are their most common meanings:

me	*to me*	nos	*to us*
te	*to you*	os	*to you*
LE	*to him, to her, to you, to it*	LES	*to them, to you*

Escribámosle en seguida.
—No. Ya nos telefoneó.
Hágame el favor de mandarles las
    entradas —¡Cómo no!

Let's write to him immediately.
—No, he already phoned us.
Please send them the tickets. (Do me
    the favor . . .) —Of course.

Once again, for emphasis or to clarify **le** and **les**, we can *add* **a mí, a ti, a él, a Uds.,** etc.:

Me lo dejó a mí. A Uds. no les dejó
    nada. —No lo creo.

He left it to **me**. *He didn't leave* **you**
    anything. —I don't believe it.

A. ¡Es lo mismo!

Use los verbos siguientes para expresar en otra forma la misma idea:

aconsejar	entregar	mandar	**contar**	ofrecer	mostrar	rogar

Por ejemplo:
*¿Les **dirás** lo que te pasó?* → *¿Les **contarás** lo que te pasó?*

1. ¿Qué nos **recomendaría** Ud.? 2. ¿Quién le habrá **dado** los documentos?

3. Tal vez debiéramos **proponerles** otro plan.   4. Por favor, le **pido** que no nos abandone.   5. Debieron **enviarle** un regalo de boda.   6. ¿Les **enseñó** Ud. la carta que recibimos?

B. *¡Es lo opuesto!*

Ahora use los verbos siguientes para expresar la idea contraria:

quitar	abrir	mentir	prohibir	vender	cobrar	escribir

1. Le **compraremos** el carro.   2. ¿Por qué le **cerraste** la puerta?   3. Se me olvidó **ponerles** los guantes a los niños.   4. ¿Le **permitirían** entrar?   5. Creo que nos **han dicho la verdad**.   6. Les **pagasteis** demasiado.   7. Habría sido mejor **echarle** una llamada.

C. *Consejos*

¿Qué nos recomienda Ud.?

1. Nuestros vecinos son ecuatorianos. Aunque llevan muchos años en este país, siempre nos hablan en su lengua materna. En su opinión, ¿les debemos hablar nosotros en inglés o en español?
2. Mi mejor amiga siempre me pide dinero, pero casi nunca lo devuelve. Esta mañana me dijo que necesitaba veinte dólares para una cosa urgente. ¿Qué excusas puedo hacerle para no prestarle más?
3. Mi compañero de cuarto quiere tocar mis discos cuando yo no estoy presente. Me asegura que sabe cuidarlos bien. ¿Debo permitirle tocarlos? ¿Qué le diría Ud.?
4. Mañana es el aniversario de nuestros padres. No son ricos pero tampoco son muy pobres. ¿Debemos comprarles algo práctico o algo extravagante de lujo? ¿Qué regalos nos recomendaría Ud.?
5. Estábamos descansando en casa anoche cuando llegaron de repente unas visitas inesperadas. No queríamos ofenderlos pero, ¿qué debíamos hacer? ¿Debíamos decirles que estábamos ocupados? ¿Debíamos sonreírles y ofrecerles algo de comer? ¿Debíamos hacerles alguna excusa y cerrarles la puerta? Díganos lo que habría hecho Ud.

D. **gustar** and the indirect object

Important!: **gustar** means *to be pleasing.* It does NOT mean *to like!* However, Spanish does use **gustar** in a special way to translate the English *to like.*

- The subject of **gustar** is the person or thing that *is pleasing.*
- The person *to whom* it is pleasing is the indirect object:

Me gusta mucho el béisbol. ¿No te gusta a ti? —Sí y no. No me gustan mucho los deportes.	*I like baseball a lot.* (It is pleasing to me.) *Don't **you** like it? —Yes and no. I don't like sports very much.* (They are not pleasing to me.)
¿Les gustó a Uds. la película? —Sí, nos gustó muchísimo.	*Did you-all like the movie? —Yes, we liked it very much.* (It pleased us.)
Le gustaría a mi hermano conocerte, Lisa. —Con mucho gusto. Cuando quiera.	*My brother would like to meet you, Lisa.* (It would please him . . .) *—I'd be delighted. Anytime.*

Two short notes:

1. Remember: When *what* we like is plural, we use the plural **gustan, gustaron,** etc.:

Me gustó mucho.	*I liked it very much.* (It was pleasing . . .)
Me gustaron mucho.	*I liked them very much.* (They were . . .)

2. When we mention the person to whom something is pleasing, we must use **le** or **les** in addition to the noun:

Al profesor no **le** gusta eso.	*The professor doesn't like that.*
A los estudiantes sí **les** gusta.	*The students do like it.*

Interludio personal

1. ¿Qué día de la semana le gusta más? ¿Qué mes le gusta más? ¿Qué estación del año? ¿Por qué?   2. ¿Qué deportes le gustan? ¿Le gusta más participar en ellos o ser espectador?   3. ¿Le gustan más los coches americanos o los europeos? ¿los coches pequeños o los grandes?   4. Por lo general, ¿qué música les gusta más a los jóvenes—la clásica o la popular? ¿Cuál te gusta más a ti?   5. ¿Qué colores te gustan más? ¿Cuáles te gustan menos? ¿Qué asocias con ellos?   6. ¿Qué película reciente te ha gustado más? ¿Por qué te gustó?   7. ¿Les gustan a tus padres tus amigos? ¿Te gustan a ti los amigos de ellos?   8. Finalmente, una pregunta más seria: ¿Quiénes son las personas que te gustan más en este mundo? ¿Te gustaría ser como ellos? ¿Qué te gustaría hacer de tu vida?

E. Using two object pronouns together

- Which goes first? Just remember this rule:

INDIRECT BEFORE DIRECT, REFLEXIVE FIRST OF ALL

In other words: English says "Tell it to me." Spanish says: "Tell me it":

Dígame . . .	*Tell me . . . (indirect)*
Dígalo . . .	*Tell it . . . (direct)*
Dígamelo.	*Tell it to me. (Tell me it.)*

Me enseñé . . .	*I taught myself . . .*
La enseñé . . .	*I taught it . . .*
Me la enseñé.	*I taught it to myself.*

Práctica, no más

Responda según las indicaciones. (Y tenga cuidado también con las formas del verbo.)

me lo ⟷ te lo

1. ¿Me lo dirás? —Claro que **te lo** . . .   2. ¿Quién me las mandó? —Yo . . .
3. Tú me los prometiste. —No, . . . jamás.   4. ¿Adónde te la envío? —A casa de mis padres. **(Me la . . .)**   5. ¿Te lo dijeron todo? —No . . . jamás.   6. Te la habían recomendado, ¿verdad? —Sí, muchísimo.

nos lo ⟷ os lo

1. ¿Nos lo dejarán? —Seguramente . . .   2. ¿Nos la habéis pedido? —Sí, . . . por unos días.   3. ¿Cuándo tenemos que devolvérosla? —Nunca tenéis . . .   4. ¿Os lo aconsejaron vuestros padres? —No, . . . nuestros amigos.

• When both pronouns are in the third person, **le** and **les** become **se**:

Indirect		Direct		
le	+	lo		lo
les		la	= SE	la
		los		los
		las		las

Dígale . . .	*Tell him (or her) . . .*
Dígalo . . .	*Tell it . . .*
Dígaselo. —No. Se lo voy a decir sólo a Uds.	*Tell it to him (or to her). —No. I'm going to tell only **you**.*

Les mostré . . .	*I showed (to) them . . .*
La mostré . . .	*I showed it . . .*
Se la mostré. —¿Cómo? ¿Se la mostró a ellos, y a nosotros no?	*I showed it to them. —What? You showed it to them, and not to us?*

Otra vez, a practicar

me lo, nos lo ⟷ se lo

1. ¿Me lo dará Ud.? —Sí, en seguida. **(Sí, se . . .)**   2. ¿Me la han ofrecido? —No, . . . todavía.   3. ¿Ud. me las quitó? —No, yo no . . .   4. ¿Nos lo enseñarán? —Sí, . . . si quieren.   5. ¿Uds. van a prestárnoslo? —Sí, . . . si podemos.   6. ¿Piensan Uds. vendérnoslos? —Sí, . . . a un precio muy bajo.   7. ¿Se lo entrego a Ud.? —Sí, en seguida. **(Sí, me . . .)**   8. Yo se la mandé, ¿sabe? —¿De veras? ¿Ud. . . .?   9. ¿Se las explico otra vez a Uds.? —Sí, por favor. **(Sí, nos . . .)**   10. ¿Se lo contaron a Uds.? —No, . . . a nosotros.

¿Qué nos recomienda?

1. Anoche vi al novio de mi hermana besando a otra chica. ¿Debo decírselo a mi hermana? ¿Debo hablarle a él?
2. Hoy es día de examen. Un estudiante de mi clase quiere copiar de mi papel. ¿Debo permitírselo? ¿Debo decirle que eso no me gusta? ¿Debo contárselo al profesor?
3. Un chico se me acercó el otro día en la calle y quiso venderme un televisor nuevo por sólo treinta dólares. ¿Debía comprárselo? ¿Debía preguntarle dónde lo consiguió? ¿Debía decirle que se lo ofreciera a otra persona, que a mí, no?
4. Un señor que no conozco bien me ha ofrecido tres mil dólares por mi coche viejo, y me quiere pagar durante un período de doce meses. Una vecina mía me lo quiere comprar por mil ochocientos, y está dispuesta a pagarme de una vez. Yo pienso que el coche vale dos mil, tal vez un poco más. ¿Se lo debo vender a él o a ella?
5. Acabo de preparar un plato para mi comida esta noche. ¡Qué delicia! ¡Y qué costoso! De repente una amiga mía viene y me dice que tiene un poco de hambre. El plato será suficiente para una persona, no más. ¿Debo compartirlo con ella o no se lo debo mencionar? ¿Debo ofrecerle otra cosa?

❖ ▬▬▬▬▬▬▬▬▬▬ **ADELANTE** ▬▬▬▬▬▬▬▬▬ ❖

A. Special uses of the direct object pronouns

1. With **ser** or **estar**, we use **lo** to refer back to an adjective, a noun or a whole idea. Note that **ser** can never stand alone!

Esto parece fácil. —Lo es. | This seems easy. —It is.

¿Están cansados? —Sí que lo están. | Are they tired? —Indeed they are.

¿Son amigas suyas? —No, no lo son. | Are they friends of yours? —No, they are not.

2. With **saber, decir, preguntar** and **pedir**, we must use **lo** unless we tell *what* the subject knows, says, asks for, etc.:

Amor mío, eres adorable, encantadora, hermosísima. —Sí, lo sé.[3] | Darling, you're lovely, charming, beautiful. —Yes, I know.

Pregúnteselo a él. —Bueno. Pero no se lo diga a nadie. | Ask him (about it). —All right. But don't tell anybody.

3. When **todo** (*everything*) or **todos** (*all of them*) is direct object of a verb, we must add **lo, los** . . . as well. In other words, if we know "everything," Spanish says that we "know it all:"

José piensa que lo sabe todo. —Pues, casi todo. | Joe thinks he knows everything. —Well, almost everything.

Yo los conocía a todos. —Pero, ¿cómo? | I knew everyone. (I knew them all.) —But how?

♦ 4. With active verbs, and even with the impersonal **hay,** the pronouns, **lo, la, los, las** can correspond to the English *some* or *any.*

¿Miedo? No, jamás lo he sentido. —¡Valiente! | Fear? No, I've never felt any. —Pretty brave!

¿Hay intérpretes en la corte? —Sí, las hay. | Are there interpreters in the court? —Yes, there are (some).

Los hay que creen en la magia. —¿Todavía? | There are some who believe in magic. —Still?

Actually, in current usage, **hay** can stand alone:

¿Hay comida? —Sí hay, y buenísima. | Is there food? —Yes, there is, and mighty good.

♦ 5. In certain idiomatic expressions, **la** and **las** probably imply the word **cosa(s):**

No sé cómo se las arregla. | I don't know how he gets along (how he manages things).

¡Nos las pagarás! | We'll get even with you! (You'll pay us for those things!)

---

[3] In current speech, the negative **No sé** is accepted without the pronoun **lo.**

¿Cómo se dice?

1. John, didn't you know that it was your father? —Yes. I knew. But I couldn't denounce him to the police. I still love him.   2. Are you the person who called us? —I am. —And are these friends of yours? —No, they're not. I don't even know them. 3. Do you really want to know everything (it all)? —Yes. Tell me. —I can't. I don't want to hurt you.   4. You'll pay for this! —Don't threaten me. I don't fear you or anybody. —Are you ready then to defy me? —Yes, I am.

B. Other meanings of the indirect object pronoun

In addition to its basic meaning of *to* *him, her, me, you . . .,* the indirect object pronoun has other important meanings as well.

1. It points to the person *for whom* we do somethng:

¿Quieres que te lave el pelo? —No, gracias. ¿Pero me lo puedes marcar?	Do you want me to wash your hair (for you)? —No, thanks. But can you set it for me?
Póngales el abrigo, y que salgan a jugar. —¡Ya!	Put their coats on (for them), and let them go out to play. —Done!
¿Qué les compramos a los niños? —No sé. Tienen de todo.	What shall we buy (for) the kids? —I don't know. They have just about everything.

2. It indicates the person *from whom* we buy or take something:

Primero nos quitó la finca. Después nos robó todo lo que teníamos. —¡Malvado!	First he took our property from us. Then he stole everything we had. —The rat!
No le compre nada a Pérez. Sus precios están por las nubes.	Don't buy anything from Perez. His prices are sky high.

3. It shows the person affected by the action:

Esperen. Yo les alcanzo las tazas. —¡Cuidado! No se te caigan.	Wait. I'll get those cups down for you. —Careful! Don't let them drop (on you).
Se les murió el perro. —¡Lástima!	Their dog died on them. —Too bad.

This concept appears very often in impersonal expressions. For example:

Me resulta imposible verte ahora. —¿Por qué?	It's impossible for me to see you now. —Why?
No le basta gastar su propio dinero. —¡Qué vergüenza!	It's not enough for him to spend his own money. —How awful!
Les fue necesario abandonar el coche. —¿Dónde?	It was necessary for them to abandon the car. —Where?

Inglés → español

1. If you hide something from me, I'll never forgive you for it. I've always told you so *(it)*. —All right. I've heard you. Now will you leave me alone (**en paz**)?   2. Yesterday the repairman came to fix the TV *(for me),* and do you know what he did? He broke it completely on me! —¡Caramba!   3. It will be very difficult for me to see you this week. But if I can be of help to you in some way . . . —Thanks. I'll ask someone else (**Se lo pediré . . .**)   4. Can you close my zipper for me? I think it's stuck. —It is. 5. We never buy anything from Perez. The last time, he charged us twice the normal price. I wouldn't recommend him to my worst enemy. —If you keep talking like that, you'll take away his whole clientele. —Great! He deserves it.

C. Using the indirect object with certain verbs

1. With **pedir** and **preguntar**

Pedir *(to ask for)* and **preguntar** *(to ask a question, to inquire)* logically require the indirect object because we make a request or address a question *to* somebody:

¿Se lo pedirán a Pío? —Nunca, y no les preguntes por qué.	*Will they ask Pio for it? —Never, and don't ask them why.*

Díganos:

1. Cuando Ud. necesita dinero, ¿se lo pide a sus padres o a otra persona? (A propósito, si su padre le dice que no, ¿se lo pide entonces a su mamá?)   2. Si Ud. necesitara consejos sobre un asunto muy personal, ¿se los pediría a algún pariente, a su ministro o a un amigo?   3. La verdad, amigo (amiga), si no entiendes algo en la clase, ¿se lo preguntas al profesor? ¿O pides ayuda más bien a otro estudiante? (¿Hay algo que deseen Uds. preguntarme a mí?)

2. With verbs in the **gustar** pattern

A number of other verbs acquire special meanings when they follow the pattern of **gustar** + indirect object. Here are some of the most common.

- **faltar** *(to be lacking* or *short)* and **quedar** *(to still have left):*

—¿Cuánta plata te queda?	*How much money do you have left?*
—Me quedan cien pesos. ¿Y a ti?	*I have a hundred pesos. And you?*
—Setenta. Entonces, ¿cuánto nos falta para el cine?	*Seventy. Then how much are we short for the movies?*
—Nos faltan quinientos.	*We still need five hundred.*
—No está mal. Si fuéramos a una discoteca, ¡nos faltarían mil!	*That's not bad. If we went to a disco, we'd be short a thousand!*

Nos gustaría saber ...

1. ¿Cuánto tiempo nos queda para el fin del semestre? ¿Y cuántas lecciones nos quedan todavía en este libro? ¿Nos faltará tiempo para acabarlas?   2. ¿Cuántas semanas faltan ahora para la Navidad? ¿Y cuántos meses faltan para las vacaciones de verano?   ¿Cuántos años le quedan para acabar su carrera universitaria? 3. Ahora una pregunta más personal. Dime, amigo (amiga): ¿Te queda suficiente dinero ahora para el resto de la semana? ¿Te faltará dinero para comprar algo importante? (¿Quieres que te lo preste?)

• **encantar** *(to like very much)*, **importar** *(to care about)*, **recordar** *(to remind of)* and **parecer** *(to think):*

—¿Qué les parece? ¿Cantamos?
—Me encantaría. Siempre me ha interesado la música.
—Pero esto no es música.
—No me importa. Me recuerda mis días en el colegio. «Mi, mi, mi, mi . . .»
—Bueno, ¿qué les parece? ¿Vamos a bailar?

—*What do you think? Shall we sing?*
—*I'd love it. I have always been interested in music.*
—*But this isn't music.*
—*I don't care. It reminds me of my school days. (Sound of warming up to sing.)*
—*Ok, what do you think? Shall we dance?*

Reminiscencias

¡Ay, cómo cambian las cosas! Por ejemplo, complete las frases con sus propias memorias:

—Cuando yo era niño (niña), más que nada me encantaba(n) . . . Ahora, al contrario, me encanta(n) sólo . . . En aquellos tiempos, me parecía que en el mundo entero no había nada mejor que . . ., ¡ni nada peor que . . .! No me importaba(n) . . . Sólo me importaba . . . Y ahora lo único que me importa es . . . ¡Qué cosa, eh! No soy la misma persona de antes.
—¿Sabes? Tú me recuerdas a mi . . . Él (Ella) era exactamente así. Y ahora es . . . ¿Qué te parece, eh? ¿Te gustaría conocerlo (conocerla)?
—¡Qué va! ¡Se parece demasiado a mí!

♦ 3. With **agradecer** and **pagar**

Agradecer *(to thank someone for)* and **pagar** *(to pay for)* both use the indirect object to state the person to whom the thanks are given, or to whom the sum is paid. Remember that *for* is included in the verb!

Se lo agradezco muchísimo.
¿Cuándo me lo pagarás?

I thank you for it very much.
When will you pay me for it?

¿Puede Ud. formular preguntas o comentarios que evoquen estas respuestas?:

(. . .) —¡Qué divino! Se lo (Te lo, Os lo) agradezco con todo el corazón.
(. . .) —¡Cómo no! Se lo agradecería mucho.
(. . .) —¿Ah, sí? Entonces, ¿cuándo me lo pagarán?
(. . .) —Pero señor, ya se la hemos pagado.
(. . .) —No, no te lo agradecería en lo más mínimo.

D. Redundant (repetitive) object pronouns

At times Spanish uses an object pronoun in addition to the noun to which it refers. This "superfluous" pronoun helps anticipate the identity of the person involved.

1. When the *indirect* object is a *person,* the pronoun is often used in addition to the noun:

Por favor, no se lo muestre al jefe. —No se preocupe.	*Please, don't show it to the boss.* *—Don't worry.*

With the verbs **decir, pedir, preguntar** and **gustar,** using the indirect object pronoun as well as the noun is almost required:

Se lo preguntaré a Ramón. —No. Pregúnteselo a María, pero no se lo diga a Raúl, porque no le gustará a Inés. —¿Cómo?	*I'll ask Ray. —No. Ask Maria. But don't* *tell Ralph, because Ines won't like* *it. —What?*

♦ The indirect object pronoun is not used, however, when the *direct* object is a person:

Lo delataron a la policía.	*They reported him to the police.*

2. When the object noun or the phrase **a mí, a ti,** etc., precedes the verb, the "extra" pronoun must be used as well:

Este reloj lo compré en Roma. —A mí qué me importa dónde lo compraste.	*This watch I bought in Rome. —What* *do I care where you bought it.*
A él no le saludo siquiera. —¿Tan mal lo quieres?	*Him I don't even say "hello" to. —You* *dislike him so?*

♦ 3. At the speaker's discretion, when the direct object is a person's name, Spanish can use **lo, la,** etc., to anticipate the name:

Te estimo a ti, pero la adoro a Rita. —Gracias mil.	*I respect you, but I love Rita. —Thanks* *a lot.*

Una vez más, a traducir:

1. Friends? I've had a few, but none like you.   2. Some people don't like sports. Well, *we* adore them!   3. I love music. But opera I can't stand. —Silly!   4. Have you asked Elizabeth if she's coming? —No. I asked her brother Mike.

♦ E. More about placing pronouns

1. When a verb is followed by an infinitive, and each one has a direct (not reflexive) object pronoun, the two pronouns often go together before the first verb:

Se lo oí decir.	*I heard him say it.*
Te lo hará saber.	*He will have you know it (let you know).*

Note that the pronoun referring to a person is converted into an indirect object pronoun, since one verb cannot have two direct objects.

2. In literary usage, the object pronoun is often attached to a conjugated verb form that begins a sentence or an independent clause.

Hallábanse entonces en Granada.	*They were in Granada at that time.*
Érase que se era . . .	*Once upon a time . . .*

CREACIÓN

Una lengua es una cosa flexible, y la misma pregunta o comentario puede evocar un número de contestaciones diferentes, según el momento y la circunstancia. Vamos a ver entonces cómo respondería Ud. en las situaciones siguientes:

1. «Ese Jorge piensa que lo sabe todo. Algún día . . .»
   a. A Ud. le gusta mucho Jorge y quiere defenderlo. ¿Qué contesta Ud.?
   b. En realidad, Jorge es una persona inteligentísima, pero un poco vanidosa . . . ¿Qué responde Ud.?
   c. Ud. no es gran admirador(a) de Jorge, pero seguramente lo prefiere al otro que está hablando de él. Al otro no lo aguanta siquiera. ¿Qué le diría Ud.?
2. «Este reloj lo compré en Venecia. Me costó doscientos dólares. ¿Qué te parece, eh?»
   a. Esta persona tiene fama de exagerar. Comienza a molestar ya con sus constantes mentiras. ¿Qué le contestaría Ud.?
   b. En efecto, el reloj es muy hermoso, aunque a Ud. no le parece que valga tanto dinero. Pero, ¿cómo se lo podrá decir?
   c. El reloj es en realidad una gran ganga. A Ud. también le gustaría tener uno igual . . .

3. «Oye, ¿me prestas diez dólares hasta mañana?»
   a. Es su compañero de cuarto el que se los pide. Todavía le debe cinco de la otra vez pero . . . ¿Qué le contestaría Ud.?
   b. Es su hermano menor quien se los pide. Derrocha su propio dinero y después siempre está «quebrado». ¿Qué le diría Ud.?
   c. Parece ser una persona decente la que se los pide. Lo único es que Ud. no lo conoce bien y . . .
   d. Es su novio (o novia) quien se los pide . . .
   e. Ud. quería salir a comer esta noche en un restorán, pero sabe que la persona que se lo ha pedido necesita el dinero para algo mucho más importante. Tiene que comprar un libro para una clase y . . .
4. «Deja de fumar. Te vas a enfermar».
   a. Su madre se lo acaba de decir . . .
   b. Su médico se lo acaba de decir . . .
   c. Un amigo suyo se lo acaba de decir. Pero Ud. sabe que el amigo tiene otros vicios propios y Ud. nunca ha dicho nada . . .
5. «Dígame, ¿Ud. vio lo que pasó aquí anoche? ¿Pudo ver al asesino?»
   a. Ud. lo vio todo pero no quiere que la otra persona lo sepa . . .
   b. Ud. pudo ver un poco de lo que pasó pero no está seguro de los detalles. Sin embargo, le encantaría ver su nombre en el periódico y . . .
6. «¿Me quieres traer un vaso de agua?»
   a. Su hermanito, que está jugando fuera, se lo acaba de pedir . . .
   b. Uds. están en la luna de miel. Son las tres de la madrugada y su esposo (o esposa) se lo acaba de pedir . . .
   c. Diez años más tarde. Son las tres de la madrugada y su esposo (o esposa) se lo acaba de pedir . . .
   d. Ud. está en la clase de español y su profesor (o profesora) se lo acaba de pedir. Eso significaría que tendría que perder cinco o diez minutos de la clase, y . . .
7. Ahora, para terminar, escoja Ud. dos o tres líneas de diálogo de *La mordaza* (pág. 70) y responda de una manera diferente a la que ha escogido el autor. Vamos a ver cómo cambia el carácter del personaje.

Personal pronouns (3)—reflexives

¿Qué hacemos?

bañarse

ducharse

mirarse en el espejo

quemarse

afeitarse

vestirse

despertarse

acostarse

sentarse

levantarse

cuidarse

limpiarse los dientes

peinarse

cortarse el dedo

Díganos: ¿Cuáles de estas cosas hace Ud. todos los días? (**Me . . .**)
¿Cuáles se hacen por la mañana? (**Se . . .**)
¿Cuáles se hacen cuando uno está cansado?
¿Cuáles no debemos hacer nunca? (**No debemos . . . nos.**)

■■■■■■■■■■■■■■■■■■■■ **A REPASAR** ■■■■■■■■■■■■■■■■■■■■

A. Reflexive objects of a verb

Reflexive object pronouns differ from the others only in the third person **se**. Notice that they can mean *myself* or *to myself, for myself,* etc.:

me	*(to) yourself*		nos	*(to) ourselves*
te	*(to) yourself*		os	*(to) yourselves (Spain)*

SE   *(to) himself, herself, itself, yourself* (**Ud.**) *(to) themselves, yourselves* (**Uds.**)

We use them whenever the subject does the action to itself:

Me dije: Cálmate. —Sí. Pero no te escuchaste.	*I said to myself: Calm down. —Yes. But you didn't listen to yourself.*
¿Por qué no se cuidan? Siempre se queman y se cortan.	*Why don't you watch yourselves? You always burn and cut yourselves.*

Even where English does not use *myself, yourself,* etc., Spanish uses the reflexive if the subject is doing the action to itself. For example:

levantar	*to raise (something)*		**levantarse**	*to rise, get up*
sentar	*to seat (someone)*		**sentarse**	*to sit down*
despertar	*to wake (someone)*		**despertarse**	*to wake up*
acostar	*to put to bed*		**acostarse**	*to go to bed*

Ahora me acuesto. —¡Qué va! ¡Levántate!	*Now I lay me down to sleep. —Nonsense! Get up!*

¿Cuál es la conclusión lógica?

Complete cada frase usando uno de estos verbos—¡en el tiempo correcto!

---

mirarse	cansarse	levantarse	meterse	bañarse	cuidarse

---

1. ¿Tienes que trabajar día y noche? Seguramente vas a . . .   2. ¡Qué tipo más vanidoso! Siempre lo encuentro . . . en el espejo.   3. Niños, ¿cómo os ensuciasteis tanto? Antes de comer tendréis que . . .   4. Dicen que hay mucho peligro allí de noche. —No se preocupe. Bien sabremos . . . .   5. Y a ti, ¿qué te importa lo que hacen los vecinos? —Nada. Yo no . . . nunca en la vida de nadie.   6. Los pobres estarán rendidos. —Sí. Se acostaron a la medianoche, y . . . a las tres de la madrugada.

Y Ud., ¿a qué hora suele acostarse? ¿A qué hora se levanta por la mañana? ¿Se despierta temprano los sábados y domingos también?

B. Reflexives that follow a preposition

Here again, only the third person **sí** differs from the nonreflexives:

(por) mí	*(by) myself*	(por) nosotros (-as)	*(by) ourselves*
ti	*yourself*	vosotros (-as)	*yourselves*
SÍ	*himself, herself, itself, yourself* (**Ud.**)	*themselves, yourselves* (**Uds.**)	

Very often we add **mismo** to make the reflexive more emphatic. Remember: **mismo** is not a reflexive! It is an intensifier, that's all!

Siempre hablas de ti mismo. —¿De mí mismo? ¡Qué va! Uds. hablan de sí mismos, no yo.

You always talk about yourself. —About myself? **You** *talk about yourselves, not I.*

After the preposition **con**, the reflexives **mí, ti** and **sí** become **conmigo, contigo, consigo:**

Se lo llevaron consigo.
—Y yo pensaba que tú te lo habías llevado contigo.

They took it away with them. —And I thought that you had taken it with **you.**

Personalidades

En su opinión, ¿cuáles de estas cualidades describen mejor a estos individuos?

1. Marta Salas es muy tímida e introvertida.
   a. No sabe expresarse bien a sí misma.   b. Se siente incómoda cuando está con gente nueva.   c. Tiene poca confianza en sí misma   d. Demuestra mucha confianza en sí misma.   e. Prefiere estar sola consigo misma.   f. Siempre habla de sí misma.

2. Rodrigo Pereira es el hombre más egoísta del mundo.
   a. Jamás piensa en sí mismo.   b. Piensa exclusivamente en sí mismo.   c. Se dedica a obras filantrópicas, sin ningún beneficio para sí mismo.   d. No hace nada si no saca alguna ganancia para sí mismo.   e. No compra nada para su familia, sólo para sí mismo.   f. No hay nadie a quien admire tanto como a sí mismo.

3. Me considero una persona muy independiente.
   a. Me gusta pensar por mí misma.   b. Insisto en hacer las cosas por mí misma.
   c. Jamás le pediré nada a nadie. Trabajaré y me mantendré a mí misma.
   d. Sigo las últimas modas del vestir porque no quiero sentirme distinta.   e. Yo
   pienso que si uno no está contento consigo mismo, no está contento con nadie.

A. How the reflexive can change the meaning

1. Very often the reflexive adds the idea of *get* or *become* to the meaning of the verb.
For example:

casar	to marry (someone off)	casarse	to get married
perder	to lose	**perderse**	to get lost
vestir	to dress (someone)	**vestirse**	to get dressed
alegrar	to make someone glad	_____	to be(come) happy
enfadar ⎫		_____ ⎫	
enojar ⎭	to anger (someone)	_____ ⎭	to get angry
preocupar	to worry (someone)	_____	to get worried

—Mamá, Rufo y yo nos vamos a casar.

Mom, Rufo and I are going to get married.

—¡Me voy a desmayar!

I'm going to faint!

—Pero yo pensaba que te ibas a alegrar.

But I thought you were going to be happy.

—¡Agua! Me voy a desmayar.

!!!!!!

Me lavé y me vestí en diez minutos.
   —No se preocupe. Está muy bonita.

I got washed and dressed in ten minutes. ---Don't worry. You look lovely.

Entre nosotros . . .

1. En su opinión, ¿cuál es la mejor edad para casarse una mujer? ¿Y un hombre?
¿A qué edad se casaron sus padres? ¿Piensa Ud. casarse así que se gradúe de la
universidad?   2. ¿Se enfada Ud. mucho? ¿Con quién se enfada más? ¿Por qué
razones?   3. Ya que nos conocemos un poco mejor, dime, amigo (amiga): ¿Eres tú
una de aquellas personas que se preocupan por todo? ¿Te preocupas más por
asuntos personales o por las condiciones del mundo? ¿Se preocupan mucho por ti
tus padres? ¿Tienen razón?

2. Some verbs take on a new sense when we add the reflexive:

ir	*to go*	**irse**	*to go away*
llevar	*to take, bring*	**llevarse**	*to take away, carry off*
dormir	*to sleep*	**dormirse**	*to fall asleep*
probar	*to try; to taste*	**probarse**	*to try on*
reír	*to laugh*	**reírse (de)**	*to laugh (at)*
hacer	*to make; to do*	**hacerse**	*to become*
quitar	*to take off or away (from someone)*	**quitarse**	*to take off (one's own clothing, etc.)*
poner	*to put; to put on (someone)*	**ponerse**	*to put on (oneself); to become (+ adjective)*

Duérmete. Es tarde.	*Go to sleep. It's late.*
Pruébeselo. Le va a gustar.	*Try it on. You'll like it.*
¿Puedo quitármelos ahora?	*May I take them off now?*
Vete. Te has puesto muy molesto.	*Go away. You've gotten very annoying.*

Más «personales»: Cuando te acuestas por la noche, ¿te duermes en seguida o te quedas despierto (despierta) por un rato? Cuando te vas de casa, ¿tienes cuidado de dejar las ventanas y las puertas bien cerradas? Cuando alguien te contradice, ¿te pones molesto (molesta) o aceptas la crítica?

3. With other verbs, the reflexive serves to intensify the action. English conveys this idea by adding an often meaningless adverb:

Se lo comió todo.	*He ate it all up.*
Entró tambaleándose.	*He entered reeling about (or around).*
Se ha muerto su abuelo.	*His grandfather has passed away.*
Me caí al entrar.	*I fell down as I came in.*

♦ Sometimes the reflexive gives a more subjective or intimate feeling with respect to the person who is performing the action. It places a little more emphasis on him, shows a little more of his will in doing the action:

Sé lo que me hago.	*I know what I'm doing.*
Me quedo, venga lo que venga.	*I'm staying, come what may.*
Se reía siempre que le hablaban de eso.	*He laughed whenever they spoke to him about that.*
Me temo que será él.	*I suspect it will be he.*

B. Verbs and idioms that are always reflexive

A few verbs are always reflexive in Spanish. And many idiomatic expressions are reflexive. Here are some of the most common:

atreverse (a)	to dare	arrepentirse (de)	to repent
quejarse (de)	to complain	burlarse (de)	to make fun of
acordarse (de)	to remember (about)	olvidarse (de)	to forget (about)
darse cuenta (de)	to realize	fijarse (en)	to notice

Complete usando el verbo más lógico. (¡Alerta! No todos los verbos sirven.)

| quejarse | cuidarse | burlarse | arrepentirse | olvidarse | fijarse |
| | burlarse | darse cuenta | acercarse | atreverse | |

---

1. Hay mucho peligro allí. Tendrás que _____ mucho. —Sí. Ya me he _____.
2. Este piso está en malísimas condiciones. Voy a _____ al dueño de la casa.
3. No lo castiguen más. Les aseguro que el pobre se ha _____ ya.
4. Ay, perdón. No quise pisarles los pies. En realidad, no _____ en donde caminaba. —Bueno. Pero la próxima vez, no _____ tanto.
5. ¿Y tú _____ a hablar así conmigo? No, señor, mil veces no.
6. ¿Para qué _____ de una persona tonta? Más bien hay que tenerle compasión.

As you know, using a reflexive passive instead of an active verb can imply that the action is accidental or unexpected:

¡Dios mío! Se me olvidaron los billetes.	*Oh, my! I forgot the tickets. (They slipped my mind.)*
¿Se le ha perdido la carta?	*Have you lost the letter? (Has it disappeared on you?)*
Se nos ocurre una idea.	*We have an idea. (It occurs to us.)*

Tradúzcase al español:

What an unpleasant (**más desagradable**) night we had! Roque Salinas drank up a whole bottle of cognac and got completely drunk. He went staggering from room to (**en**) room making fun of everyone, laughing uncontrollably, eating up all the food that we had prepared and behaving like an ass. Finally, my father got mad. He went over to Roque and said to him: "Get out of here. And take your cronies with you." Roque didn't seem to realize that my father was talking to him seriously, and he laughed out loud. "I'm staying here, and no one will dare to touch me!" Well, as you can imagine, my father forgot for a moment that he was a gentleman. He gave Roque a push. Roque fell down like a sack of rice, and for a moment it seemed that he had died. But my father didn't get at all (**nada**) nervous. He grabbed a flask of water, poured it on Roque and said: "Get up. Come on, wake up and get out." Roque got up slowly, turned around, and then the real trouble (**lío**) began . . .

C. The impersonal se

1. **Se** + a verb in the third person singular is like the impersonal *One* (or the popular *You*) in English:

¿Por dónde se sale de aquí?	*How does one (do you) get out of here?*
¿Cómo se escribe ese nombre?	*How do you (does one) spell that name?*
Se come bien allí.	*One eats well (You get good food) there.*
Escuchando, se aprende mucho.	*By listening, one learns (you learn) a lot.*

2. The impersonal **se** frequently expresses passive voice:[1]

Aquí se habla español.	*Spanish is spoken here.*
Se dice que va a llover.	*It is said that it is going to rain.*

Termine de una manera original:

1. No se debe fumar . . .   2. Se ha dicho que . . .   3. No se sabe todavía . . . 4. ¿Cómo se sube . . . ?   5. ¿Cómo se escribe . . . ?   6. ¿Se habla . . . ?   7. ¿Se enseñará . . . ?   8. No se comía . . .   9. ¿Por dónde se va . . . ?   10. Cómo se podría . . . ?   11. No se debe . . .   12. De repente se oyó . . .   13. Trabajando, se . . .

♦ 3. If the verb is already reflexive, Spanish often uses **uno** or the third person plural (*They* . . .) to convey the impersonal idea:

Cuando uno se acuesta tarde, se levanta tarde.	*When one goes (you go) to bed late, one gets up (you get up) late.*
En el ejército se levantan muy temprano.	*In the army one gets up (you, they get up) very early.*

• **Uno** has a more intimate or personal connotation than **se**. Very often, it is used when the speaker is actually referring to himself or to the person addressed:

A veces, uno quiere hacer bien, y hace mal.	*At times, a person (one, you, I) means to do good, and does harm.*
Una no puede decidirse tan aprisa.	*One (a girl, I, she, you) can't decide in such a hurry.*
Lo que uno no sabe, no le hace daño.	*What one doesn't know doesn't hurt him.*

Lo que no se sabe would mean *What isn't known.*

---

[1] For more about the reflexive passive, recall Part 1, Lesson 5.

- After **hay que** or an impersonal expression with **ser**, the normal reflexive remains:

Hay que sentarse muy cerca para oír bien en ese teatro.

One (you) must sit very close in order to hear well in that theater.

Es necesario (importante, imposible) prepararse para el porvenir.

It is necessary (important, impossible) to prepare oneself for the future.

Filosofías

¿Cómo se expresarán en español?

1. How can one explain why we do the things we do? At times one thinks that he's right, and then it turns out that he was completely wrong. At times one wants to do good, and actually he has done harm to someone. —Don't worry so much. One has to enjoy himself too.
2. One must take chances in this world, one must dare to be different or nothing will ever change. —For Heaven's sake! How philosophical you've gotten (**ponerse**) today! How can a person (*one*) stand someone like you?

D. The reciprocal *(to) each other*

1. The reflexive can show that two or more people are doing the action to each other:

Se quieren locamente. —Están locos.

They love each other madly. —They're mad.

Nos veremos en la escuela.

We'll see each other at school.

No os tratéis así. —¿Por qué no? Nos odiamos.

Don't treat each other that way. —Why not? We hate each other.

2. **Uno a otro (una a otra,**[2] **unos a otros, unas a otras)** may be added if clarification is needed:

Se miman demasiado uno a otro.

They pamper each other too much.

Se hacen mucho daño unos a otros.

They hurt each other very much.

Without the additional phrase, the implication might be: they pamper (or hurt) *themselves.*

Sólo para practicar

Conteste afirmativamente:

1. ¿Os queréis? 2. ¿Se conocían Uds. ya? 3. ¿Se verán Uds. en la conferencia? 4. ¿Nos ayudamos uno a otro? 5. ¿Podemos hablarnos ahora? (Sí, Uds. . . .) 6. ¿Es verdad que os encontrasteis en Santiago? 7. ¿Se explicarán lo que pasó?

---

[2] The feminine is used only when both or all parties are women.

Ahora conteste negativamente:

1. ¿Os visteis anoche?   2. ¿Se conocieron hace mucho tiempo?   3. ¿Se miran con rencor esos hombres?   4. ¿Nos encontraremos en el cine?   5. ¿Nos llamaremos todos los días?   6. ¿Se han casado Uds. ya?   7. ¿Se han defendido uno al otro?

♦ 3. *Each other* after prepositions

When the reciprocal *each other* follows a preposition other than *to,* the reflexive pronoun is not used. Instead, the verb is followed by **(el) uno** + preposition + **(el) otro,** etc.:

Siempre hablan mal el uno del otro.	*They always speak ill of each other.*
Los vi luchando (los) unos contra (los) otros.	*I saw them fighting one against the other.*
Esas hermanas se sacrificarían una por otra.	*Those sisters would sacrifice themselves for one another.*

Ejercicio

Emplee en oraciones originales cinco de las expresiones siguientes: *uno contra otro, el uno del otro, uno(s) por otro(s), uno tras otro, unos con otros, el uno en lugar del otro, una a otra.*

Historietas

Mire las ilustraciones, use la imaginación y conteste.

1   2   3

4   5   6   7

1. ¿Se quieren mucho estos individuos? ¿Quiénes serán? ¿Por qué estarán tan contentos en este momento uno con otro?   2. ¿Por qué se odian tanto estas dos personas?   3. ¿Por qué se están pegando uno a otro? ¿Qué habrá pasado entre ellos?   4. ¿Qué están haciendo estos jóvenes?   5. ¿Qué estarán diciéndose estas personas?   6. ¿Y qué están haciendo este hombre y esta mujer?

Ahora aplique estas expresiones para describir lo que se hacen Ud. y sus amigos, Ud. y su familia, etc.: **Nos . . . (uno a otro).**

E. sí vs. él, ella, etc.

In a few cases, either a reflexive or a nonreflexive pronoun can follow the preposition.

1. With llevarse
In Spain, the reflexive prepositional pronoun is generally used with the idiom **llevarse (con)** *to carry off, to take away with one:*

Me lo llevé conmigo.	*I took it away with me.*
Se lo llevó consigo.	*He took it away with him.*

In Spanish America, the nonreflexive prepositional pronoun is more frequent. Of course, the difference is noticeable only in the third person:

Se lo llevó con él.	*He took it away with him.*

2. With traer
Traer, followed by **conmigo, contigo,** etc., acquires the meaning *to have with (one):*

¿Trae consigo el dinero?	*Does he have the money with him?*

In Spanish America, the nonreflexive pronoun is again more common:

¿Trae con él el dinero?	*Does he have the money with him?*

3. After **entre,** either **sí** or **ellos** may be used with reflexive meaning:

Lo arreglaron entre sí.	*They settled it among themselves.*
Lo arreglaron entre ellos.	

Diga una vez más en español:

1. Tell me, can you finish it among yourselves, or do you prefer that we help you? —Thanks, but don't worry. We'll do it ourselves.   2. My wife and I had just arrived at the hotel when we noticed an old school chum of mine on the same floor that we were occupying. I turned **(volverse)** to her and said: "Let's get away **(alejarse)** from him before he sees us (*present subjunctive*). I can't stand him." But at that very moment he saw us and came over to us. "Hello, there," he said. "So **(De modo que)**

you brought your girlfriend with you again? Oh, excuse me. The other one was blonde, wasn't she?'' He clapped me on the back and called to (**dirigirse a**) a friend of his: "Come closer, I'd like to introduce you to an old pal of mine.'' I shuddered. Our vacation was ruined. What could I have done to deserve this?

F. The meaning and uses of **mismo**

1. The adjective **mismo**, when used before a noun, normally means (*the*) *same*, and on occasion corresponds to the emphatic adjective *very:*

Partimos el mismo día, pero no en el mismo vuelo. — *We left on the same day, but not on the same flight.*

¡La misma idea me ofende! — *The very idea offends me!*

2. Mismo, used after a noun, a subject pronoun, or a prepositional phrase, is often translated as *myself, yourself, itself,* etc. However, **mismo** is *not* a reflexive. It is merely an adjective that serves to intensify or emphasize a reflexive phrase or whatever other word it modifies:

Deben verse con el jefe mismo. — *They should deal with the boss himself.*

Tú misma me lo dijiste, ¿no te acuerdas? — *You yourself told me, don't you remember?*

Hablen por sí mismos, no por nosotros. — *Speak for yourselves, not for us.*

3. Mismo may also be an adverb, and as such, retains its intensifying meaning *very, right (away),* etc.:

Hoy mismo. — *This very day.*
Ahora mismo. — *Right now.*
Aquí mismo. — *Right here.*

4. lo mismo que *the same as*

Él dijo lo mismo que yo. — *He said the same (thing) as I (did).*

Un poco de práctica

Exprese más enfáticamente las frases siguientes, usando siempre **mismo:**

1. **Yo** lo quiero hacer.   2. ¿Lo harás **tú**, Elisa?   3. **Se** alaba siempre.   4. No **te** conoces realmente.   5. Tenemos que entregarlos **hoy**.   6. La llamaré **mañana**. 7. ¿Te lo dijo el **jefe**?   8. Debo hacerlo **ahora**, pero no me da la gana.   9. Mis **padres** lo han hecho repetidas veces.

El sujeto es Ud. mismo.

1. ¿Piensa Ud. casi siempre lo mismo que sus padres? ¿lo mismo que sus amigos? ¿Sobre qué cuestiones no comparten Uds. las mismas opiniones? 2. ¿Tiene Ud. algo importante que hacer ahora mismo? 3. ¿Van Uds. a terminar esta lección hoy mismo o piensan dejarla para mañana? 4. ¿Conoce Ud. a alguien que piense sólo en sí mismo? ¿Es Ud. así? 5. Cuando termine sus estudios, ¿piensa Ud. instalarse por sí mismo (*go out on your own*) o preferiría trabajar para otra persona? 6. ¿Ha tenido Ud. alguna vez dos exámenes o más en el mismo día? ¿Qué hizo?

VIÑETA

Los Marín, un joven matrimonio, van a ver un apartamento que se anuncia en el periódico. La dueña es una señora anciana, viuda de un coronel.

Toda la casa **huele a gato.** Se miran los Marín, sorprendiéndose el mismo gesto de desagrado. **De buena gana** se tomarían de la mano como dos chicos, y bajarían corriendo las escaleras. Pero allí está la vieja señora contándoles una historia:
smells of cats
Gladly

— . . . y entonces mi marido se retiró. No quería servir a una República que trataba tan mal a los militares.

Desde su **marco** dorado, el coronel Roquer **asevera** las palabras de su viuda. (. . .) Un rayo de sol que sin permiso **se cuela** por una **rendija** del balcón arranca algunos reflejos a un **relicario** de plata.
frame / affirms
filters
slit / "treasure" box

— . . . ¿los hijos?—se lamenta la vieja Roquer. —Ya se sabe lo que son los hijos. Cada uno por su camino. ¡Jesús! **Críe** Ud. hijos y se encontrará sola en la **vejez.** El marido lo es todo para la mujer. Y la mujer para el marido. **Digo,** cuando los hombres **resultan como Dios manda,** porque ya se sabe . . .
Raise
old age
I mean / turn out right

Las cortinas de **terciopelo** rojo están llenas de polvo. Debieron ser hermosas en su tiempo. ¿Cuál ha sido su tiempo?, se preguntan los Marín. Un ayer que se coge con la mano, y tan lejano para ellos como cualquier **hecho** histórico estudiado en los libros. . . . Al menor movimiento **se desprende** de las cortinas una nubecilla de polvo. El polvo lo cubre todo, **disfrazando** la pasada grandeza de las cosas con el gesto **pudoroso** del mendigo que esconde su condición humana bajo los **harapos.**
velvet
fact
there comes off
hiding
self-conscious
rags

(Adaptado de Dolores Medio, *Funcionario público*)

Comentarios

1. ¿De qué colores se imagina Ud. la sala de la viuda Roquer? ¿Cómo serán los muebles—pesados o más bien ligeros? ¿muy ornamentados o más bien simples? ¿Habrá muchos o pocos muebles en el cuarto?

2. Y la viuda, ¿cómo será su aspecto físico? ¿Puede Ud. describírnosla? ¿Cómo se vestirá? ¿Qué colores usará? ¿Qué relación puede Ud. establecer entre ella y su habitación? ¿Qué sabe Ud. acerca de su vida? ¿y de su carácter? ¿Le inspira a Ud. compasión o antipatía? ¿Por qué?

CHART OF PERSONAL PRONOUNS

Person	Subject	Object of Preposition	Reflexive Object of Preposition
Singular			
1 yo	I	(para) mí* (for) me	(para) mí* (for) myself
2 tú	you	(para) ti* (for) you	(para) ti* (for) yourself
3 él	he	él him	
ella	she	ella her	sí* himself, herself, yourself, itself
usted (Ud.)	you	usted (Ud.) you	
Plural			
1 nosotros	we	nosotros us	nosotros ourselves
2 vosotros	you	vosotros you	vosotros yourselves
3 ellos	they (m.)	ellos them	
ellas	they (f.)	ellas them	sí themselves, yourselves
ustedes (Uds.)	you	ustedes (Uds.) you	

Person	Direct Object of Verb	Indirect Object of Verb	Reflexive
Singular			
1 me	me	me to me, for me	me (to) myself, for myself
2 te	you	te to you	te (to) yourself
3 lo, le	him, it	le to him, to her, to you, to it	se (to) himself, herself, yourself, itself
la	her, it		
lo, le, la	you (Ud.)		
Plural			
1 nos	us	nos to us . . .	nos (to) ourselves
2 os	you	os to you	os (to) yourselves
3 los, les	them (m.)	les to them, to you	se (to) themselves, yourselves
las	them (f.)		
los, les, las	you (Uds.)		

* After the preposition con, mí, ti, and sí become -migo, -tigo, -sigo.

About possession and the possessives

¿De quiénes serán estas cosas?

¿Será de un niño? ¿Será de una persona famosa, o de . . .? ¿Será suyo?
Use la imaginación y díganos . . .

▬▬▬▬▬▬▬▬▬▬▬ **A REPASAR** ▬▬▬▬▬▬▬▬▬▬▬

A. Possession: «la familia de Ana»

Unlike English, Spanish cannot show possession by adding an "apostrophe 's" to a noun. Instead, it identifies the possessor by using the preposition **de** + a noun. In other words, *Ann's family* becomes **la familia de Ana** (*the family of Ann*):

La mesa del profesor	*The professor's desk*
El cuarto de Carolina	*Caroline's room*

Díganos: ¿Cuál es más grande—la familia de su madre o la familia de su padre? ¿Cuál vive más cerca? ¿Dónde está la casa de su familia? ¿y de sus abuelos?

B. mi, tu, su . . .   *my, your, her . . .*

These are the possessives that always go *before* the noun. They agree with the noun that follows them, and are never stressed with the voice:

mi(s)	*my*	nuestro (-a, -os, -as)	*our*
tu(s)	*your (belonging to you, my friend)*	vuestro (-a, -os, -as)	*your (belonging to you-folks—Spain)*
su(s)	*his, her, its, your* (**de Ud.** or **de Uds.**), *their*		

Notice that **mi, tu** and **su** have only singular and plural forms. **Nuestro** and **vuestro** have masculine and feminine forms as well:

mi hermano, mis primos	*my brother, my cousins*
tu escuela, tus clases	*your school, your classes*
su idea	*his (her, your, their) idea*
sus planes	*his (her, your, their) plans*
nuestra familia	*our family*
nuestros padres	*our parents*
vuestro dinero	*your money*
vuestras casas	*your homes*

C. mío, tuyo, suyo . . .   *(mine, yours, hers . . .)*

These are the stressed possessives. They add emphasis whether or not we stress them with our voice. Notice that they have two translations in English: *mine* or *of mine . . .*

mío (-a, -os, -as)	*(of) mine*	nuestro (-a, -os, -as)	*(of) ours*
tuyo (-a, -os, -as)	*(of) yours*	vuestro (-a, -os, -as)	*(of) yours*
suyo (-a, -os, -as)	*(of) his, (of) hers, (of) yours* (**de Ud., Uds.**), *(of) theirs*		

These possessives either follow the noun or stand alone after the verb **ser**. Remember: They will *never* go immediately *before* the noun!

El coche es mío. La moto será suya.	*The car is mine. The motorcycle must be his (hers, theirs, etc.).*
Era cliente nuestro. —¿Era? ¿Ya no lo es?	*He was a customer of ours. —He was? Isn't he anymore?*

Spanish often uses these stressed possessives in exclamations:

¡Amada mía! —¡Corazón mío! (—¡Dios mío!)	*My beloved! —My darling! (—My G—!)*

D. de él, de ella, etc., in place of a possessive

For clarification or emphasis, **su** may be replaced by **el . . . de, la . . . de** (**él, ella,** etc.). **Suyo** is replaced simply by **de él, de ella, de Ud., de ellos, de ellas, de Uds.**:

¿Podría Ud. darme la dirección **de ella**? Ya tengo la **de Uds.**	*Could you give me **her** address? I already have **yours**.*
Los padres **de él** están a favor del matrimonio. Los parientes **de ella** están en contra.	***His** parents are in favor of the marriage. **Her** relatives are against it.*
¿Son **de Uds.** estos vehículos? —Sí. El coche es mío; la moto será **de él.**	*Are these vehicles **yours**? —Yes. The car is mine; the motorcycle must be **his.***

A practicar

Conteste afirmativa o negativamente según los modelos.

Por ejemplo:
¿Estos guantes son tuyos? **—Sí, son míos.**
                                    —No. Son tuyos, de ella, de Uds., etc.

1. ¿Son de Uds. estos asientos?   2. ¿Es mío este paquete?   3. ¿Era de su padre la fábrica?   4. ¿Serán vuestros aquellos papeles?   5. ¿Es tuyo este bolígrafo (*ball point pen*)? ¿y esas plumas? ¿y esos lápices?   6. ¿Fue de Uds. la tienda que se quemó?   7. ¿Sería tuyo el bolso que encontraron?   8. ¿Son de Ud. aquellas maletas?   9. ¿Eran clientes de la firma?   10. ¿Te gustaría conocer a unos amigos míos?

¿Qué nos cuenta?

1. ¿Cuál es la primera memoria de su niñez? ¿Quiénes fueron sus primeros amigos?   2. ¿Hay algún pariente suyo viviendo en otro país?   3. ¿Es de Uds. la casa en que viven? Si no, ¿ de quién es?   4. ¿Se ha casado recientemente algún amigo tuyo (o amiga tuya)?   5. ¿Hay nativos de habla española en vuestra clase? Si los hay, ¿de dónde son?   6. ¿Cuál consideras la mayor suerte tuya? ¿y la mayor desgracia (*misfortune*)?   7. ¿Es tuyo el coche que usas? Para volver a tu casa, ¿vas en coche, en tren o en autobús?

 ══════════════ **ADELANTE** ══════════════

A. The definite article in place of a possessive

With parts of the body, articles of clothing and personal effects, the definite article generally replaces **mi, tu, su,** etc. The indirect object shows the possessor if the subject does the action to someone else; the reflexive, if the subject does the action to itself:

Si quieres, te ataré la corbata. —Ya me he atado la corbata. ¿Me buscarás ahora los gemelos?	*If you wish, I'll tie your tie for you. —I've already tied my (own) tie. Will you look for my cuff links now?*
Quítense el sombrero[1] delante de una señora. —¿Qué señora?	*Take off your hats in front of a lady. —What lady?*
Lávate las manos antes de comer. —¿Por qué, mamá?	*Wash your hands before eating. —Why, Mom?*

Of course, if the possessor is not otherwise revealed, the possessive adjective is used:

Se puso mi abrigo y se fue.	*He put on my coat and left.*
El mío está roto.Tendré que tomar tu paraguas.	*Mine is broken. I'll have to take your umbrella.*

Oraciones originales

¿Cómo emplearía Ud. estas expresiones?

lavarse la cara. . . quitarle a uno el aliento. . . ponerse los guantes. . . ponerle (a otra persona) los guantes. . . peinarse el pelo. . . cortarle a alguien el pelo. . . coserse los pantalones. . . plancharle (a otra persona) el vestido. . .

---

[1] Notice that since each person is taking off *one* hat, Spanish uses the singular noun. Witness also: **Cuando terminen, levanten la mano.** *When you finish, raise your hands* (one hand). But: **Esto es un atraco. Levanten las manos.** *This is a holdup. Raise your hands* (both hands).

B. Possessive pronouns: **el mío, la tuya,** etc.

Possessive pronouns consist of the definite article plus the stressed form of the possessive adjective: **el mío, los tuyos, la suya,** etc. They may be used as subject or object of a verb, may follow **ser,** or may stand alone:

¿Iremos en tu coche o en el mío? —El tuyo es mejor.

Shall we go in your car or in mine? —Yours is better.

No tengo pluma. ¿Me presta la suya (o la de Ud.)?

I don't have a pen. Will you lend me yours?

¿Cuáles son los nuestros? —Aquéllos.

Which ones are ours? —Those over there.

REMEMBER: If a sentence begins with the stressed possessive, we must always use the definite article with it!

¿Este es su abrigo? —No. El mío está en el ropero.

Is this your coat? —No. Mine is in the closet.

Mini-diálogos

Complételos como le parezca mejor, usando siempre un pronombre posesivo:

1. Mis padres son de Cuba. ¿De dónde son los suyos? 2. Nuestra clase se reúne a las nueve. ¿A qué hora se reúne la suya? 3. En nuestra sección hay más chicas que hombres. ¿Y en la tuya? 4. Nuestra casa tiene sólo un piso. ¿Cuántos tiene la vuestra? 5. Está haciendo frío y no traigo abrigo. ¿Me presta Ud. el suyo? 6. Mi coche está descompuesto y tengo que ir en seguida al trabajo. ¿Me permiten Uds. usar el suyo? 7. La novia de mi hermano se llama Eloísa. ¿Cómo se llama la tuya? 8. Dejé el periódico en el tren. ¿Me deja Ud. leer el suyo? 9. Nuestro equipo de fútbol ha ganado diez partidos ya. ¿Cómo les va con el suyo? 10. Me gustan más tus gafas que las mías. ¿Quién te hizo las tuyas? 11. Nuestro profesor de español es un poco fuerte (*tough*). ¿Cómo es el vuestro?

C. mío vs. el mío

After the verb **ser,** both the stressed adjective (**mío,** etc.) and the stressed pronoun (**el mío**) are correct. However, there is a difference in their meaning. The adjective merely indicates possession, while the pronoun implies the selection of one or more objects from a group:

Las dos casas son nuestras.
¿Cuál de esas casas es la suya?
—Esta es la nuestra.

Both houses are ours. (We own them.)
Which of those houses is yours (the one you live in)? —This one is ours.

Este papel es tuyo, ¿no?	*This paper is yours, isn't it? (It belongs to you.)*
Este papel es el tuyo, ¿no?	*This paper is yours, isn't it? (It's the one you wrote.)*

D. Special use of **los míos, los tuyos . . .**

Los míos, los tuyos, etc., are used to refer to relatives, intimate friends, subordinates, etc.:

Recuerdos a los tuyos.	*Regards to your family.*
Los nuestros triunfaron.	*Our men (side) won.*

E. The neuter **lo mío,** etc.

With the neuter article **lo**, the possessive pronoun acquires an abstract sense: **lo mío** *(what is mine),* etc.:

No codiciamos lo suyo.	*We don't covet what is his.*
No tienes ningún derecho a lo mío.	*You have no right to what is mine.*
Quédate con lo tuyo.	*Keep what you have.*

¿Cómo se dice?

1. Ours has always been a family business. It's small, but we love it. What is yours like? —Ours is a corporation, large and powerful. I'd dare say that it earns 100 times more than yours. —Oh, yes? Well . . . good morning, boss.
2. I am yours, and everything I have is yours. —Oh, darling! —But, remember: what is mine is yours, and what is yours is mine. —But, my love, if (what is) mine is worth much more than (what is) yours . . . —Then it will be ours. —No. You keep what's yours and I'll keep what's mine. —I don't understand that attitude of yours. —Yours is much worse. —Mine is worse? What have *I* said? —Nothing. But I could read it in your eyes. —And I could hear it coming out of those beautiful lips of yours. —Are you getting sarcastic now? —Sarcastic? I? —Yes, you. "Those beautiful lips of mine." —But they *are.* Everything about you (of yours) is beautiful. —Darling! I am yours. Everything I have is yours . . . (¡ . . . !)

CORRESPONDENCIA

RAMÓN PÉREZ DE GUZMÁN Y COMPAÑÍA, S.A.

Buenos Aires   Santiago   Montevideo   Caracas   México, D.F.
Nueva York   París   Londres   Tokio   Berlín

Cable: RAPERCO   **Sucursal** Núm. 53   branch
                                        Teléfono: 473-8850

15 de octubre de 1985

Señor Alfredo Llanos
Compañía Distribuidora General
Valparaíso, Chile

Muy señor mío: Dear Sir:

Tomo la libertad de dirigirme a Ud. porque mi padre, Ramón Pérez de Guzmán, presidente de la **empresa** arriba citada y uno de los principales clientes **suyos**, me ha aconsejado que solicite un puesto ejecutivo en su firma. Como Ud. verá por la lista **adjunta** de mis empleos enteriores, he **desempeñado numerosos cargos** en este campo, incluso en la empresa de mi propia familia y en las de varias subsidiarias nuestras, y me considero **gran conocedor** de sus problemas. En efecto, según el **criterio** de varios antiguos asociados míos, me atrevo a decir que he contribuido en **sentido mayor** a la formulación y desarrollo de algunos de aquéllos. Por razones personales me conviene en este momento **trasladarme a ésa** y por estos motivos me resultaría más que grato conseguir una **colocación** en la apreciable firma de Uds.—es decir, si Uds. pueden cumplir con algunos requisitos mínimos que me gustaría **señalar**:

(margin glosses: company / of yours / enclosed / held many posts / very knowledgeable / opinion / a major way / move to your city / position / indicate*)*

1. Condiciones de trabajo: Oficina espaciosa, **alfombrada** y **refrigerada**. Baño privado y **parqueo** reservado. Secretaria ejecutiva y otra personal—**ésta** de mi propia elección, **aquélla** según los criterios de Uds.

(margin glosses: carpeted / air conditioned / parking space / the latter / the former*)*

2. **Horario:** flexible. En vista de mis conocidas actividades **deportivas** y sociales, **me consta** indicar que **eso de llegar** a la oficina a una hora fija y partir en **determinado** momento jamás ha conducido a un máximo **esfuerzo** de parte mía. **Por eso** les voy a rogar que dejen a mi propio **juicio** las horas de **asistencia**.

(margin glosses: Hours / sports / I must / arriving / a specific / effort / Therefore / judgment / attendance*)*

3. Salario: un honorario modesto consonante con las necesidades de mi persona y con la consideración que su firma debe a la empresa Ramón Pérez de Guzmán, S.A.

Agradeciéndole **de antemano** su favorable contestación y deseando que **ésta** no le haya ocasionado ninguna molestia, **me subscribo de Ud.,**

in advance
this letter / I remain

Su atento y seguro servidor,

yours truly

Juan José Pérez de Guzmán

P.D. Mi padre le manda muchos saludos y le quiere avisar que espera poder continuar sin interrupción sus cordiales relaciones con su distinguida compañía.

P.S. **(Posdata)**

J. J. P. de G.

P.P.D. Le adjunto dos cartas de recomendación que comprobarán mis indisputadas calificaciones para el cargo solicitado. Otra vez, **atto. y afmo.**

J.J.P.

(atento y afectísimo) Cordially

SERVICIOS ELECTRÓNICOS ACME
Calle de los Ríos, 212A 4°
4th floor
Caracas, Venezuela, Zona 12
(Subsidiaria de Ramón Pérez de Guzmán y Cía., S.A.)
Tel.: 245-1579

21 de octubre de 1985

Muy señores nuestros:

En cuanto a la **solicitud** de trabajo del señor Juan José Pérez de Guzmán, **nos complacemos** en comunicarles lo siguiente:

Juan José Pérez, hijo de nuestro principal cliente, vino a trabajar con nosotros en enero del año pasado y estuvo en nuestro empleo hasta mayo de ese mismo año. **No vacilamos** en decirles que fue una verdadera experiencia sólo conocerle. Jamás hemos visto un trabajador como él ni una personalidad como la suya. En efecto, aquellos tres meses de nuestra asociación con él han sido incomparables en los anales de nuestra compañía, tres meses que no olvidaremos jamás.

Esperando que esto les haya servido en algo, nos ofrecemos de Uds. atentos y **ss. ss.**

Gentlemen:
application
we are pleased

We don't hesitate

(seguros servidores)

Servicios Acme
Miguel Ángel Redondo, gerente

Fernández y Hermanos

AVENIDA CALDERÓN VARGAS, 15
MARACAIBO, VENEZUELA

(SUBSIDIARIA DE RAMÓN PÉREZ DE GUZMÁN Y CÍA., S.A.)

23 de octubre de 1985

Caballeros:

Con referencia al Sr. Juan José Pérez de Guzmán, **nos apresura-** we hasten
mos a decirles con toda sinceridad que no podemos **encarecer** praise too highly
demasiado su trabajo. **Hasta** podemos indicar que hay que verlo even
para creerlo. Juan José Pérez, hijo de . . .

Comentarios

1. ¿Qué piensa Ud. de Juan José Pérez? ¿Cómo se figura Ud. su personalidad? ¿su carácter? ¿sus intereses? ¿Qué sabe Ud. de su familia? ¿y de sus relaciones con sus familiares? ¿Por qué cree Ud. que Juan José se ve obligado en este momento a cambiar de domicilio? ¿Lo emplearía Ud. si fuera el señor Llanos? ¿Por qué?
2. ¿Cómo interpreta Ud. la carta del señor Redondo, gerente de los Servicios Electrónicos Acme? ¿Le parece que les gustó Juan José a sus jefes o no? ¿Cómo se explicará el estilo curioso de la carta?
3. ¿Qué piensa Ud. que va a decir la segunda carta de recomendación? ¿Podría Ud. terminarla?

The demonstratives

A. The adjectives *this, that, these, those*

1. Their forms

Singular				Plural		
M.	*F.*			*M.*	*F.*	
este	esta	*this (near me)*		estos	estas	*these*
ese	esa	*that (near you)*		esos	esas	*those*
aquel	aquella	*that (over there)*		aquellos	aquellas	*those*

To keep in mind the difference between **este** (*this*) and **ese** (*that*), remember: In Spanish, *this* and *these* both have *t's*.

- **Este** points out something that is near the speaker in space, time or thought:

Este paraguas no sirve. —Ni estos impermeables.	*This umbrella is no good. —Neither are these raincoats.*
Esta propuesta me gusta más que la otra. —A mí no.	*I like this proposal better than the other one. —I don't.*

- **Ese** points out something that is near the other person, or that is not too far from the speaker in time or thought:

¿Me quieres pasar ese frasco. —Cómo no.	*Will you hand me that little bottle (near you)? —Sure.*
¡Esa idea tuya es estupenda! —Gracias.	*That idea of yours is great! —Thank you.*

- **Aquel** points out something that is far removed from the speaker in space, time or thought:

Aquellos edificios al otro lado de la plaza . . .	*Those buildings across the square . . .*
En aquella época, no había televisión.	*In that era, there wasn't any television.*

2. Demonstrative adjectives are usually repeated before each noun they modify, especially if the nouns are of different genders:

Este señor y esta señora son los ganadores. —¡Olé!	*This gentleman and lady are the winners. —Hooray!*

Díganos: ¿Qué planes tiene Ud. para esta noche? ¿para este fin de semana? ¿para este verano? Volviendo atrás, ¿recuerda Ud. el año 1985? Pues, ¿cuántos años tenía Ud. en ese año? ¿Se había matriculado Ud. ya en esta universidad? . . . A propósito, ¿qué piensa Ud.?: Cuando sus padres eran niños, ¿era más fácil o más difícil vivir en aquellos tiempos? ¿Y cuando sus abuelos eran pequeños?

¿Cuál es el demostrativo correcto?

1. _____ tienda aquí parece tener lo que busco.   2. Nunca me olvidaré de _____ tiempos lejanos.   3. _____ montañas a lo lejos siempre están cubiertas de nieve.   4. _____ traje tuyo se ve más nuevo que el mío.   5. Acabamos de comprar _____ coche pero no funciona tan bien como debe. —Debería quejarse a la agencia _____ misma tarde.   6. ¿Qué son _____ papeles que tiene Ud. en la mano?   7. En _____ época no había electricidad ni nada.   8. ¡Cuidado! No se siente en _____ silla (ahí). Está rota.

B. The pronouns *this one, that one, these, those*

Spanish forms the pronouns *this one, that one, these, those* by placing a written accent over the stressed vowel of the demonstrative adjective:[1]

este curso → **éste**   esas niñas → **ésas**   aquel día → **aquél**

These pronouns may be used as subject or object of a verb or may stand alone. Remember, however, that they will never appear immediately before a noun!

Aquéllos sí fueron buenos tiempos. —Sí, pero éstos son más emocionantes.	*Those were the good old days. —Yes, but these are more exciting.*
¿Cuáles ha escogido Ud.? —Éste, ése y aquél.	*Which ones have you chosen? —This one, that one, and the one over there.*

---

[1] According to recent usage, it is acceptable to omit the written accent from the pronoun forms. However, the accent is still in general use.

C. The neuter pronouns: **esto, eso, aquello**

These forms are invariable, since they refer to a whole idea rather than to a specific noun. Notice that they never have a written accent:

Esto es el colmo ya.   *This (the whole thing) is the limit!*
¡Eso es! Eso sí me gusta.   *That's it! That I do like.*

Un poco de lógica

Escoja siempre la conclusión apropiada:

1. —Ese restorán que nos recomendaste resultó horrible, el peor del mundo. —(Pues, ¿por qué escogiste éste entonces? . . . ¡Cuánto lo siento! Eso me sorprende mucho . . . Eso no me sorprende nada. Siempre ha sido así.)
2. —Esta primavera no pensamos volver a aquel hotel. —(De acuerdo. Éste es más barato y mejor . . . ¿Por qué? ¿No les gustó más éste? . . . Eso es algo que otra persona debe decidir por Uds.)
3. —¿Cuál de estas sillas nos recomienda Ud. —ésta, que es más grande o aquélla chiquita, que es más bonita? —La verdad, señora, siendo tan altos Ud. y su esposo, yo les recomendaría más (ésta, ésa. aquélla). Les resultará mucho más cómoda.
4. Salieron en el coche tempranito esta mañana y debían llegar acá para las tres a lo más tarde. ¿Y saben? No han llegado todavía y ya son las diez de la noche. (—Eso indica que habrán bajado en otra estación . . . Esto me hace pensar que se habrán perdido en el camino . . . Aquello fue lo mejor del viaje.)

D. The English pseudo-demonstratives

English frequently uses *that* and *those* not to point out something, but merely as a substitute for a noun. Since this is not a true demonstrative, Spanish uses the definite article instead of the demonstrative pronoun:

El Museo de Bellas Artes y el de Antropología están muy cerca de aquí.
The Museum of Fine Arts and that (the Museum) of Anthropology are very close to here.

Esta casa y las de enfrente son nuevas.[2] —Eso ya se ve.
This house and those (the ones) facing it are new. —That's obvious.

Los que te lo dijeron mentían.
Those (people) who told you so were lying.

---

[2] If we were pointing out *those* houses, **aquéllas de enfrente** would be correct.

¿Qué opina Ud.?

¿Cuáles son más difíciles—los cursos de arte o los de ciencia natural? ¿Cuáles deben ser más pequeñas—las clases de lenguas o las de historia? ¿las de música o las de composición creativa? . . . ¿Qué prefiere Ud. —los abrigos de pieles o los de lana? ¿las camisas de nilón o las de algodón? ¿los muebles de estilo tradicional o los de estilo moderno? . . . Si uno se va de vacaciones, ¿es mejor llevar la cámara cinematográfica o la de instantáneas (*snapshots*)? . . . Si un(a) joven no tiene coche propio, ¿debe pedir prestado el de la familia o debe usar solamente el transporte público?

 ADELANTE

A. *The latter* and *the former*—**éste** and **aquél**

Éste (the one most recently mentioned) is used to indicate *the latter,* and **aquél**, *the former.* Unlike English, when both are mentioned in Spanish, *the latter* (**éste**) always comes first:

¿Conocen Uds. a los doctores Ríos y Cepeda? Éste es cirujano estético y aquél es radiólogo.	Do you know Drs. Rios and Cepeda? The former is a radiologist and the latter is a plastic surgeon.
Ud. me pidió las revistas *Epoca* y *Hoy,* ¿verdad? Pues ésta está agotada y aquélla no se publica ya.	You requested the magazines Epoch and Today, *didn't you? Well the former isn't published any more and the latter is out of stock.*

B. **Ésta** and **ésa** in business letters

Ésta and **ésa** are frequently used in commercial Spanish to mean *this city* (the one in which the letter is written) and *your city* (the one to which the letter is sent). **Esta plaza** and **esa plaza** are also used in that sense:

Estoy seguro de que los artículos tendrán muy buena acogida en ésta (en esta plaza).	I am sure that the goods will have an excellent sale in this city.
Espero que Uds. puedan colocar mis telas en ésa (en esa plaza).	I hope that you will be able to market my fabrics in your city.

• **Ésta** may refer also to the letter being written.

Le mando ésta para participarle que . . .	I am sending you this letter to inform you that . . .

C. The derogatory demonstrative

Placed after the noun, the demonstrative adjective **ese** expresses contempt. At times, the pronoun **ése** also acquires this connotation:

El tío ese empieza a molestarme.	*That (unpleasant, nasty) guy is beginning to annoy me.*
La mujerona esa tendrá que habérselas conmigo.	*That (miserable) hulk of a woman will have to reckon with me.*
Ese te va a causar problemas si no te cuidas.	*That guy is going to cause you trouble if you don't watch out.*

D. Esto de . . . , eso de . . .

Esto de, eso de, and **aquello de** have varied translations in English. Most frequently, they correspond to the English *this* or *that matter of, business of, idea of, question of,* and at times they are preferably not translated at all:

Esto de acostarse temprano es sólo para los viejos.	*This business of going to sleep early is only for old people.*
Eso de ir y volver en un solo día me parece demasiado.	*(The idea of) Going and coming back in only one day seems too much to me.*

♦ E. Aquel (de) quien . . .   *(The one (about) whom . . .)*

As subject of a verb, *the one who* is normally **el que, la que,** etc. But when we say *the one . . . whom,* Spanish uses **aquel, aquella** . . . instead of the definite article. Of course, almost any preposition can be inserted before *whom:*

Aquellos de quienes habla Ud. son amigos míos.	*The ones (those) of whom you are speaking are friends of mine.*
Aquella con quien te vi, ¿era tu esposa? —¡Chist!	*The one whom I saw you with, was that your wife? —Shh!*

Tradúzcase al español:

1. The person (the one) about **(por)** whom you inquire in your letter of the 15th of this month was in our employ for a very short time. I can only say that that fellow is going to cause you many problems if you hire him. The idea of working never has suited him. In fact, that is his basic problem in life. However, in spite of all this, I recommend that you give him the job. His uncle is the president of the firm!
2. This typewriter doesn't work very well. May I use that one (near you)? —You would do better with that one over there. This one is very old.

3. I would like to introduce you to two neighbors of mine. Marcela Delibes and Leonor Rabat. The former is a well-known newspaperwoman and the latter is a fine pianist. You'll like them.
4. Wait a moment! That's not fair. We chose this card and you handed us that one. —Why not? This is what we call magic.

CREACIÓN

Sobre el arte de decir algo sin decir absolutamente nada.

¿Cuántas veces se ha hallado Ud. en el trance de tener que alabar algo que en realidad no le haya gustado? Y su alma honrada se ha estremecido ante la mentira misericordiosa. Pues bien, vamos a practicar un poco hoy el arte de la palabra equívoca, la que se puede interpretar de dos maneras absolutamente opuestas, la que cada uno entenderá a su propio gusto. Repase por un momento las dos cartas de recomendación (págs. 109–110) y después comencemos.

1. Ud. acaba de asistir a un concierto de música dado por un colega suyo. Ud. lo considera una catástrofe total, pero claro está, no quiere ofender a su amigo. ¿Qué le dice Ud.?
2. Ud. es profesor(a) en una escuela privada. Una noche, aquella famosa noche en que vienen a visitar el colegio los padres de los alumnos, se le acerca a Ud. el padre de Juanito Gómez, su peor estudiante. Desafortunadamente, el padre de Juanito es uno de los mayores contribuidores a la escuela, y sin él . . . ¿Qué le cuenta Ud. de su Juanito?
3. Ud. ha sido invitado a comer en casa de sus futuros suegros. La mamá de su novia (novio) ha trabajado días enteros preparando una comida especial en su honor. Lo único es que su futura suegra es una cocinera ínfima. Ud. sufre valientemente mientras la trae plato tras plato de carnes grasosas y vegetales quemados y . . . y por fin Ud. le tiene que dar las gracias por el gran banquete. ¿Qué le dice Ud.?
4. Un amigo suyo (o una amiga suya) se ha enamorado de una persona que francamente nunca le ha gustado mucho a Ud. A decir la verdad, Ud. no tiene nada específico que decir contra aquella persona, pero cuando su amigo le pide su opinión . . . ¿Qué le dice Ud.?
5. Ud. tiene en su empleo a un tal Fernando Rojas. Rojas es en realidad una persona simpática pero del todo incompetente. Sin embargo, le da lástima a Ud. despedirlo así sin más ni más. El pobre está casado, tiene hijos y . . . Por fin se le presenta la oportunidad de colocarlo en otra firma, y Ud. le prepara una carta de recomendación . . . ¿Cómo la escribirá?

El arte del honrado engaño. La palabra de doble intención.

La comedia humana

¿Quiénes serán estos individuos? ¿Se ven contentos o más bien molestos en este momento? ¿Por qué piensa Ud. así? Díganos todo lo que se imagine acerca de su vida ... Ahora, ¿puede Ud. «reproducir» alguna parte de su conversación?

DIÁLOGO

Mariano: Alejandra . . . , son las tres. ¿Sabes? ¡Las tres!

Alejandra: Ya lo he oído.

Mariano: Sabes perfectamente que tengo que **madrugar**.   get up early

Alejandra: Muy bien. Acuéstate. Yo no te lo impido.

Mariano: ¿Que tú no me lo impides? ¿Y quién está llorando desde
la una y media? ¿Quién está gritando desde las doce menos
cuarto? En fin, ¡ya **estoy harto**! Me voy a acostar. Promete que   I've had it!
me dejarás dormir.

Alejandra: No piensas en más que dormir. Tienes los mismos **ide-**   sensitivity of a
ales que las focas.   seal

Mariano: ¡Bueno! Hasta mañana . . . Que descanses. (Alejandra no
contesta.) He dicho que descanses . . . ¿Tú no tienes nada que
contestar?

Alejandra: A mí me parece bien. No tengo nada que contestar. (Una
pausa. Alejandra se levanta y va hacia la cama que ocupa
Mariano.) Escucha, Mariano. Yo te aborrezco. Te odio.

Mariano: Está bien. **(Se vuelve del otro lado.)** ¿Quieres dejarme   He turns on his
dormir?   other side.

Alejandra: ¡Ah! ¿Soy yo quien no te deja dormir?

Mariano: ¡Esto es demasiado! ¡Dios mío! ¿Por qué fui tan estúpido?
¿Por qué el día de la boda no me escapé de la iglesia? Fui un
idiota. ¡Fui un idiota!

Alejandra: Y desde entonces no has cambiado en lo más mínimo,
Mariano. En fin, acuéstate. Yo voy a leer. Y mañana hablaremos
de una cosa muy **trascendental**.   important

Mariano: ¿Mañana? Perfectamente. Gracias, Alejandra.

Alejandra: (Después de una pausa. Aparte.) Y se dormirá. Será capaz de dormirse. (**Alto.** Encendiendo las luces.) Un segundo,   aloud
Mariano, antes de que te duermas.

Mariano: Di.   OK. Spill it.

Alejandra: ¿Qué pensarías tú de mí si habiéndome dicho que me
odiabas, **me durmiese** tranquilamente?   I were to fall
                                                                         asleep
Mariano: Pensaría que tenías sueño, Alejandra.

Alejandra: ¡Es natural!

Mariano: Oye, ¿por qué dices que es natural?

Alejandra: Por nada. Duérmete, Mariano. Ahora no te quejarás de
que sea yo quien no te deja dormir.

Mariano: ¿Por qué encuentras natural que yo **pensase** eso? Explí-   I should think
cate. Te oigo.

Alejandra: Perdona. Ahora no. Voy a acostarme.

Mariano: Te suplico que esperes un momento.

Alejandra: ¿Me prohibes que duerma?

Mariano: Sólo cinco minutos, para que me expliques . . .

Alejandra: La explicación sería demasiado larga. Mañana, después de almorzar, te lo explicaré.

Mariano: (Después de una pausa) Está bien. Mañana.

Alejandra: Oye, Mariano. ¿Es posible que no tengas curiosidad de saber por qué te odio?

Mariano: (Desesperado) Pero, bueno, ¿tú qué te propones, Alejandra? ¿que yo **enloquezca?**   go mad

Alejandra: Nadie enloquece **ya.** Eso ocurriría en el siglo XIX. **Ponte** anymore / Put on la bata y escúchame.

Mariano: ¡Qué mujer! ¡Pero qué mujer!

(Adaptado de Enrique Jardiel Poncela, *Una noche de primavera sin sueño*)

Análisis

1. ¿Cuántos años cree Ud. que llevan Mariano y Alejandra de casados? ¿Cuántos años de edad les daría Ud.? ¿De qué clase económica o social serán? ¿Por qué piensa Ud. así?

2. ¿Encuentra Ud. debajo de la apariencia alguna señal de amor entre Mariano y Alejandra? ¿Por qué piensa Ud. que Alejandra está tan enojada con él en este momento? ¿Cómo analiza Ud. el carácter de los dos? ¿Quién le parece más razonable? ¿más sincero? ¿más simpático? ¿Por qué?

3. ¿Le parecen a Ud. auténticos o más bien caricaturescos estos dos personajes? ¿Por qué? ¿Ha conocido Ud. alguna vez a alguien como ellos? ¿De qué técnicas se vale el autor para conseguir un efecto humorístico? ¿Puede Ud. señalar algunas líneas que le hayan hecho gracia en particular?

4. ¿Qué piensa Ud. por lo general del matrimonio? ¿Cree Ud. que el hombre es intrínsecamente monógamo? ¿Y la mujer? ¿Cómo explica Ud. el gran porcentaje de los divorcios en nuestro país? ¿Se divorciaría Ud.?

How to give an order

A. Chart of direct commands

	Affirmative	Negative
Ud. Uds.	PRESENT SUBJUNCTIVE	PRESENT SUBJUNCTIVE
nosotros	PRESENT SUBJUNCTIVE or Vamos a + infinitive	PRESENT SUBJUNCTIVE
tú	tú-form present indicative—drop final **s** (except **ten, ven, pon, haz, sal, sé, di, ve**)	PRESENT SUBJUNCTIVE
vosotros	infinitive: final **r** > **d**	PRESENT SUBJUNCTIVE

B. How to form the present subjunctive

1. -**ar** verbs change the ending vowel to **e**; -**er** and -**ir** verbs change the ending vowel to **a**:

-ar	-er, -ir
hablar	comer, vivir
hable	coma, viva
hables	comas, vivas
hable	coma, viva
hablemos	comamos, vivamos
habléis	comáis, viváis
hablen	coman, vivan

Once again, in order to keep the written word and pronunciation consistent, Spanish makes certain spelling changes in the present subjunctive:

- Verbs that end in **-gar** change the **g** to **gu**: **llegue**
- Verbs that end in **-car** change the **c** to **qu**: **saque**
- Verbs that end in **-zar** change the **z** to **c**: **comience**
- Verbs that end in **-ger** or **-gir** change **g** to **j**: **coja, dirija**
- Verbs that end in a consonant + **cer** change **c** to **z**: **convenza**
- Verbs that end in **-guir** change the **gu** to **g**: **distinga**

Sólo para practicar

Cambie del presente de indicativo al presente de subjuntivo.

  *Por ejemplo: amo → **ame**   abres → **abras***

a. trabajo. . . estudio. . . aprendo. . . escribo. . . llego. . . busco. . . escojo. . .
b. caminas. . . manejas. . . abres. . . subes. . . apagas. . . sacas. . . diriges. . .
c. lava. . . limpia. . . mete. . . rompe. . . paga. . . coloca. . . distingue. . . reza. . .
d. estamos. . . damos. . . comemos. . . abrimos. . . rogamos. . . tocamos. . . vencemos. . .
e. compráis. . . cobráis. . . vendéis. . . metéis. . . insistís. . . empezáis. . . mascáis. . .
f. andan. . . funcionan. . . leen. . . permiten. . . vagan. . . rascan. . . convencen. . .

2. Most irregular verbs base the subjunctive on the **yo**-form of the present tense:

tener—tengo: **tenga, tengas, tenga, tengamos, tengáis, tengan**

venir:	**venga**	salir:	**salga**
oír:	**oiga**	conocer:	**conozca**, etc.

There are only four exceptions:[1]

ser: **sea, seas, sea, seamos, seáis, sean**
saber: **sepa, sepas, sepa**. . .

ir: **vaya, vayas, vaya, vayamos, vayáis, vayan**
haber: **haya, hayas, haya**. . .

3. **-ir** radical-changing verbs change **e** to **i**, **o** to **u** in the stem of the **nosotros** and **vosotros** forms:

sentir: sienta, sientas, sienta, sintamos, sintáis, sientan
dormir: duerma, duermas, duerma, durmamos, durmáis, duerman

---

[1] The verbs **estar** and **dar** are regular, except that **dé** needs an accent mark when it stands alone. The accent mark sets it off from the preposition **de**.

REMEMBER: **-ar** and **-er** radical-changing verbs have no change in the stem vowel of the first and second person plural.

¿Cuál es el presente de subjuntivo?

a. hago. . . pongo. . . conozco. . . soy. . . sé. . . cierro. . . recuerdo. . . pido. . . muero. . .

b. tienes. . . vienes. . . pareces. . . vas. . . has. . . piensas. . . cuentas. . . pierdes. . . mueves. . .

c. sale. . . vale. . . produce. . . es. . . sabe. . . va. . . ha. . . sienta. . . cuesta. . . pierde. . . duerme. . .

d. traemos. . . caemos. . . conducimos. . . somos. . . sabemos. . . vamos. . . entendemos. . . podemos. . . mentimos. . . dormimos. . . pedimos. . .

e. decís. . . oís. . . traducís. . . vestís. . . servís. . . morís. . .

f. hacen. . . ponen. . . merecen. . . son. . . saben. . . van. . . han. . . empiezan. . . encuentran. . . entienden. . . vuelven. . . piden. . . siguen. . . (Suficiente, ¿verdad?)

 ADELANTE

A. Commands to Ud. and Uds.

All commands to **Ud.** and **Uds.** use the present subjunctive.

As always, object pronouns are *attached to the end of an affirmative command*. They go *before a negative* command:

Hábleme. Dígame lo que pasó. —No. No le diga nada.

Por favor, déjenla dormir. No la despierten. —Chiss, no nos griten, ¿eh?

Speak to me. Tell me what happened. —No. Don't tell him anything.

Please, leave her alone. Don't wake her up. —Shhh, don't shout at us, OK?

Situaciones

¿Qué órdenes damos?

1. Es la una de la mañana y sus vecinos están haciendo mucho ruido. Sus ventanas están abiertas. La televisión está puesta. Y salen del apartamento voces y gritos. ¡Y Ud. se tiene que levantar tempranísimo mañana! Ud. saca la cabeza por la

ventana de su alcoba y grita (¿Cómo expresaría Ud. estas ideas en la forma de mandatos?):

callarse o yo. . . apagar el televisor. . . no estorbar a la gente a estas horas. . . no hacer fiestas durante la semana. . . hacernos el favor de. . . ¿Qué más les diría Ud.?

2. Ud. trabaja en una oficina. El otro día, al regresar de su almuerzo, encontró a otro empleado leyendo los papeles que Ud. había dejado en su escritorio. Esa persona había abierto dos cajones, y hasta había sacado su correspondencia personal. Cuando le (la) vio a Ud., se ruborizó y dijo que estuvo buscando un bolígrafo *(ballpoint pen),* no más.

Otra vez, ¿cómo expresaría Ud. estas ideas en forma de órdenes?

explicarme qué (o por qué). . . buscar bolígrafos en otra parte. . . pedir permiso para. . . dejar mis cosas donde están. . . no tocar mis papeles. . . no acercarse a mi mesa. . . no atreverse a. . . no meter la nariz en mis asuntos personales. . . ¿Qué otras ideas se le ocurren a Ud.?

3. Ud. anuncia diferentes productos en una estación de radio. ¿Cómo emplearía Ud. estas ideas para influir en la decisión de sus futuros clientes? (Exprésalas como siempre usando mandatos.):

comparar la calidad. . . observar la diferencia entre. . . probar por sí mismos. . . ir en seguida a. . . no pagarnos nada hasta. . . devolvérnoslo si no están satisfechos. . . aprovecharse de nuestra oferta especial. . . no perder esta oportunidad. . . ¿Qué más puede Ud. agregar?

B. *Let's. . . Let's not. . .:* Commands to **nosotros**

Let's. . . is actually a direct command that involves *you and me.*

1. *"Let's do it!"*

Affirmative commands to **nosotros** can be expressed in two ways.

• **Vamos a** + an infinitive!

Vamos a ver.	*Let's see.*
Vamos a visitarlos.	*Let's visit them.*

• The **nosotros**-form of the present subjunctive:

Comamos, bebamos y gocemos.	*Let's eat, drink and be merry.*
No vayamos con ellos. Tomemos el otro camino.	*Let's not go with them. Let's take the other road.*
Mostrémosle quién manda aquí.	*Let's show him who's boss here.*

• **Vamos** is used for the affirmative *Let's go:*

Vamos al cine, ¿eh?   *Let's go to the movies, OK?*

• When **se** or **nos** is attached to the affirmative command, the **-s** of the verb ending disappears, and the normally stressed syllable requires a written accent:

Digámoselo ahora.   *Let's tell (it to) him now.*
Vámonos. Démonos prisa.   *Let's go. Let's hurry.*

2. *"Let's not. . .!"*

Negative commands to **nosotros** use *only* the present subjunctive:

No vayamos con ellos. —Entonces   *Let's not go with them. —Then let's not*
   no les digamos que vamos a ir.   * tell them that we're going.*
No nos levantemos todavía. —Bien.   *Let's not get up yet. —Fine. But let's*
   Pero no desperdiciemos toda la   * not waste the whole morning.*
   mañana.

A practicar

Primero exprese de otra manera:

1. Sentémonos aquí. Digámoselo en seguida. Leámoslo juntos. Mandémoselo por avión. Ayudémonos uno a otro.
2. Vamos a salir. Vamos a llamarla. Vamos a pedírselo a otro. Vamos a acostarnos.

Ahora use estos mandatos para completar las ideas. Por ejemplo:

No me gusta estar adentro. Salgamos. (o) Vamos a salir.

  1. Es tarde ya _____ 2. ¿No has tenido noticias de Alicia? Pues, _____ 3. El poema es un poco difícil de comprender. _____ 4. Ramiro tendrá que saberlo. _____ 5. Los asientos del salón grande están ocupados. _____ 6. Por correo ordinario, el paquete tardará una semana en llegar. _____ 7. Si ellos no quieren cooperar con nosotros, hay una sola solución. _____ 8. Parece que este banco no nos hará el préstamo. _____

¡No, no lo hagamos!

Estamos de mal humor hoy. Todo lo que se nos proponga, lo vamos a rechazar. ¿Puede Ud. responder de una manera original? Por ejemplo:

Vamos al cine, ¿eh? —No. No vayamos. No me gusta la película.

1. Comamos temprano esta noche, ¿está bien?   2. Por favor, sentémonos por un momento.   3. ¡Pobres! Ofrezcámosles algo.   4. Llamémonos todos los días.   5. Invitémoslos a todos.   6. Mandémosla a Pepe en seguida.   7. Comprémonos una nevera nueva.   8. Amémonos uno a otro. (¡Caramba! ¡Qué mal genio!)

C. Commands to tú and vosotros

Affirmative commands to **tú** and **vosotros** are the only commands that do not use the present subjunctive!

1. *"Do it, my friend(s)"*

● tú

When we tell a friend *to do something,* we usually just drop the final **s** of the tú-form of the present tense. For example:

| ¿Hablas conmigo? | ¡Habla conmigo! | *Speak to me!* |
| ¿Vuelves pronto? | ¡Vuelve pronto! | *Come back soon!* |

Of course, as in all affirmative commands, object pronouns *must be attached* to the end of the verb:

Oye. Maneja con cuidado, ¿eh? —Créeme, lo sé.	*Listen. Drive carefully, OK? —Believe me, I know.*
Come bien y acuéstate temprano. —Por favor, mamá . . .	*Eat well and go to bed early. —Please, Mom . . .*
Abre la puerta y déjala entrar. —¡Ya, ya!	*Open the door and let her in. —Right away.*

● There are only eight exceptions:

tener, ten	*have*	hacer, haz	*do make*
poner, pon	*put*	ser, sé	*be*
venir, ven	*come*	decir, di	*say, tell*
salir, sal	*go out*	ir, ve	*go*

| Hazme un favor y ponlo en la mesa . . . Ah, gracias. | *Do me a favor and put it on the table . . . Ah, thanks.* |
| Ve a tu papá y sé bueno, ¿oyes? | *Go to your Dad and be good, you hear?* |

● vosotros

In Spain, when we tell our friends *to do something,* we simply change the final **r** of the infinitive to **d**. There are no exceptions!

amar → **amad**   poner → **poned**   decir → **decid**

If the reflexive pronoun **os** is attached, the **-d** disappears. Note that verbs ending in **-ir** then require a written accent on the last **i**:

Amaos. Ayudaos.	*Love each other. Help each other.*
Poneos los guantes. Está haciendo frío.	*Put on your gloves. It's cold out.*
Vestíos. Es tarde ya.	*Get dressed. It's late already.*

Irse is the only verb that does not drop the final **-d** in the **vosotros** command:

Idos ahora mismo.	*Leave right now.*

2. *"Don't do it, my friend(s)"*

Negative commands to **tú** and **vosotros** use the *present subjunctive!*

No me hables así. —Entonces no me grites a mí.	*Don't talk to me like that. —Then don't shout at **me**.*
No os vayáis. No nos dejéis solos. —¡Jamás!	*Don't go away. Don't leave us alone. —Never!*

Más situaciones, más instrucciones

1. Su hijo de diecisiete años de edad le pide permiso para usar su coche esta noche. Ud. está conforme con prestárselo, pero con ciertas condiciones. Invente tres instrucciones afirmativas y otras tres negativas que le dará.
2. Ud. va a pasar las vacaciones de Navidad en casa de su familia, pero su compañero (compañera) de cuarto se va a quedar en la universidad. Antes de marcharse, Ud. le dice dos cosas que debe hacer y otras dos que no debe hacer durante su ausencia. ¿Cómo expresaría sus deseos en forma de mandatos?
3. Ud. es maestro (maestra) de quinto grado en una escuela primaria de Madrid. Se ha presentado una emergencia y Ud. tiene que dejar a sus alumnos solos por unos quince minutos. Antes de salir del aula, Ud. les da seis instrucciones, tres afirmativas y tres negativas. ¿Cuáles son? «Niños, por favor . . .»

En español, por favor:

1. Do me a favor, Joe, and leave me alone. Don't talk to me. Don't bother me. Don't turn on the radio. Don't do anything. I have to study, understand? 2. Help us! Save us! Don't let us die here! —Don't worry. And please, don't shout so much! 3. Let's get out of here while there's time. Let's not wait too long **(demasiado)** and let's not be sorry **(arrepentirse)** afterwards. 4. Listen, go to the store and bring me two pounds of hamburger, one dozen eggs, half a pound of butter, a bread . . . —Don't be so lazy. *You* go. I'm busy. 5. Let's go to the movies tonight, all right?

—First find out what they're showing **(presentar)**. And ask them what time the show begins. —Look, get **(tomar)** the newspaper and look for it. —Give it to me, will you? —All right. Here it is. Take it. Turn to page 33, and read to me what it says. —Let's see . . .

D. *"Please. . ."*

Since courtesy is so fundamental a part of Spanish society, there are many ways to temper the force of a direct command. Here are the most common.

1. Por favor . . . (+ a direct command). Even though we add the softener, this is actually a rather forceful request, ranging from pleading to insistence:

Por favor, siéntense en seguida.	*Please, sit down immediately.*

♦ In daily speech the present indicative is often preferred to an outright command form. For example, in speaking to a waiter one may say:

Me trae Ud. un vaso de agua, por favor.	*Please bring me a glass of water.*

2. Haga (Hágame . . .) el favor de (+ an infinitive) is very close in feeling to **por favor,** and can be even more demanding. At times it even acquires a tone of impatience:

Haga (Hágame) el favor de esperar.	*Please wait.*
Háganos el favor de no estorbar.	*Please do not disturb.*

3. Tenga la bondad de (+ an infinitive) is somewhat more formal and deferential in feeling. However, it too can be tinged at times with impatience:

Tengan la bondad de responder para el 15 de abril.	*Please respond by April 15.*

4. Sírvase (+ an infinitive) is formal and often pertains to business situations. It is polite and somewhat aloof:

Sírvase indicar la fecha de entrega y los precios.	*Please indicate the delivery date and the prices.*

5. ¿Pudiera Ud. . . . ? (+ an infinitive) is the gentlest and most personal way to ask someone to do something:

¿Pudiera Ud. ayudarnos?	*Could you please help us?*

♦ E. The impersonal command

In Spanish the direct command form, used with the reflexive **se**, appears frequently in written instructions, especially in textbooks:

Véase el capítulo cuarto.	*See the fourth chapter.*
Tradúzcanse al español las oraciones siguientes.	*Translate the following sentences into Spanish.*
Escríbase una composición sobre el tema siguiente.	*Write a composition on the following subject.*

♦ F. Using the infinitive as a command

The infinitive is often used with the force of a command, in written orders, signposts, etc.:

No fumar.	*No smoking. (Do not smoke.)*
No estacionar de aquí a la esquina.	*No parking from here to the corner.*
Traducir al español las frases siguientes . . .	*Translate into Spanish the following sentences . . .*

Al buen observador

¿Dónde cree Ud. que se encontrarían las instrucciones siguientes?

1. No Estacionar Ni Parar   2. Abróchense los cinturones y devuélvanse a su posición recta los asientos.   3. No Fumar en el Ascensor   4. No Hablar con el Chófer   5. Escríbase un tema de unas 100 palabras sobre . . .   6. Coméntense las preguntas siguientes.   7. No Entrar sin Pase   8. No Pisar el Césped   9. Véase la página 20, tercera columna.   10. No Alimentar a los Animales   11. Sírvase adjuntar la factura con el pago.

CREACIÓN

Hemos leído un diálogo acalorado entre Mariano y su esposa Alejandra (pág. 118). Pues bien, vamos a ver si Ud. puede crear una discusión parecida, una verdadera riña apasionada entre dos personas. Por ejemplo:

1. Ud. acaba de enterarse de que su novio (o novia) está saliendo secretamente con otra persona. Cuando Ud. le acusa de ello, se defiende negándolo todo al principio, y después diciendo que no le gustan las personas tan celosas. Ud. se enoja mucho porque . . .

2. Carmen Morales, esposa de Alonso Morales, está enojada porque cree que su marido no tiene ambición. Las otras mujeres no tienen que trabajar tanto como ella, no merecen tanto como ella, y sus esposos las colman de atenciones. Alonso, en cambio, se queja de que Carmen sólo piensa en el dinero, no en él. Además se ha dejado engordar, no sabe prepararle una buena comida, pasa todo el día sentadita ante la televisión, etc. . . .

3. Ud. ha llegado a su cuarto y lo ve del todo trastornado. Parece que su hermano (hermana, compañera de cuarto, etc.) ha sacado toda la ropa de Ud. del armario y la ha desparramado sobre los muebles y en el piso. Sus discos favoritos están amontonados sobre una silla y por todas partes reina el desorden. Tampoco es la primera vez que esto haya ocurrido, porque ese individuo, si quiere tomar algo prestado, ni siquiera toma la molestia de consultarle a Ud. Abre su armario, se pone a hurgar en él, ¡y ya . . . ! ¿Cómo se imagina Ud. el diálogo que resultará?

4. Si no le conviene ninguna de estas situaciones, a ver cómo se imagina otra que produzca el mismo resultado. ¡Vamos a pelear!

The three concepts of the subjunctive

A.

B.

Perspectivas humanas. Díganos: ¿Qué piensa Ud.? ¿Qué siente? . . .

A. ¿Qué sabe acerca de este padre y sus hijos? En su opinión, ¿qué lamenta más el hombre? ¿Qué desea más para sus hijos (que puedan educarse, que encuentren un lugar sano donde vivir, que tengan . . .)? Si Ud. estuviera en su lugar, ¿cómo se sentiría?

B. ¿Quiénes serán estas dos personas? ¿Cree Ud. que se conozcan bien? ¿Es posible que haya habido un disgusto entre ellos? ¿Qué estará pensando él? ¿y ella? (¡Ojalá que esta bruja . . .! ¡No quiero que este tipazo . . .!) Adelante, ¿eh?

═══════════════════ **A REPASAR** ═══════════════════

What is the subjunctive?

The subjunctive is a *mood,* not a tense. (A tense simply states the *time* of an action. A mood expresses our feelings about it.) There are two moods in Spanish: the indicative, which *indicates* or comments without critique, and the subjunctive, which adds color to the bald commentary.

Actually, the subjunctive is more widely used in English than many people realize. Often it escapes notice because its forms differ from the indicative only in the third person singular and in certain irregular verbs. In other cases, it shows up through the auxiliaries *may, might* or *should.* For example:

1. It appears regularly after verbs that suggest or request that something be done:

He demanded that she *return* at once.
I suggest that you *be* there.
They insisted that he *sign* it.

2. It follows many expressions of emotion, particularly of hope:

I wish I *were* in Dixie.
God *be* with you. (I pray that . . .)
May the new year bring you joy. (We hope that . . .)

3. It expresses unreality—the uncertain, inconclusive, contrary to fact:

It is possible that they *may* come.
Be it as it *may* . . .
It's incredible that he *should* volunteer for that mission.
If I *were* you (but I'm not), I wouldn't do it.

These are the three concepts of the subjunctive in Spanish as well! But Spanish holds them more consistently than English does. In other words, the subjunctive appears whenever the subordinate clause action bears the implication of a command or reflects the color of an emotion, whenever its positive existence is clouded by uncertainty, indefiniteness or denial. These concepts and not any particular verb, phrase or conjunction will produce the subjunctive in Spanish.

A. The first concept of subjunctive: Indirect or implied command

1. The difference between direct and indirect commands

As you know, when we give someone an order, that is a direct command:

Venga.	*Come.*
Siéntense, por favor.	*Sit down, please.*
No lo hagas, Pepe.	*Don't do it, Joe.*
Acabemos ya.	*Let's finish up.*

When we do not give an order but merely express our desire *that something be done,* that is an indirect command. The force of that command, no matter how weak or strong, will produce the subjunctive in the clause that follows it:

Quiero **que venga.**	*I want you to come. (My wish is:* **Come!***)*
Dígales **que se sienten.**	*Tell them to sit down. (Tell them:* **Sit down!***)*
Te rogamos **que no lo hagas.**	*We beg you not to do it. (We beg you:* **Don't do it!***)*
Es importante **que acabemos** ya.	*It's important that we finish up. (I advise . . .)*

Notice:

- The subordinate clause is introduced by **que.**
- Object pronouns go *before* the verb!

Recomiendan **que lo veamos.**	*They recommend that we see it. —No.*
—No. Es mejor **que vayas** solo.	*It's better that you go alone.*
Pidámosle **que nos escriba.**	*Let's ask him to write to us. —No. To*
—No. **Que nos llame.**	***call*** *us.*
No permitas **que te engañen.**	*Don't allow them to fool you. —Who,*
—¿Yo?	*me?*

REMEMBER: It is not the verb itself, but the implication of command that calls for a subjunctive in the subordinate clause:

Escríbele que nos espere.	*Write him to wait for us.*
Escríbele que lo estamos esperando.	*Write him that we're waiting for him.*

If there is no change of subject, there can be no command, and no subjunctive!

Quiero ir.	*I want to go.*
Quiero que vayas.	*I want **you** to go.*

Conviene hacerlo.	*It's advisable to do it.*
Conviene que lo hagamos nosotros.	*It's important **that we** do it.*

Cuestiones de nuestro tiempo: Sobre la educación

Díganos:

1. En su opinión, ¿es mejor que haya materias obligatorias o que todas las clases sean electivas? ¿Es preferible que se anoten las ausencias o que la asistencia a la clase quede a la discreción de los estudiantes? ¿Quiere Ud. que se eliminen todas las calificaciones?
2. ¿Le parece bien o mal que haya exámenes finales? Y si los hay, ¿aconseja Ud. que haya supervisión o que se adopte un sistema de «honor»? Si un estudiante hace chuletas *(cheats)* en el examen final, ¿qué sugiere Ud. —que le suspendamos en esa materia o que le hagamos algún otro castigo? ¿Y si es estudiante de derecho? ¿o de medicina?
3. ¿Prefiere Ud. que las clases de idiomas se conduzcan exclusivamente en la lengua extranjera o que incorporen la lengua nativa? ¿Recomienda Ud. que se ofrezcan más clases programadas de «video» o que se mantenga el contacto vivo con los profesores? Finalmente, en su opinión, ¿es más importante que la educación universitaria enseñe «humanidades» o materias profesionales?

Hablemos de ti. . .

1. ¿Qué deseas ser algún día? ¿Prefieren tus padres que hagas otra cosa con tu vida?   2. ¿Ya tienes novio (novia)? Si lo (la) tienes, ¿te gusta exactamente como es o quieres que cambie en algún respecto?   3. Si te encuentras en un apuro *(tight spot)* personal, ¿a quién pides que te ayude? ¿Y si te encuentras en un apuro económico?   4. ¿Le has pedido alguna vez a tu padre (o a tu mamá) que te preste su coche? ¿que te preste dinero? ¿que te saque de alguna situación delicada? 4. ¿Te ha pedido alguien alguna vez que le ayudes con un problema muy grave? ¿Te ha pedido alguien alguna vez que mientas por él? ¿o que hagas algo contra tu mejor juicio? (¿Lo has hecho?)

2. "Let *Johnny* do it!": Another kind of indirect command[1]

Sometimes the main clause is omitted, but the indirect command is still apparent.

---

[1] There is an important difference in Spanish between **Que cante Juanito** and **Deje Ud. que cante Juanito** (or **Déjele cantar**), although they are both translated in English as: *Let Johnny sing.* The first sentence involves only the speaker and is merely the expression of his wish that Johnny sing. The second involves another person, of whom the speaker is requesting permission for Johnny to sing.

The speaker is merely leaving out the words "I want . . ." or "I'd like . . .":

Que pague él, no yo.	Let *him* pay, not me. (I want him to!)
Que bailen todos ahora.	(Let) everyone dance now. (I'd like everyone to dance.)
Que descanses, Alejandra.	Rest, Alexandra.

♦ In certain common expressions, the indirect command is not preceded by **que** and seems to stand by itself in a main clause. Again, this is really a pseudo-main clause, with "We pray that . . ." implied:

Dios le bendiga.	May God bless you.
¡Viva el rey! ¡Mueran los traidores!	Long live the king! Death to the traitors!

3. Verbs of ordering, permitting or forbidding may also take the infinitive:

Le voy a mandar soltarlos. Voy a mandar que los suelte.	I'm going to order him to free them.
No le prohiba salir con sus amigos. No prohiba que salga . . .	Don't forbid her from going out with her friends.

With **dejar** and **permitir,** the infinitive is more common; the subjunctive, more dramatic:

Permítame (Déjeme) ayudarla. Permita (Deje) que la ayude.	Allow me to help you.

Digamos en español

1. They want to visit us. —Don't you want them to visit you? —Not now. 2. I'm going to write him to come. —No. Just let him know that his friends are coming, and he'll come. 3. Do you prefer that I give it to them now or that I wait? —I suggest that you give it to them right away. 4. Ask Anna to hurry. And tell her that I'll be there soon. —Fine. 5. I insist on going with you. —But I don't want you to go. Let the others go, if they wish, but not you. 6. Our lawyer won't allow us to sign it. —Why not? He let you sign the other one. 7. I beg you to help them. Don't let them die of hunger. —No. I always say: "Let everyone help himself." —For Heaven's sake! How cruel! 8. What do you propose—that I go mad? —No, that you leave me alone, that's all (nada más). —¡Ya!

B. The second concept of the subjunctive: Emotion

1. Whenever the main clause expresses emotion—pleasure, regret, surprise, pity, fear, anger, hope, etc.—Spanish puts the following action into the subjunctive:

Es él.   *It's he.*   Temo que sea él.   *I'm afraid that it's he.*

Once again, **que** provides the lead-in, whether English uses *that* or not:

Espero **que vengan.** —Yo no.	*I hope they'll come. —I don't.*
Es lástima **que esté** enfermo.	*It's a pity that he's sick.*
¡Ojalá **que haya tiempo!** —Sí. Habrá.	*Oh, how I hope there's time! —Yes. There will be.*
¿Te alegras de **que regresemos** pronto?	*Are you glad that we'll be back soon?*[2]
Me sorprende **que digas** eso. —¿Por qué?	*I'm surprised that you should say that. —Why?*

2. If there is no change of subject, Spanish prefers to keep the infinitive instead of making a separate clause:

Siento estar tan lejos.	*I'm sorry to be so far away.*

But if for special emphasis there *is* a separate clause, the subjunctive remains:

Siento que esté tan lejos.	*I'm sorry that I'm so far away.*

♦ 3. Using the indicative after **esperar** and **temer**

When **esperar** means *expect* and **temer** means *think,* these verbs lose much of their normal implication of emotion (hope—fear) and, under such circumstances, are followed by the indicative:

Espero que venga.	*I hope (emotion) that he will come.*
Espero que vendrá.	*I expect (belief) that he will come.*
Temo que esté enferma.	*I'm afraid (worried) that she is sick.*
Me temo que así resultará.	*I suspect that that's the way it will turn out.*

Con un poco de emoción

Utilice las dos columnas—¡y un poco de imaginación!—para formar oraciones completas.

1	2
alegrarse de que	decir (alguna cosa) . . . ser los
sentir muchísimo	primeros (últimos, únicos) . . .
temer	ocurrir (algo) . . . (no) poder . . .
esperar	volver (a cierta hora, a cierto lugar)
(no) gustar	. . . resultar (bien, mal) . . . ganar . . .
Es lástima que	perder . . .
¡Ojalá que . . .!	

---

[2] Notice that the present subjunctive covers both present and future actions.

Gustos y disgustos

De todas las cosas que pasan en este mundo, díganos una que siempre le sorprende que ocurra ... tres que espera que ocurran ... tres que le molestan o que le enfadan, y dos de las que se alegra.

> *Por ejemplo: Espero que haya paz en el mundo.*
> *Me molesta que las calles estén tan sucias.*

¡Adelante!

C. The third concept of the subjunctive: Unreality

The subjunctive wears the cloak of unreality. It reflects the doubtful, uncertain, indefinite, the unfulfilled, the nonexistent. It appears in the subordinate clause whenever the idea upon which that clause depends places it within the realm of the unreal.

1. The shadow of a doubt

When the main clause casts doubt over the subordinate clause action, the uncertain reality of the action calls for the subjunctive:

Dudo que lo hayan oído.	*I doubt that they have heard it.*
No están seguros de que sea él.	*They aren't sure that it is he.*

If no doubt is cast on the subordinate action, there is no subjunctive:

Estoy convencido de que es él.	*I am convinced that it is he.*

2. Denial

When the main clause denies the subordinate clause action or negates its very existence, once again the subjunctive reflects that unreality:

¿Niega Ud. que la **conozca**?	*Do you deny that you know her?*
No es verdad que se **odien**.	*It's not true that they hate each other.*
Eso no significa que **sea** culpable.	*That doesn't mean that he's guilty.*
No es que yo **quiera** hacerlo sino que no puedo más.	*It's not that I want to do it but that I can't help it.*

Of course, if there is no denial, no negation of the following action, the indicative returns:

Es verdad que se odian.	*It's true that they hate each other.*
No niega que la conoce.	*He doesn't deny that he knows her.*
Eso significa que es culpable.	*That means that he's guilty.*

Frases originales

¿Cómo las acabaría Ud.?

1. Dudo que . . .   2. No había duda de que . . .   3. ¿Niegas que . . .?   4. Es imposible que . . .   5. No es que nosotros . . .   6. No es verdad que . . .   7. No estamos seguros de que . . .   8. No negamos que . . .   9. Esto indica que . . . 10. Esto no indica que . . .

3. Subjunctive and indicative with **creer**

The verb **creer** *(to think, to believe)* illustrates how the speaker's expression of doubt, and not the verb itself, determines whether the subjunctive or the indicative will be used.

• In an affirmative statement, **creer** is regularly followed by the indicative. Why? Because *I think* or *I believe* does not normally imply "But I doubt":

Creo que vendrá.   *I think he'll come.*
Creían que no lo haríamos.   *They thought we wouldn't do it.*

♦ If we want to express serious reservations about what we believe, the subjunctive, though rare, is acceptable:

Creo que venga.   *I think he may possibly come.*

• In questions or in negative statements, **creer** will call for the subjunctive if we wish to cast doubt on the following action, for the indicative if we do not:

¿Cree Ud. que **se atreva**?   *Do you think he'll dare?* (I doubt it.)
¿Cree Ud. que **se atreverá**? *Do you think he'll dare?* (I don't know, do you?)

No creo que lo hallen.   *I don't think* (I doubt) *that they will find him.*

No creo que lo hallarán.   *I don't believe that they will find him.* (I fully believe that they will not find him.)

¿No crees que es guapísimo?   *Don't you think he's gorgeous?* (I do!)

Sobre esto y aquello

1. ¿Cree Ud. que lloverá mañana? ¿Cree que nieve? ¿que haga mucho frío? ¿que haga demasiado calor?
2. ¿Cree Ud. que será muy difícil el próximo examen en esta clase? ¿Cree que será más difícil que el anterior? ¿Cree Ud. que sacará una «A»?

3. ¿No cree Ud. que esta escuela es la mejor de todas? ¿y que todos los profesores aquí son fantásticos? ¿y que el español es el idioma más bello del mundo? (!!!)
4. Hablando de cosas más serias: ¿Cree Ud. que la humanidad sepa crear algún día un mundo perfecto? ¿que sepa eliminar el hambre? ¿que aprenda a vivir sin guerra? ¿que la vida se pueda prolongar para siempre? (¿Le gusta esa idea?)

♦ **4.** When there is no change of subject, **dudar, negar** and **creer** may be followed by an infinitive. This is used more frequently when referring to a past action than to a present:

Duda poder venir.	*He doubts that he can come.*
No creo haberla visto.	*I don't think I've seen her.*
Niegan haberlo hecho.	*They deny that they did it. (They deny having done it.)*

En español, por favor

1. It's not that I don't love you, Fred. It's that I hate you, that I despise you. I regret that I even have to speak with you. I am only happy that we live in a time when one can get a divorce and I hope that it will be soon, sooner than soon, tomorrow, tonight! —But this doesn't mean that it's the end for us, does it, darling?
2. It's getting (**hacerse**) very late. Do you think there's time to do another exercise? —I doubt that we can complete it, but I'm sure that we can finish at least the first half. Let's see if we can.
3. We never thought that she would fall in love with him. It's not that he isn't a nice person. But she is so independent, so strong, and he is so timid, so weak. —Well, isn't it true that opposites attract each other? —Yes and no. I don't deny that it can happen, but I don't think I've seen a happy marriage between two people so different. —Who knows? It's possible that love will triumph over all. I hope so!

D. Impersonal expressions with subjunctive or indicative

1. As we have seen, when an impersonal expression implies indirect command, emotion or "unreality," it calls for the subjunctive in the subordinate clause. For example:

Indirect or Implied Command

Conviene		*It is advisable*	
Es preferible		*It is preferable*	
Es mejor, más vale		*It is better*	
Urge	que lo hagas.	*It is urgent*	*that you do it.*
Importa (Es importante)		*It is important*	
Es necesario		*It is necessary*	

Basta ... *(Let it suffice ...)* and **¿Le importa ...?** *(Do you mind ...?)* also imply an indirect command:

Basta que yo te lo diga, ¡y ya! It's enough that I tell you so, and that's that!

¿Le importa que abra la ventana? Do you mind if I open the window?
—De ninguna manera. —Not at all.

Emotion

Es lástima
Es de esperar
¡Ojalá!³   } que se vaya.
Es lamentable
Es sorprendente

It is a pity
It is to be hoped
Would (if only)   } (that) she is leaving.
It is regrettable
It is surprising

Unreality: Doubt, Uncertainty, Indefiniteness, etc.

Es (im)probable
Es fácil
Es difícil
Es (im)posible   } que nos vea.
Parece mentira, es increíble
Es dudoso
Puede (ser)

It is (im)probable
It is likely
It is unlikely
It is (im)possible   } that he'll see us.
It is incredible
It is doubtful
It may be

2. Obviously, if an impersonal expression does not convey a subjunctive idea, it is followed by the indicative:

Claro está
Es verdad
Es evidente   } que lo saben.
No cabe duda de

It is clear
It is true
It is evident   } that they know it.
There is no doubt

3. In many instances, the attitude of certainty or uncertainty in the speaker's mind will determine whether to use indicative or subjunctive:[4]

¿Es cierto que irán? Is it certain that they'll go? (I've been told that they will. What do *you* think?)

¿Es cierto que vayan? Is it certain that they'll go? (I rather doubt it.)

[3] Less frequently, **¡Ojalá** appears without the conjunction **que. ¡Ojalá se lo hubiera advertido!** *If only I had warned him!*
[4] Of course, if the sentence is completely impersonal, we use the infinitive. Notice that there is no change of subject: **Será necesario asistir. Era imposible estudiar allí.**

CREACIÓN

Ud. acaba de recibir la noticia de que su mejor amigo (amiga) se ha casado secretamente, y con una persona que jamás le ha gustado a nadie. Ud. coge el teléfono y llama a varios conocidos para comentar el asunto. ¿Cómo sería esa conversación? (Trate de utilizar los tres conceptos del subjuntivo en su pequeño diálogo, y por lo menos cinco expresiones impersonales.)

The tenses of the subjunctive

As you know, the subjunctive is a *mood,* a vehicle for expressing our subjective response to a variety of situations: implied command, emotion, "unreality." Within that *mood* we also have tenses, which place the action within a time frame. The subjunctive has only four tenses in common use. Loosely translated, these are their forms.

A. The present subjunctive: *(may) speak . . .* (see p. 132)

B. The imperfect subjunctive: *(might) speak, spoke . . .*

The imperfect subjunctive has two sets of endings: -**ra** and -**se**. Though the two sets are basically interchangeable and can be used at our choice, Latin Americans tend to favor the -**ra** forms.

All verbs, regular and irregular, form the imperfect subjunctive in the same way! Simply take the third person plural of the preterite tense and change the endings as follows:

hablar: hablaron	tener: tuvieron	decir: dijeron
hablara	tuviera	dijera
hablaras	tuvieras	dijeras
hablara	tuviera	dijera
habláramos	tuviéramos	dijéramos
hablarais	tuvierais	dijerais
hablaran	tuvieran	dijeran

Alternate: hablase	tuviese	dijese
hablases	tuvieses	dijeses
hablase	tuviese	dijese
hablásemos	tuviésemos	dijésemos
hablaseis	tuvieseis	dijeseis
hablasen	tuviesen	dijesen

C. The present perfect subjunctive: *(may) have spoken . . .*

The present perfect subjunctive consists of the present subjunctive of **haber** + a past participle:

haya hablado, tenido, dicho *(may) have spoken . . .*
hayas
haya
hayamos
hayáis
hayan

D. The pluperfect subjunctive: *(might have) spoken, had spoken . . .*

(Imperfect subjunctive of **haber** + a past participle)

hubiera hablado, sido, visto
hubieras
hubiera
hubiéramos
hubierais
hubieran

 ADELANTE

A. What does each subjunctive tense mean?

1. The present subjunctive reflects our feelings about what *is happening* or what *will happen*. In other words, it replaces both the present indicative and the future when the concept calls for subjunctive:

No están todavía.	*They're not here yet.*
No creo que **estén** todavía.	*I don't think they're here yet.*
Se irán hoy.	*They'll leave today.*
Dudo que se **vayan** hoy.	*I doubt that they'll leave today.*

Of course, it turns a direct command into an indirect command:

Cálmese.	*Calm down.*
Le ruego **que se calme.**	*I beg you to calm down.*

Díganos:

1. ¿Qué quiere Ud. que hagamos hoy—que conversemos o que repasemos gramática? ¿que conduzcamos la clase oralmente o que escribamos los ejercicios en la pizarra? A propósito, ¿es probable que haya examen pronto en esta clase? ¿Teme Ud. que sea difícil?
2. Hablando de cosas más personales, dime, amigo (o amiga), ¿prefieres que tus amigos te llamen por tu nombre verdadero o por algún apodo *(nickname)*? ¿Prefieres que tus profesores te llamen por tu nombre de pila (tu primer nombre) o por tu apellido? ¿y que te digan «señor», «señorita»?

2. The imperfect subjunctive reflects our feelings about what *did happen* or *would happen*. It replaces the preterite, imperfect or conditional when the idea calls for subjunctive:

No vinieron.	*They didn't come.*
Era lástima que no **vinieran**.	*It was a pity that they didn't come.*
Eran ellos.	*It was they.*
Esperaba que **fueran** ellos.	*I was hoping that it was they.*
Yo lo haría.	*I would do it*
¿Dudabas que yo lo **hiciera**?	*Did you doubt that I would do it?*

Obviously, if an indirect command is in the past, we use the imperfect subjunctive in place of the present:

Le rogué que **se calmase**.	*I begged him to calm down.*

¡Emergencia!

1. Mientras Ud. andaba por la calle, se le acercó una mujer que lloraba histéricamente. ¿Qué haría Ud.? a. ¿Le rogaría que se calmara? b. ¿Le pediría que le explicara lo que había pasado? c. ¿Le diría que no le (la) molestase? ¿Qué más le diría?
2. Manejando por un camino rural, Ud. vio a un hombre tendido en la orilla del camino. El pobre, que se veía enfermo o herido, levantaba la mano débilmente para pedirle que se detuviera. ¿Qué haría? a. ¿Le diría que subiera al carro de Ud.? b. ¿Le diría que esperara allí hasta que Ud. pudiera traer ayuda? c. ¿Le pediría que le mostrase alguna tarjeta de identidad? ¿Qué más le diría? (A propósito, si esa persona fuera una mujer en lugar de un hombre, ¿haría lo mismo? ¿Y si fuera un niño?)

Cuestiones de nuestro tiempo: Sobre la política

Si Ud. pudiera cambiar el sistema actual:

1. ¿Haría Ud. que el término presidencial norteamericano se extendiera a seis años, sin posibilidad de reelección? ¿Recomendaría que el presidente fuera elegido por una votación directa nacional? ¿y que se eliminase del todo el Colegio Electoral?
2. ¿Exigiría Ud. que los candidatos políticos hicieran público todos los detalles de su vida personal? ¿y de sus finanzas?
3. ¿Permitiría Ud. que se dijeran oraciones *(prayers)* en las escuelas públicas? ¿o que se designaran algunos momentos fijos para que los alumnos rezaran en silencio?
4. En su opinión, si fuera posible imponer la democracia en todos los países del mundo, ¿tendríamos el derecho de hacerlo? ¿Por qué?

3. The present perfect subjunctive reflects our feelings about what *has happened:*

<table>
<tr><td>Han ganado.</td><td>*They have won.*</td></tr>
<tr><td>Me alegro de que **hayan** ganado.</td><td>*I'm glad that they have won.*</td></tr>
<tr><td>¿Te has divertido?</td><td>*Did you have a good time?*</td></tr>
<tr><td>Espero que te **hayas** divertido.</td><td>*I hope you've had a good time.*</td></tr>
</table>

Con un poco de emoción

Han pasado tantas cosas últimamente—cosas que afectan nuestra vida personal, cosas que afectan la vida de los demás, cosas de poca importancia, cosas de muchísima. Exprese Ud. sus sentimientos (esperanza, sorpresa, molestia, alegría, pena, miedo, gusto o disgusto) sobre cada una. Por ejemplo:

Ha llovido hoy.   **Es lástima que haya llovido hoy.**

1. Han tenido que cancelar el partido.   2. El profesor ha aplazado el examen. 3. ¡Pobre! Has estado tan enferma.   4. Uds. han faltado a la clase.   5. Han subido los impuestos sobre los cigarrillos.   6. Se ha descubierto un preventivo para el cáncer.   7. Han ocurrido muchos accidentes de automóvil.   8. ¡Habéis ganado la lotería!   9. No hemos podido hacer nada por Uds.   10. ¡Ay, no! He perdido el tren. (¡Ojalá que no . . .!)

4. The pluperfect (or past perfect) subjunctive reflects our feelings about what *had happened* or *would have happened:*

Habían mentido.	*They had lied.*
Dudaba que **hubieran** mentido.	*I doubted that they had lied.*

Marta habría ido.	*Martha would have gone.*
Era fácil que **hubiera** ido.	*It was likely that she would have gone.*

¡No podía ser!

Exprese duda o niegue Ud. la verdad de las acciones siguientes. Por ejemplo:

Nos habían visto. **No era posible que nos hubieran visto.**
¿Dudabas que nos hubieran visto?
No podíamos creer, etc.

1. Uds. ya habían regresado.   2. Nos habían seguido.   3. Habíamos fracasado.
4. Me habíais engañado.   5. El documento había desaparecido.   6. La habríamos ofendido.   7. Yo habría ganado el premio.   8. ¿Tú habrías hecho tal cosa?   9. Le habrían tratado mal.   10. Joaquín lo habría dicho.

♦ Ahora exprese todas estas ideas usando **hubiese,** etc., en lugar de **hubiera** . . .

♦ **5. The future subjunctive**

Although the future subjunctive (**hubiere, hubieres** . . . + a past participle) is essentially obsolete in modern Spanish, it still turns up occasionally in proverbs and in certain traditional expressions. Even there, however, it is usually replaced by the present subjunctive:

Venga lo que viniere . . .	*Come what may . . .*
Venga lo que venga . . .	

Cuando a Roma fueres, haz lo que vieres.	*When you go to Rome, do as you see.* *(When in Rome . . .)*

B. The sequence of tenses

Main clause	Subordinate (subjunctive) clause
Present	Present, present perfect or imperfect
Future	subjunctive, according to the
Present perfect	English meaning.
Past	Imperfect subjunctive or pluperfect
Conditional	subjunctive

1. If the main clause is in the present, future or present perfect, the subordinate clause subjunctive generally uses the same tense as the English. Remember, of course, that the present subjunctive covers future actions as well:

Es lástima que no vengan.	It's a pity that they aren't coming (or won't come).
Es lástima que no hayan venido.	It's a pity that they haven't come.
Es lástima que no vinieran.[1]	It's a pity that they didn't come.

2. If the main clause is in the past or conditional, use only a past subjunctive: imperfect subjunctive for a simple tense; pluperfect subjunctive for a compound tense:

Era lástima que no vinieran.	It was a pity that they didn't come (or weren't coming).
Era lástima que no hubieran venido.	It was a pity that they hadn't come.

Un poco de práctica

A. *Cambie para indicar que la acción está recién concluida. Por ejemplo:*

Espero que lo haga.   ***Espero que lo haya hecho.***

1. ¡Ojalá que no se muera!   2. Me alegro de que vuelvas.   3. Tememos que sea Anita.   4. Es lástima que estés tan malo.   5. Me molesta que no quiera recibirnos. 6. ¿Le sorprende que yo diga tal cosa?   7. Me gusta que toques esa pieza.   8. No es posible que las terminen tan pronto.   9. Siento que no asistáis.   10. Es dudoso que puedan alcanzarlo.

---

[1] When the main clause is in the present, the imperfect subjunctve is used primarily for a past action that is prior to another or that is considered definitely over. **Es lástima que no llamaran antes de que Luis se fuera.** *(It's a shame they didn't call before Louis left.)* **Es posible que muriera cerca de 1930.** *(It is possible he died around 1930.)* Otherwise, the present perfect subjunctive is more frequent after a present tense.

B. Ahora cambie al pasado. Por ejemplo:

Quiero que me llame.	**Quería que me llamara.**
Es posible que hayan salido ya.	**Era posible que hubieran salido ya.**

1. Quiero verte en seguida.   2. Quiero que lo veas en seguida.   3. ¡Ojalá que no haya más problemas!   4. Tememos que se hayan perdido.   5. No me gusta que se vayan tan temprano.   6. Nos alegramos de que se hayan casado.   7. Sienten tener que marcharse.   8. Sentimos que tengan que marcharse.   9. Os rogamos que volváis pronto. (Os rogué . . .)   10. Insisto en que me paguen. (Insistí . . .)

Frases originales

Termínelas usando por lo menos dos veces todos los tiempos del subjuntivo.

1. Espero que . . .   2. Era lástima que . . .   3. Siempre me ha molestado que . . .
4. ¿Les gustaría que . . .?   5. Temíamos que . . .   6. Yo esperaba que Uds. . . .
7. ¡Ojalá que . . .!   8. Me alegro tanto de que . . .   9. ¿Les sorprende que nosotros
. . .?   10. Sentimos muchísimo que . . .   11. Parecía mentira que . . .   12. Habríamos preferido que . . .

C. The subjunctive in main clauses

1. Maybe . . . Perhaps . . .

There are very few instances in which the subjunctive can legitimately appear in a main clause. One of the most common is when we say *perhaps*. Notice, however, the gradations of meaning.

- **Tal vez, quizá(s)** *(perhaps)* are followed either by the subjunctive or the indicative, according to the degree of doubt or certainty the speaker implies:

Quizá(s) venga mañana.	*Perhaps he will come tomorrow (but I doubt it).*
Quizá(s) viene (or vendrá) mañana.	*Perhaps he will come tomorrow (I think he will).*

- **Puede que . . .**, which by its very meaning implies "It is possible that . . .," always takes the subjunctive:

Puede que **gane**, puede que no.	*Maybe he'll win, maybe he won't.*

- **A lo mejor . . .**, which gives a sense of expectation, regularly takes the indicative:

A lo mejor nos lo dice hoy.	*Perhaps he'll tell us today. (I expect that he will.)*

2. Special uses of the -ra imperfect subjunctive

Almost all other instances of subjunctive in the main clause involve the -ra forms of the imperfect subjunctive.

- To soften a statement or a request

The -ra form of the imperfect subjunctive is used, mostly with the verbs **querer**, **deber**, and **poder**, to impart a milder, more polite tone to the statement:

Quisiera saber . . .	*I should like to know . . .*
Ud. debiera seguir su consejo.	*You (really) should follow his advice.*
¿Pudieran Uds. decirme . . .?	*Could you please tell me . . .?*

Termine a su propia manera:

Quisiéramos . . .   A veces yo quisiera . . .   Uds. debieran . . .   ¿Pudiera Ud. . . .?

♦ To replace the conditional or conditional perfect

The -ra form of the imperfect subjunctive often replaces the conditional perfect to say what we *would have done if* something were so. (The -se form is possible, but is much less common.)

En tal caso, yo habría ido.	*In that event, I would have gone.*
En tal caso, yo **hubiera** ido.	
—Me **hubiera gustado** muchísimo.	*—I would have liked that very much.*

Less frequently, it tells what we *would do* in a certain situation:

Si lo necesitara, yo se lo daría.	*If he needed it, I would give it to him.*
Si lo necesitara, yo se lo **diera.**	
—Sí. Pero yo no se lo **hubiera dicho** de antemano.	*—Yes, but I wouldn't have told him so beforehand.*

♦ To replace the pluperfect

In literary Spanish, the -ra form of the imperfect subjunctive at times replaces the pluperfect indicative. This is not a true subjunctive usage, however, since in this case, the -ra form merely points back to the Latin pluperfect indicative, from which it stems:

¿Quién sería el individuo que mandara esa carta?	*Who could the person be who had sent that letter?*
Juró vengarse del hombre que lo delatara a la policía.	*He swore to get even with the man who had denounced him to the police.*

♦ 3. **¡Quién . . .!**, followed by the imperfect subjunctive (usually the **-ra** form) means *How I wish I . . . If only we . . .*:

¡Quién supiera escribir!	*I wish I knew how to write!*
¡Quién pudiera cambiar el destino!	*If only we could change our destiny!*

Tradúzcase una vez más al español:

1. The King is dead. Long live the King! —Could you please tell me what's going on here? There never has been a king in this country. —Oh, no? Well, then, I wish there were one . . .! —Sir, perhaps you should consult a psychiatrist. The fact is that this country has only a sultan, and that's me (**ése soy yo)**! —God bless you. You're as crazy as I.
2. Perhaps the quickest way to go downtown is to take the train. —I can't stand the train. Oh, if only I had a car! —What I should like to know is what people did before they had cars. —They stayed home. Maybe they had the best idea.

▬▬ MEMORIAS ▬▬

Tengo cincuenta y seis años y hace cuarenta que llevo la pluma **tras** la oreja; pues bien, nunca **supuse** que pudiera servirme para algo **que no fuese consignar partidas** en el «Libro Diario» o transcribir cartas con **encabezamiento inamovible**:

behind
dreamed
other than
    entering items
a standard
    opening

«En contestación a su **grata**, fecha . . . **del presente**, tengo el gusto de comunicarle . . .»

letter / of this
month

(. . .) A veces lo hubiera deseado; me hubiera **complacido** que alguien, en el vasto mundo, recibiese mis confidencias; pero, ¿quién? (. . .) Debí casarme y dejé de hacerlo, ¿por qué? No por falta de inclinaciones, pues aquello mismo de que no **hubiera disfrutado de mi hogar a mis anchas**, hacía que soñara con formar uno. ¿Por qué entonces? ¡La vida! ¡Ah, la vida! (. . .) Si alguien lo supiera. Si sorprendiese alguien mis memorias, la novela triste de un hombre **alegre**, «don Borja», «el del **Emporio** del Delfín». ¡Si fuesen leídas! (. . .)

pleased

I hadn't enjoyed
    my home-life
    fully

jovial / department
    store

Fue, como dije, hace veinte años; más, veinticinco, pues ello empezó cinco años **atrás**. (. . .) Había **fallecido** mi primer patrón, y el emporio pasó a manos de su sobrino, que habitaba en la capital. Duro y **atribiliario** con sus **dependientes**, con su mujer se conducía

before / died

ill-tempered /
    employees

como un perfecto enamorado, y **cuéntese con** que su unión databa
de diez años. ¡Cómo parecían amarse, santo Dios!

bear in mind

También conocí sus penas, aunque a simple vista **pudiera creér-
seles** felices. **A él le minaba** el deseo de tener un hijo, y aunque lo
mantuviera secreto, algo había llegado a sospechar ella. (. . .)

*one might think
them / He was
obsessed with*

Me habían admitido en su intimidad desde que conocieron mis
aficiones filarmónicas. De allí dató la costumbre de reunirnos
apenas se cerraba el almacén, en la salita del piso bajo, la misma
donde ahora se ve luz, pero que está ocupada por otra gente. (. . .)

*ability as an
amateur
musician*

¡Ah! Yo no ejercía sobre ella la menor influencia; por el contrario,
a tal punto **se me imponía**, que aunque muchas veces quise que
charlásemos, nunca me atreví. (. . .)

*did she hold
sway over me*

Se instalaba muy lejos, en la sombra, **tal como si** yo le causara
un profundo desagrado; me hacía **callar** para seguir mejor sus pen-
samientos y, al volver a la realidad, **como hallase** la muda sumisión
de mis ojos **a la espera** de un mandato suyo, se irritaba sin causa.

*She would sit / as
if / stop playing*

*if she would find
awaiting*

—¿Qué hace Ud. así? ¡Toque, pues!

Go on, play!

(. . .) Transcurrió un año, durante el cual sólo viví por las noches.
Cuando lo recuerdo, me parece que **la una se anudaba a** la otra,
sin que fuera posible el tiempo que las separaba. Un año breve
como una larga noche.

*one (night)
merged into*

Llego a la parte culminante de mi vida. ¿Cómo relatarla para que
pueda creerla yo mismo? ¡Es tan inexplicable, tan absurdo, tan inesperado! Cierta ocasión en que estábamos solos, **suspendido en mi
música** por un **ademán** suyo, me dedicaba a adorarla, creyéndola
abstraída, cuando de pronto la vi dar un salto y apagar la luz.
Instintivamente me puse de pie, pero en la obscuridad sentí dos
brazos que **se enlazaban a mi cuello** y el **aliento entrecortado** de
una boca que buscaba la mía.

*having stopped
playing / gesture*

lost in thought

*wound about my
neck / rapid
breathing*

(Adaptado de Augusto d'Halmar, *En provincia*)

Análisis

1. Cierre los ojos por un momento y trate de imaginarse a «don Borja» a la edad de
cincuenta y seis años. ¿Cómo sería de estatura—alto, bajo, mediano? ¿y de
tamaño—más bien gordo, delgado, barrigón, mediano? ¿De qué color tendría los
ojos? ¿y el pelo? ¿Usaría bigote? ¿Cómo se vestiría? ¿Se destacaría en alguna
forma de los demás o sería del todo un hombre cualquiera? ¿Por qué se le decía
«un hombre alegre»? ¿Hay alguien a quien le recuerde don Borja *(of whom he
reminds you)*?

2. Ahora piense una vez más: ¿Cómo sería don Borja veinticinco años atrás, a la
edad de treinta y un años? Descríbanoslo de cuerpo y de carácter. ¿Por qué se

sentiría tan tímido en la presencia de su patrona? ¿Habría conocido ya a otras mujeres? ¿Cómo le habría afectado su triste niñez? ¿Puede Ud. reconstruirnos alguna parte de esa niñez?

3. ¿Cómo interpreta Ud. el carácter de la patrona? ¿Cuántos años le daría Ud.? ¿Cómo se la imagina de aspecto físico? En su opinión, ¿por qué comienza a interesarse por don Borja? ¿Cuál es el primer indicio de ese despertar? ¿Es posible que se haya enamorado de él? ¿o que sienta sólo una pasión pasajera? ¿o que desee sencillamente tener un hijo con él, no pudiendo tenerlo con su propio marido? ¿Cómo cree Ud. que terminará el cuento?

CREACIÓN

Figúrese que han pasado treinta y cinco años y que Ud. tiene ahora más o menos la edad de don Borja. Ud. piensa en los sucesos de su vida, en las personas que le han importado más, en los episodios que cambiaron su existencia. Las memorias comienzan a surgir y Ud. escribe . . . escribe . . .

O si prefiere, puede redactar su propia autobiografía desde los primeros recuerdos de su infancia hasta ahora. «Yo soy . . .»

The subjunctive (concluded)

As you know, only three concepts will produce the subjunctive in Spanish: indirect or implied command, emotion, or unreality:

Es importante que lo hagamos.	*It's important that we do it.*
¿Esperabas que vinieran?	*Were you hoping they'd come?*
No es posible que Miguel nos haya abandonado.	*It's not possible that Mike has abandoned us.*

Until now we have looked at unreality only when the idea of the main clause casts doubt on the subordinate clause action or denies its existence. But the cloak of unreality that spreads over the subordinate idea may come from sources other than the main clause. For example, there are instances when the whole subordinate action rests on something that is indefinite or nonexistent:

"There is nobody who can beat our price!" (Can anybody do it? No. Beating our price is unreal!)

And there are conjunctions whose very meaning places the following action in the realm of the doubtful, inconclusive, hypothetical, unreal:

"In case they come, ask them to wait." (Is it certain that they're coming? ¡Qué va!)

These are the areas that we will explore now.

A. *"Is there anyone who . . .?"*: Referring to something indefinite

1. When the subordinate clause refers back to someone or something that is uncertain, indefinite, hypothetical or nonexistent, Spanish uses the subjunctive:

¿Hay alguien que viva cerca?	*Is there someone who lives nearby?* (There may not be anyone.)

Buscamos una secretaria que sepa diez idiomas.	*We're looking for a secretary who knows ten languages.* (We haven't found one yet!)
No hay nadie que sepa tantos.	*There isn't anybody who knows so many.* (The person doesn't exist!)
Lo que tú digas de aquí en adelante no nos importa.	*Whatever you (may) say from now on doesn't interest us.* (You haven't said it yet.)
Haré lo que pueda.	*I'll do what I can.* (Nothing specific so far.)
El estudiante que salga mejor, recibirá una beca.	*The student who does best* (whoever it may be), *will receive a scholarship.*

2. But if the subordinate clause refers back to someone or something that is specific, definite or existent, we use the indicative:

Hay varias personas aquí que viven cerca.	*There are several people here who live close by.* (They do exist.)
Tengo una secretaria que sabe francés.	*I have a secretary who knows French.*
Lo que tú dices no me importa nada.	*What you say means nothing to me at all.*
Hice lo que pude.	*I did what I could.*

3. If the subordinate clause describes an action that occurs as a general rule, once again the indicative is used. Obviously there is nothing indefinite about that:

Hago lo que puedo.	*I (always) do what I can.*
Cada año el estudiante que saca las mejores notas recibe una beca.	*Every year the student who gets the best grades receives a scholarship.*

♦ **4. Subjunctive after a superlative**

Although Spanish speakers are not always meticulous about this usage, it is considered proper form to use the subjunctive after a superlative. This subjunctive casts a little doubt on the categorical extreme:

¿Quién es la persona más inolvidable que hayas conocido? —¿No lo sabías? Eres tú.	*Who is the most unforgettable person you have ever known? —Didn't you know? It's you.*

Miscelánea

1. ¿Tiene Ud. un amigo que haya nacido en el extranjero *(abroad)*? ¿o un pariente?
2. ¿Conoce Ud. a alguien que haya vivido en el Oriente? ¿en África? ¿que haya visitado la Zona Ártica? 3. ¿Hay una tienda por aquí donde vendan libros usados? ¿y ropa vieja? 4. ¿Nos podría Ud. recomendar un buen restorán donde se coma

barato? ¿y donde sirvan comida mexicana? ¿donde sirvan comida china?   5. ¿Hay alguien en su familia que se haya hecho famoso en alguna forma?   6. ¿Ha visto alguna vez una película que considere perfecta? ¿o una obra de arte?   7. ¿Conoces a una persona que cumpla con todos tus ideales?   8. ¿Te casarías con una persona que tuviera menos educación que tú? ¿que fuera de otra religión o raza que la tuya? 9. ¿Te casarías con una persona que no les gustara a tus padres?   10. ¿Has hecho alguna vez una cosa que no fuera del todo legal? (¿De veras?)

Ahora diga en español:

1. Can you find me a book that has all the answers to his questions?   2. Look, Pete, I have just found a book that has what you wanted.   3. Do you know a store where I can buy rare stamps?   4. Give me ten men who are stout-hearted men. 5. There is nobody, but nobody who sells more cheaply than we. And in case there is somebody, he will be bankrupt soon. I even doubt that *we* are solvent!   6. Would you like to talk to someone who has already taken this trip? —I'd love to.

B. *"If I were you . . ."* (but I'm not!): Conditions contrary to fact

1. Exactly as in English, when a clause introduced by *if* makes a statement *contrary to fact,* Spanish uses a past subjunctive—the *imperfect* subjunctive for a simple tense, the *pluperfect* for a compound:

Si pudiera, me quedaría con Uds.	*If I could* (but I can't), *I'd stay with you.*
Si el jefe te hubiera visto, te habría despedido.	*If the boss had seen you* (but he didn't), *he would have fired you.*
Derrocha el dinero como si fuera agua.	*He squanders money as if it were water* (and it isn't!).

Personalidades

Primero díganos: Si Ud. fuera un color, ¿qué color sería? ¿Si fuera un mes del año? ¿un día de la semana? ¿Si fuese un animal? ¿un instrumento musical? ¿un vehículo o un medio de transporte? . . . Ahora piense en cuatro personajes famosos y conteste las mismas preguntas —¡con respecto a ellos!

Ahora piense en las personas que Ud. conoce, y complete las frases siguientes. Por ejemplo:

1. ¿José (u otro amigo suyo)? Ese chico come como si . . .   2. ¿Los profesores? Nos dan trabajo como si . . .   3. ¿Mis hermanos? Gastan dinero como si . . . 4. ¿Gloria (u otra conocida suya)? Esa muchacha habla como si . . . Ahora, ¿puede Ud. continuar?

Complete una vez más:

1. ¿La medianoche? Si me hubiera acostado a esa hora . . .   2. ¿Las seis de la mañana? Si me hubieras llamado tan temprano, . . .   3. ¿El español? Si hubiéramos empezado a estudiarlo en el primer grado, . . .   4. ¿Mi novia (novio)? Si no la (lo) hubiera conocido, . . .

2. **Si** + the imperfect subjunctive may be used even with a future action to suggest that it is unlikely:

Si me ofreciesen la presidencia, no la aceptaría. —Ni yo tampoco.	*If they were to offer me the presidency, I wouldn't accept it. —Neither would I.*
Si lloviera, no habría partido. —Claro que no.	*If it should rain, there wouldn't be any game. —Of course not.*
Si yo te lo pidiera, ¿lo harías por mí? —Cualquier cosa.	*If I were to ask you, would you do it for me? —Anything at all.*

3. Important!: In all other cases, Spanish uses only the *indicative* after the word **si**! Logically, if there is no supposition *contrary to fact,* there is no denial of reality!

Si hay tiempo, iremos.	*If there is time (Assuming that there is . . .), we'll go.*
Si lo dije, lo siento.	*If I said it, I'm sorry.*
No sé si vienen hoy. —Si no han llamado, vendrán.	*I don't know whether they're coming today. —If they haven't called, they'll come.*

REMEMBER: Do not use a present or a present perfect subjunctive after the word **si**. If the time is present (or present perfect), use only the indicative!

¿Qué nos cuentan?

1. ¿Qué hará Ud. si llueve este fin de semana? ¿y si nieva?   2. Si Ud. fuera millonario, ¿trabajaría? ¿Cómo pasaría su tiempo?   3. Si Ud. pudiera hacer una sola cosa por la humanidad, ¿qué sería?   4. ¿Y tú, mi amigo (amiga)?, ¿qué habrías hecho si no hubieras asistido a la universidad?   5. En tu opinión, ¿sería mejor o peor la vida si no existiera la muerte?   6. Si tuvieras la oportunidad de conocer a cualquier persona famosa, ¿a quién escogerías?   7. Si tu familia no hubiera venido a este país, ¿dónde habrías nacido? ¿Qué lengua hablarías?   8. Si pudieras vivir en otra época, ¿cuál sería?

¿Cómo se dice?

1. If you don't stop (**dejar de**) smoking, you'll get sick. —Well, if I didn't smoke, I'd spend the whole day eating and I'd die of obesity. —Don't be a wise guy. If I were

you, I'd take more care of myself.   2. He talks as if he knew everything, and really, he doesn't know whether he's coming or going. If I had to live with a person like him, I'd go crazy.   3. If you were sick, why did you go out last night? You were lucky, you know? If it had begun to rain or snow, you'd have caught pneumonia. Believe me, if we had been there, we wouldn't have let you go out.   4. If "you-all" knew what happened that night, you wouldn't believe it. If someone were to read my memoirs, he would think that I had invented it all. But no, it was true. And if I could live my life over again, I would do the same thing.

C. *"In case . . . Unless . . .":* Conjunctions that imply uncertainty

1. Some conjunctions, by their very meaning, always concede that the following action is uncertain. Such conjunctions include **a menos que** *(unless),* **en caso de que** *(in case),* **con tal que** *(provided that).* They are always followed by the subjunctive:[1]

En caso de que llamen, dígales dónde estoy.	*In case they call, tell them where I am.*
A menos que otra persona se lo diga, no lo sabrán.	*Unless someone else tells them, they won't know it.*

2. Other conjunctions, such as **aunque** *(although, even if),* **dado que** *(granted that)* and **a pesar de que** *(in spite of the fact that),* are followed by the subjunctive when we imply uncertainty, by the indicative when we do not. Very often English shows uncertainty by using the auxiliary *may:*[2]

Aunque sea rico, no gasta dinero.	*Although he may be rich, he doesn't spend any money.*
Aunque es rico, no gasta dinero.	*Although he is rich . . .*
Dado que sea así, ¿qué vamos a hacer?	*Granted that it may be so, what are we going to do?*
Dado que es así . . .	*Granted that it is so, . . .*

3. **Sin que** *(without)* always calls for the subjunctive because by its very meaning it denies the existence of the following action. Obviously, since the action did not take place, it is not a reality:

Lo hice sin que me dijeran nada.	*I did it without their telling me anything.* (Did they tell me? No!)
No podrá salir sin que lo veamos.	*He won't be able to leave without our seeing him.*

---

[1] **Si,** followed by the present tense, has the meaning *assuming that,* and therefore is not considered in Spanish as a conjunction of uncertainty.

[2] In a main clause, *may* has two possible meanings: permission and uncertainty. Spanish uses the indicative of **poder** for both:

¿Puedo salir?   *May I go out?*   Puede ser él.   *It may be he.*

Notice that if there is no change of subject, we use just the preposition **sin,** followed by an infinitive:

Se lo llevó sin pedir permiso siquiera.	*He made off with it without even*
—¡No!	*asking for permission. —No!*

Un poco de lógica

Cambie según el elemento nuevo, y después conteste:

1. **En caso de que** Manuel te lo pida, no se lo des.
   (A menos que, Aunque, Dado que, A pesar de que)
   Conteste: ¿Deseamos que Manuel lo tenga?

2. No **os** darán de comer a menos que trabajéis.
   (te, nos, me, le, les)
   Conteste: ¿Qué quieren que hagamos antes de pagarnos?

3. **Se fue** sin que yo me enterara.
   (No podrá irse, Nunca se va, Volvió, Siempre vuelve)
   Conteste: ¿Estoy avisada siempre de sus idas y venidas?

4. **Aunque** no quieras, tendrás que hacerlo.
   (A pesar de que, No obstante que, Dado que)
   Conteste: ¿Permitimos que lo hagas todo a tu gusto?

5. Aunque no quiso (¡Cuidado aquí!), **tuvo que** entregarlos.
   (tendrá que, tenía que, había que, habrá que)
   Otra vez, ¿respetamos mucho o poco sus sentimientos?

♦ 4. Subjunctive and indicative after **porque**

When we make the positive assertion *because . . .,* Spanish uses the indicative. When we negate the subordinate idea, *not because . . .,* Spanish once again uses the subjunctive:

No alabé su trabajo porque fuera original, sino porque lo había hecho con cuidado.	*I praised his work not because it was original, but because he had done it carefully.*

BUT:

Alabé su trabajo porque era muy original.	*I praised his work because it was very original.*

♦ 5. Subjunctive after **el que** and **el hecho de que . . .**

El que, el hecho de que and sometimes even **que** are translated loosely in English as *the fact that . . .* Actually, the English is misleading since it often refers to situations that are not really factual. "The fact that he may be rich . . . The fact that they might have been there . . ." Spanish handles these conjunctions in the following ways:

• When the sentence starts with **el que** or **el hecho de que**, we generally use the subjunctive. Without the element of certainty provided by the main clause, Spanish momentarily adopts an attitude of doubt:

El (hecho de) que se negara a comentar prueba que sabe algo.	*The fact that he refused to comment proves that he knows something.*
El que te traicione Pablo es increíble.	*The idea that Paul will betray you is incredible.*

• Even when the main clause comes first, **el que** and **el hecho de que** can still be followed by the subjunctive if we want to spread a shadow of doubt:

Le ha ayudado más que nada el hecho de que asistiera a una buena escuela.	*The fact that he (may have) attended a good school helped him more than anything else.*

Inglés → español

1. The fact that he doesn't look at us when he speaks makes me believe that he is lying. Although I am usually a very trusting person, I think he'll try to do something without our knowing about it. —I don't want you to think like that, Elsa. Isn't it true that Frank has done a great deal for us without our ever having asked him to? Unless he has changed completely, I'll always believe in him.
2. Don't go out without eating, Johnny. —Yes, Mom. —And take your umbrella, in case it rains. —Of course, Mom. —And call me by **(para)** ten o'clock, provided that I haven't called you first. —Oh, Mom, please . . . —Even though you're big now, I don't want you to get fresh, do you hear, Johnny? —Aw, Mom. Leave me alone, won't you? I'm not saying this because I want to upset you, but remember, I'm thirty-two years old already!

D. *"As soon as . . . Until . . .":* Subjunctive for a pending action

1. The subjunctive is used after conjunctions of time if the action is (or was) still *pending.* Conjunctions of time include **cuando** *(when),* **así que, tan pronto como, en cuanto** *(as soon as),* **hasta que** *(until),* **después de que** *(after),* etc. Clearly, an action that still has not (or had not) happened falls into the realm of unreality:

Espere hasta que yo vuelva, ¿está bien?	*Wait until I get back, won't you?*
Cuando la conozcas, te enamorarás.	*When you meet her, you'll fall in love.*
Prometimos ayudarle hasta que terminara sus estudios.	*We promised to help him until he finished his studies.* (He hadn't finished them yet!)

2. If there is no suggestion of an uncompleted future action, the conjunction of time is followed by the indicative:

Esperé hasta que volvió.	*I waited until he got back.*
Cuando la conoció, se enamoró a primera vista.	*When he met her, he fell in love at first sight.*
Siempre que la veo, me enamoro de nuevo.	*Whenever I see her, I fall in love again.*

3. Antes de que *(before)* by its very meaning always indicates that the subordinate clause action had not yet happened at the time of the main clause. Therefore, **antes de que** will always be followed by the subjunctive:

Vámonos antes de que nos vean.	*Let's go before they see us.*
Huyeron antes de que pudiéramos detenerlos.	*They fled before we could stop them.*

¿Indicativo o subjuntivo?

1. Cuando me _____ mejor, te llamaré. **(sentir)**   2. Saldremos para México así que _____ el semestre. **(terminar)**   3. Cuando los ladrones nos _____, echaron a correr. **(ver)**   4. Así que Uds. los _____, pídanles que me llamen. **(ver)**   5. Siempre que yo _____ en el cuarto, ella se alejaba como si me odiara. **(entrar)**   6. Descansa por un rato mientras que yo te _____ la comida. **(hacer)**   7. Descansé por un rato mientras que ella me _____ la comida. **(preparar)**   8. ¿Piensan Uds. casarse así que _____ de la universidad? **(graduarse)**   9. Antes de que _____ tarde, avísenos del peligro. **(ser)**   10. Antes de que yo _____ cuenta, se lo habían llevado todo. **(darse)**   11. No quiero formular una opinión hasta que _____ todos los detalles. **(saber)**   12. Volveremos así que _____. **(poder)**   13. Les dijimos que volveríamos así que _____. **(poder)**   14. Después de que _____ el examen, sabremos los resultados. **(completarse)**   15. Prometieron telefonearnos en cuanto _____ a su destino y no han llamado todavía. **(llegar)** —No se preocupen. Cuando ellos _____ que van a hacer algo, lo hacen. **(decir)**

Promesas, excusas, mentiritas

---
así que . . .   antes de que . . .   hasta que . . .   en cuanto . . .
después de que . . .   cuando . . .   tan pronto como . . .

Varias personas le han pedido que haga ciertas cosas, pero Ud. simplemente no las ha hecho . . . ¡todavía! Utilizando las conjunciones del «banco» arriba, a ver qué promesas o excusas puede inventar. Por ejemplo:

Chico (chica), ¿no te pedí que limpiaras tu cuarto? —Ah, mamá . . .

No podré hacerlo hasta que terminen los exámenes finales.
Lo haré así que encuentre un momento libre.
No me siento bien. Lo limpiaré cuando se me quite este catarro. *(¿Qué*
más puede Ud. agregar?)

Ahora, a usar la imaginación (¡y el subjuntivo!), y comenzar:

1. «Señor(ita) . . ., Ud. había de entregar su informe el viernes pasado. Si espera aprobar esta clase . . .»
2. «Señor(ita) . . ., Ud. no ha pagado todavía el alquiler de este mes. Si Ud. desea seguir ocupando este apartamento . . .»
3. «Muy señores nuestros: No hemos recibido todavía la paga de las compras que Uds. hicieron el mes pasado en este almacén. Según los términos de nuestras cuentas de crédito, . . .»
4. «Tú prometiste llevarme al cine contigo. Siempre tienes tiempo para salir con tus amigos, pero cuando te pide algo tu propia hermanita . . .»

Esta vez, no importa lo que nos digan. Siempre vamos a contestar que sí lo hemos hecho. O que no podíamos hacerlo hasta que . . . Utilizando las mismas conjunciones, ¡y el subjuntivo o el indicativo!, haga unas bonitas mentiras. Por ejemplo:

Mire, señor(ita). La remesa que les encargamos hace más de dos meses no ha llegado todavía. Si Uds. no pueden . . . —Pero, señor . . .

Se la mandamos así que recibimos su pedido. Se habrá perdido en el correo.
No podíamos mandarla hasta que acabara la huelga. Precisamente esta mañana se le ha despachado.

Ahora, continúe Ud.:

1. «SEGUNDO AVISO: Todavía no hemos recibido el cuarto plazo en la suma de 18.500 pesetas que nos debe sobre el valor de su coche. Si no lo recibimos . . .»
2. «Hijo (hija), tu tía Epifanía me dice que te escribió hace tiempo y que jamás le contestaste.»
3. «Señor(ita) . . ., ¿no se acuerda de que tenía cita conmigo aquí en la oficina el viernes pasado a las tres? . . .

Promesas, excusas, mentiritas . . . ¡Ay!

E. *"so that you will . . .":* Conjunctions of purpose

Conjunctions of purpose are always followed by the subjunctive because their meaning is related both to the implied command and to unreality. Obviously, when we do something *in order that* something else happen, our goal is (or was) still incomplete!

1. Para que *(in order that, so that)* is always followed by the subjunctive, because by its very meaning it always states purpose:

Lo dejaré aquí para que no lo olvides.	*I'll leave it here so that you won't forget it.*
Ahorra su dinero para que su familia tenga mejor vida.	*He's saving his money so that his family will have a better life.*
Nos llamó para que estuviéramos preparados.	*He called us so that we would be prepared.*

2. If there is no change of subject, there is no need for two clauses. The idea is then summed up in one clause, with the preposition **para** followed by the infinitive:

Ahorra su dinero para comprarse un coche.	*He's saving his money to buy himself a car.*
Lo dejaré aquí para no olvidarlo.	*I'll leave it here in order not to (so that I won't) forget it.*

3. De modo que and **de manera que** *(so that)* are followed by the subjunctive when they imply purpose. They are then synonymous with **para que:**

Mételo en la nevera de modo que (de manera que, para que) se enfríe.	*Put it in the refrigerator so that it will get cold.*
Lo levantó de manera que (de modo que, para que) lo vieran todos.	*He lifted it up so that all could see.*

As you would expect, however, they are followed by the indicative when they merely denote result:

Lo metí en la nevera, de modo que se me olvidó del todo servirlo.	*I put it in the refrigerator, so I completely forgot to serve it.*
¿De modo que te vas de paseo?	*So you're going on a little trip?*
Llovió todo el día, de manera que tuvimos que suspender el partido.	*It rained all day, so we had to call off the game.*

♦ **4. A fin de que** is always synonymous with **para que,** but it is much less used:

La invitaré a fin de que os conozcáis.	*I'll invite her so that you can get to know each other.*

Complete en sus propias palabras:

1. Se lo diremos para que . . .   2. Se lo dijimos para que . . .   3. ¿De modo que . . . ?   4. No lo hemos hecho para que . . .   5. Trabaja día y noche para que . . .   6. Póngalos aquí para que . . .   7. Hizo mucho calor ayer, de modo que . . .   8. Avísenos antes, por favor, para que . . .   9. Fue suspendido en todas sus clases, de manera que . . .   10. Nos detuvimos por un rato a fin de que . . .

♦ F. *"No matter how much . . ."*: Indefinite amount or degree

Por + an adjective or adverb + **que** means *no matter how much* (*little, smart,* etc.). When it implies an indefinite amount or degree, it is followed by the subjunctive:

Por enferma que esté, siempre querrá ver a su hijo.	*No matter how sick she is, she'll always want to see her son.*
Por astutos que sean, no nos podrán engañar.	*No matter how smart they may be, they won't be able to fool us.*
Por mucho que ahorremos, no podremos casarnos tan pronto.	*No matter how much we save, we won't be able to get married so soon.*

If the degree or amount is definite, we can use the indicative:

Por mucho que les dábamos, nunca estaban contentos.	*No matter how much we gave them (and we certainly did!), they were never satisfied.*
Por poco que como, siempre engordo. —Y Carlota, por más que come, se conserva delgada.	*No matter how little I eat (and I do eat very little), I always get fat. —And Carole, no matter how much she eats, always stays slim.*

Termine ahora de una manera completamente original:

1. Por más que . . .   2. Por interesante que . . .   3. Por bonitas que . . .   4. Por cansados que . . .   5. Por brillante que . . .   6. Por poco que . . .   7. Por mucho que . . .   8. Por difícil que . . .   9. Por ricos que . . .   10. Por jóvenes que . . .

♦ G. Subjunctive and indicative with **dondequiera** (*wherever*)

When **dondequiera** (or **adondequiera**) means *every place,* it is followed by the indicative. But when it refers to an indefinite place, it calls for the subjunctive:

Dondequiera (que) trabajaba, era amado de todos.	*Wherever (every place) he worked, he was loved by all.*
Dondequiera (que) estés, piensa en mí.	*Wherever you may be, think of me.*

Por favor, en español:

1. Wherever you go, wherever you are, people will always love you. —Thanks, Mom. I wish there were one other **(más)** person who agreed with you! (¡Sea brillante aquí, eh!)
2. Will you call us as soon as you arrive? —Of course, after Customs lets us pass (through).
3. No matter how much I work, I'll never save enough money to buy a car. —Who knows? Some day, when you least expect it, you may **(poder)** receive a windfall. —Well, can I use your car until that day comes?
4. Before you leave, don't forget to close the windows and the doors. —Don't worry. When I give my **(la)** word, I always fulfill it **(cumplir)**. —Well, the other time you promised that you would take care of everything, and you didn't do it. —Oh, I'm sorry.

▬▬ DIÁLOGO EN CONTRAPUNTO: El almuerzo ▬▬

Son las dos de la tarde y las vecinas se han reunido para un almuerzo social.

Sra. 1: Pero Josefa, si esto ha estado riquísimo.

Sra. 2: ¿**Te apetece** un poco más?   Would you like

Sra. 1: Ay, no debiera.

Sra. 2: ¿Y a Uds.? **Hala**, hala. Tomen.   Go on

Sra. 3: ¿Saben? Este mismo plato lo tuvieron en la boda de mi sobrina.

Sra. 4: ¿Cuál?

Sra. 1: Es delicioso.

Sra. 3: La que vive en Barrancos, la hija de mi hermana Resurrección cuyo esposo murió el año pasado.

Sra. 2: Se prepara con la **clara** de seis huevos. Saqué la **receta** del periódico.   whites / recipe

Sra. 3: **Había que ver** esa boda. La novia vestía un largo traje blanco y . . .   You should have seen

Sra. 1: ¿Con sólo la clara? Lo que yo no me explico es por qué en todas las recetas . . . ¿Qué quieren que hagamos con las **ye-mas?**   yolks

Sra. 3: . . . y el novio, tan **buen mozo**, con **frac** alquilado, como un actor de cine. Trabaja para su padre. El padre es uno de los **capataces** de la **fábrica de neveras**. Alto, **fornido**, un tipo muy simpático . . .   handsome / tails   foremen / refrigerator / factory / well-built

Sra. 4: ¡Qué suerte!

Sra. 1: ¿Entonces se meten las claras batidas **así no más** en la nevera?

just like that

Sra. 2: No. En el **congelador** primero, hasta que se enfríen.

freezer

Sra. 5: No aguanto el frío. Por eso precisamente **huimos de la sierra** y nos instalamos aquí. La misma idea de que haga frío me . . .

we left the mountains

Sra. 3: Es decir, cuando **se le conoce**, se muestra muy simpático, **a no ser** que esté un poco **bebido**. Porque cuando él bebe . . .

you get to know him / unless / "high"

Sra. 2: ¿Les apetece alguna bebida?

Sra. 1: Gracias, pero no debo.

Sra. 2: Hala. ¿Un **sorbito**?

little sip

Sra. 1: Pues . . .

Sra. 3: Había que ver las bebidas que sirvieron. «**Potaciones**» se llamaban. Incluso champaña había.

(a fancy word for "drinks")

Sra. 5: Nosotros una vez tuvimos champaña cuando fuimos a la capital.

Sra. 4: Nosotros también, **rosado**, en casa de los primos de mi esposo, los que **reunieron un capital** en el negocio de los **quesos**. Figúrense. Comenzaron con una pequeña quesería, una tienda humilde y pobrísima, y ahora **hélos aquí** tan millonarios que no quieren **tratarle ya a uno**.

pink
made a fortune
cheeses
here they are
know you anymore

Sra. 2: Hay otra receta con queso que vi hace poco en la **peluquería**, en una revista vieja. Algún día la tendré que **probar**. Pero Florinda, ¿estás segurísima de que no te apetece un poquito más?

hairdresser's
try

Sra. 1: Me encantaría, pero . . . bueno. Con tal que no sea una **ración** tan grande como la otra.

portion

Sra. 3: **En** mi vida he visto raciones tan grandes como las que sirvieron en aquella boda. Uds. saben que mi cuñado, que descanse su alma en paz . . .

Never in

Sra. 5: ¡Quién pudiera descansar con este calor! Diez años llevamos ya aquí y todavía no me puedo acostumbrar.

Sra. 3: Que Dios lo guarde siempre en Su bendita compañía, ese cuñado mío no era un **cualquiera**. Tenía su propio **taller de mecánica**, con empleados y todo. En mi familia sí hay gente que es gente.

ordinary Joe /
machine shop

Sra. 1: Ummmm. Riquísimo. Mañana **me pongo a régimen**.

I'm going on a diet

Sra. 3: Pues mi cuñado, digo, tenía dinero **ahorrado** para el casamiento de su hija mayor, de quien ya les conté la historia, ¿se acuerdan?

saved up

Sra. 2: ¿Mercedes de la Rosa?

Sra. 3: No, ésa es la hija de mi hermano Miguel, el que vino aquella vez a visitarnos. Miguel Ángel tiene tres hijas, Dolores, Michín e Inés, y cuatro hijos, Óscar, Abelardo . . .

Sra. 4: ¡Dios mío! Mis suegros vienen mañana a visitarnos y no tengo

nada en casa para servirles. Es decir, no es que no tenga sino
que mi suegra, cuando llega **donde nosotros,** ya no se contenta — at our house
con una cosa cualquiera. ¡Ojalá que decidan . . . !

Sra. 2: Pues la otra receta de que les estaba hablando . . .

Sra. 3: De eso también había en la boda. Primero comimos **en-** — hors d'oeuvres
tremeses, después de los cuales trajeron varias sopas y platos
principales y . . .

Sra. 4: ¿Qué tal les parecería una sopa de verduras **a lo gallego,** — Galician style
con carnes y . . .?

Sra. 3: Toda clase de carnes había, y **mariscos** y pescados. Les — shellfish
digo, si no se hubiera **emborrachado el fulano ese del suegro** — gotten drunk /
de mi sobrina . . . — that stupid / father-in-law

Sra. 2: ¿Nadie quiere tomar más? Hala . . . vamos . . .

Sra. 1: No debo . . . Tal vez un poquitito.

Sra. 5: Para mí también. En este clima si una no se alimenta, **se** — she melts away /
derrite del todo. **Bañada en sudor** estoy. — drenched with perspiration

Sra. 3: Tantos postres había que no se pueden contar con los dedos,
aunque a decir la verdad, a mí muy poco me importa, ya que
el médico me ha dicho que **vigile** un poco la dieta. Había **tartas** — I should watch /
y frutas y **flanes** y helados . . . — cakes / custards

Sra. 5: Tampoco aguanto el frío.

Sra. 1: Ah, Josefa, pero esto es sabrosísimo.

Sra. 4: ¿Tal vez un **pollo al ajillo?** — garlic chicken

Sra. 3: Pues de pronto se cayó **bailando** el suegro ese de mi sobrina, — while dancing
y lo levantaron cubierto de **nata,** porque había tropezado con — whipped cream
el **pastel de boda,** que era enorme, de siete u ocho **camadas** . . . — wedding cake / layers

Sra. 2: Florinda, ¿no te apetece . . .?

Sra. 1: Tal vez . . . pero muy poco . . . un poquitillo . . .

Z.S.D.

Análisis

1. ¿Qué retrato mental ha sacado Ud. de estas señoras? Descríbanoslas una por
   una.
2. Ahora díganos: ¿De dónde cree Ud. que son? ¿De qué nivel socio-económico
   serán? ¿Qué clase de trabajo tendrán sus esposos? ¿Qué detalles le hacen
   pensar así?
3. ¿Qué aspectos de la psicología humana se revelan a través de este diálogo?
   ¿Qué valores sociales se reflejan?

4. ¿Le han producido una impresión favorable o desfavorable las cinco señoras? ¿Por qué? ¿Hasta qué punto diría Ud. que son típicas? ¿Le hacen pensar en alguien que Ud. conozca personalmente? ¿Podría Ud. ser parte de ese mundo algún día? ¿Por qué?

CREACIÓN

Imagínese el mismo «Almuerzo», pero esta vez con hombres en vez de mujeres. ¿Cómo cambiaría Ud. por lo menos alguna parte de la conversación? . . . La comedia humana.

Parte cuarta
¿Cómo lo describiremos?

¿Quiénes son estos individuos? ¿Puede Ud. describirlos uno por uno—su edad, su aspecto físico, su fisonomía, el color de su pelo, su manera de vestir, el carácter o la personalidad que se trasluce a través de sus ademanes, a través de su cara? Ahora descríbanos el lugar donde se encuentran—los muebles, los colores, el ambiente. Y díganos por fin: ¿Por qué se encuentran allí?

TEATRO

La escena es el comedor privado de un hotel de lujo. El periodista Carlos Martorell con su esposa Elisa, y un médico pobre, Fernando Cifuentes, con su esposa Julia, han sido invitados a cenar con sus viejos amigos Eduardo y Rosalía Fontán. En efecto, Rosalía está **luciendo** para la ocasión un riquísimo **collar** de diamantes que su esposo, nuevo multimillonario, le acaba de regalar. La cena está para comenzar.

wearing / necklace

Eduardo: ¡Rosalía!
Rosalía: ¿Qué, **cariño**?   darling
Eduardo: ¿Dónde está?
Rosalía: ¿El qué . . .?
Eduardo: ¡El collar . . .!
    (En efecto, la garganta de Rosalía aparece desnuda. El collar ha desaparecido.)
Rosalía: ¿Cómo? Pero si lo llevaba ahora mismo . . .
Elisa: Bueno. Quizá **se te ha desprendido** y esté por ahí, en   it fell off you
    cualquier parte. A veces el **broche falla**.   clasp opens up
Rosalía: Claro. Tiene que ser eso. (Y de pronto.) ¡Ah! ¡Seguro! Seguro que se me cayó mientras estábamos en la terraza.
Eduardo: Espera. Yo te acompañaré.
Julia: ¡Dios mío! Pero qué cosas pasan . . .
Elisa: ¡Qué situación tan incómoda! **Está visto** que las joyas no dan   Obviously
    más que disgustos. Se pierden, las roban, desaparecen, **qué**   etc., etc.
    sé yo. Por eso, ya se sabe, las mujeres realmente distinguidas nunca llevan encima más que cositas de poco valor.
Carlos: (Indignado) ¡¡Elisa!! Cállate, ¿quieres?
Elisa: ¿Por qué? ¿He dicho algo **inconveniente**?   wrong
Fernando: Por favor, no **discutáis** ahora.   argue
    (Rosalía y Eduardo vuelven al comedor.)
Rosalía: No. El collar no está en la terraza.
Fernando: Pero entonces, tiene que estar aquí, en esta habitación. Lo encontraremos. Estoy seguro. Vamos. Daos prisa.
Eduardo: ¡Un momento! . . . ¡Je! Y, de verdad, **¿no se trata de una**   isn't this some
    broma?   sort of joke?
Fernando: ¿Cómo? ¿Una broma! No entiendo.
Carlos: A ver . . . ¿Qué quieres decir?
Eduardo: Pues es muy sencillo, muchachos. **Doy por hecho** que a   I grant
    mi mujer se le desprendió el collar de la garganta y el collar cayó en cualquier parte. Entonces, uno de vosotros lo vio y nada más que por broma, claro está, lo escondió para **darle**   scare
    susto a Rosalía. ¿Qué tal? ¿Es ésa la historia? Bueno. Pues si

es así yo creo que la broma está cumplida y debe terminar.
¡Hala! Vamos a ver. ¿Quién de vosotros tiene el collar?   Come on.

Carlos: Pero Eduardo, ¿qué estás diciendo?

Fernando: ¿Cómo se te ha ocurrido eso?

Eduardo: ¿**Conque** no se trata de una broma . . .?   then

Fernando: ¡No!

Julia: ¡Por Dios! Es absurdo . . .

Elisa: ¿Te has vuelto loco, **encanto**? Desde luego, sería una broma   dear
absolutamente imbécil . . .

Eduardo: Entonces, ¿qué ha pasado aquí? ¿Dónde está el collar?

Carlos: ¡Eduardo! ¿Qué estás pensando? ¡**Habla de una vez**!   Speak up!

Eduardo: Tengo que pensar en algo, ¿no crees? Incluso en lo que
parece más imposible. Porque el collar estaba aquí entre nosotros, hace unos minutos. Y de repente ha desaparecido. ¡Y ese
collar vale millones de pesetas!

Fernando: ¡Pero Eduardo . . .!

Eduardo: ¿Dónde está ese collar? Tengo el derecho a preguntarlo.
¿Dónde está?

Fernando: (Con angustia) ¡Eduardo! ¿Qué insinúas? **Vuelve en ti.**   Come to your
No sabes lo que dices. Somos tus más viejos amigos. ¿Es que   senses.
vas a dudar de nosotros?

Carlos: (Irritadísimo) ¡Vamos! ¡Habla claro! ¿Es que por tu cabeza
ha pasado la idea de que alguno de nosotros ha sido capaz de
robarte ese maldito collar?

Julia: ¡Dios mío!

Elisa: ¡Jesús! El muy estúpido . . .

Rosalía: ¡Oh! Eduardo, Eduardo . . .

Julia: ¡Eduardo! ¡Por Dios! Tú no puedes creer . . .

Eduardo: ¿Y por qué no?

Carlos: ¿Qué? ¿Qué dices?

Eduardo: ¡**Dejémonos** de hipocresías! ¿Es que para cualquiera de   Let's cut out
vosotros esos millones de pesetas no significan una estupenda
solución?

Todos: ¿Qué?

Carlos: ¡¡Eduardo!!

Elisa: ¡Carlos! ¡Por Dios! ¡No le escuches! Está loco.

Eduardo: (Se vuelve con violencia hacia Carlos.) Piensa en ti
mismo, por ejemplo. Llevas una vida fantástica, ¿verdad? Se te
ve en todas partes, en los cócteles más brillantes, en las fiestas
de la buena sociedad, en las cenas de los restaurantes de lujo.
Tienes un espléndido coche. Tu mujer viste a veces como una
millonaria. Pero, ¿por qué? ¿Por qué es así todo eso si tú no
tienes un céntimo ni ganas lo suficiente? ¿Quieres saberlo?
Pues yo te lo diré: ¡Porque estás lleno de **trampas**! ¡Por que te   scheming tricks

asfixian las **deudas**! ¡¡Porque le debes dinero a todo el mundo!!   debts
¡Ea! Ya está dicho . . .
Carlos: (Pálido, reconcentrado) ¡Eduardo . . .! Te juro que algún día
te devolveré este golpe bajo.
Eduardo: ¡Oh! ¿Qué me importa? ¡Yo quiero el collar! ¿Dónde está?
¿Quién lo tiene?

(Adaptado de Victor Ruiz Iriarte, *El collar*)

Análisis

1. ¿Qué piensa Ud. de Eduardo Fontán? ¿Cómo describiría Ud. su carácter y su personalidad? ¿A qué negocio se dedicará?
2. ¿Cree Ud. que uno de los amigos presentes le haya robado el collar? Ya sabemos que Fernando es un médico pobre y que Carlos es un periodista que no gana suficiente para vivir con el lujo que desea. ¿Cuál de ellos sería el candidato más lógico para realizar el robo? ¿O es posible que haya otra explicación?
3. Si Ud. fuera el autor, ¿cómo resolvería la situación? ¿Haría que se reconciliaran los seis amigos? ¿Por qué?

Ser and estar

Ser and estar both mean *to be*. However, these two verbs are widely different in their concepts, and they can never be interchanged without a basic change of meaning. In most cases, they cannot be interchanged at all.

In general, **ser** tells *who* the subject is or *what it is really like*. **Estar** usually relates *where* or *in what condition or position* the subject is. Here is a chart of their principal uses:

ser (who, what, whose)	**estar** (where, how)
Subject = noun or pronoun	Location
Possession	Estar + present participle = an action in progress
Origin, material, destination	Estar + past participle = outcome of an action
Time of day	
Passive voice	
"to take place"	

With adjectives

Characteristic, quality	Position, condition, semblance of being: "look, seem, feel, taste"

A. When to use only ser

1. To link the subject with a noun or pronoun—in other words, to tell *who* or *what* the subject is:

Somos grandes entusiastas del tenis. —Raúl lo es también.
¿Quién fue? —Fui yo.
¿Qué será esto? —Es un . . . no sé qué.

We are great tennis fans. —Ralph is, too.
Who was it? —It was I.
What can this be? —It's a . . . who knows!

Díganos: ¿Es Ud. miembro de algún club estudiantil? ¿de algún equipo deportivo? ¿de algún partido político? ¿de alguna sociedad fraternal o religiosa? . . . ¿Qué piensa Ud. ser algún día? ¿Qué son sus padres? ¿Qué eran sus abuelos? . . . ¿Quién es la persona mayor de su familia? ¿y la menor?

2. To state possession:

¿De quién es ese bolígrafo? —Es mío. Creo que éste es el suyo.	*Whose ballpoint pen is that? —It's mine. I think that this one is yours.*

Conteste ahora: ¿De quién es la casa en que viven Uds.? ¿Es suyo el coche que usa Ud.? Amigo (amiga), ¿son tuyas las gafas (los anteojos) que tengo aquí en la mesa? ¿Son de Uds. estos papeles tan brillantes?

3. To indicate where the subject is from, what it is made of or where it is heading:

¿De dónde eran? —Serían de Yucatán.	*Where were they from? —They probably were from the Yucatan.*
Las paredes serán de vidrio y el techo será de plástico. —¡Ay, no!	*The walls will be (made of) glass and the roof will be (of) plastic. —Oh, no!*
El tocador es para tu cuarto. La cómoda es para el mío.	*The dresser is for your room. The chest is for mine.*

Otra vez, hablemos: 1. ¿De dónde es su familia? ¿De dónde eran sus bisabuelos? 2. ¿De qué es su casa—de madera, de ladrillos o de otro material? ¿De qué es la silla en que Ud. está sentado (sentada) en este momento? 3. ¿De qué color es su alcoba? ¿la cocina? ¿la sala? 4. Si compramos una estufa nueva, ¿para qué cuarto será? ¿Si compramos un lavamanos? ¿un sofá? ¿una mesa grande con doce sillas altas?

4. To tell the time of day:

¿Qué hora será? —Es la una en punto.	*What time can it be? —It's one o'clock sharp.*
Eran las tres y media.	*It was 3:30.*[1]
Serían las seis menos cuarto.	*It was about 5:45.*

Note that the verb is always plural, except when the hour is one o'clock.

¿Qué hora era cuando llegó Ud. a la universidad hoy? ¿Qué hora era cuando comenzó su clase de español? ¿Qué hora será cuando termine? A propósito, ¿qué hora es ahora? (¡Rápido, adelante!)

---

[1] Remember that the imperfect, not the preterite, expresses time in the past.

5. To form the passive voice

As you know, Spanish uses **ser** + a past participle + **por** when the action of the verb is done *to* the subject *by* someone or something (recall Part 1, Lesson 5):

Con suerte, seremos recomendados por el jefe.

With luck we'll be recommended by the boss.

¡He sido elegida presidente de mi clase! —Felicitaciones.

I've been elected president of my class. —Congratulations.

Más «personales»: ¿Ha sido elegido (elegida) Ud. alguna vez a algún puesto? ¿Ha sido nominado (nominada) para algo? ¿Ha sido invitado (invitada) alguna vez a una función importante? . . . Hablando de otra cosa, ¿fue aceptado (aceptada) Ud. en otras universidades o sólo en ésta? ¿En qué año fue admitido (admitida) aquí? ¿Piensa Ud. ser admitido (admitida) a alguna escuela profesional cuando termine sus estudios aquí?

6. To state when or where something *takes place* (not where it is located!):

¿Dónde es la conferencia?

Where is the lecture? (Where does it take place?)

¿Cuándo serán las elecciones?

When will the elections be?

La escena es en Madrid.

The scene is in Madrid.

Diga otra vez: ¿Va a haber partido de fútbol (de baloncesto, o de béisbol) aquí esta semana? ¿Cuándo será? ¿Será aquí o en la otra universidad? ¿Será en el gimnasio o en algún estadio? ¿A qué hora comenzará? A propósito, ¿en qué salón es su clase de español?

B. When to use only **estar**

1. To indicate location or position—where the subject *is,* not where it is from or where it takes place:

¿Está Isabel? —Sí, está en su habitación.

Is Elizabeth in? —Yes, she's in her room.

¿Dónde estuvieron Uds. la semana pasada? —Estuvimos de vacaciones en el campo.

Where were you last week? —We were on vacation in the country.

Información, por favor

¿Sabe Ud. dónde están estas ciudades: Tokio, Varsovia, Praga, Montevideo, Estambul, Asunción, Manila, Pekín? ¿Y en qué continentes están estos países: Venezuela, Costa Rica, Tailandia, Uganda, Egipto. ¿En qué lugar está la casa de su familia? . . . ¿Dónde estarán los demás miembros de su familia en este momento? A propósito, ¿dónde estuvo Ud. ayer? ¿Por qué no estuvo en clase?

2. With the present participle, to form the progressive tense

Estar + a present participle describes more graphically an action in progress at a given moment.[2]

¿Estás descansando ahora? —No. Estoy estudiando. He estado trabajando todo el día.	*Are you resting now? —No. I'm studying. I've been working all day.*
Estábamos hablando precisamente de ella cuando entró. —¡Qué mortificación!	*We were talking precisely about her when she came in. —How embarrassing!*

REMEMBER: **Ser** is NEVER followed by a present participle!

Entre amigos, dinos: ¿Dónde está en este momento tu novio (novia) o tu mejor amigo? ¿Qué estará haciendo? ¿Estará pensando en ti? Y tú, ¿en qué estás pensando? ¿y en quién? . . . Hablando de cosas más prácticas, dinos otra vez: ¿Qué estabas haciendo esta mañana a las seis? ¿a las siete? ¿a las diez? ¿Qué estarás haciendo esta noche a las ocho? ¿Has estado trabajando mucho este año? ¿Has estado aprendiendo cosas de mucho interés? . . . ¡Claro está!

3. With the past participle to describe the *outcome* of an action—not the action itself!

¿Están abiertas todavía las puertas? —Me imagino que ya estarán cerradas.	*Are the doors still open? —I imagine they must be closed by now.*
El libro está muy bien escrito, ¿no les parece?	*The book is very well written, don't you think so?*

In fact, if you can insert the idea "already" or "still," use **estar:**

Estábamos sentados a la mesa cuando llamaron . . . y nos dijeron que Ramiro estaba herido. —¡Ay, no!	*We were sitting (seated) at the table when they called . . . and they told us that Ramiro was hurt. —Oh, no!*
Este edificio no estaba construido cuando nosotros vivíamos aquí.	*This building wasn't built (yet) when we lived here. (It still wasn't . . .)*

Dinos algo de tu escuela: ¿Es una universidad vieja o nueva? ¿Estaba fundada ya en 1950? ¿Estaba fundada antes del comienzo de este siglo? Y el edificio donde se da esta clase, ¿fue construido antes o después de 1980? . . . Ahora volviendo al presente: Cuando llegaste a la escuela esta mañana, ¿estaban abiertas o cerradas las

---

[2] **Estar** + present participle is not used with **ir** and **venir:** *I am going.* **Voy.**

puertas? ¿Estaba abierta ya la cafetería? ¿A qué hora se abre normalmente la biblioteca? ¿Y a qué hora se cierra? ¿Estará abierta este fin de semana? . . . ¿Estará terminado ahora este ejercicio?

Mini-historia

¿Cómo se dirá en español?

Who is that man? Hasn't he been on television recently? —Yes, several times. You know? He was from here. In fact, he was a student at this school. And he was sentenced to jail for a crime that he didn't commit. Twenty years later he was pardoned and now he is writing his autobiography. It isn't finished yet, but I'm told that it's fascinating. —I wonder what he is really like. I wonder whether he really was innocent. —Well, he's going to give a talk here next week. —When and where will it be? —Friday, at three. Do you want to go with me?

C. Ser and estar with adjectives

1. When the verb *to be* joins the subject with an adjective, we use **ser** to portray an essential quality or characteristic. We use **estar** to describe a state, a condition, or a semblance of being—what the subject looks like, seems like, feels like, tastes like— not necessarily what it *is*.

REMEMBER: **un ser humano**   *a human being*
　　　　　un estado   *a state*—**los Estados Unidos**

El hielo es frío.	*Ice is cold.*
¿Qué pasa? El café está frío.	*What's the matter? The coffee is cold.*
Luis es muy pálido.	*Louis is (characteristically) very pale.*
Luis está muy pálido, ¿no le parece?	*Louis is (looks, happens to be) very pale, don't you think so?*
María es tan bonita.	*Mary is so pretty.*
María, ¡qué bonita estás!	*Mary, how pretty you look!*
Su hijo es bueno (malo).	*Your son is good (bad).*
¿Está bueno (malo) su hijo?	*Is your son well (ill)—in good (or bad) condition?*
¿Cómo es Francisco?	*What is Frank like?*
¿Cómo está Francisco?	*How is Frank feeling?*
Estas uvas son verdes.	*These grapes are green (their proper color).*
Estas uvas están verdes.	*These grapes are green (unripe).*

IMPORTANT: The common notion that **ser** indicates a permanent situation and **estar** a temporary one is not entirely accurate. Of course, an essential characteristic or quality frequently is permanent, and a state or condition may often be temporary. But this is not necessarily so.

Youth is temporary. Wealth may come and go. Beauty may disappear. Size may change. Yet for the time that they last, they are sufficiently pervading to characterize a being:

Cuando yo era joven, era muy delgada. Y ahora, ¡caramba!	*When I was young, I was very slim. And now, . . . !*
Sería muy pobre. —Sin duda.	*He probably was very poor. —Undoubtedly.*

Conversely, a state may be quite permanent: **Está muerto.** (*He is dead*—the resultant *state* of the action of dying). Even the addition of the adverb *always* does not convert a state into a characteristic:

Esa ventana siempre está cerrada.	*That window is always closed.*

2. Age and financial position are regarded as characteristics of a person, and so the adjectives **joven, viejo, rico, pobre** normally take **ser**. However, if we wish to imply that someone looks, seems, feels (not *is*) young or old, we use **estar**:

El Sr. Colón es viejo.	*Mr. Colón is old.*
Cuando era joven, era muy rico.	*When he was young, he was very rich.*
BUT:	
¿Ha visto Ud. al Sr. Colón? Está muy viejo.	*Have you seen Mr. Colón? He looks very old.*

3. Ser is used in most impersonal expressions:

Es (im)posible.	*It is (im)possible.*
Es evidente, importante, necesario, trágico, etc.	*It is evident, important, necessary, tragic, etc.*
Es de esperar.	*It is to be hoped.*

Estar is found in a few expressions, such as **Claro está** and **Está visto (que . . .).**

¿Ser o estar?

Complete usando siempre el tiempo y la persona apropiados:

1. Esto _____ interesantísimo. (Nosotros) siempre _____ interesados en oír teorías nuevas, aunque no _____ necesariamente prácticas.   2. Amalia, pero mujer, ¡qué delgada _____! —Gracias. ¿Sabes? Me cansaba ya de _____ gorda y me puse a dieta. La verdad, ahora _____ mucho más contenta de mí misma.   3. _____ de esperar que la razón predomine y que (ellos) _____ más discretos

en su conducta. —Así _____ siempre. La gente suele _____ más impulsiva que prudente. Ahora recuerde: no _____ Ud. como ellos o todo se perderá.   4. (Nosotros) _____ un poco preocupados por Inés. ¿No se han fijado? _____ muy pálida y casi vieja últimamente, y en realidad, _____ bastante joven todavía. —_____ posible que _____ enferma. ¡Ojalá que no _____ nada serio.   5. ¿Qué _____ esto? Esta sopa _____ fría. —¿Pues no lo sabía Ud.? El gazpacho _____ una sopa fría. _____ delicioso.   6. ¿Le apetece comer uvas? Pues éstas _____ verdes y aquéllas _____ rojas y negras. ¿_____ bien maduras o _____ un poco verdes todavía?   7. Ah, ¡qué bien lo recuerdo! Don Fernando, que descanse en paz _____ alto, fuerte y robusto. Y _____ tan amable también, un hombre que siempre _____ dispuesto a ayudar a su prójimo. No _____ muy viejo tampoco. _____ increíble que _____ muerto ahora.

Diga ahora en español:

1. Hi! How's the water today? —It's a little cool, but the day is beautiful. If I weren't so busy, I'd be more than pleased to spend the afternoon swimming with you.   2. What is (there) in this suitcase? It's awfully heavy. —Actually, it's empty. It's a very heavy case.   3. Joe must be tired. He looks very pale. I hope he's not ill. —No. He's all right. He probably is worried about something.   4. What's the matter? Are you sad or are you angry with me? —Neither. It's that the book I'm reading is very sad and I'm very sentimental.   5. You ought to cut the grass today. It's very high. —Didn't you know? This type of grass is much higher than the other. Besides, I like it this way.

 ADELANTE

A. How adjectives change meaning with **ser** and **estar**

Aside from the difference of implication that always exists when the same adjective is used with **ser** or **estar**, in some cases there is a difference in translation as well. (Recall **bueno, malo, joven, viejo,** and **verde** as illustrated on p. 177.)

1. **Ser** and **estar** with adjectives that mean *happy.*

• **Feliz** refers to true happiness. It expresses an essential aspect of one's life rather than an emotional state. Therefore, it is most frequently used with **ser:**

Los habitantes de este pueblo son muy felices. —¿Quién es realmente feliz?

The inhabitants of this town are very happy. —Who is really happy?

Estar feliz is synonymous with **estar contento:**

Pero, ¡qué sorpresa! Estoy feliz, feliz.	*Oh, what a surprise! I'm so happy!*

2. **Alegre** means *merry, joyful.* **Ser alegre** means *to be jovial, to be fun:*

Pablo es muy alegre, pero no es feliz. —¡Lástima!	*Paul is a jovial fellow, but he's not happy. —Too bad.*
La fiesta era muy alegre.	*The party was a lot of fun.*

Estar alegre means *to be in a good mood, in high spirits:*

Todos estuvimos muy alegres esa noche.	*We all were in high spirits that night.*

• **Contento** means *pleased, satisfied,* and is used with **estar:**

No estoy nada contenta de su actitud.	*I am not at all pleased with his attitude.*

♦ **Contentadizo** means *easily pleased.* Since it generally describes a person's characteristic disposition, it usually takes **ser.** The negative **descontentadizo** *(malcontent, hard to please)* is very frequent, and of course, follows the normal principle of usage:

No te quejes tanto. Eres muy descontentadizo.	*Don't complain so much. You are very hard to please (a malcontent).*
	BUT:
¿Qué pasa hoy? Estás muy descontentadizo.	*What's the matter today? You seem very grouchy.*

3. **Estar enfermo** means *to be sick.* **Ser enfermo** or **enfermizo** means *to be an invalid* or *to be sickly:*

El pobre Ramón siempre está enfermo. —Sí, es algo enfermizo.	*Poor Raymond is always sick. —Yes, he is rather sickly.*

4. **Estar cansado** means *to be tired.* **Ser cansado** means *to be tiresome:*

¡Qué cansada estoy!	*How tired I am!*
¡Qué cansado es ese profesor!	*How tiresome that professor is!*

5. **Estar aburrido** means *to be bored.* **Ser aburrido** means *to be boring:*

¿Está aburrido? —Hasta más no poder. El libro es muy aburrido.	*Are you bored? —Terribly. The book is very boring.*

6. **Estar listo** means *to be ready.* **Ser listo** means *to be smart:*

Toño, ¿estás listo? —Ya, ya.	*Tony, are you ready? —Almost.*
Carmen sí que es lista. —A veces se pasa de lista.	*Carmen is very smart. —Sometimes she outsmarts herself.*

♦ 7. **Estar seguro** means *to be certain, sure, positive* (one's state of mind), or *to be safe* (out of danger):

Estoy seguro de que nos vio. | *I am sure that he saw us.*
No se preocupen. Su hijo está seguro. | *Don't worry. Your son is safe.*

Ser seguro means *to be a certainty* or *to be safe* (not dangerous), *trustworthy, reliable, accurate* (as an object, a method, etc.):

Eso es absolutamente seguro. | *That is absolutely certain.*
No tengas miedo. La máquina es segura. | *Don't be afraid. The machine is safe.*

♦ 8. The adjective **loco** (crazy) is more commonly used with **estar**, since it is viewed as expressing a state of mind rather than an inherent characteristic:

Está loco; no sabe lo que dice. | *He's mad; he doesn't know what he is saying.*

When **loco** is used with **ser**, it means *a madman:*

Lo han llevado al manicomio, porque es loco. | *They have taken him to the asylum because he is mad (a madman).*

♦ 9. A few past participles may be used adjectivally with either **ser** or **estar**. Even though the English translation is the same, there is an implicit difference in meaning:

Estamos casados. | *We are married. (This is our status.)*
Somos casados. | *We are married (people). We are man and wife.*

Asociaciones

Díganos todas las cosas que se le ocurren al pensar en lo siguiente:

ser feliz . . . estar aburrido . . . estar enfermo . . . estar casado . . . ser (o estar) loco . . . ser emocionante . . . estar emocionado . . . estar enamorado . . .

Inglés → español

1. I can't stand it. I'm so bored in this class that I'm dying. —You're mad. This is very interesting.   2. For how long have you been married? —Since June. Ann and I are old married people already.   3. Are you sure that this new plane is safe? —I believe that it is, though I doubt that it is ready for commercial transport yet. If you want, we'd be very happy to show it to you. Incidentally, we hope that you're well

insured.   4. Joe, are you ready? It's late already. —Wait five minutes and I'll be ready for everything, even for seeing you! —Don't be so smart with me, you hear?

B. Ser vs. estar—objective vs. subjective

Ser may be said to indicate the normal or objective attribute of an adjective. **Estar** adds a subjective evaluation:

La sopa es rica.	*The soup is rich* (full of rich ingredients).
La sopa está rica.	*The soup is delicious.* (It tastes rich.)
Toñuelo es muy alto.	*Tony is very tall.* (Objectively, such is his size.)
Toñuelo está muy alto.	*Tony is very tall.* (This is his height at the moment. He probably is still growing.)

For this reason, **estar** is used to describe the look or the fit of clothing:

Estos zapatos me están muy grandes. ¿De qué número serán?	*These shoes are very big for me. I wonder what size they are.*
El vestido te está un poco ajustado. —Así me gusta.	*The dress is a bit too tight for you. —That's how I like it.*

Recall how **estar** makes a subjective evaluation!

C. Estar to express one's stand on an issue[3]

Estoy contra la pena de muerte. —Yo estoy a favor.	*I am against capital punishment. —I'm for it.*
Estamos por anunciarlo en seguida. —Debieran esperar.	*We're for announcing it immediately. —You really should wait.*

Frases originales

¿Cómo las terminamos?

1. Estoy contra . . . (termine de tres maneras diferentes)   2. Estoy por . . . (termine otra vez de tres maneras diferentes)   3. Mi amigo y yo estábamos para . . .   4. Este abrigo me está . . .   5. ¿Te están . . . ?

---

[3] However, when we say *I am of the opinion* . . ., Spanish uses **Soy de la opinión** . . .

♦ D. Ser and location

Occasionally, **ser** is used in sentences involving location when the place or site is really the implied predicate noun:

Aquí es donde vivo.	*Here is (the place) where I live.*
Nuestra casa es en Barcelona.	*Our home is (in) Barcelona. (Barcelona is the site of our home.)*

♦ E. The colloquial ser nacido

Ser nacido is frequently heard in popular speech in place of the preterite of **nacer**, especially in Latin America:

Soy nacido en Panamá.	*I was born in Panama. (I am a native of Panama.)*

Nací en Panamá is more correct grammatically.

♦ F. Quedar as a substitute for estar

1. Quedar, which means *to remain* or *be left,* lends a more forceful tone than **estar** to describe the outcome of an action:

Quedé muy sorprendida al oírlo. —Pero, ¿no lo esperabas?	*I was very surprised to hear it. —But weren't you expecting it?*
El pobre quedó como aplastado.	*The poor guy was floored.*
Ud. queda a cargo del proyecto. —Ah, mil gracias.	*You are in charge of the project. —Oh, thank you so much.*

Resultar also can be used in this sense, especially in newspaper reporting:

A consecuencia de la trifulca, resultaron (quedaron) tres policías heridos.	*As a result of the fight, three policemen were injured.*

2. Quedar can also be used for location and to describe the look or fit of clothing:

Me queda un poco grande la falda.	*The skirt is a little big for me.*
Le queda bien ese traje.	*That suit looks good on you.*
¿Dónde queda la estación?	*Where is the station?*

Exprese de otra manera:

1. **Me sentí** del todo desorientado al recibir la noticia.　2. Me **están** un poco angostos estos zapatos.　3. ¿**Está** muy lejos de aquí la terminal?　4. **Estuvimos**

boquiabiertos ante el espectáculo.   5. Los dos coches chocaron, pero **salieron** ilesos los dos choferes.   6. Si el plan fracasa, Uds. **serán** responsables.   7. De aquí en adelante, yo **estaré** encargado del proyecto.

G. *To be* in expressions of weather

1. Weather expressions that refer to phenomena that are *felt* (temperature, wind, etc.) use **hacer**:

Hace fresco hoy, pero mañana hará calor. —Menos mal.	*It's cool today, but tomorrow it will be warm. —Well, that's better.*
Hacía mucho viento cuando salí, pero ahora hace sol.	*It was very windy out when I left, but now it is (feels) sunny.*

Remember, of course, that a person's reaction to temperature calls for **tener**:

Tengo frío (calor).	*I am (feel) cold (warm).*

2. Weather expressions that refer to phenomena that are *seen* use **haber**:

Hay mucho sol.	*It is very sunny. (The sun is out brightly.)*
Hay luna.	*The moon is out.*
Hay mucho polvo (lodo) hoy.	*It is very dusty (muddy) today.*

A contestar

1. ¿Qué tiempo hace hoy? ¿Qué tiempo hizo ayer? ¿En qué estaciones del año hace más calor? ¿En qué estaciones hace fresco o frío?   2. ¿En qué partes del mundo hace calor todo el año? ¿Dónde hace mucho frío siempre?   3. ¿Qué ropa lleva Ud. cuando hace mucho frío? ¿y cuando hace calor?   4. ¿Qué comemos cuando hace calor? ¿Y qué tomamos cuando hace frío?   5. Finalmente, según la tradición romántica, ¿qué ocurre cuando hay luna? ¿Te ocurre a ti?

CREACIÓN

Hoy le vamos a dar varias alternativas. Primero, si quiere, repase la escena de **El collar** (pág. 170) que leímos el otro día. Y después:

1. Imagínese que es Ud. agente de policía y que está interrogando a los varios invitados sobre la desaparición del collar de Rosalía. (A propósito, si desea, puede limitarse a sólo uno de ellos.)
2. Imagínese la conclusión de la obra y redacte Ud. la última escena.
3. Es el día siguiente, y varias señoras están en la peluquería comentando sobre el suceso. En efecto, algunas se atreven a decir que posiblemente el collar no fuera legítimo, que posiblemente . . . Ud. lo dirá.

All about adjectives

TIPOS HUMANOS

A. El muchacho estaba asombrado. Veía a una mujer **ya mayor**, flaca, con profundas **ojeras**. El cabello oxigenado, el traje de color verde, muy viejo. Los pies calzados en unas viejas **zapatillas de baile** . . ., sí, unas asombrosas zapatillas de baile, color de plata, y en el pelo una **cinta plateada** también, atada con un **lacito**.

not-so-young

circles under the eyes / dancing slippers

silver ribbon / little bow

(Carmen Laforet, *Rosamunda*)

B. Era de baja estatura, un poco gorda, de gordas piernas cortas. La cabeza, demasiado grande para aquel cuerpo, lo parecía aún más a causa de la profusa **cabellera** rubia que la **enmarcaba**. El rostro, ancho y de **facciones algo toscas**, irradiaba inocencia y bondad, como el de una campesina, y esta semejanza se veía acentuada gracias a una **suerte de arrebol** . . ., como si la joven sostuviera un enorme peso sobre la cabeza. Por lo demás, vestía ropa de calidad. En cambio no se le veía ninguna **alhaja**. Ni guantes, ni **cartera**, ni sombrero. Y eso era todo.

head of hair / framed
somewhat coarse features
kind of rosiness

jewelry
pocketbook

(Marcos Denevi, *Ceremonia secreta*)

C. Era un viejo mal conservado, flaco y como enfermizo, más bien pequeño que alto, con uno de esos rostros insignificantes que no se diferencian del del vecino, si una observación **formal** no se fija en él con particular interés. Sólo cuando hablaba se veían en su rostro los **rasgos** de una vivacidad nada común. Sus ojuelos pequeños y **hundidos** tenían entonces mucho más brillo, y la boca, **dotada de** la movilidad más grande que hemos conocido, empleaba un sistema de signos más variados y expresivos que la misma palabra. **Cojeaba de** un pie, no sabemos por qué causa, y la mano izquierda no era **del todo expedita**; tenía muy **bronca** y **aternerada** la voz, y al andar marchaba tan derecho en su camino, tan fijo y abstraído, que **iba dando tropezones** con todo el mundo.

careful

signs
sunken / endowed with

He limped on

fully usable / hoarse and whiny
he kept bumping into

(Benito Pérez Galdós, *La sombra*)

D. Es un sujeto gordo, alto, de grandes manos **flojas** y brazos muy largos. Vive en la exageración, en la **exaltación** y la declamación. Desde los «buenos días» familiar hasta el **juramento, perora y bracea** furiosamente. Las **historietas cotidianas,** por **anodinas** que parezcan, se transforman en sensacionales **folletines** cuando pasan por sus labios. **Amasa mentiras descomunales** con los ingredientes que le **proporcionan** sus vecinos. Gusta también de hablar de platos sabrosos, y como es un hombre tremendamente expresivo, al hacerlo emplea tal entusiasmo, tal ímpetu, que **traga** saliva y **saliva** describiéndolo.

loose-jointed
excitement
swearing, he spouts and waves his arms / everyday tales / minor
dime novels / He kneads outsized lies / supply
he swallows / salivates

(Angel F. Rojas, *El éxodo de Yangana*)

Comentarios

A. Según lo poco que sabemos de Rosamunda, ¿cómo se imagina Ud. su vida pasada? ¿Quién será? ¿Cómo vivirá ahora? ¿Puede Ud. completar la descripción de su cuerpo, y de su cara?

B. ¿Quién será la joven gordita de *Ceremonia secreta?* ¿De qué clase social cree Ud. que será? ¿de qué ambiente económico o intelectual?

C. ¿Encuentra Ud. simpático o antipático al viejo de *La sombra?* ¿Qué rasgos suyos le llaman más a Ud. la atención? ¿Por qué?

D. Y el «sujeto gordo» de *Yangana,* ¿cómo será su voz? ¿Hablará rápidamente o despacio? ¿Se ríe mientras habla? ¿Es casado? ¿divorciado? ¿viudo? ¿En qué trabajará? . . . Ahora, de todos estos personajes, ¿a quién le gustaría más conocer?

 A REPASAR

A. Adjectives—their forms and agreement

In Spanish, adjectives are masculine or feminine, singular or plural, according to the noun they describe.

1. The feminine singular forms

• Adjectives whose masculine singular form ends in **-o** change that **-o** to **-a** when describing a feminine noun:

un día largo   *a long day*   una noche larga

• Adjectives that end in **-dor, -ón, -án** or **-ín**, and adjectives of nationality that end in a consonant add a final **-a**: (Notice that there is no accent mark on the feminine form.)

un señor encantador	*a charming man*	**una señora encantadora**
el arte francés	*French art*	**la música francesa**
un chico holgazán	*a lazy kid*	**una chica holgazana**

• All other adjectives use the same form for both masculine and feminine:

un curso difícil	una lección difícil
un tono suave	una voz suave
un niño cortés	una persona cortés
mi mejor amigo	mi mejor amiga

2. Plural forms

Adjectives are made plural exactly as nouns are: we add **-s** to a singular form that ends in a vowel, **-es** to one that ends in a consonant. A final **-z** changes to **-c** before **-es**:

tiempos antiguos	comidas ricas
hijos mayores	días felices

The plural of **joven** adds an accent mark over the **-o: jóvenes**.

• If an adjective refers to two nouns of the same gender, the plural of that gender is used:

Compramos unas camisas y corbatas muy hermosas.	*We bought some very beautiful shirts and ties.*

• But if the adjective describes both a masculine and a feminine noun, the masculine plural is used:

Compramos unos guantes y bufandas muy bonitos.	*We bought some very pretty gloves and scarves.*

Mire por un momento a su alrededor. Fíjese en todos los objetos que ve y descríbanos el color de cada uno. Por ejemplo:

Las paredes son amarillas. El traje del profesor es azul. Mi blusa es blanca . . .

Continúe Ud. . . . Y si quiere añadirle otro elemento descriptivo, ¡mejor!

Ahora díganos:

¿Encuentra Ud. difíciles sus estudios aquí? ¿Los encuentra demasiado fáciles?

¿Hay muchos estudiantes extranjeros en esta escuela? ¿Tiene Ud. amigos latino-americanos? ¿españoles? ¿alemanes? ¿japoneses? ¿Puede Ud. decirles algo en sus propias lenguas?

Hablando en términos más familiares, dinos: ¿cuál es tu deporte favorito? ¿tu clase favorita? Cuando eras pequeño (pequeña), ¿cuáles eran tus programas pre-feridos de televisión? ¿y tus actividades preferidas? ¿Son las mismas ahora?... Más importante, ¿te consideras una persona feliz? En tu opinión, ¿son felices la mayor parte de las personas en este mundo? ¿Somos capaces de ser felices todos si lo deseamos verdaderamente?

B. Shortening of certain adjectives

1. A few adjectives drop the final **-o** when they precede a masculine singular noun:

primero, primer	*first*	postrero, postrer	*last*
alguno, algún	*some*	ninguno, ningún	*no, none*
malo, mal	*bad*	bueno, buen	*good*
		tercero, tercer	*third*

¡Qué buen muchacho!	*What a good boy!*
No hay ningún otro como él.	*There is none other like him.*
Algún día te lo diré. —¿Cuándo?	*Some day I'll tell you. —When? —On*
—El primer día del año 2550.	*the first day of the year 2550.*

2. Three common adjectives lose their last syllable under certain conditions:

• **Grande** *(large, great)* becomes **gran** before any singular noun:

(un) gran número	*a large number*
una gran obra de arte	*a great work of art*

• **Ciento** *(one hundred)* becomes **cien** before all nouns and before the numeral **mil** and **millón**. It is not shortened before any other numeral:

Estamos a cien kilómetros de Barcelona.	*We're 100 kilometers from Barcelona.*
Recibió cien mil votos.	*He got 100,000 votes.*
BUT:	
Quedan ciento diez páginas.	*There are 110 pages left.*

• **Santo** *(Saint)* becomes **San** before all masculine names except **Domingo** and **Tomás:**

San Francisco	*St. Francis*	San Antonio	*St. Anthony*
BUT:			
Santo Domingo	*St. Dominick*	Santa Teresa	*St. Theresa*

¿Dónde prefiere Ud. vivir—en una ciudad grande o en un pueblo más bien pequeño? ¿Hay más de cien mil personas en el lugar donde vive Ud. ahora? ¿Hay muchas menos? . . . A propósito, ¿está situada esta escuela en una gran ciudad? En su opinión, ¿es ésta una gran universidad? (¿De verdad?)

Piense por un momento y díganos: ¿Qué ciudades norteamericanas llevan nombres de santos? ¿Cuántas puede Ud. nombrar?

C. -ísimo

The intensifying ending -**ísimo,** added to an adjective, corresponds to the English *extremely, very* or *most.* It is not a superlative, since there is no actual or implied comparison with anything else:

Era una persona simpatiquísima.	*He was a very (most) charming person.*
—E inteligentísima también.	*—And highly intelligent as well.*
Excelentísimo . . . —Ud. me puede	*Your most excellency. —You can call*
llamar Generalísimo.	*me. . . .*

Diga más enfáticamente:

un problema **difícil**; una cuestión **complicada**; un hombre **viejo**; una mujer **hermosa**; gente **rica**; trabajadores **pobres**; discusiones **interesantes**; soluciones **fáciles**; dos niños **pequeños**

D. Adjectives used as nouns

1. An adjective is often used with a definite or indefinite article to form a noun:

un belga, los holandeses	*a Belgian, the Dutch*
un viejo, la joven	*an old man, the young girl*
algún insolente	*some fresh fellow*
los ricos	*the rich (people)*

2. With the neuter article **lo,** the masculine singular form of the adjective becomes an abstract noun that describes the quality indicated by the adjective:

Lo práctico no es siempre	*What is practical is not always the best*
lo mejor.	*(thing).*
Lo curioso era . . .	*The strange part was . . .*

Emplee ahora en frases originales: lo mejor . . . lo peor . . . lo hermoso . . . los jóvenes . . . los pobres . . . los ricos . . . los españoles . . . las francesas . . . los italianos . . . las suecas

━━━━━━━━━━━━━━━ **ADELANTE** ━━━━━━━━━━━━━━━

A. Placing adjectives *after* the noun

Unlike English, Spanish does not have a fixed position for most adjectives. Spanish adjectives both precede and follow the noun. However, many adjectives do have a fairly specific position in normal use, and if that position is changed, the adjective acquires a special emphasis or a different connotation.

The primary function of an adjective that is placed after the noun is to distinguish that noun from others of its kind:

una camisa roja   *a red shirt*

Red is not a general characteristic of shirts. Rather, it distinguishes this shirt from shirts of other colors.

Here are some important groups of distinguishing adjectives that regularly follow the noun. Most descriptive adjectives fall within these parameters.

1. Adjectives of nationality and religion:

   la Revolución francesa   *the French Revolution*
   un cura católico   *a Catholic priest*

2. Adjectives of color and shape:

   la Casa Blanca   *the White House*
   una mesa redonda   *a round table*

3. Adjectives of classification or category:

   un estudio psicológico (literario,   *a psychological (literary, geographic,*
      geográfico, filosófico)   *philosophical) study*
   ácido acético   *acetic acid*

4. Adjectives modified by adverbs (especially by **más** or **menos**):

   una historia muy triste   *a very sad story*
   el actor más popular del cine   *the most popular movie actor*

5. Participles used as adjectives:

   una figura arrodillada   *a kneeling figure*
   una causa perdida   *a lost cause*
   una noche encantada   *one enchanted evening*

Asociaciones

*Denos a lo menos cinco adjetivos que asocie con cada uno de los siguientes.
Por ejemplo:*

  ojos: **ojos negros, azules, oscuros, grandes, pequeños, hundidos,** *etc.*

  piernas ... manos ... zapatos ... estudios ... una casa ... una mesa ... exámenes ... hermano (o hermana) ... revolución ... la literatura ... una situación ...
  un temperamento

Sobre esto y aquello

  1. ¿Cuántos hermanos mayores tiene Ud.? ¿y cuántos menores?   2. ¿Cuántas
  lenguas extranjeras se enseñan aquí?   3. ¿Tiene Ud. un amigo íntimo que haya
  nacido en un país extranjero?   4. ¿Sabe Ud. mucho de la vida hispanoamericana?
  ¿de la historia europea? ¿de la historia norteamericana?   5. ¿Se usan más hoy día
  las camisas blancas o las de colores?   6. Y en la cama, ¿se usan más las sábanas
  blancas o las multicolores?   7. Dime, amigo (o amiga): ¿Es redonda, ovalada o
  cuadrada la mesa donde estás sentado (sentada) ahora?   8. ¿Te gustan más los
  muebles modernos o los tradicionales?   9. ¿Qué buscas primero en un amigo—
  una persona inteligente o una persona simpática?   10. Y en un novio (o una novia),
  ¿qué buscas—una persona físicamente atractiva o una persona buena, sincera,
  cariñosa?   11. ¿Qué buscas más en un profesor—una persona brillante o una
  persona comprensiva? ¿y en un padre o una madre?

B. Placing adjectives *before* the noun

  1. Demonstrative, unstressed possessive,[1] and indefinite adjectives (including **mucho, poco** and **otro**), and cardinal numbers regularly precede the noun:

esta semana	*this week*	veinticuatro horas	*24 hours*
nuestra familia	*our family*	algún día	*some day*
poco tiempo	*little time*	muchísimo trabajo	*a lot of work*

  2. Certain common adjectives (**bueno, malo, joven, viejo, corto, largo, pequeño**)
often precede, but may also follow the noun:

Eres un buen hijo.	
Eres un hijo bueno.	*You're a good son.*
Era un joven periodista.	
Era un periodista joven.	*He was a young journalist.*

  [1] The stressed forms **mío, tuyo,** etc., of course, always follow the noun.

Hablemos otra vez:

1. ¿Se considera Ud. un buen estudiante de lenguas? ¿de ciencia? ¿de artes? ¿Se considera un buen hijo (buena hija)?   2. ¿Tienen Uds. mucho trabajo en esta clase? ¿Tuvo más trabajo o menos el semestre pasado?   3. ¿Piensa mudarse de casa algún día su familia? ¿Adónde iría si se mudara?   4. ¿Cuántos días hay en este mes? ¿y en el mes de febrero? ¿en junio? ¿en agosto?   5. En tu opinión, ¿habrá alguna manera de solucionar el problema de la inflación? ¿del desempleo? ¿del terrorismo? ¿de la discriminación religiosa o racial?   6. ¿Hay tiempo para un corto ejercicio más ahora, o debemos pasar a otra cosa?

♦ 3. A usually distinguishing adjective may be placed before the noun if the speaker wishes to describe a normal characteristic of that noun, rather than to differentiate it from other nouns of its type:

la blanca nieve	*the white snow*
los altos Andes	*the high Andes*
las hermosas modelos	*the beautiful models*
los ágiles acróbatas	*the agile acrobats*
nuestro distinguido orador	*our distinguished speaker*

4. In a question, the predicate adjective after **ser** or **estar** precedes the subject:

¿Está casada tu hermana?[2]	*Is your sister married?*
¿Era muy rico su tío?	*Was his uncle very rich?*

5. Ordinal numbers usually precede the noun, except in chapter headings and personal titles:

Se halla en la primera línea del segundo párrafo.	*It's on the third line of the second paragraph.*
	BUT:
Parte Primera, Capítulo Segundo	*Part One, Chapter II*
Carlos Quinto	*Charles V*

● Notice that ordinal numbers are normally not used beyond **décimo** *(tenth)*. And with days of the month, only **el primero** *(the first)* takes the ordinal:

Luis Décimo, Luis Once	*Louis X, Louis XI*
el primero de junio	*June 1st*
el dos de marzo	*March 2nd*

♦ Notice also that when an ordinal and a cardinal number modify the same noun, the cardinal comes first. This is the opposite of English usage:

Leímos los dos primeros cuentos.	*We read the first two stories.*

---

[2] ¿**Está tu hermana casada?** would mean: *Is your married sister in?* And ¿**Era su tío rico?** would imply: *Was it his rich uncle?*

Inglés→español

1. She was a badly preserved old woman, thin and sickly, rather short and stooped, with one of those indistinguishable faces that resemble that of a hundred thousand other people. But she had the most vivacious eyes and a fantastic sense of humor and a delightful young smile. And we loved her.   2. My friends, our distinguished speaker on this historic occasion is the illustrious senator from . . . the celebrated, internationally known senator from . . . from . . . (Where on earth does that guy come from?)   3. He was such a great storyteller that even everyday events became sensational novels when he told them. I wouldn't call him exactly a liar, but he could **(saber)** invent some of the most outlandish tales that one can imagine.   4. Tell me, Elvira, is your sister Isabel married yet? —Yes, she got married a short time ago, in fact, on April 1. —How wonderful! To whom? Is her husband rich and handsome? Do I know him? —You should. He's your fiancé, Miguel. —Oh, my G—!   5. At this moment in our history class we're studying about the French kings. Louis I, Louis II, Louis III—up to Louis XVI. —So are we. I tell you the truth, the first three Louis don't worry me so much. It's **(Son)** the other fifteen that I can't stand.

C. How to place two adjectives or more

When two or more adjectives describe the same noun, you may handle them as follows:

1. Place one adjective before the noun and one or more after the noun. The shorter, the less distinguishing, or the more subjective adjective will precede. Nationality usually goes last!

Mis ricos primos mexicanos vienen a pasar una temporada con nosotros.	*My rich Mexican cousins are coming to spend some time with us.*
Gilberto Marín es un joven poeta contemporáneo francés.	*Gilbert Marin is a young contemporary French poet.*

2. When both (or all) adjectives are felt to be equally distinguishing, place them after the noun, joining the last two by **y,** or merely separating them all by commas:

Fue una operación delicada y peligrosísima.	*It was a delicate and very dangerous operation.*
Esta ha sido la novela más larga, aburrida y superficial que haya leído jamás. —Ah, sí? Pues tal vez le guste más mi obra nueva.	*This has been the longest, most boring and superficial novel I've ever read. —Oh, really? Well maybe you'll like my new work better.*

3. For a more poetic or dramatic effect, the adjectives may all be placed before the noun:

Entramos por un largo, sombrío y tortuoso corredor.	*We entered through a long, somber, winding corridor.*

¿Dónde los colocamos?

Conteste afirmativamente empleando los adjetivos indicados entre paréntesis:

1. ¿Ha leído Ud. alguna vez un estudio sobre los Estados Unidos? (excelente, económico, político, social)   2. ¿Tienes amigos en otras partes del mundo? (buenos, mexicanos, puertorriqueños, argentinos)   3. ¿Recuerdas a la chica que conocimos el otro día? (simpática, alta, rubia)   4. ¿Ha muerto el mendigo que nos esperaba siempre en la esquina? (pobre, ciego, enfermo)   5. ¿Es amigo vuestro Roberto Salinas? (viejo, bueno, nuestro)   6. ¿Han estudiado Uds. literatura? (religiosa, medieval, española)   7. ¿Les gusta la pintura? (nueva, abstracta, norteamericana)   8. ¿Te gustan las flores? (pequeñas, azules, perfumadas)   9. ¿Te gustaría un baño ahora? (bueno, caliente)   10. ¿Has visto esas manos? (grandes, fuertes, sarmentosas)

Diga ahora en español:

1. It was a beautiful afternoon, one of those cool, clear, sunny afternoons in which we liked to take long walks among the green foliage.   2. The poor woman fell down (on) a long, dark, winding staircase and suffered two broken bones.   3. A black silent figure was hiding behind the back door of the little yellow house. —What a trite story!   4. A young Latin American author has just written a new psychological drama about the social implications of the Cuban revolution. It is one of the most interesting works ever written. —I'd love to read it.

D. Changes of meaning according to placement

1. Certain adjectives acquire a significant difference in meaning when they are taken from their normal position before or after the noun. Note particularly:

un amigo viejo	*an old* (elderly) *friend*
un viejo amigo	*an old* (long-standing) *friend*
el muchacho pobre	*the poor* (destitute) *boy*
el pobre muchacho	*the poor* (pitiful) *boy*

el mismo jefe	*the same boss*
el jefe mismo	*the boss himself*
un coche nuevo	*a* (brand) *new car*
un nuevo coche	*a new* (another, new for me) *car*
un hombre grande	*a big man* (less frequently, *a great man*)
un gran escritor	*a great writer*
ese pintor	*that painter*
el pintor ese	*that so-called painter* (very derogatory!)
medio indio	*half Indian*
el hombre medio	*the average* (middle) *man*
la clase media	*the middle class*

• Oddly enough, before a noun, **alguno** is the indefinite *some*. Placed after the noun, however, in a negative sentence, it becomes the most emphatic negative of all!

Tengo alguna idea de lo que quiere.	*I have some idea of what he wants.*
No tengo idea alguna de lo que quiere.	*I don't have the faintest idea of what he wants.*

A completar

1. Ese amigo tuyo es medio . . ., medio . . .   2. Un gran hombre es . . .   3. Aquel mismo día . . .   4. . . . talento alguno para . . .   5. La clase media . . .   6. El pobre viejo . . .   7. Una vieja amiga mía . . .   8. . . . una idea nueva . . .   9. El profesor mismo . . .

2. When placed before a noun, the adjective may acquire a subjective or figurative sense, reflecting the speaker's attitude or feelings. Contrast this with the literal meaning of the descriptive adjective in its normal position after the noun:

una histórica ocasión	*an historic occasion* (history-making, memorable)
una ocasión histórica	*an historic occasion* (belonging to history)
un fantástico cuento	*a fantastic story* (amazing, incredible)
un cuento fantástico	*a fantastic story* (full of fantasy)
sus dramáticas obras	*his dramatic works* (filled with dramatic impact)
sus obras dramáticas	*his dramatic works* (theatrical, for the stage)

Even adjectives of color are occasionally placed before the noun to impart a more poetic flavor:

Sus negros ojos me seguían mirando.	*His black eyes kept following me.*
Me enamoré de sus rubios cabellos.	*I fell in love with her blonde hair.*

E. Replacement of adjectives

1. By **de** + noun

English has what is called a *double noun.* Actually, it uses one of the nouns as an adjective to tell what the subject is made of or what it is for. Spanish simply uses **de** + the material or purpose:

una casa de ladrillos	*a brick house*	una mesa de vidrio	*a glass table*
una cuchara de plata	*a silver spoon*	un collar de oro	*a gold necklace*
una cancha de tenis	*a tennis court*	un libro de cocina	*a cookbook*

Asociaciones, y algo más

¿Qué es lo primero que se le ocurre al pensar en las cosas siguientes?

un anillo de oro . . . una casa de verano . . . una casa de invierno . . . una casa de adobe . . . una caja de cartón . . . una servilleta de papel . . . una bolsa de plástico . . . una corbata de seda . . . un vestido de nilón . . . un techo de paja . . . un abrigo de pieles . . . un edificio de cemento . . . muebles de aluminio . . . una mano de hierro . . .

Ahora utilice cinco de estas asociaciones en oraciones originales.

2. By suffixes

Spanish often adds certain diminutive and augmentative endings to nouns in order to express not only a feeling of size, but also a favorable or unfavorable connotation. Frequently, the use of such suffixes obviates the need for adjectives.

- **-ito**

-ito, which sometimes takes the form **-cito,** implies smallness, plus a generally favorable tone. However, it may be used merely to imply affection, with no connotations of size:

una casita	*a (nice) little house*	madrecita, mamacita	*Mom, Mommy*
un hombrecito	*a small man*	un chiquito	*a tiny little boy*
Juanito, Pepita	*Johnny, Josie*	amorcito mío	*sweetie*

- The diminutive **-uelo** is usually less favorable:

un chicuelo	*a boy, a kid*
un tiranuelo	*a petty tyrant*

- **-illo**

-illo or **-cillo** is a warmly affectionate diminutive ending, but may be used sarcastically:

Juanillo	*Johnny-boy*
una casilla	*a charming little cottage*
un chiquillo	*a cute little boy (or baby boy)*
un autorcillo	*a would-be author*

- **-ón**

-ón generally implies largeness or impressiveness:

un caserón	*a mansion*
un hombrón	*a big (impressive looking) man*
una mujerona	*a large woman*
un par de zapatones	*a pair of clodhoppers*

- **-ote**

-ote, -ota have a derogatory connotation and are often affixed to adjectives as well as to nouns:

esos amigotes tuyos	*those cronies of yours*
una zagala grandota	*a big, hulking country girl*

- **-azo**

-azo implies largeness, but often with a comic or derogatory effect; **-aco** also appears in this sense:

un hombrazo	*a huge (and awkward) fellow*
un pajarraco	*a big, ugly bird*

- **-uco, -ucho**

These suffixes, which are most often used in the feminine, give the most derogatory of connotations:

una mujeruca	*a sloppy mess of a woman*
una casucha	*a hovel, a miserable shack*
Juanucho	*big, old, burly John*

Con un poco de imaginación

Piense Ud. en las personas o situaciones siguientes y después descríbalas empleando sufijos descriptivos siempre que sea posible.

1. Josefa es una niña preciosa. Siendo su primera sobrina e hija de su hermana favorita, Ud. se aprovecha siempre de la oportunidad de verla y de jugar con ella. Un día Ud. la observa atentamente—su pelo, sus ojos, sus manos, su voz, y la describe a un amigo suyo . . .
2. Juan es el tipo más antipático que Ud. ha tenido la desgracia de conocer. Una tarde alguien le pregunta si lo conoce, y Ud. se pone a describirlo a su manera inimitable.

CREACIÓN

Estudie bien el grupo de fotos incluidas a continuación. Observe no sólo los rasgos físicos sino lo que hay bajo la superficie de estos personajes. Y después póngase a describir a uno de ellos, objetiva y detalladamente, sujetiva e intelectualmente. A ver cómo le sale el retrato.

Adverbs and comparisons

A. Adverbs: Their function and formation

1. Adverbs are used to modify a verb, an adjective, or another adverb. They answer the questions *where?, how?, when?:*

Yo iba a menudo a verlos.	*I often went to visit them.*
Pepe no habla tan mal.	*Joe doesn't speak too badly.*
La comida estuvo muy rica.	*The meal was very delicious.*
¿Para dónde vas? —Para allá.	*Where are you going? —Over there.*

2. Most adverbs that tell *how* something is done are formed by adding **-mente** *(-ly)* to the feminine singular form of the adjective:

lento	*slow*	lentamente	*slowly*
tranquilo	*calm*	tranquilamente	*calmly*
fácil	*easy*	fácilmente	*easily*
cortés	*polite*	cortésmente	*politely*

- When two or more adverbs ending in **-mente** modify the same verb, **-mente** is omitted from all but the last:

Entraron silenciosa y misteriosamente.	*They entered silently and mysteriously.*
Les hablaré franca, abierta y libremente.	*I'll speak to you frankly, openly and freely.*

- **Recientemente** is shortened to **recién** before a past participle used as an adjective:

Los recién casados . . .	*The newlyweds*
Un recién llegado . . .	*A "nouveau riche"*

Práctica, y un poco más

Primero, cambie a adverbios estos adjetivos

dulce . . . amargo . . . cortés . . . amable . . . cariñoso . . . fuerte . . . vigoroso . . . claro . . . inmediato . . . rápido . . . lento . . . callado . . . brusco . . . sencillo . . . fácil . . . difícil . . . irónico . . . histérico . . .

Ahora complete, usando los adverbios que mejor le parezcan:

1. La pobre estaba llorando . . .   2. Por favor, hablen más . . . y . . .   3. Me miró . . . y yo le sonreí . . .   4. ¿Les puedo servir en algo?, nos preguntó . . .   5. Protestaré . . . y . . .   6. Se lo voy a contar . . . y . . .   7. Aprendía . . . y . . .   8. Contestó . . . y . . .

B. Where do we place adverbs?

1. Although there is no rigidly fixed position for adverbs, it is generally good form to place the adverb immediately after the verb it modifies, and immediately before the adjective or adverb it modifies:

Uds. no viven muy cerca, ¿verdad?	*You don't live very close, do you?*
Acabó fácilmente la tarea y salió a jugar.	*He finished the assignment easily and went out to play.*

However, beginning the sentence with the adverb generally makes it more emphatic and reverses the normal order of subject and verb:

Yo voy allá. Allá voy yo.	*I'm heading (off) for there.*
Ud. lo sabe muy bien. Muy bien lo sabe Ud.	*You know it very well.*
Ese chico siempre salía con lo mismo. Siempre salía con lo mismo ese chico.	*That kid always pulled the same thing.*

2. Unlike English, in a phrase consisting of **sí** or **no** + an adverb, Spanish places the adverb first:

Ahora no. Más tarde, sí.	*Not now. Later, O.K.*
¿Ya? —Todavía no.	*Now? —Not yet.*

¡Al contrario!

Conteste negativamente, empleando siempre adverbios de significado opuesto.

Por ejemplo:

*¿Has comido **mucho?** —No. He comido poco.*

1. ¿Tú sabes mucho **más** que yo? 2. ¿Está muy **lejos** de aquí el cine? 3. ¿Han traído **ya** el correo? 4. ¿Llegasteis **temprano** a la escuela hoy? 5. ¿Se pueden entender **fácilmente** estas lecciones? 6. ¿Quiere Ud. que vayamos más **rápidamente**? 7. ¿Dejó Ud. **adentro** su cartera? 8. ¿Está Ud. **arriba** en este momento? 9. ¿Salió Ud. muy **bien** en el último examen? 10. ¿Cree Ud. que saldrá **mejor** la próxima vez?

Ahora díganos: ¿Cuáles de sus contestaciones eran verdad?

C. *"as much as . . . as good as . . . :"* Equal comparisons

1. tanto(s) . . . como *(as much . . . as; as many . . . as)*

Used as an adjective, **tanto** will agree in gender and number with the noun it modifies:

No tengo tanto dinero como tú. —Ni tantos problemas.	*I don't have as much money as you. —Nor as many problems.*
Me sorprende que hayan venido tantas personas. —A mí no.	*I'm surprised that so many people have come. —I'm not.*

As an adverb, **tanto** never changes its ending:

No nos visitan tanto como antes.	*They don't visit us as much as before.*
No trabajas tanto como debieras. —¿Qué me cuentas?	*You don't work as much as you should. —What!*

2. tan . . . como *(as . . . as)*

• **Tan** is used only before an adjective or another adverb. It is NEVER used, however, before **mucho!**

Mi hermana no es tan alta como yo.	*My sister isn't as tall as I.*
Hablas tan bien como un nativo.	*You speak as well as a native.*
Era tan amable como bonita. —Y era una persona tan inteligente también.	*She was as nice as she was pretty. —And she was such an intelligent person too.*[1]

BUT:

Ese chico sabe tanto como sus maestros.	*That boy knows as much as his teachers.*

[1] Don't be misled by the English use of *such* before an adjective. *Such a good man* turns into **un hombre tan bueno** *(a man so good)* in Spanish.

• **Tan**, used without **como**, means *so:*

Estoy tan contenta de conocerla.   *I'm so happy to meet you!*

Mirada hacia atrás

Dinos, amiga (o amigo): ¿Cómo te van ahora las cosas? ¿Estás tan feliz como cuando eras más joven? ¿Tienes tantos amigos como tenías entonces? (Posible-mente, ¿tienes más ahora?) ¿Tienes tanto tiempo libre como tenías entonces? ¿Tra-bajabas tanto en la escuela secundaria como trabajas ahora? ¿Aprendías tan rápi-damente entonces? ¿Sacabas tan buenas notas como sacas ahora? (¿Las sacabas mejores?) ¿Tenías tantas obligaciones como tienes ahora?

Vista al presente

De todas las personas que conoces, ¿a quiénes describirías tú de las maneras siguientes?: una persona tan buena . . . una persona tan generosa . . . un hombre tan guapo . . . una mujer tan linda . . . un tipo tan raro . . . una persona tan egoísta . . . un(a) estudiante tan brillante . . . una persona tan talentosa . . .

¿Cómo se dice en español?

"There is nobody, but nobody, who has worked as hard (as much) as I for justice and equality, and now I am so pleased that you have elected me for another **(otros)** twenty years." —Did he say twenty years? Maybe I don't hear so well. —Yes, twenty years. He loves justice so much that he has suspended all future elections. In this way, another person who loves *(subjunctive!)* justice less cannot ever displace him. —Oh, he's such a good person, such a dedicated man, don't you think so? —Excuse me for a moment. I don't feel so well.

D. *"Good, better, best":* Unequal comparisons and superlatives

1. To form most comparatives, **más** *(more)* or **menos** *(less)* is placed before the adjective or adverb:

más alto	*taller*	más bajo	*shorter*
menos caro	*less expensive*	menos barato	*less cheap*
más rápido	*faster*	más despacio	*slower*

Mi coche es más nuevo. —Pero el mío es más grande.	*My car is newer. —But mine is larger.*
Por favor, hablen más despacio, y un poco más alto también.	*Please, speak more slowly, and a little louder, too.*

2. Irregular comparatives

Six adjectives and four adverbs are compared irregularly in Spanish:

Adjectives		Adverbs		Comparative	
mucho	*much; pl., many*	mucho	*much, a lot*	más	*more*
poco	*little (in amount or degree)*	poco	*little*	menos	*fewer, less*
bueno	*good*	bien	*well*	mejor	*better*
malo	*bad*	mal	*badly*	peor	*worse*
grande	*large*			mayor[2]	*older, larger*
pequeño	*small*			menor[2]	*younger, smaller*

Grande and **pequeño** may also be compared regularly: **más grande, más pequeño,** etc. In this sense, the adjective refers only to size, not to age:

Pedro es mayor, pero Raúl es más grande.	*Peter is older, but Ralph is bigger.*

Similarly, **bueno** and **malo** may be compared regularly. However, **más bueno** and **más malo** refer only to traits of character:

Es el hombre más malo del pueblo.	*He is the worst (the meanest) man in town.*
Es más buena que una santa.	*She is better (kinder) than a saint.*
Es más bueno que el pan.	*He is better than bread. (He is as good as gold.)*

BUT:

Ahí se comía mejor que en casa. —¿Qué me cuentas? No había nada peor.	*There you ate better than at home. —What? There wasn't anything worse.*

Situaciones

1. El vuelo número 121 para Santiago sale a las diez y llega a las once y media. El vuelo 244, con el mismo destino, sale a las nueve a media y llega a la una . . . ¿Qué vuelo sale más temprano? ¿Cuál llega más tarde? ¿Cuál hará menos escalas *(stops)*?
2. Pedro se mata trabajando y saca siempre «A» o «B». Mario nunca abre el libro y jamás saca menos que «B» . . . ¿Quién es más diligente, Pedro o Mario? ¿Quién

---

[2] To keep in mind the meaning of **mayor**—*older, larger*—and **menor**—*younger, smaller*—think of *major* and *minor*.

saca mejores notas? En su opinión, ¿quién tendrá más éxito en la vida? ¿Por qué?

3. Este libro tiene trescientas páginas, y sin embargo, lo leí en cuatro horas. Aquel otro tiene sólo ciento cincuenta, pero tardé dos días en acabarlo . . . ¿Cuál de los dos libros fue más fácil de leer? ¿Cuál tiene menos páginas? ¿Cuál habrá sido más interesante?

4. Granada está a cincuenta kilómetros, y Córdoba a casi ciento cincuenta . . . ¿Cuál está más lejos? Según esto, ¿estamos nosotros más bien al norte o al sur de España?

5. Doña Amalia es una persona tan compasiva, tan generosa, tan poco egoísta. Su esposo don Fernando, en cambio, es todo lo contrario . . . ¿Quién es más buena persona, doña Amalia o don Fernando? En su opinión, ¿quién es más genuinamente religioso? ¿Quién le gusta más a Ud.?

3. Superlatives: *the most, the greatest*

Superlatives are formed by placing the definite article before the comparative. If the definite article is already used before the noun, it is not repeated after it:

Son los mejores del mundo.	*They are the best in the world.*
Esa fue la noticia más impresionante del año.	*That was the most impressive news story of the year.*

Notice that **de** translates the English *in* after a superlative.

En su opinión . . .

1. ¿Quién es el pintor más importante de este siglo? ¿el músico? ¿el escritor? ¿y el político o estadista?   2. ¿Quién es (o fue) el mejor escritor de la literatura inglesa? ¿norteamericana? ¿y del mundo?   3. ¿Quién es la persona más vieja de su familia? ¿y la más joven? ¿la más rica? ¿la más amada?   4. ¿Quién es el mejor actor de cine? ¿la mejor actriz? ¿la más guapa?   5. ¿Cuál es la mejor película que hayas visto? ¿y la peor?   6. ¿Cuál es la ciudad más grande de este estado? ¿de nuestro país? ¿del mundo?   7. ¿Cuál ha sido la noticia más impresionante de este año? ¿y de los últimos cinco años? ¿Cuál te ha afectado más a ti?   8. A propósito, ¿cuál es tu clase más interesante este semestre? (¡Por supuesto!)

Temas y composición

Escriba un párrafo corto sobre uno de los tópicos siguientes:

1. El mejor presidente de nuestro país.   2. La mujer más hermosa del mundo.
3. El hombre más atractivo que yo conozca.   4. La persona más inolvidable que haya conocido.   5. Lo más importante en la vida.

■■■■■■■■■■■■■■■■ **ADELANTE** ■■■■■■■■■■■■■■■■

A. How to say *than* in Spanish

1. Que

When we make a direct comparison between two persons, things or actions, *than* is translated by **que**, except before a number:

Su esposa era mayor que él.	*His wife was older than he.*
Las clases son más grandes ahora que el año pasado.	*The classes are larger now than last year.*
Ahora sé menos que nunca.	*Now I know less than ever.*
Escribía mejor que hablaba.	*He wrote better than he spoke.*

2. De

• Before a number, *than* is translated by **de**:

El viaje tardará menos de una hora. —¿Tan poco?	*The trip will take less than an hour. —So little?*
¿Cuánto dinero les queda? —No más de diez pesos.	*How much money do you have left? —No more than ten pesos.*

NOTE: The idiom **no más que** means *only:*

No tengo más que diez pesos.	*I have only ten pesos.*

♦ De is often used before words implying quantity, even though a specific number is not mentioned:

Solía dormir mucho menos de lo normal.	*He used to sleep much less than the normal amount.*
No me quedan más de unos cuantos, menos de la mitad.	*I don't have more than a few left, less than half.*
Ése come más de la cuenta.	*That fellow eats more than is proper (the proper amount).*

3. Del que, de la que, etc.

When the sentence has two stated verbs, and *than* really means *than the one(s) who* or *that . . .*, Spanish uses **del que, de la que, de los que, de las que**. When *than* means *than what . . .*, Spanish uses **de lo que.**

• If the two clauses are comparing a *noun,* the article that corresponds to that noun follows **de.** (In other words, just look for the word that follows the comparative. If it is a noun, borrow the article!):

Nos ha traído más **discos de los que** caben en el armario.	He has brought us more records than (those which) fit in the cabinet.
Ese Pepito gasta más **dinero del que** gana.	That Joey spends more money than (that which—the money) he earns.
Han venido menos **muchachas de las que** esperábamos.	Fewer girls have come than (those whom) we expected.

• If the two clauses are not comparing a noun, but an adjective, an adverb or a whole idea, we use **de lo que.** Notice how we can always insert the word *what:*

Es más hermosa de lo que me imaginaba.	She is more beautiful than (what) I imagined.
Costó más de lo que nos habían dicho.	It cost more than (what) they had told us.
Él sabe más de lo que piensas.	He knows more than (what) you think.

A completar

Llene los blancos empleando **que, de, del que, de los que, de lo que,** *etc.*

1. La carne ha subido a más _____ cien pesetas la libra. —Sí, los precios están mucho más altos _____ el año pasado.   2. Ese Roque descansa más _____ trabaja. —No diga eso. El chico produce más _____ Ud. cree.   3. Su hermana es diez años mayor _____ Rita. —¿De veras? Pues entonces aparenta *(she looks)* menos años _____ tiene.   4. El examen fue mucho más difícil _____ el de ayer, pero salí menos mal _____ esperaba.   5. ¡Dios mío! Cantó peor _____ te podríamos describir.   6. El gobierno habrá gastado más _____ cien millones de dólares y en este proyecto, y vale mucho menos _____ el otro.   7. No puedo comprarlo. Me quedan menos _____ quince pesos.   8. Hemos invitado a más personas _____ caben en la casa. ¡Ojalá que no vengan más _____ quince o veinte!

Conversación ligera

1. ¿Es Ud. mayor o menor que sus hermanos? ¿Es menor su madre que su padre? 2. ¿Era más fácil el español el semestre pasado que ahora? ¿Trabaja Ud. más ahora que antes?   3. ¿Cobran más o menos de cien dólares por un crédito aquí? ¿Pagan Uds. más o menos de dos mil dólares al año?   4. La verdad, amiga (o amigo): ¿Has recibido alguna vez una nota más alta de la que merecías? ¿o más baja de la que

esperabas? ¿Te dan los profesores más trabajo del que puedes realizar?
5. ¿Conoces a una persona que parezca mucho más joven de lo que es? ¿Conoces
a alguien que aparente más años de los que tiene? (¿Quiénes son?)

♦ 4. Que in the comparison of two clauses

We have seen that when two actions are being compared directly, we use **que**. Notice
that the idea of *"what"* is missing:

Cantan aun peor que bailan.	*They sing even worse than they dance.*
—¡Imposible!	*—Impossible!*

When the subordinate clause begins with a relative pronoun —**el que, lo que**, etc.,
once again **que** translates *than:*

Estas frutas son mucho mejores que las que compramos el otro día.	*These fruits are much better than the ones we bought the other day.*
Eso importa mucho menos que lo que nos dijo Pereda.	*This matters much less than what Pereda told us.*

En español, por favor

1. "More than you know, more than I could ever say, oh, darling, I love you so (much).
   —Yes, beloved, and we shall defy all those who doubted of love, of beauty, of
   happiness. —Of course, dear. That means more than any other thing, more than
   success, more than what the world may say . . ." —Great! Let's roll **(rodar)** now.
   Action . . . Camera . . .
2. More than what he says, his way of saying it is what impresses me. —You're right.
   He has turned out to be a much better speaker than we had expected.
3. How many do we have left? —No more than half, certainly less than the usual
   quantity. —That's strange. I was sure we had brought many more this time than
   we used to bring.

B. Substitutes for adverbs

1. Prepositional phrases often replace adverbs ending in **-mente. Con** + a noun is
the most frequently used:

tristemente, con tristeza	*sadly*
dulcemente, con dulzura	*sweetly*
sencillamente, con sencillez	*simply*
irónicamente, con ironía, de modo irónico	*ironically*

♦ **2.** Adjectives are sometimes used in Spanish with the force of adverbs, especially in cases where the action described emphasizes the state or condition of the subject, not the manner in which the action is performed:

Salió silenciosa.	*She went out silently. (She was silent as she went out.)*
Viven felices a pesar de su pobreza.	*They live happily in spite of their poverty.*
Siempre me saludaban alegres.	*They always used to greet me merrily.*

Es lo mismo . . .

Exprese con una frase preposicional los adverbios siguientes:

amargamente, sinceramente, apasionadamente, cariñosamente, cuidadosamente, resignadamente

Ahora incorpore cuatro de estas expresiones en oraciones originales.

♦ C. Cuanto . . . tanto

Cuanto más . . . , tanto más means *the more . . . , the more . . . .* Of course, **más** can be replaced by **menos**. (In regional usage, **tanto** often disappears.)

Cuanto más estudio, (tanto) menos aprendo. —¡Qué barbaridad!	*The more I study, the less I learn. —That's awful!*
Cuanto menos sabe, (tanto) más grita.	*The less he knows, the more he shouts.*

♦ D. Agreement of mucho in comparisons

1. When **mucho más** *(much more)* or **mucho menos** *(much less)* is followed by a noun, **mucho** generally retains its function as an adjective, and thereby agrees with the noun:

Felipe tiene mucha menos experiencia que papá.	*Phil has much less experience than Dad.*
Tú conocerás a mucha más gente que yo.	*You must know many more people than I.*

In the plural, **muchos** *(many)* always agrees with the noun compared:

Había muchos más hombres que mujeres.	*There were many more men than women.*
Hoy vinieron muchas más personas que ayer.	*Today many more people came than yesterday.*

2. When **mucho** precedes **mejor** or any other comparative, it functions as an adverb, and therefore is invariable:

Su idea es mucho mejor que la nuestra.	*His idea is much better than ours.*
Estos planes son mucho más factibles que los otros.	*These plans are much more practical than the others.*
Éramos mucho mejores estudiantes que ellos.	*We were much better students than they.*

Una vez más, en español:

Some people have such (so much) luck. I have a friend who is so slim, slimmer than you, believe it or not. And the more she eats, the slimmer she gets. Now I, on the other hand, the more I diet **(seguir dieta)**, the fatter I get. —That's impossible, unless your diet isn't as good as you think. —That may **(puede)** be. You know? The hungrier I get **(cuanta más hambre tengo)**, the more I think about food. And in my case, just to think about food makes me fat. —Go on! —Actually, I'm not as fat as many other people, am I? In fact, I'm much slimmer than some. —And not so slim as the rest. Listen, if I were you, I would try a different diet, and this time, I'd eat . . . better said, I'd think much less! —And I thought you were such a good friend.

■ CONFERENCIA DE PRENSA ■

He aquí la conferencia de prensa celebrada el 19 de junio en el Palacio Presidencial por su Excelencia el señor Presidente.

Pres.: Caballeros. Tanto gusto. Siéntense, por favor . . . Me alegro muchísimo de poder reunirme con Uds., ya que me doy cuenta del interés que han provocado los sucesos de estos últimos días. Más que nada deseo ver un público bien informado, y **por lo tanto,** como siempre, voy a contestar franca y abiertamente   therefore
sus preguntas. Así que, caballeros . . . ¿ah? . . . ¡ah! . . . ¡y señorita! Parece que hay una cara nueva aquí hoy, y simpatiquísima. Bienvenida, ¿señorita . . . ?

Srta. M.: Servidora de su Excelencia, Aminta Morales de *El Sol* de Bucarapuño.

Pres.: ¿De *El Sol,* dice? Sin duda, señorita, ese periódico se llamaría *La Sombra* antes de contar con su grata colaboración.   Shade

Srta. M.: Gracias, Excelentísimo . . .

Pres.: **En absoluto.** Pues bien, caballeros . . . y señorita . . ., pueden   Not at all.
comenzar las preguntas.

Reportero 1: Excelencia... Juan Avilés de *El Diario* de Carras-
quilla. Señor Presidente, ¿pudiera Ud. decirnos con exactitud
cuándo se retirarán de Querelia nuestras tropas y si va mejor o
peor ahora la **campaña** en aquel país?   campaign

Pres.: Con el mayor gusto, Sr. Avilés. Primero quiero reiterar que
jamás ha habido nadie tan **consagrado** como yo a la causa de   dedicated
la paz ni que haya trabajado tanto por conseguirla. Por eso,
caballeros... y señorita..., les aseguro que **en cuanto** sea   as soon as
posible iniciar la **retirada** de nuestras fuerzas lo haremos, es   withdrawal
decir, con tal que no se haya de interpretar como un abandono
de nuestras responsabilidades internacionales, ni mucho
menos, de nuestro honor nacional. Para concluir, entonces,
señor Avilés y caballeros... ¿qué digo?, caballeros y señorita,
la contestación a su pregunta sin la menor vacilación es un
firme y definitivo «Sí.» Y en eso me podrán Uds. **citar** inequí-   quote
vocamente ante sus **lectores**... Muy bien. ¿La segunda pre-   readers
gunta?

Rep. 2: Eduardo Gutiérrez de *El Mundo* de Callejón. Excelencia, ya
que el **costo de la vida** ha seguido subiendo aun más de lo   cost of living
que temíamos. ¿qué **medidas** piensa Ud. tomar para poner fin   measures
a la creciente inflación?

Pres.: Ajá. Es una pregunta interesantísima, señor Gutiérrez, y le
puedo decir que estoy entera, total y completamente de
acuerdo, **del todo** y sin **reserva**. Bueno ahora, ¿la próxima   entirely /
pregunta?   reservations

Rep. 2: Pero señor...

Pres.: **¿A quién le toca** ahora?... Ah, sí, señorita Morales.   Whose turn is it?

Srta. M.: Excelentísimo, ¿cuál es su posición sobre la liberación de
la mujer?

Pres.: Ah, señorita, **a mi parecer**, la mujer, **cuanto más libre, tanto**   in my opinion /
más me gusta. Como he dicho siempre, muéstreme una mujer   the freer, the
libre y yo le mostraré un hombre feliz. ¿No está Ud. de acuerdo,   more
señorita?

Srta. M.: Pues, señor Presidente, yo...

Pres.: Ud. me puede llamar Generalísimo.

Srta. M.: Gracias, señor... Generalísimo.

Pres.: Bueno. **A proseguir.** ¿Sí, señor...?   Let's go on.

Rep. 3: Carlos Montalbán, *La Nación* de Torrevientos. Señor Presidente, estando vacante desde hace dos años el puesto de
Ministro de **Hacienda**, ¿a quién piensa Ud. nombrar para lle-   Finance
narlo?

Pres.: Eso lo tendrá Ud. que consultar con mi secretario. Él se
encarga de esos detalles. (Aparte: A propósito, señor secretario,

pídale a la señorita Morales la dirección de su casa, ¿está bien?) ¿Hay otra pregunta?

Rep. 4: A sus órdenes, señor. Aquí le habla Alberto Carrión de *El Telégrafo* de Sierra Blanca. Señor Presidente . . . Excelencia, sin **faltarle al** respeto, ¿me permitiría preguntarle si es verdad que se va a **suprimir** ahora la **censura** de la prensa?

any lack of
remove/censorship

Pres.: Sí, señor Carrión, es verdad. Yo más que nadie he **abogado** por la libertad de la prensa, y se la ofrezco ahora con la mayor confianza y sinceridad. Claro está, hay que recordar que en tiempos críticos como éstos, a veces conviene actuar con tanta discreción como licencia. Y así, les digo a Uds., caballeros . . . y señorita . . ., que están libres para escribir todo lo que quieran, con tal que no haya nada en contra del bienestar nacional ni contra aquellos que administran su justicia. Y aquí estoy yo para defender sus derechos con mi último **aliento** para siempre y eternamente, amén.

championed

breath

Rep. 4: Gracias, gracias, señor Presidente. En nombre de todos, le quedamos profundamente obligados.

Pres.: De nada. Queda tiempo para una pregunta más. ¿Señor . . .?

Rep. 5: Raúl Rodríguez, *El Tiempo* de Río Negro. Excelentísimo, **hemos oído decir** que Ud. ha decidido imponer aun más **impuestos** de los que anunció el mes pasado, y que los nuevos **ingresos** se emplearán para aumentar a más de cien millones de pesos el honorario presidencial. Excelencia, díganos, por favor . . .

we have heard (it
said) / taxes

income

Pres.: Señor Rodríguez . . . (Señor secretario, **apunte** bien ese nombre, ¿oye?), siendo una cuestión personal, prefiero no responder a esta pregunta. Sólo le voy a decir que el plan tiene mucha más amplitud **de la que salta a la vista.** Y una cosita más . . . que si Ud. deja que se publique la cosa más mínima sobre este asunto . . . **he dicho. Al buen entendedor, pocas palabras.** Pues bien, caballeros . . . y señorita . . ., quiero darles las gracias otra vez por su amable atención. Ya sé que podré contar con su continuada cooperación. Muy buenas tardes, y adiós. (A propósito, señorita Morales, ¿el número de su teléfono, por favor?)

jot down

than seems
apparent

I say no more. A
word to the wise

ZSD (desde el exilio)

Comentarios

1. ¿En qué país piensa Ud. que se celebró esta «conferencia»? ¿Cuáles son las cuestiones principales planteadas por los periodistas? ¿Cómo responde a cada una el presidente?

2. ¿Cuáles de estas situaciones se parecen a las que hallamos en nuestro país también? ¿Le recuerda el señor Presidente a algún personaje de nuestra propia época? ¿Quién es?

3. En su opinión, ¿es posible que nuestro país se convierta algún día en un estado totalitario? ¿Cree Ud. que la corriente nos llevará hacia la izquierda o hacia la derecha? ¿O será posible que el camino medio se pueda mantener? ¿Por qué piensa Ud. así?

CREACIÓN

Repase las noticias de las últimas semanas y después imagínese que ha sido invitado a una conferencia de prensa. ¿Qué preguntas se harán? ¿Cómo se contestarán?

O, si prefiere: Imagínese que es Ud. reportero de periódico y que tiene la oportunidad de entrevistar a una persona famosa. Piense primero y díganos quién sería aquel individuo . . . Bueno. Ahora prepare por lo menos diez preguntas que le gustaría hacerle y figúrese algunas de sus respuestas.

Indefinites and negatives

Vistas hispánicas

Estudie bien las fotos siguientes, escoja una y describa el lugar retratado en ella. Díganos los colores que sugiere, el ambiente que evoca, etc. O, si prefiere, trate de imaginarse a la persona (o personas) que vivirá allí y descríbanosla. Vamos a ver cómo le sale la viñeta.

❖ ▬▬▬▬▬▬▬▬▬▬▬▬ **A REPASAR** ▬▬▬▬▬▬▬▬▬▬ ❖

A. Indefinites vs. negatives

algo   *something; . . . anything?*

¿Has comido algo? —No. nada.
    ¿Tienes algo en la nevera?

alguien   *somebody, someone; . . .*
    anyone?

Alguien ha venido a verte. —¡Qué
    curioso! No esperaba a nadie.

algún,[1] **alguno (-a)**   *some, any or*
    some (one of a group)
algunos (-as)   *some, several (of a*
    group)

¿Traes algún dinero? —Ninguno. A
    menos que quieras algunas
    monedas.
Ya han llegado algunos de los
    invitados. —¡Ay, no! ¿Tan pronto?

algún día   *some day, some time*
alguna vez   *ever, at some time;*
    . . . at any time
¿ **. . jamás?**   *ever (negative implied)*

—¿Has visto alguna vez Quito?
—Nunca. (Jamás.)
—¡Caramba! ¿Han oído jamás tal
    cosa?

(en) alguna parte   *somewhere*
(de) algún modo, (de alguna
    manera)   *somehow, in some way*

nada   *nothing, (not) . . . anything*

Have you eaten something? —No, nothing.
    Do you have anything in the refrigerator?

nadie   *nobody, no one; (not) . . . anyone*

Someone has come to see you.
    —Strange! I wasn't expecting anyone.

ningún, ninguno (-a)   *none, no (one of a*
    group)
ningunos (-as)   *no; none (of a group—rare)*

Do you have any money on you? —None at
    all. Unless you want some coins.

Some of the guests have arrived
    already. —Oh, no! So soon?

nunca, jamás   *never*

—Have you ever seen Quito (at any time)?
—Never.
—Well, I'll be . . .! Have you ever heard
    such a thing? (I haven't!)

(en) ninguna parte   *nowhere*
(de) ningún modo   *in no way*

ni . . . ni   *neither . . . nor* (opposite of **o . . .**
    o   *either . . . or*)
tampoco   *neither, not . . . either*
    (opposite of **tambíen**   *also*)
ni siquiera   *not even*

---

[1] As you know, **alguno** and **ninguno** become **algún**, **ningún** before a masculine singular noun.

Interludio

1. ¿Ha estado Ud. alguna vez en España? ¿o en algún otro país hispánico? ¿Adónde le gustaría ir algún día?   2. ¿Cuáles son algunos de sus platos favoritos? ¿y algunas de las cosas que jamás le han gustado? (¡A mí tampoco!)   3. ¿Conoce Ud. a alguien que quiera hacerse cantante profesional? ¿músico? ¿artista de cine? ¿profesor(a) de español?   4. Hablando de cosas más personales: ¿Quiénes son algunas de tus personas favoritas? ¿Hay alguien que simplemente no aguantes? A propósito, ¿te espera alguien después de esta clase?   5. ¿Has visto o leído algo recientemente de mucho interés? ¿Has comprado algo alguna vez que no te haya gustado después? (¿Qué era?)   6. Finalmente, ¿tienes algo importante que hacer esta tarde? ¿Vas a ir a alguna parte? ¿Quieres que vayamos juntos?

B. About using the negatives

1. How to make a sentence negative

A sentence is made negative by placing **no** before the entire verb form, i.e., before **haber** in a compound tense, or before the auxiliary that precedes a present or past participle. This is contrary to English usage, which places the negative between the auxiliary and the participle:

No han salido todavía.	*They haven't gone out yet.*
No estábamos jugando.	*We weren't playing.*
La obra no está terminada.	*The work isn't finished.*

Only object pronouns—direct, indirect or reflexive—may stand between the negative and the verb:

No me lo han mandado.	*They haven't sent it to me.*

2. The double negative

• Two negatives, or as many negatives as the sentence requires, still add up to a negative in Spanish:

No conocemos a nadie aquí. —Ni yo tampoco.	*We don't know anyone here. —Neither do I.*
No ha hecho nada nunca a nadie. —De ninguna manera.	*He has never done anything to anybody. —No way.*
No vendrán[2] ni Carlos ni Anita.	*Neither Charles nor Ann will come.*

---

[2] Notice that with **ni** . . . **ni** . . ., the Spanish verb is plural!

• When a negative such as **nunca, nadie, nada,** or **tampoco** precedes the verb, **no** is omitted:

No he estado nunca en Río.
Nunca he estado en Río.

I have never been to Rio.

No se lo contó nadie.
Nadie se lo contó.

Nobody told him.

No sabe leer tampoco.
Tampoco sabe leer.

Neither does he know how to read.

«¡No, no, no!»

Conteste de la manera más negativa:

1. ¿Hay **alguien** en esta clase que sepa más que Ud.?   2. ¿Ha habido **jamás** una escuela tan buena como ésta?   3. ¿Me prestarás **algún** dinerito para comprar **algo?**   4. ¿Has soñado **alguna vez** conmigo?   5. ¿Piensan Uds. ir **algún día** a la Zona Ártica?   6. ¿Lo terminarán Uds. hoy de **alguna** manera?   7. ¿Me habéis traído **algo?**   8. ¿Les habrá dicho **alguien algo?**   9. ¿Ha llegado **alguien ya?**   10. ¿Uds. irán **también?**   11. ¿Ganaron ellos **o** los otros?   12. ¿Has visto a **alguno** de tus amigos?   13. Sería Pablo **o** Alfonso, ¿verdad?   14. ¿Debo hacerles **algún** caso?

Banquillo de los testigos

La escena es la Corte Provincial donde el fiscal (*prosecutor*) está interrogando a un hombre acusado de algún crimen. Le pregunta dónde estuvo la noche del crimen, si alguien lo vio en alguna parte, si ha tenido alguna conexión con criminales conocidos, si ha sido preso alguna vez por algún otro crimen, y finalmente si hay algo que pueda decir para probar su inocencia, etc. Claro está, el acusado niega todas las acusaciones y dice . . . ¿Cómo se imagina Ud. todo el diálogo?

 ADELANTE

A. More about the indefinites

1. alguien vs. cualquiera

• **Alguien** means *someone*—some specific person. In a question, it may translate the English *anyone,* but the concept of somebody in particular still remains:

¿Hay alguien a la puerta? —No sé. Pero alguien te acaba de llamar.

Is anyone (someone) at the door? —I don't know. But somebody just phoned you.

¡Alguien me lo pagará! —Por favor, no seas así.

Someone will pay for this! —Please, don't be like that.

- **Cualquiera** means *anyone at all:*

Cualquiera lo hará mejor que él.
Cualquiera que haya hecho ese viaje entenderá las dificultades.

Anyone (at all) will do it better than he.
Anyone who has taken that trip will understand the difficulties.

♦ **Un cualquiera** means a *nobody, an ordinary fellow,* a person who is just anybody at all:

No permitiré que te cases con un cualquiera.

I won't let you marry a nobody (just anybody).

- As an adjective, **cualquier(a)** means *any . . . at all, any . . . whatever.* When placed before a noun, it loses its final **a.** The plural form is **cualesquier(a):**

Me contentaré con un dibujo cualquiera.

I'll be satisfied with any sketch at all.

Cualquier vestido servirá para esta noche.

Any dress at all will do for tonight.

2. algo vs. cualquier cosa

- **Algo** means *something,* some specific thing, even though in a question it may be translated as *anything:*

Tengo algo que decirte. —¿Es algo que pueda esperar?

I have something to tell you. —Is it something that can wait?

- **Cualquier cosa** means *anything at all:*

¿Hay algo que podamos servirles? —No se molesten. Tomaremos cualquier cosa.

Is there anything we can serve you? —Don't trouble yourselves. We'll eat anything at all.

3. Spanish versions of *some, any, several, a few*

- The idea of *some* or *any* is most frequently implied in Spanish merely by omitting the article:

¿Traes dinero?
¿No hay fósforos?

Do you have any money on you?
Aren't there any matches?

• **Unos** means *a few* or *approximately*. It is one of the weakest indefinites and rarely stands alone:

¿Cuánto dinero traes? —Unos diez pesos.	How much money do you have on you? —About (Some) ten pesos.
Esa chica tiene unas ideas estrafalarias.	That girl has some far-out ideas.

• **Algunos** indicates *some* or *several*. Although it still is indefinite as to number, it is stronger than **unos** and has a more numerical implication than merely omitting the article. Unlike **unos,** it never means *approximately:*

Creo que han quedado algunos fósforos en la cajita.	I think there are a few matches left in the box.
Traigo algún dinero, pero no mucho.	I have **some** money on me, but not much.
Algunas amigas tuyas llamaron anoche.	Some friends of yours called last night.

• **Varios** also means *several* or *some,* but bears the further sense of *various* and *sundry:*

Aquí venden varias clases de ropa.	Here they sell several (various) kinds of clothes.

• **Unos cuantos** and **unos pocos** are synonymous and mean *a few, a small number of:*

Tengo sólo unos cuantos (o unos pocos).	I have only a few.

• **Alguno que otro** means *a few, some* in the sense of *an occasional:*

En el puerto se veía alguno que otro bote de vela.	In the port an occasional sailboat (a few sailboats) could be seen.

¿Cómo se usarán en frases originales?

1. Alguien . . . cualquier persona . . . cualquiera . . . cualquier cosa . . . algo . . .
2. Unos . . . algunos . . . varios . . . unos cuantos . . .

Fin del misterio

Tradúzcalo al español:

1. For Heaven's sake! My necklace has disappeared. I don't see it anywhere! Someone must have taken it **(llevárselo)**! —Don't get upset, darling. Nobody would do such a thing, unless it was in jest. Do you really believe that one of our own friends

has stolen it? —No. But while we were on the terrace, anyone could have entered the room from outside. Maybe he's still here. Maybe he's hiding in some closet, in some other room, in any part at all of the hotel. And nobody is doing anything to find him . . . Wait a minute. What's this? There's something on the floor, something shiny, something . . . Oh, no!

2. Tomorrow night we're having some guests for dinner. —How many will there be? —Not many, about six or seven. —Will there be anyone I know? —I doubt it. You don't know any of my friends here. —Well, introduce me to them, and some day, they'll be friends of mine too.

B. Special uses of the negatives

In certain cases, Spanish uses a negative even though the sentence makes no obvious negation. There is a distinct implication, however, that the action or the person referred to is nonexistent.

1. After a comparative:

Le admiro a él más que a nadie.	*I admire him more than anyone.*
Ahora sabemos menos que nunca.	*Now we know less than ever.*
Más que nada, quiere verte feliz.	*More than anything, he wants to see you happy.*

2. After **sin**:

Sin dirigir palabra a nadie, salió del cuarto.	*Without speaking to anyone, he left the room.*
Eso me dejaría sin nada que hacer.	*That would leave me without anything to do.*

3. Where a negative meaning is implied:

Nos resultó imposible decir nada.	*It was impossible for us to say anything.*
¿Los ves a menudo? —Casi nunca.	*Do you see them often? —Hardly ever.*

♦ C. Using affirmatives in place of negatives

Occasionally, certain affirmatives are used as negatives, and they become more emphatic than the actual negative itself!

1. **Alguno**, following the noun, is an emphatic equivalent of **ninguno**—*not . . . any, none:*

No le hagas caso alguno.	*Don't pay any attention at all to him.*
No me dio indicación alguna.	*He didn't give me any indication at all.*

2. En mi vida is used very frequently to mean *never in my life:*

En mi vida he jugado a las cartas.   *Never in my life have I played cards.*
En su vida ha molestado a nadie.   *Never in his life has he bothered*
                                                                          anybody.

3. En absoluto means *absolutely not!:*

¿Papá, me darás un coche? —¡En   *Dad, will you give me a car?*
absoluto!   *—Absolutely not!*

Lógica—y algo más

Lea en voz alta, y conteste «Lógico» o «Ilógico». Importante: Si dice «Ilógico», cambie la conclusión para que resulte lógica.

   1. Enrique jamás se acerca al piano a practicar. —Ajá. Por eso toca mejor que nunca.   2. Te amo, te adoro. —Y yo a ti. Más que nada quiero verte feliz.   3. Hace semanas que estudiamos esto y no lo comprendemos todavía. —Nosotros también. En efecto pienso que ahora entendemos menos que nunca.   4. Florencia es una persona estupenda, ¿no te parece? Tan amable, tan cooperativa. —Ah, sí. Nos llevamos peor que nunca.   5. El doctor Muñoz te ha tratado muy bien, ¿verdad? —Sí. Y le debo mi carrera. Me ha distinguido menos que a ningún otro de sus colegas.   6. ¿Se fueron sin despedirse de nadie? —Así no más. ¡Qué falta de cortesía, eh!   7. Sé que estás muy ocupada. Pero es urgente que hagas esta otra cosa también. —¡En absoluto! Eso me dejaría sin nada que hacer.

D. How Spanish makes adjectives and verbs negative

Spanish has three basic ways of expressing the English negative prefixes *un-, non-, im-* and *in-.*

1. When the negative idea really means *not much* or *not very,* Spanish uses **poco** before the adjective:

poco ambicioso	*unambitious*	poco educado	*uneducated*
poco importante	*unimportant*	poco conocido	*unknown*
poco compasivo	*unsympathetic*	poco distinguido	*undistinguished*
poco comunicativa	*noncommunicative*	poco experimentado	*inexperienced*

2. When the idea of the negative adjective implies a total negation or contradiction, Spanish uses the prefix **in-**:

infeliz	*unhappy*	inconsciente	*unconscious*
indefinido	*indefinite*	insincero	*insincere*
indecente	*indecent*	inexperto	*inexpert*

Notice the difference in intensity between **inexperto** *(totally unskilled)* and **poco experto** *(very little skilled)*; between **inculto** and **poco culto**, between **incapaz** and **poco capaz,** etc.

3. The prefix **des-** seems to undo a quality or state that previously existed. Notice that it can also be applied to verbs:

desafortunado	*unfortunate*	desilusionado	*disillusioned*
descortés	*discourteous*	desagradecido	*ungrateful*
deshecho	*undone*	desagradable	*disagreeable*
desobedecer	*to disobey*	desaparecer	*to disappear*

Una vez más, en español:

1. How was the new applicant? —He was unintelligent, unambitious, disagreeable and unskillful. So I disobeyed the rules and hired him. —But why? —Silly! Because now I am more indispensable than ever!
2. Never have I seen such a discourteous person, and so uninterested in the problems of other people. —Don't be unfair. Maybe he's unaware of what he's saying or he's incapable of communicating with other people. —You are incredible. For you there can never be anyone inept, insincere or indecent in this world. You know? What the world needs . . . is you **(lo eres tú)**!

Interrogatives and exclamations

«¡Caramba! . . . ¡Vaya, hombre! . . . ¡Ah, qué divino!» . . . Díganos: ¿Cómo interpreta Ud. estas caricaturas? ¿Qué estarán diciendo los personajes? ¿Dónde se encontrarán? ¿Qué simbolismo habrá? Y una cosa más: ¿Cuál le gusta a Ud. más?

❖ ▬▬▬▬▬▬ A REPASAR ▬▬▬▬▬▬ ❖

A. The interrogatives: A quick review

1. What are interrogatives?

An interrogative is a pronoun, adjective or adverb that asks a question. In Spanish, it must always have a written accent:

¿Quién(es)?   *Who? (To, with) whom?*
¿Qué?   *What? Which?*
¿Cuál(es)?   *Which (one or ones)?*
¿Dónde?   *Where?*
¿Cuándo?   *When?*
¿Cómo?   *How?*
¿Cuánto (-a)?   *How much?*   ¿Cuántos (-as)?   *How many?*
¿De quién(es)?   *Whose . . .?*
¿Qué tal?   *How . . .? (asking an opinion), What do you think of . . .?*
¿Por qué?   *Why?*
¿Para qué?   *What for?*

2. The question marks

An interrogative is preceded by an inverted question mark, even if it appears in the middle of the sentence! Of course, the normal question mark at the end of the sentence still remains:

¿Cuándo vendrás?   *When are you coming?*
Dime, ¿cuándo vendrás?   *Tell me, when are you coming?*

3. Interrogatives in indirect questions

When a question is included within another statement, or when a sentence is so phrased that it implies a question in the speaker's mind, Spanish uses the interrogative, complete with its written accent:

Dime adónde vas y cuándo.   *Tell me where you're going and when.*
                               (Where are you going? . . .)

No quiere revelar quiénes son. *He doesn't want to reveal who they are.*
                               (Who are they?)

No sé qué pasó.   *I don't know what happened.*

Ahora, ¿cómo se dice?

1. I don't know who he is or what he wants or where he came from. I only know that I don't want him to stay here one minute longer. —Why? How would you like it if someone spoke that way about you?

2. Did you ask when he would arrive? —No, but what difference does it make? (**¿Qué importa?**) Why bother him with unnecessary questions? When he gets here, we'll be glad to see him, right? —Right.

B. Exclamations

All interrogatives can be used as exclamations, if the sense permits. Of course, the rules for the use of the inverted exclamation point are the same as those that apply to the question mark:

¡Cuánto dinero tienen!	*How much money they have!*
¡Quién haría eso sino tú!	*Who would do that but you!*
¡Cómo! ¡Qué me cuentas! ¡Ay, cómo miente ese hombre!	*What! What's that you're telling me! Oh, how that guy lies!*

 ▬▬▬▬▬▬▬ **ADELANTE** ▬▬▬▬▬▬▬

Here is an in-depth view of the interrogatives and exclamatives in common use.

A. ¿Quién(es)? *(Who? Whom?)*

¿Quién es ese fulano?	*Who is that fellow?*
¿A quiénes buscan Uds.?	*Whom are you looking for?*
¿Con quién piensas ir?	*With whom are you planning to go?*

B. ¿Qué? and ¿Cuál(es)? *(What? Which?)*

1. Standing alone, as subject of a verb, ¿Qué . . .? asks for a definition or explanation and always means *What . . .?:*

¿Qué es esto? ¿Qué quiere decir?	*What is this? What does it mean?*

¿Cuál(es) . . .? asks for a selection and may be translated as *Which . . .?* or *What . . .?:*

¿Cuál es la mejor edición?	*Which (What) is the best edition?*
¿Cuál es su dirección?	*What is your address? (Which of them is yours?)*
¿Cuáles de estos poemas te gustan más?	*Which (ones) of these poems do you like best?*

2. As an adjective (that is, standing before a noun) ¿**Qué** . . . ? means both *What . . . ?* and *Which . . . ?*:

¿A qué hora comenzaremos?	*At what time shall we begin?*
¿Qué programa quieres que ponga?	*Which program do you want me to turn on?*
¿Qué notas te dieron?	*What grades did they give you?*

¿**Cuál(es)** . . . ? is popularly used also in this sense:

¿En cuál casa viven Uds.?	*In which house do you live?*
¿Cuáles libros usaremos?	*Which books shall we use?*

Hablemos, ¿está bien?

1. ¿Cuál es el número de su teléfono? ¿y de su casa (o de su cuarto)? ¿Cuál es su número de Seguro Social?   2. ¿Qué programas de televisión mira Ud. por la tarde? ¿Cuál le gusta más?   3. ¿Quién fue su primera maestra de escuela elemental? ¿Cuáles fueron sus primeras impresiones de la escuela?   4. ¿Qué individuos han tenido más influencia sobre su vida? De todas aquellas personas, ¿a quiénes ve todavía?   5. Y tú, amigo (amiga), ¿con quién (o con quiénes) pasas tu tiempo libre? ¿Cuáles son tus actividades favoritas?   6. ¿A quién estimas más en este mundo? ¿A quién(es) amas más? En tu opinión, ¿qué diferencia hay entre estimar y amar?

♦ C. ¿Cuál?, ¿Qué? and ¿Quién? to mean *Which (one)?*

Although ¿**Cuál** . . . ? is normally used to indicate a selection, ¿**Qué** . . . ? and ¿**Quién** . . . ? at times may also mean *Which (one) . . . ?*

1. ¿**Cuál** . . . ? is generally used when **ser** is followed by a noun or a pronoun:

¿Cuál es la mía?	*Which (one) is mine?*
¿Cuál es el elemento más peligroso—el agua o el fuego?	*Which is the more dangerous element—water or fire?*

It must be used before a phrase introduced by **de**:

¿Cuál de las tres alternativas prefieren Uds.?	*Which of the three alternatives do you prefer?*

And it is very much preferred when we select from among specific things:

¿Cuál es más peligroso—este león o ése?	*Which (one) is more dangerous—this lion or that one?*
¿Cuál tomarás—el plato caliente o la ensalada?	*Which (one) will you have—the hot dish or the salad?*

2. ¿Qué...? often replaces **¿Cuál...?** when we make our selection from nouns used in a general or abstract sense:

¿Qué es más peligroso—el agua o el fuego?[1] Which (or What) is more dangerous— water or fire?

¿Qué tomarás—un plato caliente o una ensalada? What (Which) will you have—a hot dish or a salad?

When the choice is between two infinitives, **¿Qué...?** is the norm:

¿Qué prefieren—salir o quedarse? What do they prefer—to go out or to stay?

3. ¿Quién...? often appears when the selection involves persons:

¿Quién se encargará entonces—Luis o Felipe? Who (Which one) will take over, then— Lou or Philip?

¿Quiénes fueron los culpables? Who (Which) were the guilty ones?

¿Qué interrogativo usamos?

1. ¿_____ significa esa palabra? —¿A _____ te refieres? 2. ¿_____ te apetece más, una comida china o una comida italiana? —A mí me da lo mismo, ¿_____ te gustaría más a ti? 3. ¿_____ es más difícil, aprender a leer una lengua o a hablarla? —Depende. ¿En _____ lengua estás pensando? 4. ¿_____ de estos vestidos debo comprar? —Déjame ver. ¿Para _____ ocasión lo deseas? 5. ¿_____ fueron los primeros recuerdos de su niñez? —Pero, doctor, ¿_____ tiene que ver esto con mi problema? ¿_____ le importarán mis memorias? —¿_____ es el médico aquí, Ud. o yo?

D. ¿Cuánto? (How much?), ¿Cuántos? (How many?)

¿Cuánto tiempo me queda? —Muy poco. How much time do I have left? —Very little.

¿Cuántas lenguas sabe Ud. hablar? —Ninguna. How many languages can you speak? —None.

[1] Notice that **ser** is followed by an adjective, not by a noun.

E. ¿Dónde? and ¿A dónde? (¿Adónde?) *(Where?)*

¿Dónde? asks about the location of the subject. ¿A dónde? (¿Adónde?) asks *In which direction ...?,* and is used with verbs of motion:

¿Dónde estarán mis zapatillas? —Debajo de la cama.	*Where can my slippers be? —Under the bed.*
¿Adónde vas, hijo? —A casa de Ramiro.	*Where are you going, son? —To Ramiro's house.*

¿Dónde? may be preceded by other prepositions as well:

¿Por dónde andarán esos chicos?	*Where can those kids be?*
¿Para dónde salís?	*Where are you heading for?*

Información, por favor

¿Sabes? Me gustaría ir de compras esta tarde y no conozco muy bien este lugar. Primero, quiero comprar algo de ropa. Dime, ¿cuál es el mejor almacén de por aquí? ¿Por dónde se va mejor de aquí al centro? ¿Cuánto me debe cobrar el taxi por llevarme hasta allí? ¿Cuánto debo pagar por un buen par de levis *(jeans)*? ¿Y por un suéter de lana? ¿Y por unos zapatos de tenis? ... Ajá.

¿Dónde se puede conseguir una buena comida por aquí? ¿En cuántos platos consiste normalmente el menú fijo *(full dinner)*? ¿Qué platos son? ¿Hasta qué hora está abierto normalmente ese restorán? ¿Cuántas veces has comido tú allí? ... A propósito, ¿adónde piensas ir cuando termines tus clases hoy? ¿Qué dices?: ¿Quieres comer conmigo?

F. ¿De quién(es)? *(Whose?)*

1. ¿De quién(es) ...? is the only interrogative of possession. It must always be followed by the verb **ser.** Therefore, the English *Whose is ...?, Whose are ...?* are expressed in Spanish by ¿**De quién(es) es** ...?, ¿**De quién(es) son** ...?:

¿De quién es la cartera?	*Whose wallet is it?*
¿De quién son estos guantes?	*Whose gloves are these?*
¿De quiénes eran aquellos papeles?	*Whose papers were those?*

♦ 2. But when *whose ...?* is preceded by a preposition, or is used with a verb other than *to be,* Spanish translates it in several ways:

- By **qué**

¿Con qué dinero se fue?	*With whose money did he abscond?*
¿En qué cuarto dormirás?[2]	*In whose room will you sleep?*
¿Qué sombrero tomó?	*Whose hat did he take?*

♦ By using ¿**De quién es** . . .? followed by a clause that describes the action:

¿De quién era el dinero con que se fue?	*With whose money did he abscond?*
¿De quién es el cuarto en que dormirás?[2]	*In whose room will you sleep?*
¿De quién era el sombrero que tomó?	*Whose hat did he take?*

♦ By using a preposition such as **por, para, con, delante de,** etc., followed by the object and ¿**de quién** . . .?:

¿Con la viuda de quién se casó?	*Whose widow did he marry?*
¿Por el beneficio de quiénes lo hicieron?	*For whose benefit did they do it?*

Diga en español:

1. Whose dog is that? —What dog? —That one over there. —Why do you want to know? —Whose dog was it, I say, that bit my little boy? —Whose little boy, I say, was it who was on my property?   2. In whose car will you all go? —In mine.   3. Whose papers are those on the desk? —They're probably the other class's.   4. Whose brilliant idea was it to **(de)** eat in this restaurant? The prices are astronomical. —Wouldn't it be better to say: "With whose money are we going to pay?"

G. ¿Por qué? *(Why?),* ¿Para qué? *(What for?)*

¿**Por qué?** asks the reason, the motive for an action. ¿**Para qué?** means *To what end . . .? What for . . .?:*

¿Por qué lo hiciste? —Porque sí.	*Why did you do it? —Because I felt like it.*
Debes trabajar más, ¿sabes? —¿Para qué?	*You should work harder, you know? —What for?*

---

[2] There is a slight difference in connotation between ¿En qué cuarto dormirás? and ¿De quién es el cuarto en que dormirás? The first emphasizes selection of a room from among a group of rooms (a house) with which the speaker is familiar. The second sentence emphasizes the question as to the possessor: *To whom does the room that you will sleep in belong?*

H. ¿Cómo? and ¿Qué tal? (How?)

1. ¿Cómo . . .? inquires as to the way in which something is done, or the situation in which someone or something is found:

¿Cómo se abre esta caja?	How do you open this box?
¿Cómo le gusta el café—con crema o con leche?	How do you like coffee—with cream or with milk?
¿Cómo están Uds. hoy?	How are you today?

2. ¿Qué tal? asks for an evaluation:

¿Qué tal les pareció la obra?	How did you like the play? (How did it seem to you?)
Hola. ¿Qué tal?	Hello. How are things?
¿Qué tal le gustó el café? —Muchísimo, gracias.	How did you like the coffee? —Very much, thank you.

¿Cuál es la pregunta?

Haga preguntas que correspondan a las respuestas siguientes. Por ejemplo:

Es tu comida, querido.	**¿Qué demonios es esto?**
Al cine.	**¿Adónde vas?**

1. 487–3883.   2. A casa de Adriana.   3. Muchísimo, sobre todo los cantantes. 4. Muchísimo mejor, gracias.   5. Con azúcar y limón, por favor.   6. Primero se aprieta este botón y después se da media vuelta a este manubrio *(handle)*.   7. Por la puerta de atrás, me imagino.   8. Es un vecino nuestro.   9. Me gusta más el tenis. 10. Unas tres horas, más o menos.   11. Era nuestro.   12. En el cuarto de Roberto.

I. More about exclamations

1. ¡Qué . . .! and ¡Vaya un . . .! *(What a . . .!)*

¡Qué . . .! and ¡Vaya un(a) . . .!, followed by a noun, mean *What a . . .!* IMPORTANT: Notice that the article is *not* used after ¡Qué . . .!:[3]

¡Qué hombre! ¡Qué idea!	*What a man! What an idea!*
¡Vaya un hombre! ¡Vaya una idea!	
¡Qué problemas!	*What problems!*
¡Vaya unos problemas!	

[3] Many popular exclamations begin with ¡Qué . . .! Here are but a few:

¡Qué bien! ¡Qué maravilla!	*Wonderful! Great!*
¡Qué lata! ¡Qué barbaridad! ¡Qué lío!	*How awful! What a mess!*

♦ When the noun is followed by an adjective, **tan** or **más** is used before that adjective:

¡Qué hombre más (tan) malo!
¡Vaya un hombre más (tan) malo!   *What an evil man!*

But when the adjective precedes the noun, **tan** or **más** is omitted:

¡Qué buena persona!
¡Vaya una buena persona!   *What a good person!*

2. **¡Qué . . .!**, followed by an adjective or an adverb, means *How . . .!:*

¡Qué simpática eres! ¡Qué bien
    trataste a mis amigos!   *How nice you are! How well you
        treated my friends!*

3. **¡Cuánto . . .!** is used before a verb when *How . . .!* means *How much . . .!:*

¡Cuánto lo amábamos!   *How (much) we loved him!*
¡Cuánto lo respetaban todos!   *How (much) everyone respected him!*

4. **¡Cómo . . .!** means *What! What was that? What did you say? Come again!*, etc. It is entirely wrong to use **¡Qué . . .!** in this sense:

¿No recuerdas? Anoche prometiste
    comprarme un abrigo de visón.   *Don't you remember? Last night you
        promised to buy me a mink coat.*
—¡Cómo!   *—What!!!*

♦ 5. **¡Quién . . .!**, followed by the **-ra** form of the imperfect subjunctive actually means *How I wish . . ., If only I could . . .!*, etc.:

¡Quién fuera tú!   *Oh, how I wish I were you!*
¡Quién supiera escribir!   *If only I knew how to write!*

♦ 6. The poetic **¡Cuán . . .!** *(How . . .!)*

Although **¡Cuán . . .!** is rather archaic, it still appears as a substitute for **¡Qué . . .!** *(How . . .!)* in poetry, song and certain popular expressions:

Cuánto yo los amaba, y cuán mal
    me trataban.   *How much I loved them, and how
        badly they treated me!*

¿Cómo completarías estas exclamaciones? Recuerda que puede haber más de una respuesta correcta.

1. ¡_____ día para ir a la playa! —¡Ay, _____ supiera nadar! —Mejor dicho, ¡_____ no tuviera que trabajar!   2. Dr. García, ¿no nos dijo Ud. que no habría exámenes ni tareas este semestre? —¡_____!   3. ¡_____ me gustaría pasar una

temporada en el campo! —¿Por qué no vamos a visitar a tus primos entonces? —¡_____ idea más buena! 4. ¡_____ dilema! ¡_____ quiero a Rosalía, y _____ poco se interesa por mí! —Así es ella con todo el mundo. ¡_____ egoísta es esa muchacha! 5. ¡_____lo creería! ¡_____ saben aparentar *(pretend)* algunas personas! —¡_____ lástima, eh!

CREACIÓN: *¡Con signo de exclamación!*

«¡Hombre! ¿Qué demonios estás haciendo? . . . ¡Qué maravilla genial! . . . ¡Cómo! ¿Qué fue eso? . . . ¡Claro! ¡Por supuesto! . . . ¡Fantástico! ¡Adelante!» Vuelva por un momento a las caricaturas que se hallan en la página 222. Estúdielas de nuevo, y díganos todas las exclamaciones que Ud. considere apropiadas para cada personaje. Ahora traiga otras caricaturas a la clase, o haga alguna original, y póngales sus propias leyendas *(captions)*—¡siempre con signo de exclamación!

Parte quinta

El mundo de hoy

Noticias del mundo ... ¿Cuáles le parecen de más interés? ¿de más peligro para la humanidad? ¿y de más esperanza? ¿Cuáles le afectan más directamente a Ud.?

"Cadena humana" en favor de los pobres en EE.UU.

WASHINGTON, 25 (UPI).— Millones de voluntarios norteamericanos formarán hoy una cadena humana de 6.638 kilómetros, a lo ancho de Estados Unidos, en una campaña denominada manos a través de América, de-

Nueva Crisis Petrolera Podría Estallar en 1990

Dice que para esa década los Estados del Golfo Pérsico suministrarían hasta las tres cuartas partes del petróleo en el mundo

EE.UU. apoyará a los "contras"

Si Managua no firma un acuerdo de paz, dijo un funcionario de Reagan en Bs.As.

Reconstruir a Colombia Promete Virgilio Barco

El Presidente electo del vecino país obtuvo el mayor número de votos computados para un candidato presidencial en la historia electoral de esa nación

Científico Soviético Atribuye Accidente Nuclear de Chernobyl a "Acciones Incorrectas"

About articles and their nouns

A. The definite articles: *the*

1. Forms and agreement

el médico	*the doctor*	**los** médicos	*the doctors*
la enfermera	*the nurse*	**las** enfermeras	*the nurses*

The article **el** is used before a feminine singular noun that begins with a stressed **a** or **ha**:

el alma	*the soul*	el ala	*the wing*
el agua	*the water*	el hambre	*hunger*

BUT:

las aguas	*the waters*	las alas	*the wings*

• The definite article is usually repeated before each noun:

¿Son de Ud. la pluma y el papel?	*Are the pen and paper yours?*

• When a plural noun refers to both masculine and feminine beings or things, the *masculine* plural article is used:

¿Conocen Uds. a los padres de mi novio?	*Do you know my fiancé's parents?*
Los nuevos dueños son los hijos de Pérez.	*The new owners are the children (sons and daughters) of Pérez.*

2. Contractions

A + **el** is contracted to **al**; de + **el** becomes **del**:

Diríjase al jefe.	*Go talk to the boss.*
¿Qué día del mes era?	*What day of the month was it?*

Pensar y conversar

Díganos:

1. ¿Se ha levantado Ud. alguna vez para ver el alba? ¿Cuáles son los colores del alba? ¿y del atardecer? 2. ¿Cree Ud. en la existencia del alma? ¿Es posible que las almas de los muertos se incorporen algún día en otros cuerpos? 3. ¿Cree Ud. que los problemas de la humanidad se puedan resolver por las armas? ¿Cree Ud. que el amor los puede solucionar?

B. The indefinite articles: *a, an*

1. Forms and agreement

un médico   *a doctor*   una enfermera   *a nurse*

- **Un** is used before a feminine noun that begins with a *stressed* a or ha:

un ala   *a wing*   un hambre feroz   *a terrific hunger*

If the first syllable is not stressed, the normal feminine article returns:

una artista   una hacienda

- **Unos, unas** mean *some, several, a few:*

unos pacientes   *some patients*   unas pruebas   *some tests*

They can also mean *about* (in the sense of *approximately*):

Había unas veinte personas.   *There were about twenty people.*

2. *Some, any*

When *some* or *any* do not mean *several,* Spanish normally omits the indefinite article altogether:

¿Traes comida? —Unas manzanas,   *Do you have any food with you? —A few*
nada más. Pero sí traigo café.   *apples, that's all. But I do have some*
                                      coffee.

¿Qué asocia Ud. con las cosas siguientes? una tarde de verano . . . un día de otoño . . . un arma de fuego . . . (un)a artista de cine . . . un alma pura . . . una sed tremenda . . . un hambre feroz . . .

ADELANTE

A. Uses of the definite article

The definite article is much more used in Spanish than in English. Aside from designating a specific noun (*the bread that I bought*—el pan que compré; *the house we live in*—la casa en que vivimos), it appears as follows:

1. With nouns used in a general or abstract sense:

El pan vale más que el oro —¡Qué inflación, eh!	*Bread is worth more than gold. —What inflation, eh!*
La historia se repite.	*History repeats itself.*
Las mujeres gastan más que los hombres. —No puede ser.	*Women spend more money than men. —It can't be.*

Notice especially that the definite article is NOT used when *some* or *any* is implied:

Deme dinero para pan.	*Give me (some) money for (some) bread.*
No tuvieron tiempo.	*They didn't have (any) time.*

Mini-debates

¿Qué posición adopta Ud. sobre los tópicos siguientes?

1. La vida es injusta.
2. Los jóvenes son más idealistas que los viejos.
3. La mujer realmente quiere depender del hombre.
4. Los hijos están obligados a amar siempre a los padres.

2. With a person's last name and title, when speaking *about* (not *to!*) him or her:

La doctora Palos puede verle ahora. —Ah, gracias.	*Dr. Palos can see you now. —Oh, thank you.*
Mira. ¿Ese será el general Mejía?	*Look. Can that be General Mejía?*

BUT:

Buenas tardes, Dra. Palos. Yo soy el general Mejía. —Encantada, general Mejía.	*Good afternoon, Dr. Palos. I am General Mejía. —Delighted to meet you, General Mejía.*

• Since the titles **don (doña)** and **santo (santa)** are used only before a *first* name, they obviously do not take the article:

No trates de ser otro don Juan, ¿oyes?   *Don't try to be another Don Juan, hear?*
San Francisco, San Antonio, Santa   *St. Francis, St. Anthony, St. Theresa*
  Teresa

A propósito, ¿cómo se llama su profesor(a) de español? (Por favor, no olvide su título.)

3. With days of the week and seasons of the year (except after **ser**), and with dates of the month:

De todas las estaciones, la que me   *Of all the seasons, the one I like best*
  gusta más es el otoño.   *is autumn.*
Pero, ¿sabes? En Chile, nuestro otoño   *But, you know? In Chile, our autumn is*
  es primavera.   *spring.*

¿La biblioteca está cerrada los   *Will the library be closed on Sundays?*
  domingos? —Sí, comenzando el   *—Yes, starting on the 15th.*[1]
  quince.

Díganos: ¿Qué días de la semana se reúne su clase de español?

• In current usage, the article is omitted when the date of the month follows the day of the week:

Se abrirá el lunes, dieciséis.   *It will open on Monday, the 16th.*

♦ It is also omitted before the date in the headings of letters. In fact, here the article is usually omitted even before the day of the week, the month, or the year:

lunes, 17 de enero (de) 1986

4. With the names of languages, especially when they are subject of a verb, or when they are accompanied by an adjective:

El español no es tan difícil como el   *Spanish isn't as hard as English. —At*
  inglés. —A lo menos para los   *least for the Spaniards.*
  españoles.
El catalán se parece mucho al francés   *Catalan closely resembles medieval*
  medieval.   *French.*

---

[1] Notice that Spanish does not use any preposition to translate the English *on* when referring to days or dates.

There are many cases, however, in which the article is no longer common before the name of a language. For example:

- After the preposition **en**, or as part of an English "double noun":

Un libro en español	*A Spanish book (in Spanish!)*
Un libro de español	*A Spanish book (about Spanish!)*
Nuestro profesor de inglés	*Our English teacher*

- Between **hablar** and the name of the language, unless there is some word intervening:

¡Cómo! ¿No hablan chino? —No. Pero hablan muy bien el japonés.	*What! They don't speak Chinese? No. But they speak Japanese very well.*

The same rule generally applies to other verbs involving the use of a language:

¿Ud. ha estudiado alemán? —Sí. Pero domino mejor el francés.	*Have you studied German? —Yes. But I know more French.*

5. With parts of the body and articles of clothing, in place of a possessive adjective (see p. 105):

Metió la mano en el bolsillo.	*He put his hand in his pocket.*
Ponte la camisa blanca, ¿está bien?	*Put on your white shirt, all right?*

6. With the names of certain countries:

- Traditionally, the definite article appears with the names of certain countries and cities. These are the most common:

(los) Estados Unidos, (el) Canadá, (el) Brasil, (la) Argentina, (el) Perú, (el) Uruguay, (el) Paraguay, (el) Ecuador, el Japón, (la) China, (la) Gran Bretaña

- ♦ The article is disappearing, however, in newspaper and colloquial use:

«Huelga en Argentina».	*Strike in Argentina.*
«Brasil va a intervenir».	*Brazil is going to intervene.*

- The article is used with the names of all countries when that name is modified by an adjective or a phrase:

la Inglaterra isabelina	*Elizabethan England*
la España meridional	*Southern Spain*
la Europa del siglo doce	*twelfth-century Europe*

7. To avoid repeating a noun:

• **El de, los de,** etc., mean *the one(s) of* or *with . . .* Most often English expresses this by using the pseudodemonstrative *that (those) of . . .* (Recall p. 113):

Esta edición y las de 1969 y 1971 están agotadas.	*This edition and those of 1969 and 1971 are sold out.*
¿No conoces a aquel hombre—el del pelo largo?	*Don't you know that man—the one with the long hair?*

With a possessive, **el de . . .** replaces a missing noun:

Mi coche y el de Diego son idénticos.	*My car and Jim's (car) are identical.*
Vuestra casa y la de mis padres . . .	*Your house and my parents' . . .*

• **El que, los que,** etc., mean *he who, the one(s) who, those who . . . :*

El que lo hizo desapareció. —Y entre todos los que estuvieron, ¿nadie lo vio?	*The one (the man) who did it disappeared. —And among all those who were there, nobody saw him?*

8. With an infinitive to form a noun:

El vivir aquí cuesta demasiado. —El morir también. ¡Vamos a vivir!	*Living here costs too much. —So does dying. Let's live!*
Me encanta escuchar el cantar de los pájaros. —A mí también.	*I love to listen to the singing of the birds. —I do too.*

¿Cuál es el artículo correcto?

1. Tu libro de _____ español, ¿está escrito en _____ español o en _____ inglés? —En ambos. Pero mi profesor de _____ español no habla _____ inglés en la clase.   2. _____ latín es la base de _____ lenguas romances, ¿no es verdad? —Sí, _____ latín vulgar, _____ lenguaje que hablaban _____ soldados y _____ colonos.   3. Hoy es _____ martes, _____ quince de marzo. —¿Sabes? En _____ Roma antigua, _____ gente tenía miedo de aquel día.   4. _____ reloj que compré _____ otro día no funciona. —_____ de Ramiro tampoco. _____ relojes de esa marca no sirven para nada.   5. Espero que la reunión _____ verano tenga tanto éxito como _____ de hoy. —Todas _____ que tuvimos el año pasado fueron muy bien atendidas. ¿Cuándo será _____ próxima? —_____ sábado, _____ diez de junio a _____ cuatro.

Un poco de todo

1. ¿Cuáles son las lenguas principales del mundo? ¿Cuáles ha estudiado Ud.? ¿Cuántas sabe hablar?   2. ¿Cuáles son las naciones más poderosas del mundo?

En su opinión, ¿cuáles son los líderes industriales? ¿y los líderes morales?   3. Hablando de cosas más personales, dinos, amiga (amigo): ¿Tú sabes patinar (*skate*)? ¿Cuál es más difícil, el patinar sobre el hielo o sobre ruedas? ¿Cuál de los dos deportes te parece más artístico?   4. Ahora, una cosa más. ¿Dónde estabas el sábado pasado a las cinco de la tarde? ¿Sales todos los sábados? ¿y los domingos también? ¿Qué hiciste la semana pasada? ¿Por qué no viniste el otro día a clase?

♦ B. When not to use the definite article

1. When we state the hours of an event

Although the article is always used to tell the time of day, it is usually omitted when we tell *between what hours* an event takes place:

La función será a las diez, ¿no? —Sí. De doce a una. Hay otra entre cinco y seis.	*The affair will be at ten, won't it? —Yes. From twelve to one. There's another between five and six.*

2. With nouns in a series

• In a series of general or abstract nouns taken as a group, the definite article is often omitted:

¡Libertad, fraternidad, igualdad!	*Liberty, fraternity, equality!*
Naturaleza, hombres, animales, todo estaba dormido.	*Nature, men, animals, everything was asleep.*

This occurs especially in titles of books:

Guerra y paz	*War and Peace*
Sangre y arena	*Blood and Sand*

When a series of nouns refers to one unit of activity or being, it is common to omit all but the first definite article:

Los servicios, programas y actividades de esta organización . . .	*The services, programs, and activities of this organization . . .*
La casa y finca de mi vecino han sido vendidas.	*My neighbor's house and land (considered as a unit) have been sold.*

BUT:

La casa y la finca de mi vecino . . .	*My neighbor's house and his land (two separate units) . . .*

3. In certain idioms

In a number of idioms, the definite article is omitted. The noun in such cases is generally used in a figurative, rather than a literal sense:

Espero que en adelante pueda levantar cabeza.	*I hope that from now on he will be able to raise his head (better his fortune).*
El joven decidió correr mundo.	*The boy decided to see the world (travel about).*

Inglés → español

1. Friends, relatives, neighbors, colleagues, all were against him. Even those who had been his aides in the project abandoned him when they realized that things were not turning out well.
2. Why don't you take up fishing or polo? —Because I don't like violent games or sports. Besides, going out (**irse**) to fish means getting up very early in the morning, at five o'clock or earlier, and I don't like that either. —It seems to me that the only sport you like is sitting in the office making money. —Oh, really? Do you think it's so easy to become a millionaire? Believe me, when one has a lot of money, there's no shortage of worries (worries aren't lacking either).
3. Professor Mijares was one of the most popular teachers in the university. He always came late, didn't believe in exams, and always gave high grades. What more could one ask? —That he teach something.
4. It's very hot, don't you think so? —Right. I suggest that you all take off your jackets and ties. I've already taken off mine. —Thank you, Mr. Salas.

C. Omission of the indefinite article

The indefinite article is much *less* used in Spanish than in English. It is generally *omitted* in the following instances:

1. After **ser,** when we simply tell *what* someone is, without any descriptive adjective:

Su padre era polaco. Era profesor de música.	*His father was a Pole. He was a professor of music.*

When we add an adjective, the article generally returns:

Era un pianista famoso, un gran intérprete de Chopin.	*He was a famous pianist, a great interpreter of Chopin.*

Nos gustaría saber . . .

1. ¿Para qué estudia Ud.? ¿Piensa Ud. seguir la misma profesión u oficio que sus hermanos? ¿Qué quieren ser ellos?   2. ¿Ha habido alguna vez una persona famosa en su familia? ¿o en su pueblo o barrio? ¿Quién fue? ¿Qué era?   3. ¿De

qué nacionalidad son la mayor parte de sus vecinos? ¿De qué religion son mayormente? Y su mejor amigo o amiga, ¿de qué religión es?

2. With **otro** (*another*), **tal** (*such a*), **cien(to)** (*a hundred*), **mil** (*a thousand*), **cierto** (*a certain*) and **¡Qué . . . !** *(What a . . . !):*

¡Qué lata! Ahora tenemos que buscar otro. ¿Por qué hiciste tal cosa?[2]	*What a mess! Now we have to look for another one. Why did you do such a thing?*
Te digo cien veces, mil veces que no, que no, y que no. —¿Estás absolutamente seguro?	*I tell you a hundred, a thousand times no, no, no! —Are you absolutely sure?*

(Confidencial: Oye, hay cierta cosa que tengo que comprar. ¿Me puedes prestar mil dólares hasta el viernes? Pues, ¿cien? . . . ¡Qué pregunta, eh!)

3. When there is no numerical implication

• The article is omitted with clothing or personal effects, unless we imply *one:*

Hoy tienes que llevar abrigo. Está haciendo frío.	*Today you have to wear a coat. It's cold out.*
Ya no uso saco ni corbata. —¿Jamás?	*I don't wear a jacket or a tie anymore. —Never?*
¿Lo escribo con lápiz o con pluma? —Con cualquiera.	*Should I write with a pencil or with a pen? —Whichever.*

Hablemos otra vez:

¿Qué ropa usamos cuando llueve? A menos que haga frío, ¿suelen llevar sombrero hoy día los jóvenes? ¿Y tú? . . . Cuando escribes una carta personal, ¿la escribes con pluma o a máquina? ¿y cuando escribes una carta de negocios? Cuando tomas un examen, ¿prefieres usar lápiz, pluma fuente o bolígrafo *(ball point)?*

• After a negative

Once again, the indefinite article is usually omitted after a negative unless we mean *a single . . .* :

No han dicho palabra.	*They haven't said a word.*
No queremos piso sin calefacción.	*We don't want an apartment without heating.*

BUT:

No han dicho (ni) una palabra.	*They haven't said a single word.*

---

[2] Remember: When the noun that follows the English *such a* is modified by an adjective, Spanish uses **tan** instead of **tal**. In other words, if we add the adjective *bad* to the sentence above, Spanish would say: ¿Por qué hiciste una cosa *tan mala?*

NOTE: **ni** is often used before the indefinite article in emphatic negative sentences.

• After **tener** and **buscar**

In both affirmative and negative sentences, the indefinite article is usually omitted after **tener** and **buscar** unless we want to say *one:*

No tengo llave.	*I don't have a key.*
¿Buscas piso?	*Are you looking for an apartment?*
Mi hermana ya tiene novio.	*My sister already has a fiancé.*
Teníamos clase a la una.	*We had a class at one.*

BUT:

No tiene (ni) un amigo.	*He doesn't have a single friend.*

♦ **4.** Before nouns modified by **bueno** or **malo**

Frequently, when **bueno** or **malo** precedes the noun it modifies, the indefinite article is omitted. The adjective is regarded as a unit with the noun and there is little numerical connotation:

Era buen amigo mío.	*He was a good friend of mine.*
Es mala persona.	*He is a bad person.*
Dejaron muy mala impresión.	*They left a very bad impression.*
Ud. nos ha dado muy buen ejemplo.	*You have given us a very good example.*

BUT:

Dejaron una impresión muy mala.	*They left a very bad impression.*
Ud. nos ha dado un ejemplo muy bueno.	*You have given us a very good example.*

♦ **5.** In proverbs

Many proverbs and adages omit the article:

Perro que ladra no muerde.	*A barking dog doesn't bite.*
Casa con dos puertas mala es de guardar.	*A house with two doors is hard to guard.*
Más vale pájaro en mano que buitre volando.	*A bird in the hand is worth two in the bush (is better than a flying vulture).*

El artículo indefinido

¿Usarlo o no?

1. ¡Qué _____ apartamento! No tiene _____ estufa ni _____ nevera ni nada. No vale cien _____ pesetas al mes y están pidiendo _____ mil.   2. Como dice

el viejo refrán: _____ ver es _____ creer.   3. He oído decir que Rosario Fuentes se va a casar con _____ abogado muy conocido. ¿Y qué es ella? _____ humilde secretaria, nada más. Esa chica siempre ha tenido _____ suerte increíble. —¡Celosa!   4. La puerta estaba cerrada cuando llegamos y no teníamos _____ llave ni nada. —¿Pues qué hicisteis? —Si prometes no decirle _____ palabra a nadie . . . bueno, encontramos _____ ventana abierta, ¡y ya!   5. Ese hijo nuestro tendrá que hacerse _____ millonario algún día o no sé qué le pasará. Así que le damos diez dólares, o veinte o _____ cien, los gasta en seguida y viene a pedirnos _____ otros. —Yo no permitiría tal _____ cosa si fuera Uds. Yo recuerdo a _____ cierto muchacho que había en nuestro pueblo, y . . . —Basta. No quiero oír más. Me va a poner de _____ muy mal humor.

♦ D. Special uses of the indefinite article

1. To tell _who_ someone is, not _what_

As you know, Spanish omits the indefinite article when we merely tell _what_ someone is. The article returns, however, when we stress the person's identity, not category:

¿Qué es ese señor? —Es agente de policía.	_What is that man? —He's a policeman._
¿Quién es ese señor a la puerta? —Es un agente de policía. —¡Ay! ¿qué pasó?	_Who is that man at the door? —He's a policeman. —Oh, my! What happened?_

♦ Using the indefinite article also gives special (and usually favorable) emphasis to the noun. The article is then stressed with the voice:

¡Es un escritor!	_He is some writer!_
¡Eres un soldado!	_You are a real soldier!_

♦ 2. Before tal

• **Tal** _(such a)_ is NEVER followed by an article:

En tal caso, tendríamos que levantarle pleito.	_In such a case, we would have to sue him._

• However, **tal** may be _preceded_ by an article. **Un tal** means _a certain_ (specific) . . . _a so-called_, etc.:

Vino a verme un tal don Joaquín Rima.	_A certain Don Joaquín Rima came to see me._

• With the definite article, **tal** means *the aforementioned:*

El tal Sr. Rima me dijo . . .   *The aforementioned Mr. Rima told me . . .*

♦ 3. Before **cierto**

• When **cierto** means *a certain* . . . without actually referring to a specific person or thing, it does not take the indefinite article:

En cierta ocasión . . .   *On a certain (nonspecified) occasion . . .*

• **Un cierto** is the same as **un tal**—*a certain* (specific) . . . *a so-called* . . . :

Vino a verme un cierto don   *A certain Don Joaquín Rima came to see*
   Joaquín Rima.   *me.*

• When **cierto** means *sure* (and in this sense, it usually follows the noun), the article is used:

Se enfrentan con una derrota   *They face a certain (sure) defeat.*
   cierta.
Le prometo un ascenso cierto.   *I promise you a sure promotion.*

Frases originales

¿Cómo se usarán: **tal, un tal, el tal (los tales); cierto(s), un cierto (una cierta), un . . . cierto?**

¿Qué se le ocurre contestar?

1. ¿Quién es ese señor? . . . ¿Qué es? 2. ¿Quién fue esa señora? . . . ¿Qué es?
3. ¿Quién será aquella chica tan hermosa? . . . ¿Me la puedes presentar? 4. ¿Quién es ese fulano? . . . ¿Qué hace por aquí?

E. The neuter article **lo**

The neuter article **lo** never appears before a noun. It does appear, however, with adjectives, adverbs and prepositional phrases.

• **Lo** + an adjective can create an abstract noun:

Lo más expediente no es siempre lo   *The most expedient (thing) is not*
   mejor.   *always the best.*
Lo malo es . . .   *The bad part is . . .*
Eso fue lo más interesante.   *That was the most interesting part*
                                         (aspect, thing, etc.).

• **Lo** + an adjective or adverb + **que** means *how* (well, quickly, pretty, etc.):

No se daba cuenta de lo cansados que estábamos.	*He didn't realize how tired we were.*
Me maravillaba de lo rápido y de lo mucho que aprendían.	*I was amazed at how quickly and how much they learned.*

♦ **Lo de** means *the matter of, the incident about, the story of,* etc.:

¿Qué pasó ayer? —Lo de siempre.	*What happened yesterday? —The same old story (thing).*
¿Te he contado ya lo de Ramírez?	*Did I ever tell you (that bit about) Ramírez?*

♦ And **lo** appears in many common idiomatic expressions:

por lo tanto	*therefore*
por lo visto	*apparently*
a lo lejos	*in the distance*
por lo pronto	*for the time being*
a lo mejor	*maybe, for all we know*
por lo general	*as a general rule*

¿Cómo se dice?

1. We didn't realize how sick he was until he collapsed. —Well, the most important thing now is to take him to the hospital. —For the time being, let's call the doctor and notify his family. For all we know, this may have happened to him *(use future of probability)* before.   2. As a general rule, the waters don't reach such a dangerous point, but apparently the rains have swollen all the rivers in this region. In my opinion, the best thing would be to prepare bags of sand, in case it should be necessary to use them.   3. Do you know how amusing those plays are? The only thing is that they are difficult to (de) understand unless one has studied that period.   4. How did the meeting go last night? —The same old thing. They all complained about how high prices are and they ended (by) not taking any action. —That's the bad part of all these meetings. If they were to ask me, I'd say that the most indicated thing would be to . . . —What? —I don't know. Starve to death?

F. Special situations involving nouns

1. Feminine forms referring to professions

In recent years, women have begun to enter professions to which they formerly did not belong. The Spanish language recognizes this by adding feminine forms to nouns which used to have only the masculine.

• Nouns ending in **-ista** indicate gender by the article:

la periodista   *the journalist*   la psiquiatra   *the psychiatrist*

• Some nouns ending in **-o** or **-e** have new feminine forms ending in **-a**:

la estudianta	*the student*	la médica	*the doctor*
la arquitecta	*the architect*	la cirujana	*the surgeon*
la abogada	*the lawyer*	la ingeniera	*the engineer*

But many women prefer merely to have the feminine article remain with the normally masculine noun: **la médico, la jefe.** Incidentally, some professionals like to be called **doctor.** Others prefer **doctora.**

• Traditionally, a man's wife may be called by a feminine form of his occupational name:

la alcaldesa	*the mayor's wife*	la boticaria	*the druggist's wife*
la generala	*the general's wife*	la gobernadora	*the governor's wife*

♦ 2. Agreement of the verb with collective nouns

Collective nouns are singular in Spanish. However, when nouns that state a part (**mayoría, minoría,** etc.) of a plural whole are followed by that whole, the plural is used:

El pueblo ha triunfado.	*The people have triumphed.*
La mayoría no lo aceptará.	*The majority won't accept it.*

BUT:

La mayoría de las mujeres no lo aceptarán.	*The majority of women won't accept it.*
Gran parte de sus planes han fracasado.	*A large number of his plans have failed.*

Diga una vez más:

1. Have you met (¿**Conoce Ud.?**) Mrs. Cadalso and Mrs. Urrutia? The former is the mayor's wife and the latter is a prominent surgeon. —I'd be delighted to know them.
2. The majority of women will vote for him because he has always recognized their rights to equality in business, industry and the various professions. —But is he charming? Does he promise beautiful things, even if he can't fulfill them? That's what the people really want.
3. A group of interested students will present the petition to the governor's wife, and she has promised to arrange an interview with her husband. —That is, provided that he approves of what they're coming to ask.

CREACIÓN

He aquí un anuncio que apareció hace poco en un periódico neoyorquino. Estúdielo bien. Fíjese en el estilo, en las alusiones, etc., y después trate de imaginarse a la Hermana Rosa. (¡Sólo el nombre se ha cambiado para proteger a los inocentes!) Por fin, vamos a ver si Ud. puede crear una viñeta de ella. ¿Quién será? ¿Cómo será? ¿Cuál ha sido la historia de su vida? ¿Cómo será la habitación en que vive? ¿Cómo . . . ?

Hermana Rosa

Habilísima . . . Adivinadora y Consejera
Lee la mano, las barajas y el horóscopo

Leyéndole la mano o las barajas, le dirá todo lo que Ud. quiera saber, lo bueno y lo malo. Le dirá de su amor, negocio o trabajo, de su matrimonio y de su vida en general. ¿Está Ud. preocupado? ¿Tiene algún problema? No importa el problema que tenga, la Adivinadora le ayudará a resolverlo. Ella da consejos a matrimonios y reúne a los separados, no importa que estén ausentes o cerca. ¿Tiene Ud. problemas con su familia? ¿Está Ud. desesperado? ¿Se siente solo? ¿Necesita ayuda? ¿No tiene Ud. nadie que le ayude con sus problemas? Si Ud. ríe con la cara, pero su corazón anda triste, y no es tan feliz como le gustaría, venga a la prodigiosa adivinadora, quien le podrá ayudar. Lo que Ud. vea con sus ojos, su corazón lo tendrá que creer. ¿Está Ud. con dolores, sufriendo, enfermo? ¡No deje que el espíritu malo ande detrás de Ud.! Si Ud. no puede ganar a la persona amada, si está dudoso de alguien, ella tiene talismanes, aceites y yerbas para la buena suerte y la salud. Si tiene Ud. vicio alcohólico, ella le dará un remedio. El poder espiritual que ella tiene es de Dios, y le fue dado para sanar a aquellos que necesitan ayuda. Ella le quitará su mala suerte. «Se harán trabajos.» Traiga sus problemas a la adivinadora para que ella se los quite. No tiene que dar su nombre o dirección. Todas las consultas son privadas y en secreto. Abierto diariamente de las nueve hasta las siete. Los domingos por cita. Tercera Avenida 209, Manhattan, en la ciudad de Nueva York. Entre las calles 88 y 89, cerca de Léxington. Las guaguas más cercanas son las número 4, 5, 34 y 101. Teléfono (212) 555-1535.

Prepositions (1): por vs. para

La juventud española—víctimas del desempleo

Por casi treinta años desde el fin de la Guerra Civil, España vivió bajo la mano férrea de Francisco Franco. Pero a la muerte del Generalísimo en 1975, el rumbo de la nación cambió. El rey Don Juan Carlos, entregando sus poderes al pueblo, inició el gran experimento democrático que iba a traer consigo toda una revolución social. España se ha abierto al mundo. Se ha incorporado a la Comunidad Económica Europea. Se ha «modernizado». Se ha «americanizado». Pero por más que haya progresado en múltiples sentidos, se le han producido a la vez graves problemas, encima de los cuales se encuentra sin duda el del desempleo. He aquí la cara de algunos de los «paganos» (*victims*)—víctimas del desempleo, y la historia de dos hermanos que lo ejemplifican.

▬▬▬ Jóvenes, los paganos de la crisis ▬▬▬

Sobrepasan a sus padres en altura, en estudios y en libertades.
Nacieron en los años opulentos, entre 1955 y 1970. Tuvieron una
infancia larga, feliz y gratificante. **Se criaron** *con alimentos vita-*   They were raised
minizados y antibióticos, **echaron** *los dientes mirando la televisión,*   they got their first
no han conocido guerra ni posguerra. Es la generación de la **pila** *y*   battery cell
el «chip» y los wafles. Es la juventud española que se ve **rechazada**   rejected
y dependiente de una sociedad en crisis.

Arturo tiene veinticinco años, y su hermana Elena, veintidós. Viven
con sus padres en una ciudad española. Tienen una hermana, María,
de quince años, con la que Elena comparte una habitación.

Arturo y Elena son totalmente independientes. Tienen llave de la
casa y entran y salen **a su antojo**. Su padre, Fernando, hace tiempo   at will
que decidió no imponer horas estrictas ni para **comer** ni para cenar,   midday meal
primero por razones de salud («No quiero **llevarme disgustos por**   have a row over
los horarios. No quiero tener un ataque cardíaco».) y porque su
esposa, Carmen, que también trabaja, no está **por** la labor de or-   "thrilled" about
ganizar dos comidas diarias de **mantel** y dos **platos**.   a table cloth /
                                                                     main courses

Arturo empezó **Derecho**, luego se fue a la **mili**, y ahora está   Law School / army
terminando Económicas, pero lo que le hubiera gustado hacer es
Ciencias **Empresariales** o Música. Elena empezó Biológicas, pero   Management
ahora quiere pasarse a Sociología o Farmacia.

Elena tiene dos novios. Ernesto, que fue al colegio con ella, y José
Ramón, un estudiante de ingeniero de telecomunicaciones. Cuando
ve a Elena salir con uno y al día siguiente con otro, su madre no
puede **reprimirse**: «¿Cómo puedes salir con dos chicos a la vez?   control herself
No lo entiendo». Elena **es tajante**. «Pero mamá, no seas a la antigua.   retorts
A ellos no les importa. ¿Y qué quieres, que **me ennovie** a mi edad?   I get engaged
Hay que conocer mundo antes de tomar decisiones».

Arturo y Elena tienen muchos amigos y primos, que van mucho   to their house /
por casa. Los amigos de Elena **se arremolinan** en su cuarto y sólo   "hang out"
salen para **abastecerse** en la cocina de coca-colas y **bocatas**. A   fill up / snacks
veces, Arturo—y Elena menos, pero también—llega tarde a casa por
la noche y **da con los nudillos** en la puerta del dormitorio paterno.   taps
«Mamá, **que** estoy aquí». «¿Y para eso me despiertas?», contesta   (Don't translate)
Carmen enfadada. «Bueno, es que he venido con Katia (o Ernesto),
así que ya sabes, no nos molestéis».

A menudo los padres **discuten** sobre este tema. «**Será** todo lo   argue / It may be
liberal y normal que quieras, pero a mí me parece **una guarrería**   indecent
dejar que los chicos traigan aquí sus **planes**.» dice Carmen. «Lo   dates
harían **de todas maneras**. Por lo menos así sabemos dónde y con   anyway
quién.» suspira Fernando. «Te juro que estoy deseando—dice la

madre—que se casen o se independicen y se vayan de casa.» «Pues si tienen libertad, sus necesidades cubiertas y el calor de un **hogar,** no sé por qué se van a ir.» «Lo que deberían hacer era estudiar **informática,** o hacerse **fontaneros** o electricistas y **dejarse de tonterías** de carreras, que no sirven luego para nada.»

> home
> computers /
> plumbers
> lay off that
> nonsense

Arturo y Elena hablan con sus amigos sobre el futuro. Algunos piensan que cuando acaben sus estudios, **harán oposiciones a la Administración.** «Eso es terrible», opina Elena, «eso es enterrarte para toda la vida en la limitación de tus propias posibilidades.» ¿Y qué otra cosa se puede hacer? Después de la Universidad es casi imposible encontrar trabajo, porque los pocos que hay **exigen** experiencia. Es un círculo infernal.

> they'll try out for a
> Civil Service job

> require

«A mí—dice Arturo—no me importaría trabajar **de lo que fuera,** aunque no tenga nada **que ver** con los estudios.» «Entonces, para qué estudias?» «Pues para hacer algo, porque **a los viejos les hace ilusión,** y algo **se me pegará.** De todas maneras, no importa mucho, porque al final estallará la guerra nuclear y se acabará todo.» Esta es la reflexión que hacen siempre al final de la discusión. El Gobierno tiene la culpa de todo, aunque a ninguno le interesa mucho la política. ¿Votar? Lo más probable es que no voten en las próximas elecciones. En 1982 el padre de Elena **la llevó a votar a la fuerza,** que votara lo que quisiera, pero que votara. Decía que a ellos, los padres, les había costado mucho conseguir la democracia y había que usarla—como si la democracia fuera una **aspiradora** o un lavaplatos.

> at anything at all
> to do
> it means a lot to
> my parents / I'll
> get *some* benefit

> forced her to vote

> vacuum cleaner

«Los padres a veces se ponen **como muy pesados,** pero hay que dejarles y no **llevarles la contraria.**» Los padres, mientras tanto, **pactan con** cualquier cosa **que no sea** droga dura. Libertad, permisividad, dependencia económica, con tal de alejar el **espectro pavoroso** de la droga dura.

> a bit "heavy"
> fight with them
> put up with /
> except
> frightening
> specter

Adaptado de *Cambio 16,* junio, 1985

Comentarios

1. ¿Se consideran Ud. y sus contemporáneos los «paganos» de las crisis que nos envuelven a todos? ¿Hay mucho desempleo hoy día entre la juventud? ¿Y entre los jóvenes graduados universitarios? ¿Cree Ud. que la situación actual va a afectar notablemente su vida personal? (¿En qué sentido?)
2. ¿Existe la misma relación entre Ud. y sus padres que se describe en el artículo arriba? ¿Están dispuestos sus padres a «pactar con todo lo que no sea droga dura»? ¿Le imponen algún horario de salir y venir? ¿Insisten en que la familia coma junta, por lo menos los fines de semana? ¿o que vaya a la iglesia junta? ¿Le permiten traer a sus «planes» a casa? ¿y que pasen la noche allí? ¿Hay algo

que prohíban terminantemente? ¿Hasta qué punto está Ud. conforme con aceptar los reglamentos de ellos?

3. ¿Está Ud. de acuerdo con la idea de que todo se acabará pronto en una guerra nuclear? ¿Piensa Ud. que se puede evitar una catástrofe tal? ¿Participa Ud. en la política? ¿Ha votado Ud. ya? ¿Piensa votar en las próximas elecciones? ¿Qué piensa Ud. hacer individualmente para mejorar el estado del mundo?

A REPASAR

A. Por and para : An overview

Para, which is translated most frequently in English as *for* or *in order to,* is characterized by looking ahead ⟶ toward the goal, the objective, the destination of the action:

		goal
para	⟶	destination
		objective

Por has two general types of usages. One refers to tangible or physical actions: *by, through, around, along,* etc. The other type looks back ⟵ to the motive, the impulse of the action.

B. Here is a chart of their basic uses:

para	por
1. in order to	1. Tangible, physical action
	• by (someone or something)
	• by means of
2. intended for, headed for	• through, along, around, in
	• during, for (a period of time)
	• in exchange for
	• per
3. to be used for	2. Motive, impulse of an action
4. by or for a certain date or time	• out of, because of, through
	• for the sake of, on behalf of
	• in the hopes of
5. considering, compared with	• in search of, in quest of
	• pending, yet to be

A practicar

Cambie según las indicaciones:

1. Me gustaría comprar otros vasos para **vino.** (agua)   2. ¿**Traes** algo para mí? (No . . .)   3. **Ahora** venden ropa muy fina para mujeres. (Antes)   4. Tiene que haber **escuelas** nuevas para los pobres. (viviendas)   5. Para **una persona** como Ud., esto será fácil. (personas)   6. Mi hermano estudia para **abogado,** y yo para **maestra.** (contador. . . médica)   7. **Mañana saldremos** para Caracas. (Ayer)   8. Ténga**lo** listo para el miércoles, si es posible. (los)   9. Si **puedo,** volveré para fines del mes. (pudiera)   10. Me **asegura** que lo guardará para nosotros. (aseguró)

 ===== **ADELANTE** =====

A. **Para:** An in-depth view

1. *In order to* → goal

¿Para qué estudias? —Para (ser) maestra.	*What are you studying for? —(In order) To be a teacher.*
Para llegar a tiempo, tendrán que salir a las seis.	*(In order) To arrive on time, you'll have to leave at six.*

Whenever *to* means *in order to,* Spanish must use **para:**

Te lo digo para ayudarte, no para fastidiarte.	*I'm telling you this (in order) to help you, not to upset you.*

Pensar y replicar . . .

¿Qué recomendaría Ud.?

1. Sobre la salud: Para tener una vida larga, uno debe . . . Para mantener la buena salud, uno debe . . . Para conservar la juventud, uno debe . . .
2. Sobre las relaciones personales: Para ser buen padre de familia, uno tiene que . . . Para ser buena madre, una debe . . . Para ser buen hijo (buena hija) hay que . . . Para ser buen vecino, uno debe . . . y no debe . . .
3. Sobre el éxito: Para tener éxito en la escuela, uno tiene que . . . Para tener éxito en los negocios, uno tiene que . . . Para tener éxito en la vida, hay que . . . Y jamás se debe . . .

4. Sobre asuntos prácticos: Para ir de aquí a México, es mejor. . . Para comunicarse al instante con un lugar lejano, conviene. . . Para hacer un desayuno rápido, recomiendo que sirva. . . Y para preparar una comida de invitados, lo mejor sería . . .

2. *Intended for, headed for* → goal, destination

Este será para ti y el otro será para mí. —De acuerdo.	*This one will be for you and the other will be for me. —Fine.*
Se dice que salen para Londres hoy. —No. Para Bruselas.	*I hear that they're leaving for London today. —No. For Brussels.*

¿A qué hora sale Ud. para la escuela por la mañana? ¿A qué hora sale para casa por la tarde? Si Ud. comprara hoy un televisor nuevo, ¿para qué cuarto sería?. . . Hablando de regalos, ¿piensa Ud. comprar un regalo para alguien esta semana? ¿Qué le gustaría recibir para su cumpleaños? ¿y para la Navidad?

3. *To be used for* → objective

papel para cartas	*letter paper*
ropa para niños	*children's clothes*
un vaso para cerveza	*a beer glass*

BUT:

un vaso de cerveza	*a glass of beer*

De tiendas

Aquí me tiene Ud. en uno de los almacenes más grandes de esta ciudad. Pero soy nueva aquí y no conozco el lugar. Por ejemplo: Quiero comprar papel para cartas. ¿A qué departamento me recomienda que vaya?. . . También necesito tazas finas para té. ¿En qué departamento las podré encontrar?. . . Mi hijo necesita camisas y calzones. ¿Dónde los tendrán?. . . Necesitamos diferentes aparatos y utensilios para la casa. ¿Hay alguna tienda por aquí donde se vendan?

4. *By or for* (a certain date or time) → objective

Terminémoslo para el viernes.	*Let's finish it by Friday.*
Para mañana, preparen Uds. . . .	*For tomorrow, prepare . . .*

Dígame, ¿qué tiene Ud. que hacer para mañana? ¿y para la semana entrante? A propósito, ¿para cuándo tenemos que terminar este libro?

5. *Considering, compared with* → object of reference

Para su edad, se ve muy joven todavía.	*For his age, he still looks very young.*
Para ti no hay nada imposible, ¿verdad? —Falso.	*For you there's nothing impossible, right? —Wrong.*

Entre amigos . . .

A la verdad . . . Para una persona de tu edad, ¿te consideras muy madura o un poco infantil todavía? ¿Has tenido mucha o poca experiencia de la vida? ¿Te sientes listo (lista) ya para casarte? ¿Por qué?

Complete ahora de una manera original:

1. Para un chico inteligente . . . 2. Para un estudiante como yo, . . . 3. Para tener éxito en la vida, . . . 4. ¿Me podrías prestar . . . para . . . ? 5. ¿Venden Uds. aquí . . . para . . . ? 6. Vamos a acabarlos para . . . 7. Para el año 2000 . . . 8. Lo haré para . . . 9. ¿Para dónde . . . ? 10. Para una persona tan rica, . . .

B. Por: An in-depth view

1. Tangible or physical uses (location, position, means, etc.)

• *By* (someone or something); *by means of:*

Esa obra fue escrita por Lope. Se nota por el estilo.	*That work was written by Lope. You can tell by the style.*
¿Me llamarás por teléfono? —No. Te mandaré la información por correo aéreo.	*Will you call me on (by) the phone? —No. I'll send you the information by airmail.*

¿Quiénes son estos personajes?

Shakespeare	Steinbeck	Miguel Ángel	Da Vinci	Dickens
Hemingway	Cervantes	Dante	Picasso	Neil Simon

Ahora, ¿por quiénes fueron escritas estas obras?

Don Quijote de la Mancha, Hamlet, Historia de dos ciudades, Las uvas de la ira, Por quien tañen las campanas, La comedia divina, La pareja dispareja

¿Y por quiénes fueron hechas estas pinturas?: La Mona Lisa . . . Guérnica . . . La Capilla Sistina

Asociaciones

¿Qué asociamos con las cosas siguientes?: hablar por teléfono . . . transmitir por satélite . . . mandar por avión . . .

* *Through, along, around, in:*

¿Por dónde andará ese chico? —Tiene que estar por aquí.	*(Through) Where can that boy be wandering? —He must be around here.*
¿Pasamos por el parque o tomamos otro camino?	*Should we go through (along) the park or take another road?*
Les gustaba pasearse de noche por las calles de la ciudad. —Ahora no se puede.	*They used to like to stroll at night through the city streets. —You can't anymore.*

¿Cómo se relacionan?

A	B
Bienvenidos. Pasen Uds.	por el parque . . . por la ventana de
Demos un paseíto	atrás . . . por aquí . . . por la orilla del
Busque Ud. Seguro que lo hallará	mar . . . por ahí
El ladrón entraría	
Establecieron pequeñas colonias	

* *During, for* (a period of time); *in* (the morning, evening, etc.):

Nos veremos mañana por la mañana. —Sería mejor por la tarde.	*We'll meet tomorrow morning. —It would be better in (during) the afternoon.*
Se han ido por dos meses. —¿Por tanto tiempo?	*They've gone away for two months. —For so long?*

Dinos: ¿Qué haces primero al despertarte por la mañana? ¿Prefieres bañarte por la mañana o por la noche? ¿Cuándo tomas la comida principal —por la noche o por la tarde? ¿Qué vas a hacer mañana por la mañana?

* *In exchange for:*

¿Cuánto pagaste por el reloj? —Nada. Manolo me lo dio por unos discos que tenía.	*How much did you pay for the watch? —Nothing. Manolo gave it to me (in exchange) for some records I had.*

¿Cuánto debo pagar?

No conociendo el valor actual del dólar americano, dime, por favor: ¿Cuánto debo pagar por un televisor de color de 13 pulgadas? ¿por un tocacintas portátil? ¿por un equipo de estéreo? ¿y por un coche japonés de segunda mano?

- *Per*[1]

Máxima velocidad: 80 kilómetros por hora	*Maximum speed: 80 kilometers per hour*
el noventa por ciento de los votantes	*90 percent of the voters*

Pregunta rápida: ¿A cuántas millas por hora está permitido manejar por las carreteras aquí? Y a ti, ¿a qué velocidad te gusta ir? (¡Cuidado!)

2. Motive, impulse ⟵ por

- Motive, impulse ⟵ *out of, because of, through*

Lo hizo por compasión, no por necesidad. —Sólo por razones humanitarias, ¿eh?	*He did it out of pity, not out of necessity. —Only for humanitarian reasons, eh?*

Un poco de psicología

He aquí cinco móviles de la conducta humana:

---

amor . . .   miedo . . .   compasión . . .   poder . . .   dinero . . .

En tu opinión, ¿qué cosas debemos hacer exclusivamente por amor? ¿y por compasión? ¿Has hecho algo alguna vez por miedo? ¿por poder? ¿por dinero?
¿En qué orden crees que la mayor parte de las personas hacen las cosas? . . .

¿Crees que la mayor parte de los crímenes se cometen por necesidad o por maldad? ¿Crees que la mayor parte de las filantropías se hacen por un sentido de obligación o por verdadera generosidad?

- Motive, impulse ⟵ *for the sake of, on behalf of:*

Ya sabéis que haría cualquier cosa por ella. —Y ella por ti.	*You know that I would do anything for her. —And she for you.*
¡Por Dios! ¿No me dejarás nunca en paz?	*For Heaven's sake! Won't you ever let me alone?*

¿Quién ha hecho más por ti en este mundo? ¿Qué harías tú por esa persona si pudieras?

---

[1] *Per* may also be translated by using the definite article: *Thirty cents a (per) dozen.* **Treinta centavos la docena.** This usage is especially common when quoting prices.

• Motive, impulse ⟵ *for, in quest of, in search of*

Fue por agua.   *He went for water.*

Not *destined* for water, but *motivated by the desire to get* or *bring back* water.

Mandemos por el cura.   *Let's send for the priest.*

«¡Emergencia!»

¿Por quién o por qué cosa mandamos?

1. «Marita se ha desmayado. Rápido, ve por . . .»
2. «Ha habido un accidente. Por favor, vaya Ud. por . . .»
3. «Estoy en el medio de hacer una torta y me faltan algunos de los ingredientes. Por favor, hijo, ve a la bodega por . . .»
4. «¡Dios mío! Hay dos hombres peleando en la esquina. Rápido, vamos por . . .»
5. «Estoy muerta de hambre. Por favor, ve a la ‹lonchería› por . . .»

♦ Motive, impulse ⟵ *in order to, in the hopes of*

When **por** is used, the outcome is viewed as doubtful or uncertain, and the emphasis lies on the motive of the action:

Hizo lo posible por salvarlos, pero no pudo.

Esfuérzate por salir del apuro o te perjudicará.

He did everything possible to save them, but he couldn't.

Make a real effort to get out of that jam or it will hurt you.

• Motive, impulse, origin ⟵ *pending, yet to be*

In this case, the outcome is uncertain. The emphasis lies on the project that is planned, on the origin of the action:

La presa todavía está por construir.   *The dam is yet to be built.*

¿Por o para?

1. Cualquier padre haría lo mismo _____ su hijo. ¿No lo harías tú? 2. La pobre se casó _____ dinero, nada más. —Sería más feliz si se casara _____ amor. —¿Quién sabe? _____ una persona tan insegura como ella, la seguridad importa sobre todo. 3. _____ llegar a la cima en cualquier campo, hay que estudiar, hay que trabajar. —¡_____ Dios! ¡Otra vez con esos sermones! 4. Fernando habla muy bien el inglés _____ un extranjero. —Es que vivió en la Florida _____ muchos años. 5. El 50 _____ ciento de los votantes están a favor y el 30 _____ ciento están en contra. _____ los demás le cuestión carece de *(has no)* interés.

6. _____ principios de junio pensamos salir _____ Inglaterra. Pasaremos brevemente _____ Bélgica y Holanda y después viajaremos _____ todo el continente. —¿No quieren llevarme también _____ servirles de intérprete? 7. ¿Por qué no mandas la carta _____ avión? —¿_____ qué? No van a leerla a lo menos _____ una semana. 8. Acabo de comprar unas hermosísimas copas _____ vino _____ sólo 100 pesetas la docena. —_____ favor, dígame dónde las compró. Me gustaría comprar otras iguales _____ mi cuñada. 9. ¿Han terminado ya el puente? —Desafortunadamente, todavía está _____ concluir. Y el viejo fue arrastrado _____ el huracán. Si no fuera _____ el transporte aéreo, nos hallaríamos del todo aislados. 10. Rápido, Alfonso, ve _____ el médico. Alfonso, _____ el amor de Dios, vete, en seguida. El pobre ha sido atropellado _____ un autobús y . . . ¡Alfonso!

♦ 3. Por in combination with other prepositions

Por + another preposition accompanies verbs expressing movement:

Pasó por entre las carretas.	*He passed among the carts.*
Saltó por encima de la pared.	*He jumped over the wall.*
Se escapó por detrás del edificio.	*He escaped in back of the building.*

♦ 4. Por + a noun or adjective

Por, followed by a noun or an adjective, may be used in place of a clause. **Ser** is then the implied object of **por**:

Le sentenciaron a cinco años por (ser) falsario.	*They sentenced him to five years for being (because he was . . .) a counterfeiter.*
Lo desprecian por (ser) pobre. —¡Qué injusticia!	*They scorn him because he is poor. —How unfair!*

♦ 5. Por vs. de (by)

Por translates *by* when referring to a physical action or motion. **De** is used when referring to a state or condition, or to a mental or emotional attitude:

Fue rodeado por sus admiradores.	*He was surrounded by his admirers. (At that moment they surrounded him.)*
Estaba rodeado de sus admiradores.	*He was (already) surrounded by his admirers.*
Fueron rechazados por el público. —¡Desde luego! Eran odiados de todos.	*They were rejected by the public. —Of course. They were hated by all.*

C. Idioms with **por** and **para**

1. Trabajar por means *to work on behalf of* (*for the sake* or *benefit of* someone) or *in place of* someone:

Trabajo sólo por ti.	*I work only for your sake.*
¿Por qué candidato estás trabajando?	*For which candidate are you working?*
—Por ninguno.	*—For none.*

Trabajar para means *to work for* (*to be employed by*) a company, an individual, etc.:

Trabaja para el gobierno.	*He works for the government.*
Hace dos años que Ana trabaja para nosotros.	*Anna has been working for us for two years.*

2. Estar por means *to be in favor of.* Followed by an infinitive, as we have seen, it may mean *yet to be . . . :*

Estamos por un sistema más libre, más responsable.	*We are for a freer, a more responsible system.*
El piso todavía está por pintar.	*The apartment is still (waiting) to be painted.*

Estar para means *to be about to:*

Estábamos para salir cuando sonó el teléfono.	*We were about to leave when the phone rang.*

3. Por que (*so that, in the hope that*) emphasizes the motive or reason for which an action is done; the outcome is doubtful:

Hará cualquier cosa por que ella no lo deje. —¿Tanto miedo le tiene?	*He'll do anything so that (in the hope that) she won't leave him. —Is he so afraid of her?*

Para que merely indicates purpose. The result is viewed as the logical consequence of the act:

Trabaja día y noche para que sus hijos vayan a la universidad.	*He works day and night so that his children may go to college. (And they probably will.)*

Of course, the subjunctive follows in both cases.

Cartas al editor

Tradúzcalas al español:

1. A taxi driver was murdered the other day for 60 pesos, according to a witness who saw the brutal assault and was too paralyzed by fear (in order) to call the police. If a man can be killed on the streets of our city, and nobody dares to risk his well-being to help, what hope is there for the future? . . .   HILARIO GÓMEZ, MORELIA

2. According to a well-known Puerto Rican sociologist, most women marry for economic security and for other motives, not for love. Unfortunately, in a society that removes the mother from the home so that she too may earn money for the family, the children can feel rejected by the parents. This creates the divorces of tomorrow. The facts speak for themselves . . .   ROSARIO RODRÍGUEZ, PONCE

3. Thanks for giving us so many excellent articles on entertaining themes, especially in these times when the papers are filled with scandals and tragedies. For me, it is a spiritual rest to read a magazine when I get home at night, and I'm tired of reading about human miseries. So please, from now on, only good news, all right? . . .   ONE HAPPY READER. SACRAMENTO

CREACIÓN

¿No ha tenido Ud. jamás el deseo de escribir una carta al editor de un periódico— una carta quejándose de algo, una carta defendiendo cierto punto de vista, una carta en contra o en pro de algún personaje público? Pues aquí se le presenta su gran oportunidad. ¿Qué opiniones tiene Ud. sobre las cuestiones palpitantes de nuestro tiempo? ¿sobre la conducta de nuestros líderes políticos? ¿sobre nuestro sistema de educación? ¿sobre nuestra política internacional? ¿sobre la comida aquí en la universidad? ¿sobre los derechos de los estudiantes? ¿sobre matrimonio y divorcio? ¿sobre nuestro sistema de transporte y de comunicación? ¿sobre . . .? Ud. lo sabrá mejor que nosotros. Vamos a oír lo que opina. «Muy señor mío . . .»

Prepositions (2)

La revolución informática

Con la persistencia de una manía, el atractivo irresistible de una moda y el **nimbo** de que sin ellos es imposible la vida moderna, los **ordenadores** también invaden las casas de los españoles. El fenómeno es universal y acompaña a la famosa revolución **informática** que está transformando la cultura humana. La masa de esa gran intrusión la protagonizan pequeños **ingenios**, los ordenadores domésticos que funcionan **a escala menor**, pero imitando escrupulosamente a sus hermanos mayores.

aura
computers
computer science

devices
on a small scale

A los pocos días de instalar el aparato, el nuevo **usuario** se ve impulsado a repasar las matemáticas de que ya se había olvidado al dejar el colegio. El procesador de textos lo lleva a escribir; la **base de datos,** a poner orden en los papeles. Comienza a pensar en iniciar un pequeño negocio o un estudio profesional. Se siente capaz de emprender tareas formidables y dispuesto a pasar día y noche realizándolas.

Soon after / user

data base

Esta adicción no tiene misterios. Las palabras y frases van y vienen, suben y bajan. Se buscan y se reemplazan automáticamente. La memoria las guarda y entrega **a placer,** la **impresora** las escribe con toda clase de títulos, cabezas y pies de página añadidos. Se escriben **decenas** de cartas iguales, pero personalizadas, y luego se envía el correo gracias a **etiquetas** que se imprimen en segundos. ¿Cómo resistirse a tanta eficacia y rapidez?

at will / printer

tens
labels

Estas maravillas tienen ahora la posibilidad de ser comunicadas al mundo entero. Añadiendo un «moden» (modulador) de transmisión y recepción, con una computadora doméstica se puede telefónicamente **vincularse** a cualquier otro usuario y **acceder** a las bases de datos. En Estados Unidos, por ejemplo, hay más de cuatrocientas universidades que ofrecen todo tipo de cursos y actividades con sólo llamarlas e **inscribirse.**

link up / have access

enroll

Existen también servicios de comunicación con toda clase de **prestaciones:** juegos, **didácticos,** servicios, etc. El ordenador doméstico se convierte así en una ventana electrónica tan relevante en el mundo moderno como la radio o la televisión. En realidad, todos estos instrumentos de comunicación se combinarán en el futuro, **desplegando** unas posibilidades inmensas que cambiarán **a fondo** la vida **cotidiana** . . . Ahí vamos nosotros.

"extras" / teaching programs

offering / profoundly / daily

Adaptado de *Cambio 16,* 7 de junio de 1985

Díganos:

1. ¿Se ha hecho Ud. parte ya de la revolución informática? ¿Tiene Ud. su propia calculadora? ¿o su propio computador? ¿Tiene solamente funciones matemáticas? ¿Qué más es capaz de hacer? (A propósito, ya que el lenguaje de la informática es tan nuevo, existen varias versiones de la misma palabra: ordenador, computador, computadora, procesador, y más.)
2. ¿Sabe Ud. usar un procesador de textos? ¿Ha usado alguna vez uno de los modelos profesionales de escala mayor? (¿Dónde? ¿Qué tal le pareció?)
3. Dado el hecho de que la computadora permite el acceso a bases ilimitadas de datos, ¿ve Ud. algún peligro en el uso libre de esta información por la industria o por el gobierno? Finalmente, ¿piensa Ud. que el advenimiento del computador va a realzar o disminuir la creatividad humana? ¿Por qué?

 A REPASAR

Here are some of the most common prepositions, with their basic meanings and functions. Remember that if a verb follows a preposition, Spanish, unlike English, normally uses an infinitive.

A. a *(to)*

1. The personal a

• **a** is normally used before a direct object that refers to a specific person or persons, except after the verb **tener**:

Conocí a mi novio en París mientras visitaba a unos amigos míos allí. —¡Qué suerte!	I met my fiancé in Paris while I was visiting some friends of mine there. —What luck!
¿A quién saludabas, a ella o a él? —A los dos.	Whom were you greeting, her or him? —Both.

BUT:

Tengo dos hermanos y tres hermanas, todos menores que yo.	I have two brothers and three sisters, all younger than I.

• The personal **a** is also used before the direct objects **alguien, nadie, alguno(s)** and **ninguno(s)**—the last two, of course, when they refer to persons:

No hemos invitado todavía a nadie. —Deben. El tiempo corre.	We haven't invited anyone yet. —You should. Time flies.
¿Has visto a alguno de ellos? —Esta semana no.	Have you seen any of them? —Not this week.

• At times it is used to personify an abstract noun, an animal or a place:

Hay gente que ama más a los perros
   que a los niños. —Pero ¿cómo
   puede ser?
Respetar a la naturaleza es respetar a
   Dios. —Y a la humanidad.
¿Conoces bien (a) Madrid? —En
   realidad, muy poco.

*There are people who love dogs more
   than children. —But how can that
   be?*
*To respect nature is to respect God.
   —And humanity.*
*Do you know Madrid well? —Actually,
   very little.*

Entre tú y yo . . .

1. De todas las personas que conoces, ¿a quiénes ves con más frecuencia? ¿A
quién(es) amas más? ¿A quién recuerdas más de tu niñez? ¿y de tus años de
escuela superior? En tu tiempo libre, ¿visitas más a tus amigos o a tus parientes?
2. ¿Ya tienes novio (novia) «formal»? ¿Tienes algún amigo (alguna amiga) a quien
estimes encima de los demás? ¿Cuándo conociste a esa persona? ¿Has conocido
recientemente a alguien «sensacional»?

2. a before an infinitive

• After verbs of movement in any direction →

Vamos a ver.
He venido a consultarla, si me hace el
   favor.
El ordenador le impulsó a emprender
   nuevos proyectos.

Let's see.
I've come to consult you, if you please.

*The computer impelled him to take on
   new projects.*

Remember that a verb of motion is followed by **a** + the prepositional object pronoun.
Only in the most limited of circumstances can it take an indirect object pronoun. (Cf.
page 67):

Acércate a ella.   *Get closer to her.*
Corrió a ellos.   *He ran to them.*

Dime: ¿vas a estar muy ocupada (ocupado) esta noche? ¿Qué vas a hacer? ¿Puedes
venir a mi casa este fin de semana?[1]

---

[1] You should answer this question by using **ir**, not **venir**. Spanish is much stricter than English about
the difference between *coming here—to me* and *going there—to someone else.*

- After verbs of beginning, learning and teaching

Clearly, this concept is related to that of heading in a certain direction:

¿Quién te enseñó a nadar? —Aprendí a nadar por mí mismo.	*Who taught you how to swim? —I learned to swim by myself.*
Ahora empiezo a entenderte. —¿Así crees?	*Now I'm beginning to understand you. —You think so?*

Dinos otra vez: ¿Cuándo aprendiste a nadar? (Si no has aprendido todavía, ¿cuándo vas a comenzar?) ¿Cuándo aprendiste a manejar un coche? ¿a jugar a las cartas? ¿a bailar? . . . ¿Quién te ha enseñado más de la vida? ¿Cómo te ha enseñado a ser? ¿Qué cosas te ha enseñado a hacer?

3. Al entrar . . . *(On entering . . .)*

Al + an infinitive means *On* or *Upon (doing something).* It can also stand for a clause: *When . . . :*

Al verlo tan deshecho, me asusté.	*On seeing him (When I saw him) so torn up, I got scared.*
Al llegar al aeropuerto nos llamó.	*Upon arriving at the airport, he called us.*

¿Qué fue lo primero que hiciste al despertarte esta mañana? ¿y al llegar a la escuela? ¿y al entrar en esta clase? ¿Qué piensas hacer al volver a casa esta tarde?

B. de *(of, from)*

1. To show possession:

Esta es la casa de mis tíos. —Y la de sus padres, ¿dónde está?	*This is my uncle and aunt's house. —And your parents' (house), where is that?*

En realidad, ¿de quién es la casa en que vive tu familia?

2. To translate *in* after a superlative:

Inés es la persona más simpática del mundo. —Y yo pensaba que ésa era yo.	*Ines is the nicest person in the world. —And I thought that I was.*

En tu opinión, ¿quién es la persona más simpática del mundo?

3. To tell what something is made of or what its purpose is: (Recall the English double noun, p. 196)

una tabla de madera	*a wooden board*
la cancha de aterrizaje	*the landing strip*
herramientas de barrenar	*drilling tools*

¿Tienes tu propia máquina de escribir? ¿Sabes usar la máquina de coser? En tu casa, ¿hay máquina de lavar? ¿Qué otras máquinas hay?

4. After certain verbs, prepositions and expressions:

acabar de	*to have just*	olvidarse de	*to forget (about)*
tratar de	*to try to*	acordarse de	*to remember*
alegrarse de	*to be happy*	darse cuenta de	*to realize*
enamorarse de	*to fall in love with*	estar seguro de	*to be sure*
antes de	*before*	después de	*after*
rodeado de	*surrounded by*	vestido de	*dressed in (or as)*
lleno de	*filled with*	cubierto de	*covered with*
de vacaciones	*on vacation*	de negocios	*on business*

¿Puedes emplear siete de estas expresiones en oraciones originales?

C. con *(with)*

1. As a substitute for an adverb or manner *(-ly):*

con cuidado	*carefully*	con entusiasmo	*enthusiastically*
con cariño	*affectionately*	con mucho gusto	*gladly*

2. After certain common verbs:

casarse con	*to marry*	soñar con	*to dream of*
contar con	*to count on*	tropezar con	*to meet, bump into*

Otra vez, ¿qué nos cuentas?

1. ¿Manejas siempre con mucho cuidado?   2. ¿Cuáles son las cosas que haces con más entusiasmo? ¿y con menos?   3. ¿Te tratan con mucho cariño tus padres y familiares? ¿Y tú a ellos?   4. ¿Se ha casado recientemente un amigo o pariente tuyo? ¿Con quién se casó?   5. ¿Has tropezado alguna vez con un amigo en un lugar inesperado? ¿Dónde fue?   6. ¿Con qué sueñas más? ¿Con quién sueñas más? ¿Sueles soñar con cosas agradables o con cosas desagradables?   7. Por lo general, ¿te enfrentas con la vida con optimismo o con pesimismo?   8. En tu opinión, ¿por la mayor parte se trata la gente con sinceridad? Y tú, ¿como tratas a los demás?

D. en *(in; at; on, upon)*

1. **en** indicates location—*at* or *in* (a certain place):

Me quedaré en casa hoy.	*I'll stay at home today.*
¿En qué universidad estudian Uds.?	*At what university are you studying?*
—En la Universidad Central, en Arequipa.	*—At Central University, in Arequipa.*

2. In the sense of *on* or *upon,* **en** generally refers to an object that is resting upon or leaning against a surface:

La vajilla ya está en la mesa.   *The dishes are already on the table.*
Los cuadros están colgados en las   *The pictures are hanging on the walls.*
   paredes.

For the distinction between **en** and **sobre** or **encima de,** cf. *What's the Difference Between . . . ?,* pp. 310, 349.

3. En is used to tell how a *person* travels: *by car, by bus . . .*

¿Cómo irán—en coche o en camión?   *How will you go —by car or by bus*
  —En avión.   *(Mexico)? —By plane.*

A propósito, ¿a ti cómo te gusta más viajar?

As you know, **por** tells us by what means *something* is done or sent:

¿Mando la carta por correo ordinario?   *Should I send the letter by regular mail?*
  —No, por avión.   *—No, by plane.*

4. After certain common verbs:

pensar en	*to think of, or about*	confiar en	*to trust*
entrar en[2]	*to enter*	insistir en	*to insist upon*
tardar en	*to delay, to be long in, to take long to*	convenir en	*to agree to*

¿En qué escuela estás estudiando? ¿Tardas mucho o poco en llegar por la mañana? ¿Estudian en esta misma escuela tus hermanos? (Si no, ¿en qué escuelas estudian?) ¿Insisten tus padres en que Uds. siempre saquen buenas notas? . . . La verdad, ¿estás pensando en esto o en otra cosa en este momento? ¿En qué estás pensando? ¿Y en quién estás pensando? . . . ¡Qué cosa!

ADELANTE

Here is a further look at the most frequently used pronouns.

A. Idiomatic uses of a

1. It can mean *at—up to* a certain point in space, but not within it!—or at a certain hour of the clock:

---

[2] In Spanish America, **entrar a** is preferred.

Estaban sentados a la mesa.	*They were sitting at the table.*
¿Quién está a la puerta?	*Who is at the door?*
Vendrás a las dos en punto, ¿verdad?	*You'll come at two o'clock sharp, right?*

BUT:

Está en casa.	*He is at home (inside the house).*
Estudian en la Universidad de San Marcos.	*They are studying at (within) the University of San Marcos.*

2. Very often, it means *from,* in the sense of removal or separation. Since buying something actually means separating it from its owner, even **comprar** falls into this category:

Les quitaron las armas a los rebeldes.	*They took the weapons away from the rebels.*
No se lo compre a Martínez. Sus precios son increíbles.	*Don't buy it from Martínez. His prices are unbelievable.*

3. It can mean *for* or *toward,* to express one's feelings about someone or something:

Demostró su odio a los extranjeros.	*He showed his hatred for (or toward) foreigners.*
Tengo gran afición a los deportes.	*I am very fond of sports.*

♦ **4.** In some instances, it can mean *by*—referring to how something is done:

Lo escribí a máquina.	*I typed it. (I wrote it by machine.)*
Lo cosen a mano.	*They sew it by hand.*
¿Lo mataron a balazos?	*Did they shoot him to death?*
—No. A puñaladas.	*No, they knifed him.*
—¡Qué horror!	*How horrible!*

♦ **5.** In expressions of time, it may mean *within* or *on:*

A los pocos días de llegar a Burgos . . .	*Within a few days of arriving in Burgos . . .*
Al día siguiente . . .	*On the next day . . .*

6. Tener, followed by the personal **a,** means *to have (someone) in a certain place:*

Tengo a mi mujer en la Florida.	*I have my wife in Florida. (My wife is in . . .)*

¿Cómo se dice?

1. We were going to ask you to help us (to) finish it, but then we decided to do it ourselves. —I'm glad. Now you're learning to behave like adults.   2. Within a few days of arriving in Mexico, he had already begun to make friends (**amistades**) and

to take courses at the University. —Wonderful!   3. Did you sew this dress by hand or by machine? —Neither **(ni uno ni otro)**. I bought it from Lucy Amado.   4. We are very fond of sports, but we don't like any that is violent or brutal. —Including the bullfight?   5. I have always felt a great hatred for those people who love only themselves. —I would say rather that I feel a great pity for those people, for they don't know what love is.

B. Omission of the personal a

1. The personal **a** is omitted before an object noun and even before **alguien** when there is no implication whatever of a specific person in mind:

Busca un nuevo ayudante. Necesita alguien para compartir el trabajo.	He is looking for a new assistant (no specific one). He needs someone to share the work.

BUT:

Busca a su nuevo ayudante.	He is looking for his new assistant.
Por fin ha encontrado a alguien para compartir el trabajo.	At last he has found someone to share the work.

2. It is often omitted when both the direct and indirect objects are persons. The omission of the **a** avoids confusion as to which of the objects is the indirect:

Mandaron un mensajero al coronel.	They sent a messenger to the colonel.

3. It is also omitted when **querer** or **desear** mean *to want*:

Desea un esposo que la ame, nada más.	She wants a husband who will love her, that's all.
¡Quiero mi mamá!	I want my mother!

BUT:

Quiero a mi mamá.	I love my mother.

¿«A» o nada?

*Llena los blancos empleando **a** cuando sea necesario:*

1. Fuimos a ver _____ los Romero, pero no estaban. —Así que no vieron _____ nadie? —Sólo _____ uno de los niños. Parece que tienen _____ muchísimos.   2. Buscamos _____ una secretaria que sepa francés y español. —Yo tengo _____ una que es una maravilla.   3. Mi cuñada tiene _____ un criadero de perros, y la verdad, ama _____ esos perros como si fueran personas. —Yo conozco _____ muchas personas que son así.   4. ¿Ha visto alguien hoy

_____ jefe de este departamento? ¿Saben? Si sigue faltando al trabajo, tendremos que buscar _____ otro para reemplazarlo.   5. El español ama más _____ la patria chica que _____ la nación. Siempre ha sido muy regionalista. —Una vez conocí _____ un catalán que consideraba _____ Barcelona como un estado independiente.   6. ¿Has avisado ya _____ los demás? —Sólo _____ algunos. En efecto, quisiera encontrar _____ alguien que se encargue de esos detalles. ¿Me podrías recomendar _____ alguien que se interese por esa clase de trabajo? —Con mucho gusto te presentaré _____ un sobrino mío.

C. Special uses of de

1. De often translates *with* when referring to a characteristic of the subject or to an item that is regarded as more or less inseparable. **De** must be used when the subject is a pronoun:

el muchacho del pelo rojo	*the boy with the red hair*
la niña de la falda azul	*the girl with (wearing) the blue skirt*
el de la guitarra negra	*the one with the black guitar (he is identified with that guitar)*

Notice how **con** retains the sense of a separable adjunct:

Ese hombre con la guitarra negra . . .	*That man with (now holding) the black guitar . . .*

2. De may mean *as—in the capacity of:*

Está en París de cónsul.	*He is in Paris as a consul.*
Trabaja de secretaria.	*She works as a secretary.*
¿Puedo sirvirle de guía?	*May I serve as your guide?*
¿De qué sirve eso?	*What good (of what use) is that?*

3. It can translate the English *of* or *with,* to explain the cause of an action or condition:

Me muero de sed.	*I'm dying of thirst.*
Está loco de amor.	*He is mad with love.*
No te mates de trabajo.	*Don't kill yourself with work.*

4. "Impossible *to* do, hard *to* believe"
When the infinitive really has a passive meaning—*to be believed, to be done*—**de** translates the English *to*. For example:

Es de esperar . . .	*It is to be hoped.*
No era digno de admitir a nuestro club.	*He wasn't worthy of being admitted to our club.*
No era digno de ser admitido . . .	

Es difícil de creer.	*It's hard to believe (to be believed).*
Parece imposible de realizar.	*It seems impossible to do (to be carried out).*

Compare the difference between the infinitive used actively and the passive infinitive introduced by **de**:

Es fácil comprender esto.	*It's easy to understand this.*
Esto es fácil de comprender.	*This is easy to understand (to be understood).*

Según tu propia experiencia, dinos dos cosas que consideres fáciles de hacer... difíciles de hacer... imposibles de hacer... Por ejemplo: **El bajar de peso es difícil de hacer. El sacar una «A» es** ...

♦ **5. De** vs. **por** *(by)*
In both the true passive and in pseudopassive constructions with **estar**, **de** often replaces **por** when the action is mental or when a state of being is involved (cf. p. 47):

Eran odiados de todos.	*They were hated by all.*
Estaba rodeado de amigos.	*He was surrounded by friends.*

♦ **6. De** + infinitive may serve as a substitute for an *if* clause contrary to fact (cf. page 300):

De haberle prevenido yo a tiempo, se habría salvado.	*If I had warned him on time, he would have been saved.*

Ahora, ¿cómo se dice?

1. The poor fellow must be dying of hunger. Why don't you offer him something to **(de)** eat? —About which man are you talking? —The one with the blue shirt and the torn pants. —You're kidding. That's one of the richest men in (the) town.
2. Of what use is money if one doesn't have health? —What good is health if one doesn't have love? —Enough before I burst with so much philosophy!
3. What has become of Enrique Salas? I haven't seen him for months. —He's working in Santiago as a reporter. In fact, I've just gotten a letter of his. He'll be here on vacation two weeks from today **(de hoy en quince días)**. —Great. I'll try to see him. Don't forget to call me when he arrives.
4. Are you sure that this typewriter works right **(bien)**? —Why do you ask? —Well, I just realized that nothing is coming out on the paper. —Don't worry about that. The students will be happy that there's no more to **(en)** this exercise.

D. En after an ordinal number, including último

Fue el primero en llegar, y el último en salir.

He was the first to arrive, and the last to leave.

Seré el último en rendirme. —Coraje, hombre.

I'll be the last to give in. —Go to it, man.

Frases originales

1. De todos mis amigos, el primero en . . .   2. Por favor, te ruego que no tardes mucho en . . .   3. Les aseguro que yo sería el último (la última) en . . .   4. En este momento estoy pensando . . .   5. El otro día mi novio (novia) y yo convinimos en . . .   6. ¿En qué consiste . . . ?   7. Más que nada confío en . . .   8. Si insistís en . . .   9. En caso de . . .   10. ¿En qué escuela . . . ?

CREACIÓN

■■■ Cosas del progreso ■■■

Imaginémonos: Si la industria del automóvil hubiera avanzado tan rápidamente como la adelantada tecnología de las computadoras, en el mismo período de tiempo, hoy podríamos comprar un Rolls Royce por el equivalente de 1.35 libras esterlinas (unos dos dólares y medio americanos). Nos rendiría más de un millón de kilómetros por litro de gasolina y tendría suficiente potencia para impulsar al enorme trasatlántico Queen Elizabeth II. Y si nos interesara la miniaturización, ¡podríamos construir media docena de automóviles capaces de estacionarse en la cabeza de un alfiler!

(Adaptado de *Selecciones del Reader's Digest,* Julio, 1985)

■■■ Crecer a voluntad ■■■

Los bajitos están de suerte. El «GRF», molécula proveniente del cerebro que nos permite crecer, y la propia hormona del crecimiento, serán próximamente industrializadas y puestas a la venta en el mercado en cantidad limitada. Desgraciadamente, este adelanto no concierne a los individuos que han llegado a la edad adulta. Pero estas perspectivas constituyen una esperanza muy concreta para los niños ya nacidos o por nacer. Se puede incluso hacer ciencia ficción, imaginar que con la hormona del crecimiento y el GRF, los futuros padres podrán un día fijar el ritmo de crecimiento y la talla definitiva de sus hijos.

(Adaptado de *Epoca,* 20–26 mayo, 1985)

▬ Nuevas fuentes marinas de energía ▬

Hay ideas sobre las que se habla desde hace mucho tiempo, pero jamás se han llegado a realizar. Por ejemplo, aprovechar la diferencia de temperatura de las aguas del mar para producir energía es un sueño muy viejo que se basa en simples principios termodinámicos. Éste se está haciendo realidad, no obstante, con la construcción en la Florida de un termogenerador, en el Centro de Energía Solar. Su función consiste en aprovechar la diferencia de temperatura de las aguas de los trópicos. Allí, el sol calienta el agua de la superficie hasta 25 grados centígrados, y en cambio, a una profundidad de unos cientos de metros, la temperatura baja más de veinte grados. Con el nuevo termogenerador, los científicos convierten el agua caliente de la superficie en vapor, éste pasa a través de una turbina que se encuentra en la zona fría de las aguas y allí se condensa. El resultado es un éxito, sobre todo en el aspecto económico, ya que se obtiene agua destilada y energía eléctrica a muy buen precio.

(Adaptado de *Tiempo,* 27 mayo–2 junio, 1985)

▬ Avioneta plegable ▬

A primera vista parece una avioneta cualquiera, pequeña, manejable y útil. Tiene, sin embargo, una característica que la diferencia de las demás: sus alas son plegables y desmontables. Al plegar las alas, sus dimensiones se reducen y se puede meter en el garaje de una casa. Pero su apariencia engaña, ya que es un aparato que sirve para todo tipo de servicios. Se le pueden acoplar esquíes de agua o de nieve, un equipo para fumigar cosechas y hasta una puerta para practicar paracaidismo. Y para colmo de perfección, gasta menos combustible que las avionetas normales. A final del año estará listo el primer modelo comercial. Después, los promotores esperan fabricar veinte unidades al año.

(Adaptado de *Tiempo,* 17–23 junio, 1985)

▬ Una bolsa a prueba de ladrones ▬

Los ladrones de bolsos lo van a tener muy difícil, ahora que acaba de salir al mercado una nueva modalidad que los delatará escandalosamente. Se trata de una bolsa que contiene una curiosa alarma. En su interior hay un pequeño cartucho con humo de colorines. Uno de los extremos del cartucho está unido a una correa de nilón que rodea la muñeca de la propietaria. Al producirse el tirón, la correa destapa el cartucho, y en pocos segundos, aparece una densa nube de color naranja. La humareda dura veinte segundos, tiempo suficiente para atraer la atención de la gente y para forzar al ratero a abandonar y a escapar corriendo. Este humo, además, marca la piel y el traje del asaltante, con lo que la identificación será bastante fácil.

(Adaptado de *Tiempo,* 17–23 junio, 1985)

Ahora imagínate que estás viviendo en el año 2200 . . . 2500 . . . 3000, y descríbenos tu vida. ¿Te gustará?

About relatives and conjunctions

Los altibajos de la fama. Hoy en la cima. ¿Y mañana? . . . Díganos: ¿Quién será este personaje? ¿Cómo interpreta Ud. la escena? ¿Qué le estarán preguntando?

Felipe González, presidente socialista del gobierno español. El año, 1986.

❖ ▬▬▬▬▬▬▬▬ **A REPASAR** ▬▬▬▬▬▬▬▬ ❖

Relative pronouns and conjunctions both introduce the subordinate clause. Relatives refer back to the noun or pronoun on which that clause depends. Conjunctions do not.

A. The three primary conjunctions: *and, or, but*

1. Y vs. e *(and)*

Y becomes e before a word that begins with i or hi:

¿Qué estudias ahora? —Alemán e inglés, ciencia y matemáticas, e historia también. —Es fuerte ¿eh?	*What are you studying now? —German and English, science and math, and history, too. —It's rough, isn't it?*

Notice, however, that y remains before the diphthong hie:

Lo fabrican de plomo y hierro.	*They make it of lead and iron.*
Échele un poco de agua de soda y hielo . . . Ah, gracias.	*Put in some soda and ice . . . Ah, thank you.*

2. o vs. u *(or)*

• O becomes u before a word that begins with o or ho:

¿Cuántos vendrán—cinco o seis? —Más. Siete u ocho.	*How many are coming—five or six? —More. Seven or eight.*
Seguramente habrá alguna posada u hotel. —Tal vez no.	*Surely there must be some inn or hotel. —Maybe not.*

• O . . . o means *either . . . or:*

O me pagas o te delataré. —¡Chantijista!	*Either you pay me or I'll turn you in. —Blackmailer!*
O salimos temprano o no vale la pena ir.	*Either we leave early or it doesn't pay to go.*

Recall: Ni . . . ni means *neither . . . nor (or not . . . either . . . or):*

No hay (ni) tiempo ni dinero para eso. —¡Lástima!	*There is neither time nor money for that. (There isn't either . . .) —Too bad.*

¡Los dos!

Conteste siempre de la manera más inclusiva. Por ejemplo:

¿Vendrá Adela o Inés?   **Vendrán las dos, Adela e Inés.**

1. ¿Quién le gusta más, Rojas o Icaza?   2. ¿El libro tendrá glosarios o índices? 3. ¿Le echo agua de soda o hielo?   4. ¿Les gusta con leche o azúcar?   5. ¿La suspendieron en filosofía o historia?   6. ¿Hablabais español o inglés?   7. ¿Visitaron Escocia o Irlanda?   8. ¿Esa ropa es para mujeres u hombres?   9. El reloj que te vendieron, ¿es de plata u oro?

¡Ni uno ni otro!

Ahora conteste negativamente. Por ejemplo:

¿Irás en abril o en mayo?   **No iré ni en abril ni en mayo.**

1. ¿Hizo muchísimo frío o muchísimo calor ayer?   2. ¿Son europeos o hispanoamericanos sus vecinos?   3. ¿Eran riquísimos o muy pobres tus bisabuelos? 4. ¿Jugaréis al golf o al tenis este fin de semana?   5. ¿Eres tú el mejor o el peor estudiante de la clase?   6. En las próximas elecciones, ¿saldrán elegidos los radicales o los conservadores?   7. En el mundo del futuro, ¿triunfará el capitalismo o el comunismo?   8. ¿Qué actitud debemos adoptar—un ciego optimismo o un profundo pesimismo?

3. Pero, sino *(but)*

• **Sino** is used for *but* only when the first part of the sentence is negative and the second part contradicts it. In all other cases, **pero** is used:

Es rico, pero muy tacaño.	He's rich, but very stingy. (The first part is affirmative—**pero**.)
¡Qué va! No es rico sino pobre, un muerto de hambre.	What do you mean! He's not rich, but poor, penniless. (First part negative; second part contradicts it—**sino**.)
Nosotros tampoco somos ricos, pero ¿qué importa?	We aren't rich either, but what difference does it make? (First part negative, but NO contradiction—**pero**.)

• **Sino que** generally replaces **sino** to introduce a clause:

No lo compró, sino que lo tomó prestado.	He didn't buy it, but he borrowed it.

¿Pero, sino o sino que?

1. Guillermo no es listo, _____ afortunado.   2. Yo no sabía que había fiesta esta noche, _____ me gustaría ir.   3. Me dijeron que el viaje ya no tarda tres horas

_____ dos.   4. Carmen no hizo el vestido ella misma, _____ lo mandó hacer a una costurera.   5. Nos invitaron a la boda, _____ no pudimos asistir.   6. No había un solo postre, _____ muchísimos.   7. Rufina no es la hija de mi hermana _____ de mi hermano Miguel.   8. Siempre hemos trabajado fuerte, _____ todavía somos pobres. —No diga pobres, _____ de la clase media.   9. No vendrán más de setenta u ochenta, _____ me parece que con ésos habrá suficientes.   10. No te prometí que lo haría, _____ trataría de hacerlo.

B. The most used relatives

1. Que _(who, that, which; whom)_

Que is the most frequently used of the relative pronouns. It means _who, that, or which,_ and, as direct object of a verb, _whom._ It refers to both persons and things, singular and plural, and its form is invariable:

El profesor que me suspendió . . .	_The professor who flunked me . . ._
La familia que vive al lado . . .	_The family that lives next door . . ._
¡Ay, las mentiras que dijo!	_Oh, the lies (which) he told!_
El ladrón que cogieron . . .	_The thief whom they caught . . ._

¿Quiénes son las personas que llenan su vida? ¿Quién es la persona que ha hecho más por Ud.? ¿Quién es el individuo que Ud. admira más? En su opinión, ¿quién es la persona más afortunada que Ud. conozca?

Ahora, ¿cómo completaría estas frases?: Las cosas que me molestan más en este mundo . . . La cosa que más me gusta . . . Nuestros vecinos, que son . . . El doctor (La doctora) . . . , que era mi profesor(a) de . . . el semestre pasado, . . .

2. quien(es) _(who, whom)_

Quien (plural **quienes**) means _who, whom,_ and occasionally _the one(s) who._ It refers only to persons and has singular and plural forms. There is no special feminine form.

• **Quien(es)** is used most frequently to translate _whom_ after a preposition:

Mamá, ésta es la muchacha de quien te he hablado tanto. —¡Agua! ¡Me voy a desmayar!	_Mom, this is the girl about whom I have spoken to you so much._ _—Water! I'm going to faint!_
Todos los candidatos por quienes trabajamos han ganado. —Les felicito.	_All the candidates for whom we worked (whom we worked for) have won._ _—Congratulations._

• **Quien** is used to translate *who* when a distinction must be made between a person and a thing, or when *who* is separated by a comma from the main clause:

El dueño del caballo, quien se ha
negado a comentar sobre la
carrera . . .

The horse's owner, who has refused to
comment on the race . . .

El presidente Carrión, quien fue
elegido por una pequeña
pluralidad . . .

President Carrion, who was elected by
a small plurality . . .

However, even when *who* is the subject of a clause set off by commas, **que** frequently replaces **quien**, especially in spoken Spanish:

Ese señor, que es muy buen amigo
mío, va a recomendarnos.

That gentleman, who is a very good
friend of mine, is going to
recommend us.

La Sra. Castro, que es argentina . . .

Mrs. Castro, who is an Argentinian . . .

¿Qué nos dice?: ¿Hay una persona a quien Ud. respete encima de los demás? ¿Hay una persona especial en quien Ud. confíe más? ¿Quién es la persona por quien hace Ud. más? ¿Cómo debe ser la persona con quien se casará?

Otra vez, a completar: La estrella de esa película, quien . . . El compositor de mi canción favorita, quien . . . Los jugadores de fútbol, quienes . . .

3. lo que *(what; which)*

• **Lo que** corresponds to the English relative pronoun *what*. It is never used, of course, as an interrogative:

Lo que tú dices es imposible.
—Porque no entiendes lo que
quiero decir.

What you're saying is impossible.
—Because you don't understand
what I mean.

• **Lo que** can also translate the English *which,* when referring back to a whole idea, not to a specific noun:

Se ha puesto muy nublado el cielo, lo
que indica que va a llover. —No
siempre.

The sky has gotten very cloudy, which
indicates that it is going to rain.
—Not necessarily.

Sus exámenes son larguísimos, lo que
siempre me ha parecido injusto.
—A mí también.

His exams are very long, which I have
always considered unfair. —So do
I . . .

He aquí varias cosas que se dicen con frecuencia. ¿Con cuáles está Ud. de acuerdo?

1. Lo que uno no sabe no le puede hacer daño.   2. Lo que sirve para el ganso

sirve también para la hembra.   3. Si uno sabe lo que quiere, siempre lo conseguirá.
4. Nadie estima lo que tiene hasta que lo haya perdido.

Ahora termine una vez más: Lo que a ti te parece bonito, . . . Lo que yo haría si
fuera tú . . . Nunca entenderé lo que . . . Lo que vosotros queréis . . . Lo que el
presidente debiera hacer ahora . . . Mañana va a llover, lo que significa que . . .

ADELANTE

A. El cual, la cual, los cuales, las cuales

These forms may replace **quien** or **quienes** under certain conditions.

- To clarify, in case of ambiguity:

La novia de Federico, la cual cumple años mañana, nos ha invitado a una fiesta.	*Fred's girlfriend, who is having a birthday tomorrow, has invited us to a party.*

Note: If Fred were having the birthday, we would use **el cual,** or even **que** or **quien,**
since one would assume that the relative pronoun referred to the last named person.[1]

- To translate *which,* after prepositions of two or more syllables and after **por,**[2] **sin,**
and all other prepositions which would normally form a conjunction by the addition of
que:

De pronto abrieron el armario dentro del cual el asesino estaba esperando.	*Suddenly they opened the closet inside of which the assassin was waiting.*
La ventana por la cual había entrado estaba abierta todavía.	*The window through which he had entered was still open.*
Se me han roto los lentes, sin los cuales estoy como ciega.	*I broke my glasses, without which I'm practically blind.*
Nos ofrecieron dos alternativas entre las cuales habíamos de escoger.	*They offered us two alternatives between which we were to choose.*

---

[1] Ambiguity still exists, of course, if both persons are of the same gender and if the relative *who* refers
to the first. **Aquél** *(the former)* or some explanatory clause may then be necessary.

[2] Obviously, **por + que**, especially in oral use, would give the immediate impression of *because* and
would obliterate completely the real meaning of the sentence. **Sin que, después de que, antes de que,** etc.,
also would convey the idea of conjunctions.

• **Lo cual** (neuter) translates *which* when referring back to a whole idea, not to a specific noun:

Lo han metido en la cárcel, lo cual, francamente, no me sorprende.	*They've put him in jail, which, frankly, doesn't surprise me.*
Su padre es riquísimo, lo cual explica por qué está tan bien relacionado.	*His father is very rich, which explains why he's so well connected.*

B. El que, la que, los que . . .

1. **El que, la que, los que, las que** are used primarily with the meaning *he who, those who, the one(s) who . . .*:

El que te lo dijo te engañaba.	*The one who (Whoever) told you that was deceiving you.*
Los que vinieron lo pasaron muy bien. —¡Ay, cuánto me hubiera gustado asistir!	*Those who came had a very good time. —Oh, how I would have liked to be there!*
La que a mí me impresiona más es Raquel, no Amalia. —¡Qué va, hombre!	*The one who impresses me most is Rachel, not Amy. —Go on, man!*

♦ **El que** . . . with a preposition

When **el que, la que,** etc., is object of a preposition, the preposition must precede the relative:

De lo que yo quisiera hablar es . . .	*What I should like to talk about is . . .*
Al que no le guste, que se vaya.	*Let anyone who doesn't like it leave.*

♦ *"It wasn't I who . . ."*

When **el que** . . . as subject of a subordinate clause refers back to a personal pronoun (**yo, tú, nosotros** . . .), the verb that follows is always in the *third* person. **El que, la que** . . . call for a singular verb; **los que, las que,** for a plural:

¿Fuiste tú el que llamó?	*Was it you who called?*
Fui yo la que le vio.	*It was I who saw him.*
Somos nosotros los que lo dijeron primero.	*It was we (We are the ones) who said it first.*

♦ **El que** + subjunctive means *Anyone who . . .*:

El que no haya visto Granada, no ha visto nada.	*Anyone who has not seen Granada hasn't seen anything.*

♦ **Cuanto(s)** is an exact synonym for **todo lo que, todos los que** *(all that, all those)*:

Sabe cuanto (o todo lo que) hay que saber.	*He knows all there is to know.*
Cuantos (o todos los que) lo vieron tuvieron la misma impresión.	*All those who saw it had the same impression.*

¿Cómo se dice en español?

1. Those who witnessed the fight must know what happened. —Well, it seems that nobody wants to admit that he saw *(present perfect subjunctive)* it, which seems a little suspicious to me. From what I have been able to find out **(averiguar)**, it started suddenly, for some unknown reason, and ended when the police arrived.
2. You should have seen **(Había que ver)** that wedding. Everyone who was there says *(Translate: All those who were there say)* that it was the most elegant they have ever seen. —Were you the one who told us that the groom's father fell on the wedding cake? Anyone who hasn't seen that hasn't seen anything!

2. El que . . ., etc., can also be used exactly like **el cual . . .**, to replace **que** or **quien**:

La novia de Federico, la que cumple años mañana . . .	*Fred's girlfriend, who is having a birthday tomorrow . . .*
De pronto abrieron el armario, dentro del que . . .	*Suddenly they opened the closet, inside of which . . .*
Se me han roto los lentes, sin los que . . .	*I broke my glasses, without which . . .*

In actual usage, **el cual . . .** is more common after a long preposition.

Banco de relativos

que	**quien(es)**	**lo que**	**lo cual**	**el que**	**el cual**

¿Cómo los usamos para completar estas oraciones?

1. ¿Has visto la hermosa cafetera _____ me acaban de regalar? La prima de Luis, _____ acaba de volver de México, me la trajo. —Ella es muy simpática.
2. El muchacho con _____ se casó era de una de las familias principales del

pueblo. —¿Es el mismo a _____ me presentó Ud. hace poco?   3. La misma idea de _____ tú nos hayas mentido nos deja asombrados, aplastados. —Pero, en realidad, las mentiras _____ os dije eran para ayudaros, no para haceros daño. —No importa nada sino la realización de _____ ya no podemos contar contigo. 4. El vecino de la casa de al lado, _____ tiene una cadena de zapaterías, va a emplear a nuestro hijo Jaime en una de ellas. —¡Qué suerte! Pídale _____ emplee a nuestro Antonio también.   5. Rosario es una persona muy dinámica y vibrante, _____ la ha hecho siempre muy popular.   6. Tendremos que buscar otra salida. La puerta por _____ entramos está cerrada ahora.   7. Se me han perdido las notas, sin _____ no podré dar el discurso. —Voy a ver si hay alguien _____ las haya visto.   8. El primer plato fueron los entremeses, después de _____ trajeron el plato principal.   9. No quiso mirarnos a los ojos mientras habló, _____ me hace creer que escondía algo.

C. cuyo (*whose . . .*)

Cuyo, cuya, cuyos, cuyas, an adjective meaning *whose,* is never used as an interrogative. It always agrees in gender and number with the noun it modifies:

Mi hermano, cuya hija se casó anteayer . . .	*My brother, whose daughter got married the day before yesterday . . .*
¡Dios mío! ¿Es éste el pintor cuyas obras ganaron el premio?	*My goodness! Is this the painter whose works won the prize?*
Este piso, cuyas ventanas dan al patio, tiene la mejor vista de todas.	*This apartment, whose windows face the patio, has the best view of all.*

BUT REMEMBER:

¿De quién es este piso?	*Whose apartment is this?*

Occasionally, **cuyo** is used after a preposition, just like the English adjective *which:*

Es posible que vengan esta noche, en cuyo caso iremos juntos.	*It is possible that they will come tonight, in which case we'll go together.*
Salió del cuarto, en cuyo momento se oyó un tiro.	*He left the room, at which moment a shot was heard.*

¿Cuyo o De quién(es) . . . ?

1. Ramiro González, _____ casa está cerca, será el más indicado para dar la fiesta.   2. ¿_____ son aquellos asientos desocupados? Mejor dicho, ¿_____ eran?   3. Elena Riquer, _____ esposo es un famoso escritor, lo va a traer a la conferencia, en _____ caso le invitaremos a dirigirnos la palabra.   4. Esta es la

única novela _____ primera edición se agotó en un día. —¡Y _____ próximas tiradas *(printings)* serán confiscadas por el gobierno!   5. Esta escalera, _____ segundo peldaño está roto, fue la causa del accidente.   6. El aeropuerto está cubierto de neblina, en _____ circunstancia sería demasiado peligroso aterrizar. —Tiene razón.   7. Dejó escapar una palabra inadvertida, en _____ momento nos dimos cuenta de que él mismo era el criminal.   8. ¿En casa _____ vas a pasar las vacaciones? —En la de mi tía, _____ hijos habrán salido ya para Europa. 9. Las ventanas de atrás, _____ cerrojos estaban descompuestos, ofrecieron fácil entrada a los ladrones. —¡Qué lástima!

D. More uses of que

1. To translate *whom* after the preposition de

Although **quien** is regularly used to translate *whom* after a preposition, **que** may also be found after the preposition **de**:

Voy a ver al pintor de que les hablé ayer.	*I'm going to see the painter about whom I spoke to you yesterday.*

2. In indirect statements

When **sí** or **no** are not direct answers, but are incorporated into another statement, they must be preceded by **que**:

Dijo que no.	*He said no.*
Creo que sí.	*I think so. (I think "yes.")*
¿Qué decidieron? —Que no.	*What did they decide? —No.*

• Similarly, **que** introduces a question within a question:

¿Quién cree Ud. que será?	*Who do you think it can be?*

3. Que before an infinitive

Que appears at times before an infinitive. Its actual function is to give a passive meaning to the infinitive: *to be done, seen,* etc. This usage is especially common after the impersonal **hay** and after **tener**:

Hay mucho que analizar en este libro.	*There is a great deal to analyze (to be analyzed) in this book.*
Tendrá algo que confesar.	*He must have something to confess (to be confessed).*
Esto deja mucho que desear.	*This leaves much to be desired.*

4. Que vs. de que

After a noun, when the relative pronoun *that* means *stating that, to the effect that, consisting in that,* etc., it is translated by **de que**:

No nos gusta la idea de que venga tan temprano.	*We don't like the idea that he's coming so early.*
No creí la mentira de que tú lo hubieses dicho.	*I didn't believe the lie that **you** had said it.*
Acaba de recibir la noticia de que su padre ha muerto.	*He has just received the news that his father has died.*

When *that* means *which* or can be omitted in English, **que** is used:

No nos gusta la idea que propuso.	*We don't like the idea he advanced.*
No creí la mentira que dijo.	*I didn't believe the lie (that) he told.*
Acaba de recibir el mensaje que le dejaste.	*He has just received the message you left him.*

Inglés → español

1. The very idea that he should say *(present subjunctive)* such a thing makes me believe that he never has been sincere with us. —I think you're exaggerating. After all, didn't he say "yes" immediately when we asked him to help us? We have a lot to thank him for, don't you think so?
2. The furniture we bought last year from Juan Candelas is no good at all. —If I were you, I would demand that he return the money. —I did ask him and he said no. Actually, what bothers me most is the idea that he cheated us, even more than the money we lost. —I must admit that as a businessman, Juan Candelas leaves much to be desired.
3. I don't know. My luck goes from bad to worse (de mal en peor). They just gave me the same teacher who flunked me last term!

E. Quien to mean *the one who . . .*

1. The pronoun **quien** may be used to mean *the one who, he who, whoever.* In this sense, it is synonymous with **el que** (cf. p. 282):

Quien te dijo eso mentía.	*The one who (Whoever) told you that was lying.*
Quienes le conocían le amaban.	*Those who knew him loved him.*
o:	*or:*
Quien le conocía le amaba.	*Whoever knew him loved him.*

Quien (especially the plural **quienes**) is somewhat more literary than **el que**... However, it is still heard very often in proverbs:

Quien no se atreve no pasa el mar.	*Faint heart never won fair lady. (Literally: He who doesn't dare doesn't cross the sea.)*
Quien ríe después ríe más.	*He who laughs last laughs best.*
Quien mucho habla mucho yerra.	*He who talks much errs much.*

♦ 2. *"Was it you who...?"*

When **quien** as subject of the subordinate clause refers back to a personal pronoun (tú, yo, etc.), the verb will agree with that pronoun. (This is different from **el que**..., which always calls for the third person.):

¿Fuiste tú quien lo hiciste?	*Was it you who did it?*
Fui yo quien le vi.	*It was I who saw him.*
Somos nosotros quienes lo dijimos primero.	*We are the ones who said so first.*

♦ 3. **Quien** followed by the subjunctive means *anyone who:*

Quien no haya visto Sevilla no ha visto maravilla.	*Anyone who hasn't seen Seville hasn't seen a marvellous thing.*

Una vez más, a completar...

1. No seré yo quien... 2. ¿Fueron Uds. quienes...? 3. ¿Eres tú quien...? 4. No fuimos nosotros quienes... 5. Quien nos dijo eso... 6. Quien crea tal cosa... 7. El señor Dámaso, quien... 8. El propietario de la hacienda Dos Robles, quien... 9. Los chicos con quienes... 10. La persona a quien...

Exprese de otra manera:

1. **Quien** te dijo tal cosa no sabía lo que decía. 2. ¿Fueron Uds. **quienes** llamaron a la policía? 3. **El que** se atreve, pasa el mar. 4. Son aquellas señoras **quienes** presentaron la demanda. 5. **Quien** no sabe eso, no sabe nada. 6. Anita baila muy bien, **lo cual** la hace popularísima. 7. Es un tipo muy provinciano, **lo cual** explica por qué teme a los forasteros. 8. Es muy poco conocido por aquí, **lo que** significa que recibirá muy pocos votos. 9. No han vuelto todavía, **lo cual** nos comienza a preocupar.

Finalmente, ¿puede Ud. componer dos o tres refranes originales?: «Quien...»

F. **Donde** as a relative

1. **Donde, en donde,** and **por donde** may be used as relative pronouns in place of **en que, por el cual,** etc.:

La tienda donde compro mis libros . . .	*The store in which (or where) I buy my books.*
La escalera de salvamento por donde huyó . . .	*The fire escape by which he escaped . . .*

2. In popular use, it frequently means *at* or *to someone's house:*

¿Adónde vas? —Donde Gloria.	*Where are you going? —To Gloria's (house).*
Esa suegra mía, cuando llega donde nosotros . . .	*That mother-in-law of mine, when she lands at our house . . .*

Diga otra vez en español:

1. The school in which I began to study languages had a most interesting program, which explains why I now speak Spanish so well. —You? ¡Caramba!
2. Where will the party be? —At Joe's.
3. The room in which they keep the recent periodicals is behind the main reading room, to the left of which are the catalogs.
4. There is a special door through which they bring in **(entrar)** the pianos and other heavy furniture. —That's how it should be.

G. **Conjunctions that derive from prepositions**

Many conjunctions are formed by adding **que** to a preposition:

hasta, hasta que	*until*
después de, después de que	*after*
antes de, antes de que	*before*
sin, sin que	*without*

Remember always that only a relative pronoun or a conjunction can introduce a subordinate clause. *A preposition cannot!*

Esperamos hasta las ocho.	*We waited until eight o'clock.*
Esperamos hasta que regresó.	*We waited until he returned.*

The verb of the subordinate clause is usually placed immediately after the conjunction, and the subject follows:

Vámonos antes de que vuelvan tus padres.	*Let's leave before your parents come back.*
Limpió toda la casa sin que se lo pidiera nadie.	*She cleaned the whole house without anyone asking her to.*

Acordándose de los usos del subjuntivo, traduzca al español:

1. He did it in spite of the fact that we begged him not to do it. —That's the way he is. Until he learns that there are other people in the world besides himself, he'll never change.
2. Please forgive (**disculpar**) me. I was hoping to hand in the paper before you left on vacation, but it has been (**resultar**) impossible. —Well, you can give it to me after we all get back.
3. I'll send you the information in advance so that you can study it before the conference. —Thank you, but I won't need it until then.
4. If it were possible to find out without the others' knowing, I'd be very grateful to you. —I doubt that it can be done without there being a public scandal. —Well, let's forget it then.

══ REPORTAJE ══
El escándalo de los fondos alemanes continúa

Madrid . . . El debate parlamentario **protagonizado por** el presidente del gobierno, Felipe González, y dos diputados conservadores concluyó ayer con la reafirmación de **sendas** posiciones, lo cual significa que las acusaciones contra el jefe de estado quedan lejos todavía de resolverse. Respondiendo a alegaciones de haber aceptado fondos extranjeros para su campaña electoral, González fue categórico en su negativa: «No son ciertas las informaciones que se han publicado. No he recibido un solo marco alemán, y el que diga otra cosa miente. Quedo a la disposición de las autoridades para lo que sea necesario.»

    Deplorando que su honradez personal se hubiera puesto en duda, González reiteró: «No se trata de una cuestión legítima, sino de un ataque contra mi persona. **Quien afirme** debe probar. Quiero que las investigaciones se lleven hasta el final, y puedo decir que no seré yo quien quede **salpicado**. Que sean los Tribunales quienes juzguen . . . Una vez que se aclare todo, que se investigue si se ha **lesionado** mi honor. Yo puedo **meter la pata**, ¡pero jamás meto la mano!»

Margin glosses:
- featuring
- each side's
- he who accuses
- smeared
- damaged / stick my foot in it

Sin embargo, los que iniciaron la investigación insisten en llevarla hasta su justo fin. «Se han ejercido presiones sobre varias personas para que **se vuelvan atrás en** sus denuncias. Pero no van a retrac-   recant tarse de lo dicho y publicado.» Todo queda ahora en manos de la Comisión parlamentaria que el Congreso designe para «analizar hasta sus últimas consecuencias» el escandaloso asunto.

(Adaptado de *ABC,* 15 de noviembre de 1984)

Primero, díganos: ¿Conoce Ud. algún caso en la historia nuestra que se parezca a éste? ¿Qué paso? ¿Cómo resultó? . . .

Ahora piense en alguna noticia reciente y háganos un reportaje de acuerdo con el modelo arriba.

Participles and infinitives

━━ También se asoma la alegría ━━

Bien visto, a pesar de los problemas que acosan a la humanidad, la vida no deja de proporcionar sus alegrías. He aquí unas anécdotas verdaderas que provocarán por lo menos una suave sonrisa.

«¡Ea, caballero!»

El entusiasmo de mi hermana por salir a **trotar** todos los días era   jog
con frecuencia **contenido** por los perros del vecindario. Por ello, mi   marred
cuñado empezó a acompañarla en bicicleta, **empuñando un bastón**   wielding a cane
para defenderla de cualquier ataque. Un día, un hombre en su au-
tomóvil **se les emparejó,** y al ver a mi hermana correr y a su esposo   drew up to them
seguirla con el bastón en la mano, exclamó: «¡Eso es lo que yo llamo
crueldad!»

«Una cuestión de gustos»

De recién casados, mi esposo y yo vivíamos en una diminuta **casa
rodante.** No teníamos espacio ni para instalar un televisor, por lo   trailer
que solíamos leer o escuchar la radio antes de acostarnos. Tiempo
después, cuando pudimos mudarnos a nuestra primera casa **formal,**   real
mi suegro ofreció **obsequiarnos** un televisor, como regalo de **bien-**   buy us /
venida al hogar. Se lo agradecimos, pero declinamos su amable   housewarming
oferta, explicando que con buenos libros, música y otras **aficiones,**   hobbies
siempre teníamos algo interesante que hacer por las noches. Sin
embargo, en el transcurso de varios años, repetidas veces renovó
su ofrecimiento . . . El día que visitamos a mis suegros para anun-
ciarles que esperábamos a nuestro cuarto hijo, mi suegro, **tras** un   after
silencio solemne, nos preguntó: «¿Están Uds. seguros de que no
preferirían la televisión?»

«La música *apacigua* al pecho salvaje»   soothes

De tener éxito el experimento que se está llevando a cabo en un   In case
hospital norteamericano, dentro de veinte años habrá muchos más
aficionados a la música clásica. En efecto, en la unidad de terapia
intensiva para niños prematuros, se entretiene a los pequeños pacientes con **cintas grabadas** de obras de Beethoven, Bach y Brahms.   recorded tapes

Es parte de la terapia, junto con grabaciones de las conversaciones de sus **familiares** y de los sonidos ordinarios que oirían en los primeros días de vida **extrauterina**, si hubieran nacido **a término**. Los **investigadores** han demostrado que los bebés suben de peso con más rapidez si escuchan música sedante y las voces de las personas con las que vivirán cuando salgan de la terapia intensiva.

family members
out of the womb / full term
researchers

(Adaptado de *Selecciones del Reader's Digest,* junio, 1984, 1985)

Ahora, ¿nos puede Ud. contar algún episodio gracioso que le haya ocurrido? ¿o alguna noticia alegre que le haya llamado la atención? . . . Siempre se tiene que asomar la risa.

 A REPASAR

A. Basic uses of the past participle

1. To form compound (or perfect) tenses

Remember that the past participle does NOT change its ending when it is used with **haber!**

Hemos vuelto. —No sabíamos que habían salido.	*We're back. —We didn't know that you had gone out.*
Uds. lo habrán leído, ¿verdad? —Francamente, no recuerdo.	*You must have read it, didn't you? —Frankly, I don't remember.*

Díganos: ¿Qué cosas ha hecho Ud. ya hoy? ¿Qué habría hecho si no hubiera tenido que estudiar? . . . Hablando de estudiar: ¿Cuántas lecciones han cubierto Uds. hasta ahora en esta clase? ¿Han omitido algunas? ¿Las habrán terminado todas para el fin del semestre? ¿Habían aprendido antes gran número de estos puntos gramaticales? La verdad, ¿piensa Ud. que ha aprendido mucho este semestre?

2. In the passive voice, after **ser**

Here the past participle *must agree* with the subject:

Mil casas fueron destruidas por el huracán. Y los puentes han sido arrastrados. —¡Ay, pobre gente!	*A thousand homes were destroyed by the hurricane. And the bridges have been swept away. —Oh, those poor people!*

¿Ha sido Ud. victimizado (victimizada) alguna vez por un acto de la naturaleza? ¿Ha sido salvado (salvada) de algún peligro? ¿Qué pasó?

3. As an adjective

Most past participles may be used as adjectives, if the meaning permits:

¡Ay, Dios! ¡Qué cansado estoy!	*Oh, my! Am I tired!*
Era un orador apasionado, pero el tema era muy aburrido. En fin, fueron tres horas perdidas.	*He was an impassioned orator, but the subject was very boring. In all, it was three wasted hours.*

Remember that with **estar**, the past participle describes the outcome of an action:

¿Ya están acostados? —Sí, y están bien dormidos.	*Are they already in bed? (Are they lying down?) —Yes, and they're fast asleep.*
¡Ay, no! ¿Está muerta? —No. Está levemente herida, no más. —¡Bendito sea Dios!	*Oh, no! Is she dead? —No. She's slightly injured that's all. —Thank Heavens!*

A completar, con el participio pasivo que le parezca mejor.

> *Por ejemplo: Habíamos . . . muy poco aquella noche.*
> **Habíamos comido, dormido, salido,** *etc.*

1. ¿Estás . . . ? —Todavía no. 2. La obra estaba muy mal . . . , por lo cual no quisimos verla. 3. Los asaltantes han sido . . . por la policía. —¡No lo creo! 4. Según el alcalde, los barrios pobres serán totalmente . . . durante los próximos cinco años. —Por fin. 5. Me desperté . . . al oír sonar el teléfono a esas horas de la noche. —Yo me habría . . . también. 6. ¿Habéis . . . ya los libros? —¡Cómo no! 7. ¿Cómo se explicará el hecho de que las puertas estuvieran . . . ? —¿Quién sabe? Algo raro habrá . . . 8. Temo que la comida no esté del todo . . . cuando lleguen. —No importa. Pueden esperar, . . . en la sala.

B. General uses of the present participle

1. To form the progressive tense

The present participle used after **estar, seguir**, or a verb of motion gives a more graphic picture of an action in progress at a given moment:

No le molestes en este momento. Está hablando por teléfono.	*Don't bother him right now. He's talking on the telephone.*
Siguieron comiendo como si no hubiera ocurrido nada. —¡Qué gente, eh!	*They kept on eating as if nothing had happened. —What people, eh!*

Ir and **venir** imply motion away from or toward the speaker:

Iban cantando y riéndose.	*They were (walking along) singing and laughing.*
El niño venía dando saltos en el camino.	*The child was (coming toward us) jumping along the street.*

¿Qué estaba Ud. haciendo hace una hora? ¿y hace dos? ¿y hace tres? ¿Qué estará haciendo de hoy en ocho días *(a week from today)*? ¿de hoy en quince? ¿de hoy en dos meses?

Ahora describa dos acciones en su progreso . . . «El otro día . . .»

2. *By . . . (doing something)*

Used alone, the present participle may mean *by* (doing something):

Saliendo temprano, llegarán antes del atardecer.	*By leaving early, you'll arrive before dusk.*
Escuchando se aprende más que hablando. —Pero se muere de fastidio.	*By listening you learn more than by talking. —But you die of boredom.*

A ver qué opina: ¿Se aprovecha más asistiendo a una universidad grande o a una escuela pequeña? ¿Por qué? ¿Se aprende mejor estudiando en clases grandes o en grupos pequeños? . . . ¿Se disfruta más viviendo en el campo o en una gran ciudad? . . . ¿Se baja más rápidamente de peso haciendo ejercicios o vigilando la dieta? . . . A propósito, saliendo de aquí a las tres de la tarde, ¿a qué hora llegará Ud. a su casa?

3. *When, while, since . . .*

Just as in English, the present participle can also replace a clause beginning with *when, since* or *while:*

Conociendo su carácter, no quise prestárselo. —Hiciste bien.	*Since I knew his character, I wouldn't lend it to him. —You did right.*
Estando en Madrid, fuimos a ver el Prado, ¡y cuánto nos gustó!	*While (When, Since) we were in Madrid, we went to see the Prado, and did we like it!*

Important: Unlike English, the present participle is NEVER used as a noun or an adjective[1] in Spanish:

El fumar demasiado puede ser peligroso. —Ya lo sé.	*Smoking too much can be dangerous. —Yes, I know.*
¿Hay agua corriente aquí? —¡Cómo no!	*Is there running water here? —Of course.*

---

[1] Well, almost never. The two exceptions are **hirviendo** *(boiling)* and **ardiendo** *(burning)*.

Frases originales

¿Cómo las completará?

1. Estando un día en la cafetería, yo... 2. Caminando esta mañana hacia... 3. Sabiendo varias lenguas extranjeras, uno... 4. Siendo estudiantes de cuarto año,... 5. Trabajando día y noche... 6. No entendiendo... 7. No deseando...

Ahora, una pregunta rápida: Siendo multimillonario, ¿tiene uno siempre la obligación de trabajar?

C. The most common uses of the infinitive

1. After another verb

Just as in English, an infinitive that depends on a verb acts very much like the object of that verb:

No quisieron admitirlo.	*They refused to admit it.*
Puede levantarse ahora.	*You can get up now.*
Juanito sabrá hacerlo mejor que yo.	*Johnny will know how to do it better than I.*

Hablando entre amigos:

Dime, ¿qué quieres hacer en este momento? ¿Quieres seguir trabajando o prefieres dejarlo para más tarde?... ¿Sabes? Mi carro está descompuesto. ¿Podrías llevarme a casa esta tarde en tu coche?... ¿Sabes jugar al tenis? ¿Te gustaría jugar conmigo mañana?

2. After prepositions

All prepositions are regularly followed by the infinitive. This is different from English, which normally uses the present participle:

Por favor, cierren las ventanas antes de salir. —Por supuesto.	*Please close the windows before leaving. —Of course.*
Lo hizo sin pedir permiso a nadie. —No debía.	*He did it without asking permission of anyone. —He shouldn't have.*
Al verme, se sonrojó y quiso disculparse.	*(Up)on seeing me, he turned red and tried to apologize.*

Dinos: ¿qué haces todos los días antes de venir a clase? ¿Sales de casa a menudo sin desayunar? ¿Adónde irás después de terminar tus clases? ¿Por lo menos tendrás tiempo de almorzar antes de salir?

3. As a noun

The infinitive is the only part of a verb that can ever be used as subject or object of a verb, or as a noun after **ser**. This, too, is contrary to English, which uses the present participle:

Ver es creer.	*Seeing is believing.*
Querer es poder.	*Wanting to is being able to. (Where there's a will . . .)*
El verla en esa condición nos dio tanta lástima.	*Seeing her in that condition made us feel so bad.*
No me gusta ese necio chismear. —¿Qué he dicho yo?	*I don't like that silly gossiping. —What have I said?*

¿Verdad o falso?

¿Qué piensas? ¿Y por qué?

1. Conocer a una persona es llegar a amarla. 2. El acostarse y levantarse temprano es lo mejor para la salud. 3. El mucho trabajar nunca le ha hecho daño a nadie. 4. Querer es poder.

4. After verbs of seeing, hearing, feeling

¿Has oído tocar alguna vez a Amada? —No, pero me gustaría.	*Have you ever heard Amy play? —No, but I'd like to.*
Le vi sacar la pistola, le vi apuntar, y . . .	*I saw him take out his gun, I saw him aim, and . . .*
La sentimos acercarse,[2] y no había manera de detenerla.	*We felt her approaching, and there was no way of stopping her.*

¿Han oído Uds. hablar en persona alguna vez al presidente de nuestro país? ¿al alcalde de este pueblo? ¿a un senador u otro funcionario público? . . . ¿Has visto jugar alguna vez a los «Yanquis»? ¿a los «Cachorros *(Cubs)*»? ¿a los «Vaqueros»? ¿a los «Celtas»? ¿a cualquier otro equipo profesional? ¿Cuándo? ¿Quiénes ganaron?

---

[2] In this case, if we wanted to dramatize the action *in progress*, the present participle would be correct as well: **La sentimos acercándose** . . . *We felt her com-ing-clos-er* . . .

5. After verbs of ordering, forcing, permitting, preventing

Permítame ayudarla.	*Allow me to help you.*
No se apuren. Le haremos devolvérselo.	*Don't worry. We'll make him return it to you.*
Nos mandaron salir sin explicación alguna.	*They ordered us to leave without any explanation at all.*
¿Te impidieron ver los archivos? —No. Pero me prohibieron copiarlos.	*Did they keep you from seeing the files? —No. But they forbade me to copy them.*

A clause using the subjunctive may also follow these verbs, but after **mandar, hacer** and **dejar,** the infinitive is much more common.

¿Recuerdas una ocasión cuando tu familia te haya mandado hacer algo contra tu voluntad? ¿o cuando otra persona te haya obligado a hacerlo? ¿Cómo resultó? . . . ¿Hay alguna cosa que tus padres todavía te prohiban hacer? ¿Crees que tienen razón o no? . . . Si tuvieras tus propios hijos, ¿hay algo que les impidieras hacer?

 ADELANTE

A. More about the past participle

1. With verbs other than **estar**

The past participle is used with verbs other than **estar** to indicate a state or condition. These verbs, such as **quedar, tener, verse, hallarse, encontrarse** and **sentirse,** lend a more subjective tone to the description:

Quedamos aturdidas por la noticia.	*We were (left) stunned by the news.*
Tengo pintada de rojo la mesa.	*My table is painted red. (I have it painted red.)*
Se vio obligado a salir.	*He was (found, or felt himself) obliged to leave.*
Nos hallábamos muy ocupados.	*We were very busy.*
Se sienten avergonzados. —Y con razón.	*They are (feel) ashamed. —And with good reason.*

2. To translate an English present participle

When the present participle in English refers to a state or condition, and not to an action in progress at a given moment, the past participle must be used in Spanish:

Estaban sentados alrededor de la hoguera.	*They were sitting around the bonfire.*
La encontramos arrodillada ante el altar.	*We found her kneeling before the altar.*
Me saludó tendido en la cama.	*He greeted me (while) lying on the bed.*
El ladrón estaba escondido detrás del sofá.	*The thief was hiding (hidden) behind the sofa.*
Iban cogidos de la mano como dos niños.	*They were walking along, holding hands like two kids.*

In all the examples above, if the present participle were used, it would mean *in the act of* (being seated, kneeling down, etc.). The verb then would be reflexive.

♦ 3. In place of a clause beginning with *After . . .*

The past participle may be used independently to take the place of a clause beginning with *when, as soon as,* or *after* when referring to a completed action. It agrees with the noun or pronoun subject of the implied clause:

Vendida la casa, tendremos para el viaje.	*When the house is sold, we'll have enough for the trip.*
(Apenas) llegados al aeropuerto, se fueron a telefonear.	*As soon as they reached the airport, they went to telephone.*
Redactado el contrato, nos llamaron para firmarlo.	*When (After) the contract was drawn, they called us to sign it.*

Expresa en español, usando los giros señalados:

1. precipitados   Apenas vuelto   asustada   desmayada

Could the doctor have gone mad or was it true that there was someone in the house? It had happened on repeated occasions. Hardly (had he) returned from his office (when) he heard hurried footsteps in his wife's chamber. But when he entered, the windows and doors were still locked from the inside, and no one was there but his wife, trembling, frightened, almost in a faint. —Please, Jack, no more. I'm tired of your weird stories.

2. acostados   dormidos   escondido   convencido

Are the children in bed, dear? —Yes, but they're not sleeping. In fact, Paquito is hiding under the blankets because he doesn't want me to hear him laughing. —Well, tell him that if he doesn't fall asleep right now, I'll make him go to bed at seven tomorrow. —Did you hear (that), Paquito? ¡Paquito! All right, you have me convinced. Now come out and stop snoring **(roncar)**.

♦ B. Two idiomatic uses of the present participle

♦ 1. In newspaper style

In journalistic reporting, the present participle is often used to indicate an action that accompanies or results from another. English does this as well, but usually puts *with* or *there* before the participle:

Ayer hubo tres accidentes, resultando dos muertos y cuatro heridos.	*Yesterday there were three accidents, with two (being) killed and four injured.*
Las elecciones se celebraron en diciembre, siendo elegido el candidato liberal.	*The elections were held in December, with the liberal candidate being elected (there being elected . . .).*

Reportaje. ¿Qué pasaría?: Anoche a las . . . hubo un . . . en . . . de esta ciudad, resultando . . .

♦ 2. After the preposition en

The only preposition that may precede a present participle in Spanish is **en**. However, this construction, which is synonymous with **al** + infinitive, is seldom used:

En saliendo del cuarto se cayó de bruces.	*Upon leaving the room, he fell down headlong. (As he was leaving . . .)*

C. How Spanish translates English adjectives ending in *-ing*

1. The only present participles that may be used as adjectives in Spanish are **ardiendo** and **hirviendo**:

agua hirviendo	*boiling water*
una casa ardiendo	*a burning house*

2. Spanish has many adjectives ending in **-dor, -ante,** or **-iente** (gerundive forms) that correspond to a present participle in English:

una idea fascinante	*a fascinating idea*
una sonrisa encantadora	*a charming (enchanting) smile*
el sol poniente	*the setting sun*
las formas correspondientes	*the corresponding forms*

3. Either by preference or because there is no corresponding adjective in Spanish, a clause may be used to translate the English present participle:

el camino que conduce a la playa	*the road leading to the beach*
un oso que baila	*a dancing bear*

Asociaciones

Dinos por lo menos tres cosas que asocies con cada una de éstas:

agua hirviendo . . . una personalidad encantadora . . . el sol poniente . . . una idea intrigante . . . un curso interesante . . . un ejemplo inspirador . . . un pájaro que habla . . .

D. Special uses of the infinitive

1. To replace a clause

• As you know, **al** + an infinitive is often used as a substitute for a clause beginning with *when* . . . (but NOT referring to a continuing action):

Al llegar el candidato, la gente prorrumpió en gritos y silbidos.	*When the candidate arrived, the people broke out in shouts and whistles.*
Al acercarse cualquier forastero, el perro comenzaba a ladrar.	*When any stranger approached, the dog would begin to bark.*

Notice that the subject of the implied clause follows the infinitive.

♦ **De** + an infinitive may replace an *if*-clause contrary to fact, especially in the compound tenses:

De haberlo sabido antes, te lo habría advertido.	*If I had known it sooner, I would have warned you.*
De haber ganado el otro partido, habría resultado peor.	*If the other party had won, it would have been worse.*

2. Infinitive vs. subjunctive

• Normally, when there is *no* change of subject, the prepositions **para, sin, antes de, después de, hasta, a menos de, con tal de,** and other such prepositions of purpose, time, and uncertainty, are used with the infinitive:

No saldré a menos de tenerlo.	*I shall not go out unless I have it.*
Es capaz de todo con tal de conseguirlo.	*He is capable of anything provided he gets it.*
Siga Ud. caminando hasta llegar al pueblo.	*Keep walking until you reach the town.*

However, even without there being a change of subject, a conjunction + subjunctive (or indicative) may be used instead of preposition + infinitive. The sentence then acquires a more emphatic or graphic quality:

No lo permitirá a menos que haya cambiado de parecer.	*He will not permit it, unless he has changed his mind.*
Siga Ud. caminando hasta que llegue al pueblo.	*Keep walking until you reach the town.*
Lo haré, con tal que reciba primero el dinero.	*I will do it, provided I receive the money first.*

• Normally, when there *is* a change of subject, Spanish uses a conjunction + a clause (either in the subjunctive or the indicative, depending on the meaning of the sentence):

Se fueron antes de que pudiéramos saludarlos ni nada.	*They left before we could greet them or anything.*
Se quedó hasta que su hermana volvió.	*He stayed until his sister came back.*
No te lo lleves sin que Mamá lo vea primero.	*Don't take it away without Mom's seeing it first.*

However, even when there *is* a change of subject, a preposition + infinitive may often take the place of a clause. Notice that in such cases, the subject must follow the infinitive:

Llegamos antes de ponerse el sol.	*We arrived before the sun set.*
Entraron en la casa sin oírlos nadie.	*They entered the house without anybody's hearing them.*

• The infinitive may be used after certain impersonal expressions even when another personal subject is implied or stated. The infinitive construction makes an objective or factual statement. The subjunctive, which is more emphatic and subjective, expresses the speaker's opinion of the action:

Le es imposible hacerlo.	*It is impossible for him to do it.*
Es imposible que él lo haga.	*It is impossible that he will do it.*
Nos importa verlos en seguida.	*It is important for us to see them at once.*
Importa que los veamos en seguida.	*It is important that we see them at once.*

♦ 3. The infinitive as an imperative

As we have noted earlier, this usage occurs mainly in short sentences that serve as written directions or public notices (cf. p. 129):

No Fumar	*No Smoking: DO NOT SMOKE*
Traducir al español las frases siguientes.	*Translate the following sentences into Spanish.*

♦ 4. The infinitive for an English past participle

• When a past participle in English is preceded by the prefix *un,* Spanish generally uses **sin**, or at times **por**, followed by the infinitive:

El piso está todavia sin (*or* por) pintar. —Y el alquiler está todavía sin pagar. Estamos desquitados.	*The apartment is still unpainted. —And the rent is still unpaid. We're even.*

• English sometimes uses a past participle after verbs of ordering or permitting. (Actually, the English is an elliptical construction to avoid a passive infinitive.) Spanish simply uses the normal infinitive:

Lo mandó encarcelar.	*He ordered him (to be) imprisoned.*
Te haré hacer un vestido nuevo.	*I'll have a new dress made for you.*
No permitirán hacerlo así.	*They won't permit it to be done that way.*

Inglés → español

1. Her husband was so jealous that he had her followed night and day. —For Heaven's sake! If my husband had done such a thing, I would have left him. —Well, in those times leaving one's husband wasn't so easy to do.
2. Ready-made clothing of good quality is impossible to get in this town. Unless I can go to the city soon, I'll have to have my wedding dress made (**confeccionar**) by a seamstress. —To tell the truth, if I had had the money, I would have done the same.

Letreros

Imagínate que se te ha encargado la tarea de hacer letreros para diversos lugares públicos. ¿Cuáles colocarías en la biblioteca? ¿en un avión? ¿en el parque? ¿en el autobús? ¿en un laboratorio? ¿en una instalación militar? ¿en el aula de los exámenes finales? A ver cómo empleas la imaginación, ¡y el infinitivo!

CREACIÓN: Pequeñas filosofías

¡Qué difícil es resumir las ideas profundas en pocas palabras! Casi tan difícil como saber cómo despedirse de un querido amigo. Como regalo de despedida, entonces, he aquí unas joyas de la brevedad. ¿Cuáles están de acuerdo con tu propia filosofía?

Sobre el «yo» social

«El progreso es la habilidad del hombre de hacer complejo lo sencillo.» —Thor Heyerdahl
«Los tiranos parecen grandes porque estamos de rodillas.» —(Anónimo)
«El fanatismo consiste en redoblar el esfuerzo una vez que se ha olvidado el propósito.»). —George Santayana
«Vengándose uno iguala a su enemigo; perdonando, se muestra superior a él.» —Francis Bacon

Sobre el «yo» interior

«Un hombre es como una fracción cuyo numerador corresponde a lo que él es, en tanto que el denominador es lo que cree ser. Cuanto mayor es el denominador, tanto más pequeño es el valor de la fracción.» —León Tolstoi
«Creo firmemente que lo opuesto al amor no es el odio, sino la apatía.» —Leo Buscaglia
«Nada es más serio en el hombre que su sentido de humor. Es el signo de que quiere saber toda la verdad. —Mark Van Doren
«En lo más crudo del invierno aprendí al fin que había dentro de mí un invencible verano.» —Albert Camus

Ahora, ¿puedes darnos en pocas palabras una joya tuya?

Reference Guides

What's the difference between . . . ?

"What's the difference between . . . ?" contains an analysis of one hundred and fifty common English words whose varied translation(s) in Spanish often cause confusion. Use the word list below to help you find "the difference between." The Spanish words and expressions are treated in the section that follows, on pages 309 through 379; the numbers beside each of the words (below) indicate the paragraph(s) in which they appear.

1. about

sobre, acerca de   about, concerning, dealing with (usually a topic)

Sobre is used somewhat more frequently.

Es un libro sobre (acerca de) la revolución francesa.	*It is a book about the French Revolution.*

de   about, concerning (usually, though not necessarily, concerning a person)

He oído hablar mucho de él.	*I have heard a great deal about him.*
No sé nada de su familia.	*I don't know anything about his family.*
No hablemos de eso.	*Let's not talk about that.*

a eso de   about, approximately (used before a number, and generally refers to time of day)

Llegaron a eso de las once y media.   *They arrived about 11:30.*

Sobre is often used colloquially in this sense.

Nos veremos sobre las ocho, ¿eh?   *We'll meet around eight, OK?*

cerca de   about, nearly, almost (used primarily with numbers or hours of the day)

La China tiene cerca de mil millones   *China has about (close to) a billion*
de habitantes.   *inhabitants.*

unos   about, approximately (used before numbers, but not to express time of day)

Mi tía tiene unos cincuenta años.   *My aunt is about fifty years old.*

más o menos   more or less; about

Tiene cincuenta años, más o menos.   *He is about fifty years old.*

2. above

arriba *(adv.)*   above, overhead (unlimited, not necessarily relative to the position of another object) OPPOSITE: **abajo**   below

Arriba, un cielo nublado y tormentoso;   *Above, a cloudy, stormy sky; below, a*
abajo, un torbellino de aguas   *whirlpool of turbulent waters.*
turbulentas.

encima *(adv.)*   above, on top (usually relative to the position of another object) OPPOSITE: **debajo**   underneath

Primero pondrás el ungüento, y   *First you'll apply the ointment, and on*
encima, la venda.   *top (above that), the bandage.*
Se me cayó encima.   *It fell right on top of me.*
Debajo hay miles de corrientes;   *Underneath there are thousands of*
encima no se ve nada.   *currents; on top (above), nothing is*
                                                          visible.

encima de *(prep.)*   (piled) on top of; suspended above

Lo puse encima del armario.   *I put it on top of the wardrobe.*
¿Por qué no lo colgamos encima del   *Why don't we hang it above the sofa?*
sofá?

sobre *(prep.)*   above, over: on top of

Sobre, though essentially synonymous with **encima de**, implies a closer position to the object, a feeling often of almost touching, resting upon it. Both **sobre** and **encima de** may be used figuratively.

Sobre (Encima de) todo, cuide de no ofenderlos nunca.	*Above all, take care never to offend them.*

3. actual(ly)

The English word *actual* has two meanings: (1) real (2) present, current.

actual   present, current, contemporary

La situación actual de la economía peruana . . .	*The present situation of the Peruvian economy . . .*
El presidente actual es el Sr. Domínguez.	*The current president is Mr. Domínguez.*

verdadero, real, efectivo   actual (in the sense of real or true)

El jefe verdadero (real *or* efectivo) es García.	*The actual (real) leader is García.*
La razón verdadera fue . . .	*The actual (real) reason was . . .*

en la actualidad, actualmente   nowadays, currently, at present

En la actualidad vive en Chile.	*At present, he is living in Chile.*

en realidad, a decir verdad   actually, really, truthfully

En realidad, ella no era su madre.	*Actually, she wasn't his mother.*
A decir verdad, no sabía la respuesta; la adiviné.	*Actually (to tell the truth), I didn't know the answer; I guessed it.*

4. after

después de *(prep.)*   after (in the sense of time)

Después de poner la mesa, mete las chuletas al horno.	*After setting the table, put the chops in the oven.*

tras *(prep.)*   after (in a sequence or series); after, right behind (location)

Día tras día, hora tras hora . . .	*Day after day, hour after hour . . .*
Corrió tras él.	*She ran after him.*

después de que *(conj.)*   after (introduces a clause referring to time)

Después de que se gradúe su hermano mayor, Pepe asistirá también a la universidad.	*After his older brother graduates, Joe will attend college too.*

después *(adv.)*   afterwards, later, then, next

Primero, llamó a la policía. Después, salió en busca de los ladrones él mismo.

First, he called the police. Then he went out in search of the thieves himself.

5. again

otra vez   again, another time (as before)

Repita otra vez.
¿No quieres cantármela otra vez?

Repeat again.
Won't you sing it for me again?

de nuevo   again, anew (from a fresh start), all over again

Hágalo de nuevo.
Cinco minutos después se presentó de nuevo con otra demanda.

Do it over again.
Five minutes later he turned up again with another demand.

una vez más   one more time, once again

Por favor, diga una vez más: *perro, perro . . .*

Please, say once more: **perro, perro** . . .

volver a *(+ infinitive)*   to do (something) again

Me volvió a llamar a la medianoche. ¿Qué te crees?

He called me again at midnight. How about that?

6. (to) agree

estar de acuerdo   to be in agreement on an issue; to agree with someone

En eso estamos de acuerdo todos.
Pues yo no estoy de acuerdo con Uds.

On that we all agree.
Well, I don't agree with you.

estar conforme   to agree to something; to go along with

Creo que debiéramos invitarlos.
—Estoy conforme.

I think that we ought to invite them. —I agree. (It's all right with me.)

convenir en, quedar en *or* **de**   to agree to do something

Convinieron en reunirse todos los martes.
Quedamos en (de) vernos al día siguiente.

They agreed to meet every Tuesday.
We agreed to see each other on the following day.

7. ahead

adelante *(adv.)*   up ahead, farther on; onward, forward OPPOSITE: **atrás**   behind

No importa. Seguiremos adelante.	*It doesn't matter. We'll keep going ahead.*
Los encontrarás un poco más adelante.	*You'll find them a little farther up ahead.*

adelantado *(adj.)*   ahead, advanced

Mi reloj anda algo adelantado.	*My watch is running a little ahead (fast).*
Está muy adelantada para su edad.	*She is far ahead for her age.*

más adelantado que, más adelante que   ahead of

Este niño está más adelantado que (más adelante que) los demás de su clase.	*This boy is ahead of the other pupils in his class.*

8. anyone

cualquiera, cualquier persona   anyone (at all)

Cualquiera (Cualquier persona) podría hacer eso.	*Anyone at all could do that.*

alguien   anyone (in a question), someone

¿Hay alguien que me pueda ayudar?	*Is there anyone (someone) who can help me?*

nadie   anyone (after a negative)

No hay nadie hoy.	*There isn't anyone here today.*

9. anyway

en fin   well, to sum up, anyway, so

En fin, decidió ir con nosotros al campo.	*Anyway he decided to go with us to the country.*

en todo caso   anyway, in any case or event

En todo caso partirán antes del quince.	*Anyway (in any event) they'll leave before the fifteenth.*

a pesar de todo, de todos modos   anyway, despite everything

A pesar de todo (De todos modos), nos tendrá que pagar.	*He'll have to pay us anyway.*

10. appointment

　　cita　a date—a social, or (less frequently) business, appointment

¿Tienes cita con Juan el sábado?　　　　*Do you have an appointment (date)*
　　　　　　　　　　　　　　　　　　with John Saturday?

　　compromiso　an appointment—sometimes social, often business or professional

No hay tiempo para más compromisos　　*There is no time for more*
hoy.　　　　　　　　　　　　　　　*appointments today.*

　　hora　a doctor's appointment

¿Me puede dar hora mañana el Dr.　　　*Can Dr. Ulcera give me an*
Ulcera?　　　　　　　　　　　　　*appointment tomorrow?*

　　nombramiento　appointment (to a position)

¿Quién conseguirá el nombramiento　　　*Who will get the appointment to the*
ante las Naciones Unidas?　　　　　　*United Nations?*

11. around

　　alrededor *(adv.)*　round about, all around, on all sides

Alrededor había fuentes y árboles y　　　*All around were fountains and trees*
hermosas flores.　　　　　　　　　*and beautiful flowers.*

　　alrededor de *(prep.)*　around, in a circle about

Formaron un círculo alrededor del　　　*They formed a circle around the*
campeón.　　　　　　　　　　　　*champion.*

　　por *(prep.)*　around, in the vicinity of, through the general area of

Tiene que estar por aquí.　　　　　　*It has to be around here.*
¿Por qué no damos una vueltecita por　*Why don't we take a little turn around*
el parque?　　　　　　　　　　　*(in) the park?*

　　a eso de, sobre　around (referring to time of day) (see about, pp. 309–310)
　　unos, más o menos　around, about, approximately (see about, p. 310)

12. (to) ask

　　pedir　to ask for (to ask to be given something, etc.); to make a request to someone

No le pediré nada aunque me muera　　*I won't ask him for anything even if I*
de hambre.　　　　　　　　　　　*starve to death.*
Pídale que vuelva.　　　　　　　　　*Ask him to come back.*

preguntar   to ask (a question), to inquire

Pregúntale cuándo volverá.   *Ask him when he'll come back.*

hacer una pregunta   to ask a question

No me hagas tantas preguntas.   *Don't ask me so many questions.*

preguntar por   to ask for (about), to inquire about

Acabo de ver a Carmen y ella   *I have just seen Carmen and she*
preguntó por ti.   *asked for you.*

- at   **en, a** (*see* Less. 24)

13. (to) attend

atender a   to attend to (a matter, a person, etc.)

Atiende a sus propios asuntos sin   *He attends to his own affairs without*
interesarse por otra persona.   *taking an interest in anyone else.*
La dependienta está atendiendo a su   *The clerk is attending to her first*
primer cliente.   *customer.*

asistir a   to attend (a school, a function, etc.)

Asistimos al Instituto.   *We attend the Institute.*

IMPORTANT: **Asistir** does not normally mean *to assist, help.*
             Ayudar is used in this sense.

Ayuda a su padre en el negocio.   *He assists his father in the business.*

NOTE:

Los asistentes . . .   *Those in attendance . . . (**Also,** the*
                                              assistants)
El ayudante del general . . .   *The assistant (aide) to the general . . .*

However, **asistir** can mean *to be in attendance* (as a nurse, etc.).

¿Quién asiste esta noche en la cuadra   *Who's attending tonight in Ward B?*
B?

- (to) be   (*see* **ser–estar**, Less. 15)

14. (to) be cold

hacer frío   to be cold (refers to climate, weather, or room temperature)

Hace mucho frío, ¿no?   *It's very cold (out here, or in here), isn't*
                                              it?

tener *or* **sentir frío**   to be cold (describes a person's reaction to cold). **Sentir** implies a sudden chill.

Tengo (siento) frío. —Y yo siempre tengo calor.	*I am (feel) cold. —And I am always warm.*

ser frío   to be cold (depicts a characteristic of a person or thing); to be distant, aloof, impassive

No me gusta ese hombre. Es demasiado frío.	*I don't like that man. He's too cold (distant, frigid).*
La nieve es fría.	*Snow is cold.*

estar frío   to be in a cold state or condition

La olla ya está fría.	*The pot is already cold.*
Mi sopa está fría.	*My soup is cold.*

15. because

porque *(conj.)*   because (+ *clause*)

No le interesa porque no lo entiende.	*It doesn't interest him because he doesn't understand it.*
No van a comer de eso porque no les gusta.	*They won't eat that because they don't like it.*

a causa de *(prep.)*   because of, due to (+ *a noun or pronoun*)

A causa del aumento de los precios, se trasladarán a otra ciudad.	*Because of the increase in prices, they will move to another city.*
No pudimos acabarlo a causa de él.	*We couldn't finish it because of him.*

por culpa de *(prep.)*   because of (someone's fault or some defect)

Créame, el accidente no fue por culpa mía sino del volante defectuoso.	*Believe me, the accident didn't happen because of what I did, but because of the defective steering wheel.*

debido a *(prep.)*   because of, due to (+ *a noun*)

Debido a is synonymous with **a causa de**, except that it usually refers only to nonpersonal nouns:

Debido a circunstancias fuera de nuestro control . . .	*Due to circumstances beyond our control . . .*

por *(prep.)*   because of, for the sake of; out of, motivated by

Trabaja sólo por ella.	*He works only for her sake (because of her).*
Lo hizo por miedo.	*He did it because of (out of) fear.*

16. (to) become

llegar a ser   to become (something—usually as the culmination of a series of events)

Después de diez y ocho años en el Senado llegó a ser presidente.

After eighteen years in the Senate, he became President.

hacerse   to become (usually a member of a profession or trade); to become (rich); to change into

Su hijo se ha hecho cura.
El agua se hace hielo a los treinta y dos grados.

His son has become a priest.
Water becomes ice at 32°.

ponerse (+ *adj.*)   to become (to adopt, acquire, assume, take on a certain condition or state—usually a person), to get . . .

Si no te cuidas, te pondrás enfermo.

If you don't take care of yourself, you'll get sick.

Se puso pálido (rojo, enojado).

He became pale (red, angry).

Frequently, a transitive verb used reflexively conveys the same meaning as **ponerse** (+ adjective):

Se enojó, se enfadó.
Se alegrará cuando oiga las noticias.

He became (got) angry.
He will be (become) happy when he hears the news.

volverse   to become (as by a sudden change); to turn (into)

El pobre se ha vuelto loco.

The poor fellow has become (gone, turned) crazy.

convertirse en   to become, turn into, change into (a physical change)

La cera se convierte en sustancias gaseosas cuando se quema.
De noche, el ilustre doctor Jekyll se convertía en (o se hacía) un monstruo diabólico.

Wax turns into (becomes) gaseous matter when it burns.
At night, the illustrious Dr. Jekyll became a diabolical monster.

meterse a   to become, to set one's mind on a new course of activity or plunge into a new endeavor. **Meterse a** often has somewhat derogatory implications or connotations of impermanence.

Ahora se ha metido a pintor. ¿Qué se le va a ocurrir después?

Now he has become a painter (taken up painting). What will he think of next?

ser de, hacerse de   to become of, to happen to

¿Qué será de mí?	*What will become of me?*
¿Qué se ha hecho de Felipe?	*What has become of Phil?*

quedarse   to become, be left in a certain condition (usually a thing)

La casa se ha quedado muy sucia.	*The house has become very dirty.*

17. before

antes de *(prep.)*   before (referring to time)

Antes de ponerte la nueva camisa, no dejes de quitarle todos los alfileres.	*Before putting on your new shirt, be sure to take out all the pins.*

antes *(adv.)*   before (in time), first

Él cantó antes, ella después.	*He sang first, she afterwards.*

antes de que *(conj.)*   before (introduces a clause referring to time, and is always followed by the subjunctive)

Vámonos ahora mismo antes de que llueva.	*Let's go right now, before it rains.*

antes que *(prep.)*   before, rather than (does not stress time)

Se dejaría echar a la calle antes que pedir prestado a nadie.	*He would let himself be thrown out into the street rather than borrow from anyone.*

delante de   before, in front of, ahead of (refers to location, not time)

Tiene una labor tremenda delante de ella.	*She has a tremendous job before her.*
Estaban sentados delante del hogar.	*They were seated in front of (before) the fireplace.*

ante   before, in front of (a person, an altar, a court, etc.)

Ante usually implies some relation of deference.

Se arrodilló ante el altar (el rey, el juez, etc.).	*He kneeled before the altar (the king, the judge, etc.).*
Hay que quitarse el sombrero ante una señora.	*One must remove one's hat before a lady.*

18. behind

detrás de *(prep.)*   behind, in back of (something)   OPPOSITE: **delante de**

Los niños estaban escondidos detrás del sofá.	*The children were hiding behind the sofa.*

tras *(prep.)*   behind, following, after

Pedrito se fue corriendo, y tras él, todos los demás muchachos.	*Little Pete went running off, and behind him, all the other children.*

atrás *(adv.)*   behind, in back (not specifically relative to the position of another object)   OPPOSITE: **adelante**

Los heridos se han quedado atrás.	*The wounded have remained behind.*
Dio tres pasos hacia atrás.	*He took three steps back.*

atrasado *(adj.)*   behind, backward

El proyecto anda un poco atrasado.	*The project is a little behind (schedule).*
El reloj está atrasado.	*The clock is behind (slow).*

19. below

abajo *(adv.)*   below, underneath (not relative to the position of something else)   OPPOSITE: **arriba**

Abajo corría una corriente tumultuosa.	*Below there ran a tumultuous current.*
No mire nunca hacia abajo: siempre, hacia arriba.	*Don't ever look below (down); always look up.*

debajo *(adv.)*   below, under (with respect to something else)   OPPOSITE: **encima**

Ahí lo puso debajo.	*He put it there underneath.*
Encima se veía una cara sonriente; debajo, una mueca terrible.	*On the surface one saw a smiling face; below, a terrible grimace.*

debajo de, bajo *(prep.)*   under, below, underneath (see under, #137, p. 374)

Debajo de la superficie hay valiosas minas de plata.	*Below the surface there are valuable silver mines.*

20. beside(s)

además de   besides, aside from

Además de su mucho trabajo en casa, estudia de noche.	*Besides the great amount of work she does at home, she studies at night.*

al lado de, a su lado   beside, next to, at one's side (location)

Joaquín está al lado de su madre.	*Jack is beside his mother.*
A su lado estaban todos sus hijos y nietos.	*Beside him were all his children and grandchildren.*

además   besides, moreover, furthermore

Además, nunca había salido de su pueblecito.

Besides, he had never left his village.

21. boat

barco, buque   large boat, ship

un barco (buque) de guerra

a warship

vapor   steamship, boat, steamer

El vapor entrará en muelle a las siete.

The steamship will dock at 7 o'clock.

bote   a small boat, usually a rowboat

Se metieron los dos en el bote y empezaron a remar.

The two got into the boat and began to row.

barca   a fairly small ship, used for fishing, etc.

La barca abandonada había servido para llevar contrabando.

The abandoned boat had been used for carrying contraband.

lancha   a small boat (often with a motor), launch

Fuimos conducidos a tierra en lanchas.

We were taken ashore in launches (boats).

ir por mar or **en barco**   to travel by boat or ship

¿Iréis en avión o por mar (en barco)?

Will you go by plane or by boat?

22. (to) burn

arder   to be on fire, to be burning

La casa estaba ardiendo.

The house was burning.

quemar   to burn, scorch, sear (something or someone); to destroy by fire

¡Ay, por Dios! Me he quemado los dedos.

Ouch! I have burnt my fingers.

La quemaron viva.

They burnt her alive.

quemarse *(intransitive)*   to burn down (or up)

Se quemó el establo.

The stable burned down.

pegar (o **poner**) **fuego a**   to set on fire, burn down

El loco pegó (o puso) fuego a la barraca.

The madman set fire to (burned) the cabin.

23. but

sino   but, on the contrary

Sino is used only when the first part of a sentence is negative, and the second part contradicts it. **Sino que** introduces a clause:

No es valiente, sino cobarde.	*He is not brave, but cowardly.*
No estudia, sino que pasa el tiempo jugando.	*He doesn't study, but spends his time playing.*

pero   but (in all its uses except that noted for **sino**)

Es cobarde, pero todos creen que es valiente.	*He is a coward, but every one thinks he is brave.*

Mas is a literary synonym for **pero.**

menos   but, except

Nadie lo sabe menos yo.	*No one knows but I.*

si no fuera por   but for, except for, if it weren't for

Si no fuera por él, todos habrían muerto.	*But for him, they would all have died.*

24. by

por   by (an agent); by means of (in which the physical nature of the action itself is stressed)

Las velas fueron apagadas por el viento.	*The candles were blown out by the wind.*
Nos llamó por teléfono.	*He called us by (on the) telephone.*

de   by (an agent or accompanying factor)   **De** implies an emotional or mental attitude, or a situation already in existence.

Era muy amado de sus empleados.	*He was very much loved by his employees.*
Está rodeada de amigos y parientes.	*She is surrounded by friends and relatives.*

en   by (a means of transportation, but referring almost exclusively to persons)

Iremos en avión, no en barco.	*We'll go by plane, not by ship.*

BUT:

Mandaron la carta por avión.	*They sent the letter by (via) airmail.*

para   by a future time

Para mañana deben terminarlo.	*They ought to finish by tomorrow.*

25. can

>> **poder**   can (to be able, physically capable); may, can (colloquial English—to be allowed)

Puedes hacerlo si quieres.   *You can do it if you want to.*
No puedo levantarlo.   *I can't lift it up.*
Mi madre dice que puedo ir.   *My mother says that I can (may) go.*

>> **saber**   can (in the sense of *to know how to*)

Sabe hablar siete lenguas.   *He can speak seven languages.*
¿Sabe Ud. tocar el piano?   *Can you play the piano?*

26. clerk

>> **dependiente, dependienta**   generally a salesclerk
>> **contador**   a bank clerk; bookkeeper
>> **empleado**   usually a nonselling clerk; an employee of a store, office, even a domestic

Le expliqué el caso al empleado de   *I explained the case to the postal*
Correos.   *clerk.*

>> **escribano**   a clerical worker; court clerk

El escribano apuntará su nombre y   *The clerk will take down your name*
direccíon.   *and address.*

>> **mozo**   a general helper (grocery clerk, etc.)

27. confidence

>> **confianza**   confidence, faith, reliance, trust

Tengo la mayor confianza en Uds.   *I have the greatest confidence in you.*

>> **confidencia**   a confidence, something that is being confided; confidence, secrecy

Me lo dijo en confidencia.   *He told me it in confidence.*
Nunca se debe revelar una   *One should never reveal a confidence.*
confidencia.

28. corner

>> **esquina**   street corner (sidewalk); an outside corner

Te esperaremos en la esquina, ¿está   *We'll wait for you on the corner, all*
bien?   *right?*

rincón *(m.)*   (an inside) corner; nook

La mesa nueva cabrá ahí en el rincón.   *The new table will fit there in the corner.*

bocacalle *(f.)*   street corner (intersection, in the road)

El policía dirigía el tránsito en la bocacalle.   *The policeman was directing traffic at the corner.*

29. country

país   country, nation

Hay muchos países que no tienen puerto de mar.   *There are many countries that don't have any seaport.*

campo   the country (as opposed to the city)

Pasamos el verano en el campo.   *We spent the summer in the country.*

La campiña means *the countryside.*

patria   country, fatherland, homeland (often emotional or poetic)

Murió por su patria.   *He died for his country.*

tierra   native land, home province, etc.

Tierra is also used figuratively to mean *the land, earth, world,* etc.

Mi tierra es Andalucía.   *My land is Andalucía.*

terreno   country, lay of the land, topography, terrain

El terreno era áspero y escabroso.   *The country was rough and rugged.*

30. dark

oscuro   dark (in color); not lighted

Mi nuevo traje es de un verde oscuro.   *My new suit is dark green.*
Vive en una calle oscura.   *He lives on a dark street.*

a oscuras   (in the) dark, with the lights out (**a oscuras** is also used figuratively)

El cuarto estaba a oscuras.   *The room was dark.*
Están tanteando a oscuras.   *They're groping in the dark.*

31. date

fecha   a date of the month or year

No se sabe la fecha exacta de su   *The exact date of his birth is not*
nacimiento.   *known.*
¿Qué fecha es hoy?   *What is today's date?*

The idioms ¿**A cuántos del mes estamos?** and ¿**Qué fecha tenemos?** also ask:
What is today's date?

cita   a date, an appointment to meet somebody (usually socially)

Tengo cita con él mañana.   *I have a date with him tomorrow.*

compromiso   a date, an appointment, an engagement (either social or business)

Ya tiene compromiso para esta tarde.   *He already has an appointment for this*
                                                 afternoon.

citarse   to make a date

Nos citamos para hoy.   *We made a date for today.*

32. (to) destroy

destruir   to destroy completely, to annihilate

No se puede destruir nunca el alma   *Man's soul can never be destroyed.*
del hombre.

destrozar   to destroy, ruin, devastate

La tormenta destrozó gran parte del   *The storm destroyed (wrecked) a large*
edificio.   *part of the building.*

33. ear

oído   (inner) ear; hearing

Tiene una herida en el oído.   *He has an injury in his ear.*
Me lo susurró al oído.   *He whispered it into my ear.*

oreja   (outer) ear

Le cortaron una oreja.   *They cut off his ear.*
Tenía vendada la oreja derecha.   *His right ear was bandaged.*

34. (to) enjoy

divertirse, pasarlo bien   to enjoy, amuse oneself, to have a good time

Nos divertimos mucho en el club.	*We enjoy ourselves very much at the club.*
Lo pasé muy bien anoche.	*I had a very good time last night.*

gozar de   to enjoy, take pleasure or pride in, reap satisfaction from; to enjoy the benefits of (good health, etc.)

Siempre ha gozado de buena salud.	*He has always enjoyed good health.*
Goza de sus nietos.	*She enjoys her grandsons.*
Gozan de mucha fama en su pueblo.	*They enjoy a great reputation in their home town.*

disfrutar (de)   to enjoy, take pleasure and advantage from

Dísfruta de la vida.	*He enjoys life.*

gustarle (mucho) a uno   to enjoy (a book, show, etc.)

¿Qué tal le gustó el concierto?	*How did you enjoy the concert?*
No me ha gustado nunca su compañía.	*I have never enjoyed his company.*

35. even

hasta, aun, incluso *(adv. and prep.)*   even, furthermore (surprisingly); in addition; including

Although these are usually interchangeable, **aun** is less emphatic than **hasta** or **incluso,** and **incluso** is less frequent as an adverb:

Hasta (Aun) sabe leer y escribir japonés.	*He even knows how to read and write Japanese.*
Hasta (Aun, Incluso) los niños iban armados por las calles.	*Even the children went about armed in the streets.*
Todos han aprobado el examen, incluso tú.	*Everyone passed the exam, even (including) you.*

(ni) siquiera   (not) even

No tiene (ni) siquiera un amigo.	*He doesn't have even one friend.*
Ni siquiera gasta para la comida.	*He doesn't even spend for food.*

par *(adj.)*   even (of a number)

Primero vamos a decir los números pares.	*First let's say the even numbers.*

justo, exacto, igual   even (in quantity, size, etc.)

Córtelo en pedazos iguales (justos), ¿está bien?	*Cut it into even pieces, all right?*
Quedó exacto por todos lados.	*It came out even on all sides.*

36. (to) fail

fracasar   to fail, not to succeed, to make a fiasco

Esta vez no voy a fracasar.	*This time I won't fail.*

suspender, reprobar   to fail (somebody in a course)

Le suspendieron (reprobaron) por haber faltado al examen final.	*He was failed for having missed the final exam.*

ser (quedar) suspendido   to fail (a course)

Sólo dos estudiantes han sido (o quedado) suspendidos este año.	*Only two students have failed this year.*

Fracasar is also used in the sense of to fail a course:

El único que fracasó fue Miguel.	*Mike was the only one who failed.*

dejar de   to fail to (do something)

No dejes de cerrar la puerta cuando salgas.	*Don't fail to shut the door when you go out.*

faltar (a)   to fail, disappoint, deceive (somebody); to fail in

Yo no te faltaré nunca. Te lo prometo.	*I'll never fail you. I promise you.*
No debes faltar a tus obligaciones.	*You shouldn't fail in your obligations.*

The preterite of almost any verb used negatively may translate *failed to* when the English implies merely a past action:

Prometió venir, pero no se presentó.	*He promised to come, but he failed to appear.*

37. fair

justo   fair, just

Eso no es justo.	*That's not fair.*

mediano, regular, así así   fair, average, so-so

Carlos es un estudiante mediano (regular).	*Charles is a fair student.*
¿Cómo estás hoy?—Regular. (Así así.)	*How are you today? —Fair. (O.K., So-so.)*

claro   fair, light in color

Elda tenía unos ojos clarísimos.

Elda had very light (fair) eyes.

blanco   fair (skin)

Su cutis blanco contrastaba con el pelo oscuro.

Her fair skin contrasted with her dark hair.

rubio   fair (haired and/or skinned)

A él le gustan sólo las mujeres rubias.

He likes only fair women.

38. fear

temor *(m.)*   (a specific) fear, or (plural) fears

Todos sus temores resultaron infundados.

All his fears turned out unfounded.

Le estremeció un temor (*or* un miedo) repentino.

A sudden fear shook him.

miedo   fear (as an abstraction)

El miedo representa un peligro en sí.
Lo hizo por miedo.

Fear represents a danger in itself.
He did it out of fear.

Notice that **miedo** is almost never plural.

tener miedo de or **a (una persona)**   to be afraid of, to be in fear of

No tengas miedo. Ese perro no muerde . . . ¡Ay! Disculpa.

Don't be afraid. That dog doesn't bite . . . Oh, my! I'm sorry.

temer   to fear; to be concerned or worried (**temer** is usually less emphatic, less emotional than **tener miedo**)

Teme las consecuencias de su acción.

He fears the consequences of his action.

El niño temía (tenía miedo) a su padrastro.

The boy feared (was afraid of) his stepfather.

Temo que llueva mañana.

I'm afraid it will rain tomorrow.

39. (to) feel

sentir   to feel (something); to feel (to sense, to believe) that . . .

No le sentimos ninguna compasión.
Sentía su presencia en todas partes.
Siento que todo va a salir bien.

We don't feel any compassion for him.
He felt her presence everywhere.
I feel that everything will turn out all right.

sentir *(+ adj.)*   to feel (in a certain condition or state)

Me siento honrado . . .	*I feel honored . . .*
Se sintió avergonzado delante de sus parientes y amigos.	*He felt ashamed in front of his relatives and friends.*

40. few

pocos   few, not many (**Pocos** always has a negative implication.)

Ese tiene pocos amigos.	*That fellow has few friends.*

unos pocos, unos cuantos   a few, several, some (positive implication)

¿Cuadernos? Sí, quedan unos pocos (unos cuantos).	*Notebooks? Yes, there are a few left.*

41. finally

al fin   finally, at last, in the end

Al fin, decidimos telefonearles.	*Finally, we decided to telephone them.*

por fin   finally, at (long) last

Por fin is more exclamatory than **al fin**, and implies a feeling of relief:

Por fin lo han acabado.	*At last, they have finished it! (They have finally finished it.)*

en fin   finally, in short, to sum up

En fin, recobraron lo perdido y se acabó el asunto.	*Finally (in short), they recovered what had been lost and the matter was concluded.*

42. (to) find

hallar, encontrar   to find, locate (someone or something)

Lo hallamos (encontramos) en su casa.	*We found it in his house.*
La hallaron (encontraron) dormida en el bosque.	*They found her asleep in the woods.*

descubrir   to find, discover, uncover (usually a physical object, a territory, etc.)

Han descubierto un tesoro de diamantes y perlas.	*They have found (discovered) a treasure of diamonds and pearls.*

hallarse, encontrarse   to be (to find onself)

Hallarse is more frequent when the verb is followed by an adjective:

Al día siguiente, se hallaban
(encontraban) en Sevilla.
Me hallo obligado a advertirles
que . . .

*On the following day, they were in
Seville.*
I am obliged to advise you that . . .

43. fix

arreglar, componer   to fix (an apparatus, etc.); arrange

¿Han arreglado (compuesto) ya el
televisor?
No te preocupes. Yo te lo arreglaré
todo.

Have they fixed the television set yet?

Don't worry. I'll fix everything for you.

fijar   to affix, to fix, fasten, make fast

Fijen bien la araña para que no se
caiga, ¿está bien?

*Fix the chandelier so that it won't fall,
all right?*

44. (to) fly

ir en avión   to fly, take a flight, go by air

¿Cómo iréis? —En avión.

How will you go? —We'll fly.

volar   to be in flight; to fly (over some place, etc.)

Volamos sobre los Andes.

We flew over the Andes.

pilotear (un avión)   to fly (a plane)

Mi sobrino pilotea su propia avioneta.

My nephew flies his own little plane.

tripular   to fly (pilot) a commercial plane, head the crew

Hacía años que tripulaba aviones de
chorro.

He had been piloting jets for years.

45. free

libre   free, independent; open, accessible

Garantizan el libre acceso a la
frontera.
Así debe actuar un hombre libre.

*They guarantee free access to the
border.*
That's how a free man should act.

gratis *(adv.)*   free, without demanding payment

¿Cuánto te cobró? —Nada. Me lo dio gratis.	*How much did he charge you?* *—Nothing. He gave it to me free.*

gratuito *(adj.)*   free of charge

Esta tarde habrá un número de entradas gratuitas para la ópera.	*This afternoon there will be a number of free admissions to the opera.*

46. from

de   from (emanating from a place, person, etc.); from (a point in time or space)

El humo proviene de las muchas fábricas.	*The smoke comes from the many factories.*
La carta es de mi hermano.	*The letter is from my brother.*
De aquí a Nueva York hay 100 millas.	*It is 100 miles from here to New York.*

desde   from, since (a certain point in time); from (a certain place)

Desde places greater emphasis on location or position in time or space. Frequently, it is followed by **hasta** *(until):*

Nos gritó desde la colina.	*He shouted to us from the hill.*
Vive con nosotros desde el primero de marzo.	*He has been living with us since the first of March.*
Estarán aquí desde junio hasta septiembre (o de junio a septiembre).	*They will be here from June to September.*

47. funny

gracioso   funny, comical; witty, charming

Un chiste muy gracioso	*A very funny joke*
Su marido es tan gracioso.	*Her husband is so funny (witty).*

hacerle gracia a uno   to strike someone as being funny

No sé por qué, pero eso siempre me hace gracia.	*I don't know why, but that always strikes me funny.*

tener gracia   to be funny, humorous, witty (applied especially to ideas, etc.)

Todo lo que dice tiene mucha gracia ¿no?	*Everything he says is very funny (witty), don't you think so?*

divertido   funny, amusing, witty (persons, situations, etc.)

La comedia es divertida en extremo.	*The play is extremely funny.*

cómico   comical, laughable

No veo nada cómico (o gracioso) en eso.

I don't see anything funny in that.

curioso, extraño, sorprendente   funny (strange, odd, curious, surprising)

Es curioso que lo dijera **ella,** y no **él.**

*It's funny that **she** should say it, and not **he.***

48. game

juego   a type of game; gaming, gambling, play

Han popularizado un nuevo juego de naipes.

They have popularized a new card game.

Un juego de palabras.

A play on words.

partido   a specific performance of a game, a contest, match

El partido se celebra a las tres.

The game starts at three o'clock.

deporte *(m.)*   a sport, an athletic game (NOT contest)

Mi deporte favorito es el fútbol.

My favorite sport is soccer.

49. to get

Conseguir, obtener   to acquire, obtain (something)

Conseguir, which has both literal and figurative connotations, is probably the more used of the two. It is more frequent for "getting" a job, achieving an end, accomplishing a purpose, etc. The uses of **obtener** are more strictly literal, even physical—*to take out, extract from, acquire:*

Consiguió todo lo que deseaba.

He got (achieved) everything he wanted.

De la hoja de la papaya se obtuvo un jarabe medicinal.

From the leaf of the papaya was gotten a medicinal syrup.

alcanzar   to get, reach, get hold of, catch up with

No sé si podré alcanzarlo antes de que salga para la oficina.

I don't know whether I'll be able to get him (reach him) before he leaves for the office.

¿Me puedes alcanzar ese plato?

Can you get that plate (down) for me?

ponerse, volverse + an adjective (to get sick, furious, crazy, etc.). See *to become.*

Also see the uses of the reflexive—*to get lost, tired, broken, married,* etc.— Lesson 8.

subir, bajar   to get on or off a vehicle—a train, car, etc.; to get up on or down from (something)

¿En qué estación subiste?	*At what station did you get on?*
—En el Zócalo. Y bajé en Reforma.	*—At the Zocalo. And I got off at Reforma.*
Subió a la plataforma, agarró el micrófono, y ya no quiso bajar.	*He got up on the platform, grabbed the mike, and refused to get down.*

levantarse   to get up

Levántate, ¿eh? —¡Hombre! ¿Qué prisa hay?	*Get up, will you? —Man! What's the rush?*

¡Fuera (de aquí)!   Get out!

50. (to) go

ir   to go

Voy a verla mañana.	*I am going to see her tomorrow.*
Va con nosotros.	*He is going with us.*

irse, marcharse   to go away

Ya se ha ido (marchado). Llegaste tarde.	*He has already gone away. You came too late.*

salir (de)   to leave, to go out (of)

Salió hace media hora.	*He went out half an hour ago.*
Saldrán del edificio al mediodía.	*They will leave (go out of) the building at noon.*

salir a   to go out into (the street, the hall, etc.)

Acaba de salir a la calle.	*He has just gone out into the street.*

salir para   to leave for, to go away to

Salimos para la capital mañana.	*We are leaving for the capital tomorrow.*

bajar   to go down

No bajes la escalera tan aprisa.	*Don't go down the stairs so rapidly.*

subir (a)   to go up or aboard

Ha subido a su cuarto.	*He has gone up to his room.*
Subieron al tren.	*They went aboard the train.*

entrar de   to go into (in Spanish America, **entrar a**)

Entraron en (*or* a) aquella tienda.	*They went into that store.*

51. half

medio *(adj.* and *adv.)*   half

Son las cinco y media.	*It is half past five.*
Es medio indio, medio blanco.	*He is half Indian, half white.*
Está medio loco de hambre.	*He is half-crazy with hunger.*

mitad *(n.)*   a half

La dividieron en dos mitades.	*They divided it into two halves.*
Una mitad para ti, la otra para mí.	*Half for you, the other half for me.*

52. (to) hang

colgar   to hang up (something)

Colgaron su retrato en el salón.	*They hung his portrait in the living room.*

estar colgado   to be hanging (up)

El nuevo abrigo estaba colgado de un gancho.	*The coat was hanging on a hook.*

pender   to be hanging or suspended (from something); to be pending

La espada pendía de un solo hilo de seda.	*The sword was hanging from a single thread of silk.*

ahorcar   to hang, to execute (someone)

Lo ahorcaron sin darle oportunidad de defenderse.	*They hanged him without giving him a chance to defend himself.*

53. happy

feliz   basically happy (a characteristic)

un matrimonio feliz	*a happy marriage or couple*
un desenlace feliz	*a happy ending*

alegre   happy, upbeat, joyous, jovial (either a characteristic or a chance state of mind or disposition)

Estuvieron muy alegres anoche.	*They were having a great time last night.*

contento   happy, satisfied, content, pleased

Estaría muy contenta de pasar toda mi vida allí.	*I would be very happy to spend my whole life there.*
¿Quién puede estar contento siempre de sí mismo?	*Who can always be satisfied with himself?*

54. (to) hear

oír   to hear (to perceive and recognize sound); listen (in a command)

¿Oyes lo que te digo?	*Do you hear what I'm saying to you?*
Oye, Juan . . .	*Listen, John . . .*

oír decir que   to hear (it said) that . . . (as news, a fact, etc.)

He oído decir que el estado va a rebajar los impuestos.	*I have heard that the state is going to lower taxes.*

oír hablar de   to hear about (a person, an event, etc.)

Hemos oído hablar de su tío y de su mucha riqueza.	*We have heard about his uncle and his great wealth.*

escuchar   to hear, listen to

Me gusta escuchar los programas musicales que se presentan por la tarde.	*I like to listen to (hear) the musical programs that are presented in the afternoon.*
¿Me escuchas, hijo?	*Are you listening to me, son? (Do you hear me?)*

55. (a) here

aquí   here (near me)

Su madre vive aquí cerca.	*His mother lives around here.*

acá   here (toward me)

Acá is used with verbs of motion, particularly with **venir**:

Ven (para) acá, Manuel.	*Come this way, Manuel. (Come here.)*

(b) here is, here are

aquí está(n)   here is, are (located, situated)

Aquí está mi mesa.	*Here is my desk. (It is located in this spot.)*

aquí tiene Ud.   here is, are (I am handing you, offering you . . .)

Aquí tiene Ud. su reloj.   *Here is your watch. (Here it is. Take it.)*

he aquí   here is, are (behold, witness); this is, these are

He aquí appears in a list of names or addresses, in newspaper captions, radio announcements, and in limited literary usage:

He aquí las estrellas que participarán   *Here are (These are) the stars who will*
en nuestra próxima presentación . . .   *take part in our next presentation . . .*

aquí es   here is the place (where) . . .

Aquí es donde vivo.   *Here is where I live.*

56. (to) hire

emplear   to hire, employ (a person)

Dicen que van a emplear a dos mil   *They say they're going to hire 2000*
obreros más.   *more workers.*

alquilar   to hire, rent (a car, hall, apartment, etc.)

En Cali alquilaremos un coche.   *In Cali we'll hire a car.*

57. hit

pegar   to hit, strike (someone)

No lo pegues, por favor.   *Don't hit him, please.*

golpear, apalear   to hit, beat (someone)

Los golpearon (apalearon) hasta que   *They hit (beat) them until they were*
quedaron sin sentido.   *unconscious.*

acertar   to hit (the mark); get the right answer, get the point, etc.

La bala le acertó en el muslo   *The bullet hit him in the left thigh.*
izquierdo.
¡Felicitaciones! Has acertado otra vez.   *Congratulations! You've done it again.*

chocar   to hit, crash into, collide with

El automóvil chocó con un árbol.   *The car hit a tree.*

58. hot

caliente   hot; warm (**caliente** refers to the temperature of objects, liquids, etc., not to persons, except in a sexual sense)

No hay agua caliente hoy.	*There's no hot water today.*
Vive en un clima caliente.	*He lives in a hot (warm) climate.*

cálido   hot (and often humid or moist)

En los países cálidos, la vida es más difícil.	*In hot (humid) countries, life is more difficult.*

caluroso   hot (giving off heat, as the weather, a day, etc.); ardent, warm (figurative)

Hemos sufrido unos días calurosísimos este verano.	*We've had some very hot days this summer.*
Me dio un saludo caluroso.	*He gave me a warm greeting.*

acalorado   hot, heated, impassioned, enthusiastic (a discussion, fans, etc.)

Parece que interrumpíamos una discusión acalorada.	*It seems we were interrupting a heated argument.*

picante   hot, spicy (food)

La comida mejicana es más picante que la española.	*Mexican food is hotter than Spanish.*

BUT:

hacer calor   to be hot out (or in a certain place)

Ayer hizo mucho calor, ¿verdad?	*It was very hot yesterday, wasn't it?*

tener calor   to be (feel) hot (a person)

¿Tienes calor? —No, estoy bien.	*Are you hot? —No. I'm all right.*

59. (a) how!

¡cómo!   how, how well, how badly! (describes the manner in which something is done)

¡Cómo canta! ¡Cómo baila!	*How she sings! How she dances!*

¡cuánto!   how, how much!

¡Cuánto te quiero!	*How (much) I love you!*

¡qué (+ *adj.* or *adv.*)!   how (good, bad, smart, tired, fast, etc.)

¡Qué amable es!	*How nice he is!*
¡Qué bien recita!	*How well he recites!*

(b) how?

¿cómo?   how, in what way or manner?

¿Cómo puedo explicártelo?	*How can I explain it to you?*
¿Cómo te gusta el café—con crema o con leche?	*How do you like coffee—with cream or with milk?*

¿qué tal?   how, what do you think of?

¿Qué tal?   asks for an evaluation:

¿Qué tal estuvo la charla?	*How was the talk?*
Hola. ¿Qué tal?	*Hello. How goes it?*

60. (to) hurry

tener prisa, estar de prisa   to be in a hurry

No te puedo hablar más ahora. Tengo mucha prisa. (Estoy de prisa.)	*I can't talk to you anymore now. I'm in a real hurry.*

darse prisa, apresurarse; apurarse (in Spanish America)   to hurry up

¡Date prisa! (¡Apresúrate! ¡Apúrate!) No hay tiempo que perder.	*Hurry up! There's no time to waste.*

de prisa, aprisa   in a hurry, hurriedly

Resultó mal porque lo hizo de prisa (aprisa).	*It turned out badly because he did it in a hurry.*

61. (to) ignore

no hacer caso de *or* **a (una persona)**   to ignore, not to pay attention to (something or what someone is saying or doing)

No le hagas caso.	*Ignore him. (Don't pay any attention to him.)*

pasar por alto   to ignore, overlook (usually a statement or an action)

Sí, lo dijo, pero yo lo pasé por alto.	*Yes, he said it, but I ignored it.*

desconocer   to ignore (someone), snub   (**Pasar por alto** may also be used in this case.)

Le saludé, pero me desconoció (me pasó por alto).	*I greeted him, but he ignored me (snubbed me).*

ignorar   not to know, to be ignorant or unaware of

Se ignora la verdadera causa del accidente.	*The real cause of the accident is not known.*

62. (to) introduce

introducir   to introduce (a new subject, etc.), to bring in(to) or up

Introdujo la nueva resolución en el Senado.	*He introduced the new resolution in the Senate.*

presentar   to introduce (somebody to someone)

¿Quieres presentarme a tu prima?	*Will you introduce me to your cousin?*

63. just

justo   just, fair; exactly right, fitting or enough

Hay que ser justo siempre.	*One must always be just.*
Lo midieron tan bien que salió justo.	*They measured so well that it came out just right.*

sólo   just, only

Te pido sólo un día más.	*I ask you for just one more day.*
¿Quién vive aquí? —Sólo mi hermano y yo.	*Who lives here? —Just my brother and I.*

acabar de   to have just (done something)

¿Te apetece algo?	*Do you feel like eating something?*
—No, gracias. Acabo de comer.	*—No, thanks. I have just eaten.*

64. (to) know

saber   to know (something, a fact, etc.); to know by heart or thoroughly; to know how to do something

No sé si ha vuelto todavía.	*I don't know whether he has come back yet.*
¿Sabe Ud. este poema?	*Do you know this poem (by heart or thoroughly)?*
Sabe tocar la guitarra.	*He knows how to play the guitar.*

conocer   to know (a person, a city, etc.); to be acquainted or familiar with

¿Conoce Ud. a mi hermano?	*Do you know my brother?*
No conozco ese poema.	*I don't know (am not familiar with) that poem.*

65. last

último   last, final one (of a series); last (month) *(business)*

El último rey borbónico . . .	*The last Bourbon king . . .*
Ahora cursamos el último año del bachillerato.	*Now we are in our last year of school.*
Su favor del último . . .	*Yours of last month . . .*

pasado   last, recently past (the series is still continuing)

la semana pasada	*last week*
el semestre pasado	*last semester*

BUT:

anoche   last night

Nos telefoneó anoche.	*He phoned us last night.*

66. (to) leave

salir (de)   to leave (a place), to go out (of), depart (from)

Salió de la Habana en el «Emperatriz de Egipto.»	*He left Havana on the "Empress of Egypt."*
¿A qué hora sales?	*At what time are you leaving?*

salir para   to leave for (a destination)

Saldrán para la capital el viernes que viene.	*They will leave for the capital next Friday.*

dejar   to leave (something or someone) behind (either on purpose or through an oversight)

Lo dejé olvidado en casa.	*I left it (forgotten) at home.*
Raúl, no me dejes sola.	*Ralph, don't leave me alone.*

RECALL : **Dejar** also means *to let, allow, permit:*

No le dejarán hacerlo.	*They won't let him do it.*

abandonar   to leave (something or someone) behind (intentionally), to abandon

Tuvieron que abandonar el coche en medio del camino.	*They had to leave the car in the middle of the road.*

67. (to) let

dejar   to let, allow, permit

Déjale ir, si quiere.	*Let him go, if he wants to.*

In the sentence above, one person is requesting permission of another.

No nos dejarán verla.	*They won't let us see her.*

Vamos a *(+ inf. or 1st pers. pl. pres. subj.)*   Let's (do, go, buy, see, etc.)

This is a direct command involving *you* and *me:*

Vamos a ver.	*Let's see.*
Sentémonos aquí.	*Let's sit down here.*
Vamos a sentarnos aquí.	

que (+3rd pers. pres. subj.)   Let (permit, allow)

This is an indirect command, in which one person expresses his will that someone else do something. There is no implied request for permission:

Que lo haga Jorge.	*Let George do it. (I want George to do it.)*
Que se diviertan mientras puedan.	*Let them enjoy themselves while they can. (May they enjoy themselves, I want them to . . .)*

68. (to) like

gustarle a uno   to find pleasing, to have a certain inclination toward (persons, things, activities)

Me gusta viajar.	*I like to travel.*
¿Le gustó la película?	*Did you like the film?*
No nos gustan nada esos hombres.	*We don't like those men at all.*

querer   to like (a person, or at times, an animal), to feel affection for

Quiero mucho a Juanito.	*I like Johnny very much.*

69. little

pequeño   little, small in size

Una casa pequeña	*A little house*

poco *(adj.)*   little (in amount), not much ; *(pl.)* few, not many

Tiene poca astucia.	*He has little shrewdness.*
Es hombre de pocas palabras.	*He is a man of few words.*

poco *(adv.)*   little, not much

Come poco para su edad.	*He eats little for his age.*

un poco de *(n.)*   a little (bit of)

Con un poco de paciencia, se alcanza lo imposible.	*With a little (bit of) patience, one can achieve the impossible.*

70. (a) (to) look

> **parecer**   to look, appear, seem to be, resemble

Pareces cansado hoy.	*You look tired today.*
Parece no estar conforme.	*He seems to disapprove.*

> **estar**   to look, seem, be

Estar gives a more subjective evaluation than does **ser** to the quality described by the adjective. However, it still retains its primary sense of *to be* and is not wholly synonymous with **parecer:**

Estás muy bonita esta noche.   *You look (are) very pretty tonight.*

> **Parecer** could not be used in this sentence.

> **mirar**   to look at

Me miró con verdadero odio.   *He looked at me with real hatred.*

> **buscar**   to look for

Busco a mi marido. ¿Lo ha visto Ud.?   *I'm looking for my husband. Have you seen him?*

Notice that the English *for* is included within the meaning of **buscar,** and so Spanish uses no preposition.

> **parecerse a**   to look like, resemble

Se parece a su padre.   *He looks like his father.*

> **ver**   to see, occasionally means *to look at*

Debieras verle con los ojos, no con el   *You should look at him (see him) with corazón.   your eyes, not with your heart.*

> **tener buena (mala) cara, verse bien (mal)**   to look well (bad)

Tiene Ud. muy mala cara hoy.
Se ve muy mal hoy.   *You look very bad today.*

> (b) look, glance, *n.*

> **mirada**   a glance (at someone or something); a way of looking

Me echó una mirada curiosa.	*He gave me a curious glance.*
Con una mirada tal, se podría enfriar el sol.	*With a look like that, the sun could freeze over.*

ojeada a glance (through a book, etc.), a rapid perusal

Hoy le puedo dar sólo una ojeada rápida.	*Today I can give it only a quick glance.*

71. (to) love

querer to love (a person or, occasionally, an animal)

Querer includes most of the concepts of *to love:*

Te quiero con toda el alma.	*I love you with all my heart.*

amar to love (with great affection or passion)

Amar is somewhat more ardent than **querer:**

No podré amar nunca a otro.	*I will never be able to love any other man.*
Ama a sus padres.	*He loves his parents.*

enamorarse de to fall in love with

Se ha enamorado locamente de su profesor de historia.	*She has fallen madly in love with her history teacher.*

enamorar to make someone fall in love with one, to court

A don Juan le gustaba enamorar a las mujeres sólo para abandonarlas después.	*Don Juan liked to make women fall in love with him just to abandon them afterwards.*

72. matter

materia substance, (physical) matter

La materia no se puede destruir; toma otra forma.	*Matter cannot be destroyed; it takes another form.*

asunto (a) matter, question (at hand)

¿Por qué no hablamos primero de otro asunto?	*Why don't we talk first about another matter?*

Se trata de . . . It is a matter of . . . This matter deals with . . .

Ahora se trata de una princesa que se quiere casar con . . .	*Now it is a matter (question) of a princess who wants to marry . . .*

Da lo mismo. It doesn't matter. (Either way is equally all right.)

¿Quieres ir al cine o al teatro esta noche? —(Me) da lo mismo.	*Do you want to go to the movies or to the theater tonight? —It doesn't matter. (I like both.)*

No importa.   It doesn't matter. (It's not important, nothing to be concerned about.)

¿Sabes? Se me olvidó traer la pluma
   que me prestaste. —No importa.

*You know? I forgot to bring the pen you
   lent me. —It doesn't matter.*

¿Qué tienes? ¿Qué te pasa?

*What's the matter (What's wrong) with
   you?*

¿Qué pasa?

*What's up? (What's going on? What's
   the matter?)*

73. (to) make

> **hacer**   to make (something); **hacer** (+ *infinitive*)   to make (someone) do some-
> thing; have something done

Te haré pasar todo el día en tu cuarto.

*I'll make you stay in your room all day
   long.*

La hicieron construir en el mismo sitio.

They had it built on the same site.

> **dar (hambre, sed, miedo,** etc.)   to make (someone) hungry, thirsty, afraid, etc.

El aroma que sale de esa olla me da
   un hambre feroz.

*The smell that's coming from that pot
   is making me ravenously hungry.*

Ese hombre nos da miedo.

That man scares us.

74. may

> **poder**   may

Poder is used to translate *may* when the meaning is *to be allowed to* or *able to:*

Puedes irte ahora, si quieres.

You may go now, if you want to.

Notice that the indicative of **poder** is used, since **poder** is the main verb of a
principal clause.

Poder may also be used to indicate uncertainty, either in a main clause or after
an expression of belief. Notice again that the indicative of **poder** is used in these
circumstances:

Pueden tener razón.
Admitió que podía estar equivocado.

*They **may** be right.*
*He admitted that he **might** (could) be
   mistaken.*

Creo que puede ser él.

*I think it **may** be he.*

The subjunctive of any verb is used to translate *may* after conjunctions indicating
uncertainty or indefiniteness. *May* then means *to be possible, but not certain:*

Aunque le vea, no hablaré con él.

*Although I may see him, I won't speak
   to him.*

Puede que, Es posible que   may

Puede que or **Es posible que** is used in a main clause when *may* implies possibility or uncertainty. These expressions must be followed by the subjunctive:

Puede que vengan.	*They **may** come.*
Es posible que vengan.	

75. (to) mean

significar   to mean (as a word, etc.); to have the meaning, or significance

¿Qué significa esta palabra?	*What does that word mean?*
Eso significa que pronto llegarán a un acuerdo.	*That means that soon they'll come to an agreement.*

querer decir   to mean (to say); to signify

Notice that although **querer decir** is often synonymous with **significar**, only **querer decir** can have a personal subject:

¿Qué quiere decir (significa) eso?	*What does that mean?*
Iremos en seguida . . . quiero decir, tan pronto como sea posible.	*We'll go at once . . . I mean, as soon as it's possible.*
¿Qué quiso decir el profesor?	*What did the professor mean?*

76. (to) meet

encontrar (a)   to meet (someone or something), either by appointment or by chance

Vamos a encontrar el barco en Gibraltar.	*We're going to meet the ship at Gibraltar.*
Encontré a tu amiga Clara en el centro hoy.	*I met your friend Claire downtown today.*

conocer   to meet (someone) for the first time, to be introduced to

Conocí a tu cuñado ayer.	*I met (was introduced to) your brother-in-law yesterday.*

verse con   to meet by appointment, to have a meeting with

Me veo con él mañana por la mañana para discutirlo.	*I'm meeting him tomorrow morning to discuss it.*

dar con, tropezar con, encontrarse con   to meet (by accident), to happen upon, "bump into," come across

Di con ellas en el tren.	*I met them ("bumped into" them) on the train.*

Tropezamos con el autor de esta novela cuando estábamos en Cádiz.	*We met (came upon) the author of this novel when we were in Cadiz.*

If **conocimos** were used in the last sentence above, it would mean *we were introduced to, made the acquaintance of . . .*

reunirse   to meet (as a group, a club, etc.)

El Centro Hispano se reúne todos los viernes a las dos.	*The Spanish Club meets every Friday at two o'clock.*

buscar   to go to meet (someone at a station, etc.)

Tengo que buscarlos en el aeropuerto.	*I have to meet them at the airport.*

77. middle

medio *(n.)*   (the) middle; *(adj.)* middle, average

Estamos en el medio de la página 179.	*We are in the middle of page 179.*
La clase media es la que domina.	*The middle class is the one that rules.*

a mediados de   around the middle of (a month, century, etc.)

Volverán a mediados de agosto.	*They'll return around the middle of August.*

en medio de   in the midst of, surrounded by

No puedo ahora. Estoy en (el) medio de un montón de trabajo.	*I can't now. I'm in the middle of a pile of work.*

mediano   (approximately) middle; average, mediocre

Es de edad mediana.	*He is middle-aged.*
Poseía una inteligencia mediana.	*He had an average (mediocre) intelligence.*

78. (to) miss

perder   to miss (a train, etc.)

Escucha, querida. Llegaré un poco tarde. Acabo de perder el tren.	*Listen, dear. I'll be a little late. I've just missed the train.*
No pierdas la ocasión de hablar con él.	*Don't miss the chance to talk with him.*

echar de menos, extrañar   to miss, to long for the presence of (someone or something)

Parece echar de menos (o extrañar) a su perro más que a sus padres.	*He seems to miss his dog more than his parents.*

faltar a   to miss (a class, lecture, performance, etc.), not to be present at a specified occasion

Faltó a la clase dos veces la semana pasada.   *He missed class twice last week.*

errar el tiro   to miss (a target)

Apuntó con cuidado, pero erró el tiro.   *He aimed carefully, but missed.*

no coger, no agarrar   to miss, to fail to catch (a ball, etc.), to fail to meet

Me tiró la pelota, pero no la cogí (agarré).   *He threw me the ball, but I missed it.*

no encontrar   to miss, fail to catch (a person)

Pasé por su oficina, pero no le encontré.   *I went to his office, but I missed him.*

79. must

hay que   one must (impersonal)

Hay que tener cuidado siempre.   *One must always be careful.*

tener que   to have to (indicates strong personal necessity or compulsion)

Tuve que dárselo.   *I had to give it to him.*

deber   should (moral obligation)

At times **deber** acquires the force of *must:*

Debo ir con ellos.   *I should (must, have to) go with them.*

deber (de)   must (in the sense of probability; the **de** is not required, however.)

Debe (de) haber cantado ya.   *He must have sung already.*

Future of probability: must (in the sense of conjecture or probability):

Será Juanita.   *It must be (probably is) Joan.*

80. neither

ni . . . ni   neither . . . nor.

Ni, when used alone, means *nor* or *not (even)*.

Ni él ni su hermano han sido bautizados.   *Neither he nor his brother has been baptized.*

Notice that the verb is plural after **ni . . . ni:**

Ni siquiera ella lo sabe.	*Not even she knows.*
¡Ni por pienso!	
¡Ni mucho menos! }	*Not by any means!*
¡Ni pensarlo!	

tampoco   neither (also . . . not), either (in negative sentences)

Yo no voy tampoco.	*I'm not going either. (I also am not going.)*
Ni nosotros (tampoco).	*Nor we either. (We too aren't going.)*

81. next

siguiente   next, immediately following

Al día siguiente, se hallaban en París.	*(On) the next day, they were in Paris.*

próximo   next (though not necessarily immediately following), future

La próxima vez que te vea hacerlo, llamaré a tu madre.	*The next time I see you do it, I'll call your mother.*

que viene   next, forthcoming (usually refers to periods of time—weeks, months, etc.)

Lo veremos la semana que viene.	*We shall see him next week.*

junto a   next to, adjacent to

Estaba sentado junto al hogar.	*He was sitting next to the fireplace.*

de al lado, contiguo   next (to), adjoining (as a house)

Viven en la casa de al lado.	*They live in the house next door.*

82. office

oficio   office, position (public, professional, etc.), occupation, trade (viewed as an abstract entity)

No le considero calificado para el oficio.	*I don't consider him qualified for the office.*
El oficio de sacristán . . .	*The office of sexton . . .*

Cargo is used frequently when referring to a specific office or position: **el cargo de subdirector**   *the job (office) of assistant manager.*

oficina office, place of doing business, government office, etc. (now in general usage for almost all types of offices)

No me gustaría trabajar en una oficina.	*I wouldn't like to work in an office.*
La oficina del Ministerio de Guerra.	*The office of the Ministry of War.*

bufete a lawyer's office

Mi marido piensa abrir bufete en Barcelona.	*My husband is planning to open an office in Barcelona.*

consulta, sala de consulta, consultorio doctor's office

La sala de consulta estaba llena de gente.	*The doctor's office was full of people.*
Horas de consulta: 9 a 12:30	*Office hours: 9 to 12:30*

clínica dentists or doctor's office

Mi dentista tiene su clínica en la calle Armando.	*My dentist has his office on Armando Street.*

Gabinete is also used in this sense.

83. (a) old

viejo old (applied to persons or things); when placed before the noun, it may mean *long-standing*

un profesor viejo	*an old (elderly) professor*
un viejo amigo	*an old (long-standing) friend*

antiguo old, ancient, antique

RECALL: **antigüedades** *(antiques)*. When it is placed before the noun, **antiguo** may mean *former*. This adjective is generally not applied to persons, except when it means *ancient, former,* or *long-standing.*

una silla antigua	*an old (antique) chair*
los antiguos iberos	*the ancient Iberians*
el antiguo Ministro de Hacienda	*the former Secretary of the Treasury*
un antiguo amigo mío	*an old friend of mine*

anciano old, of very advanced age (applies only to persons and lends a rather poetic or affectionate connotation). In Mexico and in certain other parts, it is preferred to **viejo** when describing a person deferentially.

El anciano estaba sentado junto al hogar.	*The old man was sitting by the fireplace.*

grande   old (a euphemism for **viejo** or **anciano**—Mexico)

Mi tía es(tá) grande ya.	*My aunt is rather old now. (She's getting on in years).*

(b) older

mayor   older (establishes a comparative relationship between two persons, regardless of whether they are young or old)

Es mayor que yo. Tiene unos veinticinco años.	*He is older than I. He is about twenty-five.*

más viejo   older, more aged (compares the adjective *old*)

Es más viejo que Matusalén.	*He is older than Methuselah. (Both are old!).*

más antiguo   more ancient, most ancient

La catedral más antigua del Nuevo Mundo.	*The oldest cathedral in the New World.*

84. on

en   on, resting upon or leaning against

Su retrato estaba colgado en la pared.	*His portrait was hanging on the wall.*
La vajilla ya está en la mesa.	*The silverware is already on the table.*

sobre   upon, on top of, resting upon or suspended above

Sobre su cabeza apareció una aureola de luz.	*Over his head there appeared a halo of light.*
La puso sobre la vitrina.	*She put it on the showcase.*

NOTE: **En la vitrina** could imply *in* the showcase.

85. only

sólo, solamente *(adv.)*   only (applies to persons, things, numbers, etc.) Notice that the accent mark on **sólo** differentiates it from the adjective **solo** *(alone):*

Sólo él y yo lo sabemos.	*Only he and I know.*
Habla sólo (solamente) con sus amigos.	*He speaks only with his friends.*
Nos quedan sólo cinco dólares.	*We have only five dollars left.*

BUT:

Estaba solo.	*He was alone.*

no . . . más que *(adv.)*   only; (to do, have, etc.) nothing but

No tiene más que diez dólares.	*He has only ten dollars.*
No hace más que llorar.	*She does nothing but cry.*
No me dejes. No tengo más que a ti.	*Don't leave me. I have only (nothing but) you.*

único *(adj.)* only (one), single, unique

Un hijo único es un hijo consentido.	*An only child is a spoiled child.*
Es la única esperanza que le queda.	*It's the only hope he has left.*

Solo   also appears in this sense.

---

86. (a) order *(n.)*

la orden   order, command; also, a religious or military order

Dio la orden de retirarse.	*He gave the order to withdraw.*
Las órdenes dominica y franciscana . . .	*The Dominican and Franciscan orders . . .*

el orden   order, orderliness, system, arrangement

El gobierno ha restablecido el orden.	*The government has reestablished order.*
Todo está en perfecto orden.	*Everything is in perfect order.*

pedido   business order

(b) (to) order

mandar   to order (someone to do something)

Le mandó darnos la llave.	*He ordered him to give us the key.*

pedir   to order (something in a restaurant, stores, etc.)

¿Qué vas a pedir? —Un bisté.	*What are you going to order? —A steak.*

hacer un pedido   to order, place an order (for merchandise)

Le haremos un pedido si rebaja el precio.	*We'll give you an order if you lower the price.*

encargar   to order (merchandise)

Se lo encargaremos a otra firma.	*We shall order it from another company.*

87. (to) pay

pagar   to pay somebody; to settle an account; to pay for

¿Pagaste al médico?	*Did you pay the doctor?*
Ya pagué el alquiler.	*I already paid the rent.*
¡Me lo pagarás!	*You'll pay for that!*

Notice that Spanish does not require the preposition **por** to translate *for,* unless the amount is mentioned or implied:

pagar . . . por   to pay (a certain amount of money) for something

Pagó diez dólares por esa corbata. —¡Qué barbaridad!	*He paid ten dollars for that tie. —How awful!*
Nos pagará (por) lo que hizo ayer.	*He will pay us for what he did yesterday.*

hacer una visita   to pay a visit

Mañana haré una visita a mi tía Clara.	*Tomorrow I shall pay a visit to my Aunt Claire.*

prestar atención   to pay attention, to fix one's mind on

No prestábamos atención a lo que decía el orador.	*We weren't paying attention to what the speaker was saying.*

hacer caso de (or **a**)   to pay attention to; to heed, listen to

The preposition **a** is more frequent than **de** when referring to a person:

No le haga caso. No sabe nada.	*Don't pay any attention to him. He doesn't know anything.*

88. people

gente   people (in general—as an abstraction or as a group)

NOTE: **La gente** is a collective noun.

La plaza estaba llena de gente.	*The square was filled with people.*
Hablando se entiende la gente.	*By speaking, people understand each other.*

personas   people (as individuals), persons

Only **personas** can be used with specific numbers.

Hay muchas personas que no saben leer.	*There are many people who don't know how to read.*
Caben setenta personas en ese café.	*That cafe holds seventy people.*

gentes   people (as a group, but with some implication of their individual identities within the whole)

Gentes is not used as frequently as **gente** or **personas**:

Las gentes se arremolinaban fuera del palacio.	*The people were milling outside the palace.*

pueblo   the people, the masses; a people, a race, a nation

Los pueblos de Asia.	*The peoples of Asia.*
El pueblo no lo consentiría nunca.	*The people would never consent to it.*

público   the people, the public

Está tratando de engañar al público.	*He is trying to deceive the public (people).*
Eso no se debe hacer en público.	*That shouldn't be done in public.*

89. (a) plan *(n.)*

plan *(m.)*   a plan, scheme

Se me ocurre un plan maravilloso.	*I've just thought of a great plan.*

plano   plan, sketch, diagram (of a house, etc.)

¿Nos deja ver el plano de la casa?	*Will you let us see the plan of the house?*

(b) (to) plan

planear   to plan, make plans or designs for

En el futuro planeamos para este sitio un nuevo sanatorio.	*In the future we're planning a new sanitarium on this site.*

pensar *(+ infinitive)*   to plan (to do something), intend

¿Adónde piensas ir este verano?	*Where are you planning to go this summer?*

90. (to) play

jugar   to play (a game, sport, etc.)

jugar a las cartas	*to play cards*
jugar al tenis	*to play tennis*

tocar   to play (an instrument)

¿Sabe Ud. tocar el violin?	*Do you know how to play the violin?*

91. position

posición   physical position; relative position (social, business, etc.), stature, status; condition

La posición del satélite indica que muy pronto va a agotarse.	The position of the satellite indicates that it will expend itself very soon.
Quiso mejorar su posición social, pero sólo se creó enemigos.	He tried to improve his social position, but he only made enemies.
Estamos en una posición poco envidiable.	We are in an unenviable position.

puesto, cargo   a position, post, situation, job

Van a ofrecerle un puesto (cargo) importantísimo.	They are going to offer him a very important position.

92. (to) put

poner   to put or place (in almost all senses)

Puso una moneda en el mostrador.	He put a coin on the counter.

ponerse   to put on (an article of clothing, etc.)

Se puso el sombrero y salió sin más ni más.	He put on his hat and left without further ado.

meter   to put within or inside of

Se metió la mano en el bolsillo y sacó la cartera.	He put his hand in his pocket and took out his wallet.

colocar   to put, to place, to arrange (in a specific order, position, or location)

Colocó la vasija de modo que todos pudieran verla al entrar.	She placed the vase in such a way that everyone could see it upon entering.

93. quality

cualidad   a quality (of character, etc.)

Tiene muchas buenas cualidades.	He has many good qualities.

calidad   quality (of merchandise, etc.)

Esta tela es de la mejor calidad.	This cloth is of the finest quality.

The plural **calidades** may be used synonymously with **cualidades** in referring to moral traits, etc.

94. question

pregunta   a question, an inquiry

Me hizo muchas preguntas personales
   que no quise contestar.

He asked me many personal questions
*   that I refused to answer.*

cuestión   a question, an issue, a matter

La cuestión que tenemos que decidir
   es si es culpable o inocente el
   acusado.

The question (issue) that we must
*   decide is whether the accused is*
*   guilty or innocent.*

tratarse de   to be a question or matter of, to concern

Se trata del derecho de los
   estudiantes a protestar.

It is a question of (concerns) the
*   students' right to protest.*

95. quiet

callado   quiet, silent, hushed, not speaking; laconic (with **ser**)

¿Quién puede quedarse callado
   cuando oye tantos disparates?

Who can remain quiet when he hears
*   so much nonsense?*

quieto   quiet, unmoving, still

Todo estaba quieto, como si el mundo
   hubiera dejado de respirar.

Everything was quiet, as if the world
*   had stopped breathing.*

sereno, tranquilo   quiet, peaceful, serene

Era una noche serena (tranquila), llena
   de paz y de amor.

It was a quiet night, filled with peace
*   and love.*

poco hablador   quiet, laconic, reserved, unaccustomed to talking much

Mi hermano es muy poco hablador
   (muy callado) pero inteligentísimo.

My brother is quiet (doesn't talk much)
*   but very intelligent.*

bajo   quiet, soft, not loud

Hablen en voz más baja, por favor.

Speak more quietly, please.

96. (to) raise

levantar   to lift up, pick up

Levanten la mano derecha.
La levantó en sus brazos.

Raise your right hands.
He picked her up in his arms.

subir   to raise, carry, bring or take up; raise (price, quality, etc.)

Tengo que subir un poco esta falda. Me queda muy larga.	*I have to raise this skirt a little. It's very long on me.*
¿Me hace el favor de subir la celosía?	*Will you please raise the blind?*
Ese siempre sube los precios.	*That fellow always raises his prices.*

criar   to raise (a baby or child); to raise animals

Lo crio desde niño y ahora no la reconoce siquiera.	*She raised him from a child and now he doesn't even recognize her.*
Criamos ovejas y cabras.	*We raise sheep and goats.*

educar   to raise, bring up, educate (in courtesy, etc.), rear

Ese niño está muy mal educado.	*That boy is very badly raised.*

cultivar   to raise (crops)

Por aquí cultivan trigo y maíz.	*Here they raise wheat and corn.*

97. rather

algo   rather, somewhat, a bit

Creo que el examen será algo difícil para ellos.	*I think the exam will be rather difficult for them.*

bastante   rather, quite, considerable, considerably

Hace bastante calor en junio.	*It is rather (quite) warm in June.*

más bien   rather, instead

Yo diría más bien la evolución, no la revolución tecnológica.	*I would say rather (instead) the technological evolution, not revolution.*

antes que   rather than

Decidieron morir luchando antes que rendirse.	*They decided to die fighting rather than surrender.*

preferir, gustarle más a uno   prefer, would rather

Preferiría (Me gustaría más) arriesgarme con ellos que esperarlos en casa.	*I would rather take a chance with them than wait for them at home.*

Antes . . . que may also be used in this case:

Antes que esperarlos en casa me arriesgaría con ellos.	*I would rather . . .*

98. (to) reach

llegar a   to reach, arrive at (a certain point or destination)

Llegamos a Córdoba por la mañana.	*We reached Cordoba in the morning.*

alcanzar   to attain; to reach for; catch up with

Salieron temprano pero los alcanzaremos para el mediodía.	*They left early, but we'll catch up with them by noon.*
Ha alcanzado un nuevo nivel de perfección.	*He has reached a new level of perfection.*
¿Me puedes alcanzar aquella cajita?	*Can you reach that little box for me?*

99. (to) realize

realizar   to realize, make real, fulfill, put into effect

Nadie puede realizar todos sus sueños.	*Nobody can realize all his dreams.*

darse cuenta de   to realize (a fact, etc.), to become aware of, to take into account

No se daba cuenta de las consecuencias de su conducta.	*He didn't realize the consequences of his behavior.*

100. (to) refuse

negarse a   to refuse to do something

Se negó a hincarse de rodillas ante el rey.	*He refused to kneel before the king.*

no querer *(pret.)*   to refuse, to be unwilling to do something

No quiso ir con nosotros.	*He refused (didn't want) to go with us.*

rechazar   to refuse (an offer, a suitor, etc.)

No debes rechazar una oportunidad como ésa.	*You shouldn't refuse an opportunity like that.*

rehusar   to refuse (something), to refuse to do (something)

Rehusó la oferta.	*He refused the offer.*
Se lo pidieron, pero rehusó.	*They asked him, but he refused.*

101. (to) remain

quedar   to remain (in a certain state or condition); to be remaining or left over

Quedó pasmado por la noticia.	*He remained shocked (he was left in dismay) by the news.*
Quedan unos cuantos libros de poesía.	*A few books of poetry remain (are left).*

quedarse   to remain, stay on or behind

Se quedó todo el día en la cama.	*He stayed (remained) in bed all day.*
¿Por cuánto tiempo te quedarás allí?	*How long will you remain there?*

102. respect

respeto   respect, deference, admiration

Lo tratábamos siempre con el mayor respeto.	*We always treated him with the greatest respect.*

respecto   respect, aspect, sense

A este respecto, es un perfecto ignorante.	*In this respect, he is a total ignoramus.*

103. rest

el resto, lo demás   the rest, remainder, balance, what is left over (applied to objects, ideas, etc., rather than to persons)

El resto (lo demás) será para Uds., si quieren.	*The rest will be for you, if you wish.*

Note, however: **los restos**   the (mortal) remains.

los demás   the rest, the others (both persons and things)

Los demás han quedado en (*or* de) volver mañana.	*The others (the rest) have agreed to return tomorrow.*

descanso   rest, respite from fatigue

Lo que necesitas más que nada es descanso.	*What you need more than anything else is rest.*

104. (to) return

volver, regresar   to return, come back

¿Cuándo piensan volver (regresar) sus padres?	*When do your parents intend to return?*

Regresar can also mean *bring back, return something to its place:*

«Uno, dos, levanten la pesa. Tres, cuatro, regrésenla a su lugar.»	*"One, two, lift the weight. Three, four, put it back in its place."*

devolver   to return (something), give back, hand back

¡Ay de mí! Se me olvidó devolverle el dinero que me prestó.	*Oh my! I forgot to return the money he lent me.*

Colloquially, **regresar** can also be used in this sense.

105. right *(n.)*

el derecho   right (lawful, moral), privilege

Tengo el derecho de hacer lo que me dé la gana.	*I have the right to do anything I feel like doing.*

NOTE: **El derecho** also means *law.*

el bien, lo bueno   (what is) right

Hay gente que no sabe distinguir entre (el) bien y (el) mal (lo bueno y lo malo).	*There are people who can't distinguish between right and wrong.*

la derecha   the political right, right wing

Aunque era liberal, se dejó llevar por la derecha.	*Although he was a liberal, he let himself be swayed by the right wing.*

derecho *(adj.)*   right (direction); *(adv.)* right, straight (to)

a la derecha	*on the right*
el pie derecho	*the right foot*
Se fue derecho al alcalde.	*He went right to the mayor.*

recto *(adj.)*   right (angle); right (righteous)

Tracemos un ángulo recto.	*Let's draw a right angle.*
Hay que seguir el camino recto.	*One must follow the right (good) road.*

tener razón   to be right (to have reason or logic on one's side)

NOTE: This idiom applies only to persons.

Tu papá tiene razón.	*Your father is right.*

ser justo, estar bien   to be right; just, fair (referring to actions, statements, etc.)

Eso no es justo.	
Eso no está bien.	*That isn't right.*
No está bien lo que hizo.	*What he did isn't right.*

ser correcto   to be right, correct (as a calculation, answer, piece of information, etc.); to be correct, proper

Su respuesta no es correcta (no está bien).

Your answer is not right.

No es correcto comer con las manos.

It is not right (proper) to eat with one's hands.

106. same

Mismo and **igual** are synonymous when they mean *just like*. Only **mismo** may be used to mean *one and the same:*

Yo tengo los mismos aretes.
Yo tengo unos aretes iguales.

I have the same earrings.

Tienen la misma cantidad (igual cantidad) que nosotros.

They have the same (equal) quantity as we.

Vive todavía en la misma casa.

He still lives in the same house.

¿El mismo profesor enseña las dos materias?

The same professor teaches both subjects?

107. (to) save

salvar   to save, rescue

Le salvaron la vida, pero no se mostró nada agradecido.

They saved his life, but he didn't act at all grateful.

ahorrar   to save (money, time, trouble, etc.), to hoard

Ahorra todo su dinero como si pudiera gastarlo allá en el otro mundo.

He saves all his money as if he could spend it in the other world.

A ver si puedo ahorrarte la molestia.

Let's see whether I can save you the trouble.

108. season

estación   season of the year

La estación del año que me gusta más es el verano.

The season of the year that I like best is summer.

temporada   season, period of time in which certain events, etc., take place

La temporada de las carreras coincide con nuestras vacaciones este año.

The racing season coincides with our vacation this year.

sazón   season, point of maturity

Los melones no están en sazón ahora.

Melons aren't in season now.

109. set

> **juego**   a set (of furniture, tools, etc.)

Juego usually refers to a set of physical, though nonmechanical objects, often of household or personal use, and applies to most groups of objects that have a joint function:

¡Liquidación! **Juegos de cocina.** **Juegos de salón.**	Sale! Kitchen sets. Living room sets.

un juego de botones   *a set of buttons*

> **aparato**   a mechanical or electrical set (television, air conditioning, etc.)

El aparato no funciona.   *The set isn't working.*

However, specific words have come into use for most appliances: **televisor, televisión** *(television set);* **servicio** *(a set of dishes or tableware)*

Buscamos un nuevo servicio de   *We are looking for a new set of china.*
porcelana.

> **colección**   a set (of books)

una colección de las obras de Dickens   *a set of Dickens' works*

> **terno**   a set (often of three objects, such as jewelry, clothes, etc.)

Me regaló un terno de aretes, pulsera   *He gave me a set of pearl earrings,*
y collar de perlas.   *bracelet, and necklace.*

110. short

> **bajo**   short (in height)

Es un hombre bajo pero fuerte.   *He is a short, but powerful man.*

> **corto**   short (in length)

Esas cortinas quedan un poco cortas.   *Those curtains are a little short.*
Vive a corta (poca) distancia de aquí.   *He lives a short distance from here.*

> **breve**   short, brief, succinct

Nos escribió una carta muy breve (o   *He wrote us a very short letter.*
corta).
Estuvo muy breve aquella noche.   *He was very short (brief) that night.*

111. (to) sign

señal   a sign, distinguishing mark, marker (not in writing); an indication; a signal; a token

Cuando llegue a la cima, deje una señal en una piedra.	When you get to the top, leave a sign on a rock.
Te lo doy en señal de nuestra amistad.	I am giving it to you as a sign (token) of our friendship.
Hizo la señal de la cruz.	He made the sign of the cross.

muestra, indicio   a sign, an indication, evidence

¿Qué muestra puede darnos de su lealtad?	What sign (evidence) can he give us of his loyalty?
Esto es un indicio de su gran conocimiento del campo.	This is an indication (a sign) of his great knowledge of the field.

seña   a sign, indication; a signal; a distinguishing mark or characteristic (often of a person)

Daba señas de gran impaciencia.	He gave signs of great impatience.
Descríbale. ¿Qué señas tenía?	Describe him. What did he look like? (What distinguishing signs did he have?)
Le hacía señas desde lejos.	He would make signs to him from afar.

signo   a sign, signal; an indication; a mathematical sign

el signo ×	the sign ×

letrero   a written or printed sign

El letrero rezaba: ESTÁ PROHIBIDO FUMAR.	The sign said : SMOKING FORBIDDEN.

cartel   sign, poster

¡NO FIJAR CARTELES!	NO SIGNS POSTED HERE!

huella   a sign, trace, vestige, clue

Desapareció sin dejar huella.	He disappeared without leaving a sign.

firmar   to sign

Firmó el documento.	He signed the document.

112. since

> **desde** *(prep.)*   since (a certain time)

Estamos casados desde abril.   *We've been married since April.*

> **desde que** *(conj.)*   since (a certain time) *(+ clause)*

Desde que vive en la ciudad, no   *Since he has been living in the city, he*
conoce a sus parientes.   *doesn't know his relatives anymore.*

> **ya que** *(conj.)*   since, now that

Ya que estás aquí, ¿por qué no te   *Since (Now that) you're here, why don't*
quedas toda la semana?   *you stay the whole week?*

> **puesto que** *(conj.)*   since, because (**pues** is used synonymously)

No quiere salir del pueblo, puesto que   *He doesn't want to leave the town,*
su familia vive allí.   *since his family lives there.*

113. (to) sleep

> **dormir**   to sleep

No puedo dormir cuando hace calor.   *I can't sleep when it is hot.*

> **estar dormido**   to be sleeping or asleep

¿Puedo hablar con María? —Ahora no.   *May I speak to Mary? —Not now. She*
Está dormida.   *is sleeping (or asleep).*

> **dormirse**   to fall asleep, to go to sleep

Duérmete, mi nene.   *Go to sleep (fall asleep), my baby.*

> **acostarse**   to go to bed, to lie down, to go to sleep (but *not* to fall asleep)

Me acosté a las diez, pero no me   *I went to bed at ten, but I didn't fall*
dormí hasta las once y media.   *asleep until half-past eleven.*

> **tener sueño**   to be sleepy

¿Qué tienes? —Nada. Tengo sueño.   *What's the matter with you? —Nothing.*
    I'm sleepy.

114. smooth

> **suave**   smooth, soft (to the touch, ear, etc.); gentle, suave

Es una tela muy suave.   *It's a very smooth (soft) fabric.*
Tiene una voz tan suave que da gusto   *He has such a smooth (gentle) voice*
oírle hablar.   *that it's a pleasure to hear him*
    speak.

liso   smooth and shiny (as of a harder surface)

El suelo era tan liso que nos
deslizábamos al bailar.

Tiene el pelo muy liso.

*The floor was so smooth that we slid
as we danced.*

*She has very smooth (and straight)
hair.*

plano   smooth, flat, level

Hace falta una superficie más plana.

*We need a smoother (more level)
surface.*

115. so

tan   so (tired, tall, busy, slow, quickly, etc.)

Tan always modifies an adjective or an adverb, but never modifies **mucho**:

Estamos tan cansados hoy.

Se enoja tan rápidamente que me da
miedo.

We are so tired today.

*He gets angry so quickly that it
frightens me.*

tanto   so much; *(pl.)* so many

Riñen tanto con sus vecinos.

Tengo tantos problemas.

*They quarrel so much with their
neighbors.*

I have so many problems.

así   so, thus, in this way; so, true

El patrón quiere que lo hagas así.

Dime, ¿es así?

*The boss wants you to do it so (in this
way).*

Tell me, is it so?

Así is also used in the colloquial expression **así así** *(so-so).*

de modo que   so (that), and so . . . , so you say that . . .

NOTE: **De modo que** always introduces a clause; it may also mean *in order that:*

¿De modo que te despidió sin más ni
más?

Se arañó la cara de modo que (para
que) todos le tuvieran lástima.

So he fired you just like that?

*He scratched his face so that everyone
would feel sorry for him.*

De manera que, which is synonymous with **de modo que,** is used somewhat less
frequently.

para que   so that, in order that (always indicates purpose)

Lo colocó en el estante más alto para
que (de modo que) nadie pudiera
tocarlo.

*He placed it on the highest shelf so
that nobody could touch it.*

A fin de que may be used with the same meaning, but is less common than **para que.**

en fin, conque, así que   so, well, to sum up

En fin (Conque, Así que) todo queda resuelto, ¿no?	*So everything is settled, isn't it?*
En fin, ¿qué me cuentas?	*So what do you say?*

116. some

Omission of the article: Spanish expresses the partitive idea *some* or *any* by omitting the article:

¿Quieres café?	*Do you want (some) coffee?*
No tengo fósforos.	*I don't have any matches.*

unos   some, a few, several; some, approximately

Me dio unas (o algunas) ideas muy buenas.	*He gave me some very good ideas.*
La compañía tiene unos dos mil quinientos empleados.	*The company has some 2500 employees.*

algunos   some, several, a few

Algunos, although an indefinite, has a slightly stronger numerical connotation than **unos.** It does not have the meaning *approximately:*

Conocí a algunos amigos tuyos ayer.	*I met some (a few) friends of yours yesterday.*

unos cuantos, unos pocos   some, a few, a couple of

¿Te quedan muchos? —Unos cuantos, nada más.	*Do you have many left? —Just a few (some).*

117. (to) spend

gastar   to spend (money, effort, etc.)

Gastó todo su dinero el primer día de la feria.	*He spent all his money the first day of the fair.*

pasar   to spend (time)

Pasamos el verano en el Canadá.	*We spent the summer in Canada.*

118. sport

deporte *(m.)*   an athletic sport

¿Qué deporte le gusta más?	*Which sport do you like best?*

juego, broma   sport, playfulness, jest

Lo dijo en broma.   *He said it in sport.*

sport *(adj.)*   sport (shirt, etc.) The English word is very frequent in this sense, but is pronounced "espor":

una camisa sport   *a sport shirt*

deportivo *(adj.)*   referring to sports or games

un modelo deportivo   *a sports model (car, etc.)*

119. step

paso   a step (in a certain direction); also used figuratively

Dio tres pasos hacia adelante y se   *He took three steps forward and*
   paró.   *stopped.*
Eso sería un paso definitivo.   *That would be a definitive step.*

medida   a step, measure, act

Tendrán que tomar unas medidas más   *They will have to take some stronger*
   fuertes.   *steps (measures).*

escalón *(m.),* **peldaño**   step (of a stairway)

Se cayó en el segundo peldaño   *He fell on the second step.*
   (escalón).

120. still

todavía, aún *(adv.)*   still; yet, as yet

Todavía (Aún) vive con sus padres.   *He is still living with his parents.*
No ha hablado todavía (aún) el   *The dean hasn't spoken yet.*
   decano.
¿Existe aún (todavía) la catedral?   *Does the cathedral still exist?*

Notice that **aun** without a written accent usually means *even:*

Aun yo lo sé.   *Even I know it.*

callado *(adj.)*   still, quiet, not speaking

Permaneció callado durante toda la   *He remained still during the whole*
   discusión.   *discussion.*

quieto, sereno, tranquilo   still, not moving, tranquil

Las aguas quietas (serenas) pueden   *Still waters may be deep.*
   ser profundas.

121. (to) stop

detener to stop (something), to bring to a halt

Detuvo el tren al último momento.

He stopped the train at the last moment.

detenerse to stop (amidst an action), to come to a stop

Note that the implication here is one of an action that has been halted temporarily and will be resumed:

Se detuvo en el umbral.

He stopped on the threshold.

parar(se) to stop; to come to a rest

Note that **parar** is both transitive and intransitive: to stop (something), to come to a stop; to stop (at a hotel).

Se ha parado el trabajo en todas las fábricas.

Work has stopped in all factories.

Paramos en el Hotel Caribe.

We stopped at the Hotel Caribe.

dejar de to stop (doing something); in the negative, it also means *to fail to:*

Deja de preocuparte.

Stop worrying.

No deje de telefonearle.

Don't fail to phone him.

122. straight

recto straight (as a line, posture, etc.)

Una línea recta es la distancia más corta entre dos puntos.

A straight line is the shortest distance between two points.

Siempre se tenía recto.

He always stood (held himself) straight.

derecho straight to, right to; straight ahead

Dijo que iría derecho a la policía.

He said he'd go straight to the police.

Siga derecho hasta llegar al semáforo.

Go straight until you get to the traffic light.

liso straight and smooth (as hair, a board, etc.)

Me gusta el pelo liso más que el rizado.

I like straight hair better than curly.

123. strange

extraño, raro, curioso   strange, unusual, curious

Me dirigió una mirada extraña.   *He gave me a strange look.*
—¡Qué hombre más raro!   *—What a strange man!*

extranjero   strange, foreign

¡Cuánto me interesaría viajar a países   *How I'd like to travel to strange*
  extranjeros!   *(foreign) lands!*

desconocido   strange, unknown

Se nos acercó un desconocido.   *A strange man (stranger) approached*
                            us.

Van a explorar tierras desconocidas.   *They are going to explore strange*
                            (unknown) lands.

124. (to) succeed

tener éxito   to be successful, to succeed (in business, in a project, etc.)

Ha tenido tanto éxito en el extranjero   *He has been so successful abroad that*
  que no piensa volver a América.   *he doesn't intend to return to*
                            America.

El plan tendrá éxito, sin duda alguna.   *The plan will succeed, without any*
                            doubt.

lograr   to succeed (in doing something); to accomplish, achieve, fulfill

Logró escalar la pared.   *He succeeded in scaling the wall.*
Siempre logran todos sus propósitos.   *They always accomplish all their*
                            goals.

suceder   to succeed (in order), to follow in succession

Los Borbones sucedieron a los   *The Bourbons succeeded the*
  Hapsburgos.   *Hapsburgs.*

125. such

tal *(adj.)*   such a; **tales** *(pl.)*   such

Tal is normally used *only* to modify a noun:

Tal libro (un libro tal) debe ser   *Such a book should be prohibited.*
  prohibido.

En tales circunstancias, yo habría   *In such circumstances, I would have*
  hecho lo mismo.   *done the same.*

tan *(adv.)* such a (used before an adjective)

Es un hombre tan cosmopolita.	*He is such a sophisticated man.*
Acabo de leer un cuento tan divertido.	*I have just read such a funny story.*

126. suggestion

sugerencia a suggestion, recommendation

Aquí tiene Ud. una sugerencia interesantísima.	*Here is a very interesting suggestion.*

sugestión (the power of) suggestion

La hipnosis obra por medio de la sugestión.	*Hypnosis works by means of suggestion.*

127. (to) support

sostener to support (a family, etc.); to support, sustain (a theory, etc.); to support (in a physical sense)

No puedo sostener a mi familia con tan poco dinero.	*I can't support my family with so little money.*
Esto sostiene mi teoría.	*This supports my theory.*
Aquellas vigas sostienen el techo.	*Those beams support the roof.*

mantener to support (a family, etc.), to maintain

Mantiene además a sus padres.	*He also supports his parents.*

soportar to support (as a column); to tolerate, endure, put up with, stand

Aquellos débiles palitos no podrán soportar tanto peso.	*Those weak little sticks will not be able to support so much weight.*
No puedo soportar a mis vecinos.	*I can't stand my neighbors.*

128. (a) (to) take

llevar to take (a person); to carry from one place to another

Te llevo al museo mañana.	*I'm taking you to the museum tomorrow.*

tomar to take, seize, grasp; to take (food or drink)

Tomó la carta y la hizo trizas.	*He took the letter and tore it to bits.*
¿Qué toma Ud. —café o té?	*What do you take—coffee or tea?*

coger to take (a train, a course, an opportunity, etc.)

¿Qué tren vas a coger? *What train are you going to take?*

Although **coger** is widely used colloquially, especially in the Caribbean area, the word should be avoided in Mexico and in certain adjoining regions, where it has acquired a vulgar connotation.

dar un paso to take a step

El nene acaba de dar su primer paso. *The baby has just taken his first step.*

dar un paseo (o **una vuelta**), **pasearse** to take a walk or short trip

Demos un paseo esta tarde. *Let's take a walk this afternoon.*

hacer un viaje to take a trip

Hicimos un viaje al Oriente el año pasado. *We took a trip to the Orient last year.*

tener lugar to take place

La reunión tendrá lugar a las tres. *The meeting will take place at three o'clock.*

tardar (en) to take long (to); to be long; to take (a certain length of time)

No tardes en volver. *Don't take long to return.*
El viaje tarda dos horas. *The trip takes two hours.*

(b) (to) take away

quitar to take away or off, to remove from (someone or something)

Me quitó un gran peso del alma. *It took a great burden off my heart (away from me).*

No les quiten Uds. lo poco que les queda. *Don't take away from them the little they have left.*

llevarse to take away with one, to make off with

Se llevó el anillo de oro. *He took the gold ring (away with him).*

129. then

entonces then, at that time; then, so

Vivíamos entonces en la Calle de la Independencia. *We were living then on Independence Street.*
Entonces nos vemos mañana, verdad? *Then we'll meet tomorrow, right?*

    luego   then, next, later; soon (colloquial)

Pensamos pasar la tarde con los niños; luego, iremos al cine.	*We intend to spend the afternoon with the children; then we'll go to the movies.*
Voy a verlo luego.	*I'm going to see him soon.*
Luego, luego.	*Right away.*

    después   then, next, afterwards, later

¿Y qué hiciste después?	*And what did you do then?*

    en aquel entonces   then, in those days, in that period, back then

En aquel entonces no había automóviles.	*Then there were no automobiles.*

    pues bien   well then (no implication of time)

Pues bien, si ya se han decidido Uds. . .	*Well then, if you have already decided . . .*

130. (a) there

    ahí   there (near you)

Ahí corresponds somewhat to the demonstrative **ese** (*that*):

Ahí está.	*There it is.*

    allí   (over) there

Allí corresponds roughly to **aquel.**

Viven allí desde hace muchos años.	*They have been living there for many years.*

    allá   (toward) there; yonder, far off

Allá is used primarily with verbs of motion, or to indicate remoteness in either time or space:

Se fue para allá.	*He headed off yonder.*
Se ha establecido un nuevo pueblecito allá en el bosque.	*A new town has been established way off there in the forest.*

    (b) there is, are

    hay   there is (are), there exist(s)

Hay makes NO reference to location:

Hay mucho que ver en todas partes.	*There is a great deal to see everywhere.*

allí está, ahí está   there is (located)

Allí está nuestra casa.

There is our house.

allí es   there is the place (where)

Allí es donde trabajo.

There is where I work.

131. (to) think

creer   to think, believe

NOTE: **Un creyente**   a believer

Creo que va a llover.

I think it is going to rain.

pensar   to think, meditate, use reasoning processes

Hay que pensar antes de hacer cualquier cosa.

One must think before doing anything.

pensar en   to think about, occupy one's thoughts with

Paso todo el día pensando en ti.

I spend the whole day thinking of you.

pensar de   to think of, have an opinion of

¿Qué piensa Ud. de mi suegra?

What do you think of my mother-in-law?

pensar *(+ infinitive)*   to think of (doing something), to intend to, plan to

Pensamos ir a París el año que viene.

We plan to go (are thinking of going) to Paris next year.

132. (to) throw

echar   to throw (without special effort or strength); to throw out, expel (often a person)

Échalo en la cesta, ¿está bien?
Lo echaron de casa por haberlos avergonzado.

Throw it in the basket, all right?
They threw him out for having shamed them.

arrojar, lanzar, tirar   to throw (with strength, violence, or for distance)
NOTE: **el lanzador**   pitcher (baseball)

Lo arrojaron (tiraron, etc.) por la ventana.

They threw it out of the window.

botar   to throw out, expel forcibly (often an object)

Ya no sirve para nada. Botémoslo.

It's worthless now. Let's throw it out.

133. time

tiempo a period of time; duration of time; time (as an abstraction)

El tiempo vuela.	*Time flies.*
¿Tienes tiempo ahora?	*Do you have time now?*
No voy a quedarme mucho tiempo allí.	*I won't stay there long.*

hora time of day, hour; the proper or appointed time

¿Qué hora es?	*What time is it?*
Es hora de comer.	*It's time to eat.*

vez (a single) time, an instance

Me llamó dos veces ayer.	*He called me twice (two times) yesterday.*
Lo hemos leído muchas veces.	*We have read it many times.*

ocasión *(f.)* time, occasion, opportunity

Habrá otra ocasión.	*There will be another time.*

divertirse to have a good time

Nos divertíamos mucho con ellos.	*We used to have a very good time with them.*

134. too

también too, also

Yo le vi también.	*I saw him too.*

demasiado too (followed by an adjective or adverb); too much; **demasiados (-as)** *(pl.)* too many

Es demasiado alto.	*He is too tall.*
Ella fuma demasiado.	*She smokes too much.*
Tenemos demasiadas duedas.	*We have too many debts.*

135. (to) try

tratar de, intentar, procurar *(+ infinitive)* to try to, attempt

Trataré de acabar a tiempo.	*I'll try to finish on time.*
Intentó (Procuró) fugarse, pero lo cogieron (apresaron).	*He tried to escape, but they caught him.*

ensayar   to try out; rehearse; try, test

Mañana ensayan la comedia nueva.	*Tomorrow they're trying out (rehearsing) the new play.*
Ensayemos la máquina, a ver cómo funciona.	*Let's try the machine out and see how it works.*

probar   to try, test, probe; to try on (clothes, etc.)

Pruebe la puerta. Tal vez esté abierta.	*Try the door. Maybe it's open.*
¿No te lo vas a probar?	*Aren't you going to try it on?*

The preterite of **querer** *(+ infinitive)* also means *tried to*, but the emphasis falls more on the intention than on the attempt:

Quise llamarte, pero la línea estaba ocupada.	*I tried to call you, but the line was busy.*

136. (to) turn

volver   to turn (a page, one's back, the other cheek, etc.); to turn over; to turn upside down

No me vuelvas la espalda cuando te hablo.	*Don't turn your back on me when I talk to you.*
Ahora vuélvalo al otro lado.	*Now turn it over on the other side.*

volverse   to turn (oneself) around

Oyó el silbido y se volvió en el acto.	*He heard the whistle and turned around immediately.*

doblar   to turn (a corner)

No debes doblar la esquina tan aprisa.	*You shouldn't turn the corner so fast.*

dar vuelta (or doblar) a la derecha (a la izquierda)   to turn right (left)

Cuando llegues a la esquina, da vuelta a la derecha.	*When you get to the corner, turn right.*

apagar   to turn out (a light, a radio, etc.)

Apagan las luces a la medianoche.	*They turn out the lights at midnight.*

poner   to turn on (a radio, television set or other apparatus)

¿Se puede poner la radio?	*May I turn on the radio?*

rechazar   to turn down, reject (an offer, a suitor, etc.)

Lo rechazó sin pensarlo siquiera.	*He turned it down without even thinking it over.*

137. under

>   **debajo de**   under, below, underneath

Hay ríos que corren debajo de la   *There are rivers that run under the*
tierra.   *ground.*

>   **bajo**   under, below, located in a lower position; under (in a figurative sense)

Estaban sentados bajo el árbol.   *They were sitting under the tree.*
El pueblo adelantó mucho bajo la   *The people advanced a great deal*
dominación islámica.   *under the Islamic domination.*

138. (to) understand

>   **comprender**   to understand (the surface meaning, a word, phrase, a language, etc.)

¿Comprendes italiano?   *Do you understand Italian?*
Muy bien. Te comprendo.   *All right. I understand you (what you're saying).*

>   **entender**   to understand (a language, etc., as **comprender**); to understand the surface meaning and the reason behind it; to be given to understand

Ya te entiendo perfectamente.   *I understand you perfectly (and why you're doing it).*

Entiendo que no va a ser candidato en   *I (am given to) understand that he*
noviembre.   *won't be a candidate in November.*

139. until

>   **hasta** *(prep.)*   until (time); until, up to a certain place (used before an infinitive, a noun, or a number)

Esperemos hasta las tres.   *Let's wait until three o'clock.*
Le acompañarán hasta la próxima   *They will accompany him until (up to)*
estación.   *the next station.*

>   **hasta que** *(conj.)*   until (must introduce a clause)

Siga Ud. caminando hasta que llegue   *Keep walking until you reach the*
a la plaza mayor.   *central square.*

140. (to be) used to

>   **soler**   to be used or accustomed to (doing something), to do habitually

>   **Soler** is used only in the present and imperfect tenses:

Suelo visitarla todos los domingos.   *I usually go to visit her every Sunday.*
Solían cenar a las diez.   *They used to eat at ten.*

The imperfect of **soler** *(+ infinitive)* corresponds to the simple imperfect (**Cenaban a las diez**), but emphasizes a bit more the habitual nature of the action.

acostumbrarse a   to get used to

No me puedo acostumbrar al calor.	*I can't get used to the heat.*
Me he acostumbrado a su mirar.	*I've grown accustomed to her face (look).*

estar acostumbrado a   to be used to, inured to, trained to

Ya están acostumbrados a levantarse a las seis.	*They're now used to getting up at six.*

141. (to) want

querer   to want (something or to do something); to wish, will; negative, to refuse

Quiero llevarla conmigo.	*I want to take her with me.*
Quiere que le llamemos en seguida.	*He wants us to call him immediately.*
Dice que quiere más dinero.	*He says he wants more money.*
No quieren aceptarlo.	*They don't want (wish) to accept it. (They refuse to, will not.)*

desear   to want, desire, wish

Desear is used much less frequently than **querer**. It is somewhat more literary, rhetorical, or impassioned:

Deseamos paz y prosperidad para todos.	*We want peace and prosperity for all.*
Les deseo un feliz año nuevo.	*I wish you (desire for you) a happy new year.*
La desea por su esposa.	*He desires (wants) her for his wife.*

142. warm

caliente, calientito   warm, warmish

Tómese un baño caliente (calientito).	*Take a nice warm bath.*

templado   warm, temperature (climate)

Prefieren vivir en un clima más templado.	*They prefer to live in a warmer (but not hot) climate.*

afectuoso, cariñoso, caluroso   warm, affectionate

Me dio un abrazo cariñoso (afectuoso).	*He gave me a warm embrace.*

encarecido, expresivo   warm, heartfelt (thanks, wishes)

Les ruego aceptar mis más encarecidas (expresivas) gracias.	*I beg you to accept my warmest thanks.*

abrigado   warm, protected, snug; warm (as clothing)

Busquemos un rincón bien abrigado.	*Let's look for a nice warm corner.*
Hoy debes ponerte ropa bien abrigadita.	*Today you should put on good warm clothes.*

143. (to) waste

perder   to waste (time)

Estoy perdiendo tiempo hablando contigo.	*I'm wasting time talking to you.*

desperdiciar   to squander, waste

Desperdició toda su herencia.	*He wasted his whole inheritance.*

echar a perder   to waste, spoil, ruin

Echa a perder todas las oportunidades que se le presentan.	*He wastes all the opportunities that are presented to him.*

144. way

manera, modo   way, manner, method

Su manera de hablar nos impresionó mucho.	*His way of speaking impressed us very much.*
Voy a mostrarle un modo más fácil de hacer malla.	*I'm going to show you an easier way to knit.*

cómo   how, the way (to do something)

¿Quién sabe cómo se hace?	*Who knows the way it's done?*
No comprendo cómo lo hicieron.	*I don't understand the way (how) they did it.*

así, de este modo, de esta manera   in this way

Primero, hay que cortarlo así (de esta manera).	*First, you must cut it this way.*
Así se hace mejor.	*It is done best (in) this way.*

camino,   way, road

Este es el camino de la ciudad.	*This is the way to the city.*
Siga el camino de la virtud.	*Follow the way (path) of virtue.*

dirección   way, direction

¿En qué dirección queda la estación?　　*Which way is the station?*

¿Por dónde se va a la estación? may also be used.

camino de   on the way to

Camino del pueblo, perdieron una
llanta.

*On the way to the village, they lost a
tire.*

145. why

¿Por qué?   Why? What's the reason?

¿Por qué llama a toda hora?　　*Why does he call at all hours?*

¿Para qué?   Why? What for? What good will it do? To what end?

¿Para qué llorar? Eso no remedia
nada.

Why cry? That doesn't help anything.

¿Para qué estudias? —Para ingeniero.

*What are you studying for? —To be an
engineer.*

146. (to) wish

desear   to wish (success, happiness, etc.); to want, wish

Os deseo toda felicidad.　　*I wish you both every happiness.*
Desea ir, pero no puede.　　*He wants (wishes) to go, but he can't.*

¡Ojalá . . . !   Oh, how I wish (+ *subjunctive*)

¡Ojalá (que) venga pronto!　　*How I wish he comes soon!*
¡Ojalá (que) no lo hubiera dicho!　　*How I wish he hadn't said it!*

147. work

obra   a work (of art, etc.); a deed (of charity, creation, etc.)

Las buenas obras perduran siempre.　　*Good works last forever.*

trabajo   work, labor

El trabajo descansa el alma, si no el
cuerpo.

Work rests the soul, if not the body.

labor   work, labor, effort (generally used in a figurative or poetic sense)

una labor de caridad humana

*a work (an effort, labor of love) of
human charity*

148. worker

   obrero   factory workers, skilled or semiskilled worker

Los obreros se han declarado en   *The workers have declared a strike.*
   huelga.

   trabajador   worker (more general classification that includes most types); member of the working class (in social reference); workman, artisan, craftsman

Sindicato de Trabajadores   *Union of Metallurgical Workers*
   · Metalúrgicos
¡Trabajadores del mundo . . . !   *Workers of the world . . . !*
Es muy buen trabajador.   *He is a very good worker (workman,*
                                       craftsman).

   jornalero   day laborer; wage earner, hired hand; proletarian

No faltan jornaleros en el invierno.   *There is no lack of workers in the*
                                       winter.

   labrador   farm worker; farm hand

Los labradores sembraban bajo un sol   *The farm laborers were harvesting*
   calcinante.   *under a scorching sun.*

149. yet

   Yet has two meanings in English: *still* (which refers to an action or state that is continuing after a certain period of time), and *already*.

   todavía   still

   NOTE: **Todavía** translates the English *yet* most frequently in negative sentences:

Todavía tenemos que hallar alguien   *We have yet to find someone who can*
   que pueda llenar el puesto.   *fill the position.*
¿Han llegado? —Todavía no.   *Have they come? —Not yet (still not).*

   ya   yet (in the sense of *already*)

¿Ya está aquí?   *Is he here yet (already)?*

   BUT: **ya no**   no longer, not . . . any longer, not . . . anymore

Ya no vive con nosotros.   *He doesn't live with us anymore. (He*
                                       no longer lives with us.)

   por   yet to be

La nueva carretera está por concluir.   *The new road is yet to be completed.*

150. younger

menor   younger

Menor establishes a comparative relationship between two persons, irrespective of their actual age:

El hermano menor tenía sesenta años; el mayor casi ochenta.

The youngest brother was sixty; the eldest, almost eighty.

más joven   younger, more youthful (compares the adjective *young*)

Ella es aun más joven que mi mujer.

She is even younger than my wife (both are young).

Verbs

Regular verbs

Infinitive

hablar   *to speak*   comer   *to eat*   vivir   *to live*

Present Participle

hablando   *speaking*   comiendo   *eating*   viviendo   *living*

Past Participle

hablado   *spoken*   comido   *eaten*   vivido   *lived*

Simple tenses

Indicative mood

Present

I speak, am speaking	I eat, am eating	I live, am living
hablo	como	vivo
hablas	comes	vives
habla	come	vive
hablamos	comemos	vivimos
habláis	coméis	vivís
hablan	comen	viven

Imperfect

I was speaking, used to speak	I was eating, used to eat	I was living, used to live
hablaba	comía	vivía
hablabas	comías	vivías
hablaba	comía	vivía
hablábamos	comíamos	vivíamos
hablabais	comíais	vivíais
hablaban	comían	vivían

Preterite

I spoke, did speak	I ate, did eat	I lived, did live
hablé	comí	viví
hablaste	comiste	viviste
habló	comió	vivió
hablamos	comimos	vivimos
hablasteis	comisteis	vivisteis
hablaron	comieron	vivieron

Future

I shall (will) speak	I shall (will) eat	I shall (will) live
hablaré	comeré	viviré
hablarás	comerás	vivirás
hablará	comerá	vivirá
hablaremos	comeremos	viviremos
hablaréis	comeréis	viviréis
hablarán	comerán	vivirán

Conditional

I (would) speak	I (would) eat	I (would) live
hablaría	comería	viviría
hablarías	comerías	vivirías
hablaría	comería	viviría
hablaríamos	comeríamos	viviríamos
hablaríais	comeríais	viviríais
hablarían	comerían	vivirían

Subjunctive mood

Present

(that) I (may) speak	(that) I (may) eat	(that) I (may) live
hable	coma	viva
hables	comas	vivas
hable	coma	viva
hablemos	comamos	vivamos
habléis	comáis	viváis
hablen	coman	vivan

Imperfect (**-ra** form)

(that) I might speak, I spoke	(that) I might eat, I ate	(that) I might live, I lived
hablara	comiera	viviera
hablaras	comieras	vivieras
hablara	comiera	viviera
habláramos	comiéramos	viviéramos
hablarais	comierais	vivierais
hablaran	comieran	vivieran

Imperfect (**-se** form)

(that) I might speak	(that) I might eat	(that) I might live
hablase	comiese	viviese
hablases	comieses	vivieses
hablase	comiese	viviese
hablásemos	comiésemos	viviésemos
hablaseis	comieseis	vivieseis
hablasen	comiesen	viviesen

Imperative Mood

Speak	Eat	Live
habla	come	vive
hablad	comed	vivid

Compound tenses

Perfect Infinitive

to have spoken, eaten, lived

haber hablado, comido, vivido

Perfect Participle

having spoken, eaten, lived

habiendo hablado, comido, vivido

Indicative mood

Present Perfect

I have spoken	I have eaten	I have lived
he hablado	he comido	he vivido
has hablado	has comido	has vivido
ha hablado	ha comido	ha vivido
hemos hablado	hemos comido	hemos vivido
habéis hablado	habéis comido	habéis vivido
han hablado	han comido	han vivido

Pluperfect

I had spoken	I had eaten	I had lived
había hablado	había comido	había vivido
habías hablado	habías comido	habías vivido
había hablado	había comido	había vivido
habíamos hablado	habíamos comido	habíamos vivido
habíais hablado	habíais comido	habíais vivido
habían hablado	habían comido	habían vivido

Future Perfect

I shall have spoken	I shall have eaten	I shall have lived
habré hablado	habré comido	habré vivido
habrás hablado	habrás comido	habrás vivido
habrá hablado	habrá comido	habrá vivido
habremos hablado	habremos comido	habremos vivido
habréis hablado	habréis comido	habréis vivido
habrán hablado	habrán comido	habrán vivido

Conditional Perfect

I (would) have spoken	I (would) have eaten	I (would) have lived
habría hablado	habría comido	habría vivido
habrías hablado	habrías comido	habrías vivido
habría hablado	habría comido	habría vivido
habríamos hablado	habríamos comido	habríamos vivido
habríais hablado	habríais comido	habríais vivido
habrían hablado	habrían comido	habrían vivido

Subjunctive mood

Present Perfect

(that) I (may) have spoken	(that) I (may) have eaten	(that) I (may) have lived
haya hablado	haya comido	haya vivido
hayas hablado	hayas comido	hayas vivido
haya hablado	haya comido	haya vivido
hayamos hablado	hayamos comido	hayamos vivido
hayáis hablado	hayáis comido	hayáis vivido
hayan hablado	hayan comido	hayan vivido

Pluperfect (*-ra* form)

(that) I might have spoken, had spoken	(that) I might have eaten, had eaten	(that) I might have lived, had lived
hubiera hablado	hubiera comido	hubiera vivido
hubieras hablado	hubieras comido	hubieras vivido
hubiera hablado	hubiera comido	hubiera vivido
hubiéramos hablado	hubiéramos comido	hubiéramos vivido
hubierais hablado	hubierais comido	hubierais vivido
hubieran hablado	hubieran comido	hubieran vivido

Pluperfect (*-se* form)

(that) I might have spoken, had spoken	(that) I might have eaten, had eaten	(that) I might have lived, had lived
hubiese hablado	hubiese comido	hubiese vivido
hubieses hablado	hubieses comido	hubieses vivido
hubiese hablado	hubiese comido	hubiese vivido
hubiésemos hablado	hubiésemos comido	hubiésemos vivido
hubieseis hablado	hubieseis comido	hubieseis vivido
hubiesen hablado	hubiesen comido	hubiesen vivido

Radical (or stem-) changing verbs

A radical change means a change in the root (stem) of a verb. Specifically, in Spanish, it refers to a change in the *vowel* of the root.

1. The -ar and -er radical (or stem-) changing verbs

Radical changing verbs that end in -ar or -er change the stressed vowel e to ie, the stressed o to ue.

-Ar or -er radical changing verbs change *only* in the present indicative and present subjunctive. All other tenses are conjugated regularly. (Recall that the imperative singular is the same as the third person singular of the present indicative.)

Pattern of the Present Indicative

→ e > ie   o > ue
→ e > ie   o > ue
→ e > ie   o > ue
←
←
→ e > ie   o > ue

pensar	perder	contar	mover
pienso	pierdo	cuento	muevo
piensas	pierdes	cuentas	mueves
piensa	pierde	cuenta	mueve
pensamos	perdemos	contamos	movemos
pensáis	perdéis	contáis	movéis
piensan	pierden	cuentan	mueven

The present subjunctive follows exactly the same pattern, except that **-a** endings change to **-e**, **-e** endings to **-a**.

Common Verbs of This Type

acordarse	empezar	pensar
acostarse	encender	perder
atravesar	encontrar	probar
comenzar	entender	recordar
contar	jugar	mover
costar	llover	sentar(se)
despertar(se)	negar	volver

2. The -ir radical (or stem-) changing verbs

Radical changing verbs that end in **-ir** are of two types:

Type I

Those whose stressed **e** changes to **ie**, whose stressed **o** changes to **ue**. Common verbs of this type are:

advertir	dormir	morir
convertir	mentir	sentir

TYPE II

Those whose stressed **e** changes to **i**. Common verbs of this type are:

concebir	repetir	servir
pedir	seguir	vestir(se)

A. The present indicative of -ir radical changing verbs

The pattern is exactly the same as that of all other radical changing verbs.

Type I (**e** > **ie**, **o** > **ue**)		*Type II* (**e** > **i**)
siento	duermo	pido
sientes	duermes	pides
siente	duerme	pide
sentimos	dormimos	pedimos
sentís	dormís	pedís
sienten	duermen	piden

B. The present subjunctive of *-ir* radical changing verbs

The pattern of the present indicative is maintained. But a *second* radical change is added. The *unstressed* e of the first and second persons plural becomes i; the unstressed o becomes u:

sienta	duerma	pida
sientas	duermas	pidas
sienta	duerma	pida
sintamos	durmamos	pidamos
sintáis	durmáis	pidáis
sientan	duerman	pidan

C. The preterite of *-ir* radical changing verbs

In the third person, singular and plural, the unstressed e becomes i, the unstressed o becomes u:

sentí	dormí	pedí
sentiste	dormiste	pediste
sintió	durmió	pidió
sentimos	dormimos	pedimos
sentisteis	dormisteis	pedisteis
sintieron	durmicron	pidieron

REMEMBER: The preterite of **-ar** and **-er** verbs has no radical change.

D. The imperfect subjunctive of *-ir* radical changing verbs

The **e** > **i, o** > **u** change governs the entire imperfect subjunctive:

sintiera (sintiese)	durmiera (-iese)	pidiera (-iese)
sintieras	durmieras	pidieras
sintiera	durmiera	pidiera
sintiéramos	durmiéramos	pidiéramos
sintierais	durmierais	pidierais
sintieran	durmieran	pidieran

REMEMBER: The imperfect subjunctive of **-ar** and **-er** verbs has no radical change.

E. The present participle of **-ir** radical changing verbs changes the stem vowel e > i, o > u: **sintiendo, durmiendo, pidiendo.**

Spelling changing verbs

Many verbs undergo a change in spelling in some tenses in order that the sound of the final consonant of the stem or the normal rules of Spanish spelling may be preserved. Recall:

1. **g** before **e** or **i** is pronounced like the Spanish **j**.
2. **g** before **a, o,** or **u** is hard.
3. **g** before **e** or **i** may be kept hard by placing **u** after the consonant.
4. **c** before **e** or **i** is pronounced like the English *th* (throughout Spain, except Andalusia) or like **s** (in Spanish America and Andalusia).
5. **c** before **a, o,** or **u** is pronounced like the English **k**.
6. **c** changes to **qu** before **e** or **i** to keep the sound hard.
7. **z** changes to **c** before an **e** or **i**.
8. Unstressed **i** between vowels changes to **y**.
9. Two consecutive unstressed **i**'s merge into one.
10. Two consecutive **s**'s are reduced to one.
11. A word that begins with a diphthong must be preceded by **h** or the initial **i** of the diphthong changes to **y**.
12. Unstressed **i** before **e** or **o** disappears after **ll, ñ,** and **j**.

The following are important types of verbs that are regular in their conjugation, but undergo necessary changes in spelling.

1. Verbs ending in **-car** change **c** to **qu** before **e**.

sacar   *to take out*

Preterite	*Present Subjunctive*
saqué	saque
sacaste	saques
sacó	saque
etc.	saquemos
	saquéis
	saquen

2. Verbs ending in **-gar** change **g** to **gu** before **e**.

pagar   *to pay*

Preterite	*Present Subjunctive*
pagué	pague
pagaste	pagues
pagó	pague
etc.	paguemos
	paguéis
	paguen

3. Verbs ending in **-zar** change **z** to **c** before **e**.

gozar *to enjoy*

Preterite	Present Subjunctive
gocé	goce
gozaste	goces
gozó	goce
etc.	gocemos
	gocéis
	gocen

4. Verbs ending in **-cer** or **-cir** preceded by a consonant change **c** to **z** before **o** and **a**.

vencer *to conquer*

Present Indicative	Present Subjunctive
venzo	venza
vences	venzas
vence	venza
etc.	venzamos
	venzáis
	venzan

5. Verbs ending in **-ger** or **-gir** change **g** to **j** before **o** or **a**.

coger *to catch*

Present Indicative	Present Subjunctive
cojo	coja
coges	cojas
coge	coja
etc.	cojamos
	cojáis
	cojan

dirigir *to direct*

Present Indicative	Present Subjunctive
dirijo	dirija
diriges	dirijas
dirige	dirija
etc.	dirijamos
	dirijáis
	dirijan

6. Verbs ending in **-guir** change **gu** to **g** before **o** and **a**.

distinguir   *to distinguish*

Present Indicative	*Present Subjunctive*
distingo	distinga
distingues	distingas
distingue	distinga
etc.	distingamos
	distingáis
	distingan

7. Verbs ending in **-quir** change **qu** to **c** before **o** and **a**.

delinquir   *to commit an offense*

Present Indicative	*Present Subjunctive*
delinco	delinca
delinques	delincas
delinque	delinca
etc.	delincamos
	delincáis
	delincan

8. Verbs ending in **-guar** change **gu** to **gü** before **e**.

averiguar   *to ascertain*

Preterite	*Present Subjunctive*
averigüé	averigüe
averguaste	averigües
averiguó	averigüe
etc.	averigüemos
	averigüéis
	averigüen

9. Verbs ending in **-eer** change unstressed **i** to **y** between vowels.

leer   *to read*

Preterite	*Imperfect Subjunctive*		*Participles:* *Present, Past*
leí	leyera	leyese	leyendo
leíste	leyeras	leyeses	leído
leyó	leyera	leyese	
leímos	etc.	etc.	
leísteis			
leyeron			

10. Verbs ending in **-eír** are radical changing verbs that lose one **i** in the third person of the preterite, imperfect subjunctive, and present participle.

reír *to laugh*

Present Indicative	Preterite	Imperfect Subjunctive		Present Participle
río	reí	riera	riese	riendo
ríes	reíste	rieras	rieses	
ríe	rio	riera	riese	
reímos	reímos	etc.	etc.	
reís	reísteis			
ríen	rieron			

11. Verbs whose stem ends in **ll** or **ñ** drop the **i** of the diphthong **ie** and **ió**.

bullir *to boil*

Preterite	Imperfect Subjunctive		Present Participle
bullí	bullera	bullese	bullendo
bulliste	bulleras	bulleses	
bulló	bullera	bullese	
bullimos	etc.	etc.	
bulisteis			
bulleron			

reñir *to scold* (also radical changing)

Preterite	Imperfect Subjunctive		Present Participle
reñí	riñera	riñese	riñendo
reñiste	riñeras	riñeses	
riñó	riñera	riñese	
reñimos	etc.	etc.	
reñisteis			
riñeron			

Changes in accentuation

1. Verbs ending in -iar

Some verbs ending in **-iar** bear a written accent on the **i** in all singular forms and in the third person plural of the present indicative and subjunctive, and in the imperative singular:

enviar   *to send*

Present Indicative	Present Subjunctive	Imperative
envío	envíe	
envías	envíes	envía
envía	envíe	
enviamos	enviemos	
enviáis	enviéis	enviad
envían	envíen	

2. Verbs ending in -uar

Verbs ending in **-uar** (except those ending in **-guar**) bear a written accent on the **u** in the same forms listed above:

Present Indicative	*Present Subjunctive*	*Imperative*
continúo	continúe	
continúas	continúes	continúa
continúa	continúe	
continuamos	continuemos	
continuáis	continuéis	continuad
continúan	continúen	

Irregular verbs

NOTE: Only the tenses containing irregular forms are given. The conjugation of verbs ending in **-ducir** may be found under **conducir**; those ending in a vowel + **cer** or + **cir** are found under **conocer**; and those ending in **-uir** are under **huir**.

andar   *to walk, go*

PRETERITE	anduve, anduviste, anduvo, anduvimos, anduvisteis, anduvieron

IMPERFECT SUBJUNCTIVE   (-ra) anduviera, anduvieras, anduviera, anduviéramos, anduvierais, anduvieran

(-se) anduviese, anduvieses, anduviese, anduviésemos, anduvieseis, anduviesen

asir   *to seize*

PRESENT INDICATIVE	asgo, ases, ase, asimos, asís, asen
PRESENT SUBJUNCTIVE	asga, asgas, asga, asgamos, asgáis, asgan

caber   *to be contained in*

PRESENT INDICATIVE   quepo, cabes, cabe, cabemos, cabéis, caben

PRETERITE   cupe, cupiste, cupo, cupimos, cupisteis, cupieron

FUTURE   cabré, cabrás, cabrá, cabremos, cabréis, cabrán

CONDITIONAL   cabría, cabrías, cabría, cabríamos, cabríais, cabrían

PRESENT SUBJUNCTIVE   quepa, quepas, quepa, quepamos, quepáis, quepan

IMPERFECT SUBJUNCTIVE   (-ra) cupiera, cupieras, cupiera, cupiéramos, cupierais, cupieran

(-se) cupiese, cupieses, cupiese, cupiésemos, cupieseis, cupiesen

caer   *to fall*

PRESENT INDICATIVE   caigo, caes, cae, caemos, caéis, caen

PRETERITE   caí, caíste, cayó, caímos, caísteis, cayeron

PRESENT SUBJUNCTIVE   caiga, caigas, caiga, caigamos, caigáis, caigan

IMPERFECT SUBJUNCTIVE   (-ra) cayera, cayeras, cayera, cayéramos, cayerais, cayeran

(-se) cayese, cayeses, cayese, cayésemos, cayeseis, cayesen

PRESENT PARTICIPLE   cayendo

PAST PARTICIPLE   caído

conducir   *to conduct* (similarly, all verbs in **-ducir**)

PRESENT INDICATIVE   conduzco, conduces, conduce, conducimos, conducís, conducen

PRETERITE   conduje, condujiste, condujo, condujimos, condujisteis, condujeron

PRESENT SUBJUNCTIVE   conduzca, conduzcas, conduzca, conduzcamos, conduzcáis, conduzcan

IMPERFECT SUBJUNCTIVE   (-ra) condujera, condujeras, condujera, con-
dujéramos, condujerais, condujeran

(-se) condujese, condujeses, condujese, con-
dujésemos, condujeseis, condujesen

conocer   *to know* (similarly, all verbs ending in a vowel + **cer**
and + **cir,** except **cocer, hacer, mecer,** and their
compounds)

PRESENT INDICATIVE   conozco, conoces, conoce, etc.

PRESENT SUBJUNCTIVE   conozca, conozcas, conozca, conozcamos,
conozcáis, conozcan

creer (*see* **leer,** p. 389)

dar *to give*

PRESENT INDICATIVE   doy, das, da, damos, dais, dan

PRETERITE   di, diste, dio, dimos, disteis, dieron

PRESENT SUBJUNCTIVE   dé, des, dé, demos, deis, den

IMPERFECT SUBJUNCTIVE   (-ra) diera, dieras, diera, diéramos, dierais,
dieran

(-se) diese, dieses, diese, diésemos, dieseis,
diesen

decir *to say, tell*

PRESENT INDICATIVE   digo, dices, dice, decimos, decís, dicen

PRETERITE   dije, dijiste, dijo, dijimos, dijisteis, dijeron

FUTURE   diré, dirás, dirá, diremos, diréis, dirán

CONDITIONAL   diría, dirías, diría, diríamos, diríais, dirían

PRESENT SUBJUNCTIVE   diga, digas, diga, digamos, digáis, digan

IMPERFECT SUBJUNCTIVE   (-ra) dijera, dijeras, dijera, dijéramos, dijerais,
dijeran

(-se) dijese, dijeses, dijese, dijésemos, dije-
seis, dijesen

PRESENT PARTICIPLE   diciendo

PAST PARTICIPLE   dicho

IMPERATIVE   di, decid

errar *to err*

PRESENT INDICATIVE   yerro, yerras, yerra, erramos, erráis, yerran

PRESENT SUBJUNCTIVE   yerre, yerres, yerre, erremos, erréis, yerren

IMPERATIVE   yerra, errad

estar   *to be*

PRESENT INDICATIVE	estoy, estás, está, estamos, estáis, están
PRETERITE	estuve, estuviste, estuvo, estuvimos, estuvisteis, estuvieron
PRESENT SUBJUNCTIVE	esté, estés, esté, estemos, estéis, estén
IMPERFECT SUBJUNCTIVE	(-ra) estuviera, estuvieras, estuviera, estuviéramos, estuvierais, estuvieran
	(-se) estuviese, estuvieses, estuviese, estuviésemos, estuvieseis, estuviesen
IMPERATIVE	está, estad

haber   *to have*

PRESENT INDICATIVE	he, has, ha, hemos, habéis, han
PRETERITE	hube, hubiste, hubo, hubimos, hubisteis, hubieron
FUTURE	habré, habrás, habrá, habremos, habréis, habrán
CONDITIONAL	habría, habrías, habría, habríamos, habríais, habrían
PRESENT SUBJUNCTIVE	haya, hayas, haya, hayamos, hayáis, hayan
IMPERFECT SUBJUNCTIVE	(-ra) hubiera, hubieras, hubiera, hubiéramos, hubierais, hubieran
	(-se) hubiese, hubieses, hubiese, hubiésemos, hubieseis, hubiesen

hacer   *to do, make*

PRESENT INDICATIVE	hago, haces, hace, hacemos, hacéis, hacen
PRETERITE	hice, hiciste, hizo, hicimos, hicisteis, hicieron
FUTURE	haré, harás, hará, haremos, haréis, harán
CONDITIONAL	haría, harías, haría, haríamos, haríais, harían
PRESENT SUBJUNCTIVE	haga, hagas, haga, hagamos, hagáis, hagan
IMPERFECT SUBJUNCTIVE	(-ra) hiciera, hicieras, hiciera, hiciéramos, hicierais, hicieran
	(-se) hiciese, hicieses, hiciese, hiciésemos, hicieseis, hiciesen
PAST PARTICIPLE	hecho
IMPERATIVE	haz, haced

huir   *to flee* (similarly, all verbs ending in **-uir**, except those ending in **-guir** and **-quir**)

PRESENT INDICATIVE	huyo, huyes, huye, huimos, huís, huyen
PRETERITE	huí, huiste, huyó, huimos, huisteis, huyeron

PRESENT SUBJUNCTIVE	huya, huyas, huya, huyamos, huyáis, huyan
IMPERFECT SUBJUNCTIVE	(-ra) huyera, huyeras, huyera, huyéramos, hu- yerais, huyeran
	(-se) huyese, huyeses, huyese, huyésemos, hu- yeseis, huyesen
PRESENT PARTICIPLE	huyendo
IMPERATIVE	huye, huid

ir *to go*

PRESENT INDICATIVE	voy, vas, va, vamos, vais, van
IMPERFECT INDICATIVE	iba, ibas, iba, íbamos, ibais, iban
PRETERITE	fui, fuiste, fue, fuimos, fuisteis, fueron
PRESENT SUBJUNCTIVE	vaya, vayas, vaya, vayamos, vayáis, vayan
IMPERFECT SUBJUNCTIVE	(-ra) fuera, fueras, fuera, fuéramos, fuerais, fueran
	(-se) fuese, fueses, fuese, fuésemos, fueseis, fuesen
PRESENT PARTICIPLE	yendo
IMPERATIVE	ve, id

oír *to hear*

PRESENT INDICATIVE	oigo, oyes, oye, oímos, oís, oyen
PRETERITE	oí, oíste, oyó, oímos, oísteis, oyeron
PRESENT SUBJUNCTIVE	oiga, oigas, oiga, oigamos, oigáis, oigan
IMPERFECT SUBJUNCTIVE	(-ra) oyera, oyeras, oyera, oyéramos, oyerais, oyeran
	(-se) oyese, oyeses, oyese, oyésemos, oyeseis, oyesen
PRESENT PARTICIPLE	oyendo
PAST PARTICIPLE	oído
IMPERATIVE	oye, oíd

oler *to smell*

PRESENT INDICATIVE	huelo, hueles, huele, olemos, oléis, huelen
PRESENT SUBJUNCTIVE	huela, huelas, huela, olamos, oláis, huelan
IMPERATIVE	huele, oled

poder *to be able*

PRESENT INDICATIVE	puedo, puedes, puede, podemos, podéis, pue- den
PRETERITE	pude, pudiste, pudo, pudimos, pudisteis, pu- dieron

FUTURE	podré, podrás, podrá, podremos, podréis, podrán
CONDITIONAL	podría, podrías, podría, podríamos, podríais, podrían
PRESENT SUBJUNCTIVE	pueda, puedas, pueda, podamos, podáis, puedan
IMPERFECT SUBJUNCTIVE	(-ra) pudiera, pudieras, pudiera, pudiéramos, pudierais, pudieran
	(-se) pudiese, pudieses, pudiese, pudiésemos, pudieseis, pudiesen
PRESENT PARTICIPLE	pudiendo

poner *to put, place*

PRESENT INDICATIVE	pongo, pones, pone, ponemos, ponéis, ponen
PRETERITE	puse, pusiste, puso, pusimos, pusisteis, pusieron
FUTURE	pondré, pondrás, pondrá, pondremos, pondréis, pondrán
CONDITIONAL	pondría, pondrías, pondría, pondríamos, pondríais, pondrían
IMPERFECT SUBJUNCTIVE	(-ra) pusiera, pusieras, pusiera, pusiéramos, pusierais, pusieran
	(-se) pusiese, pusieses, pusiese, pusiésemos, pusieseis, pusiesen
PAST PARTICIPLE	puesto
IMPERATIVE	pon, poned

querer *to wish*

PRESENT INDICATIVE	quiero, quieres, quiere, queremos, queréis, quieren
PRETERITE	quise, quisiste, quiso, quisimos, quisisteis, quisieron
FUTURE	querré, querrás, querrá, querremos, querréis, querrán
CONDITIONAL	querría, querrías, querría, querríamos, querríais, querrían
PRESENT SUBJUNCTIVE	quiera, quieras, quiera, queramos, queráis, quieran
IMPERFECT SUBJUNCTIVE	(-ra) quisiera, quisieras, quisiera, quisiéramos, quisierais, quisieran
	(-se) quisiese, quisieses, quisiese, quisiésemos, quisieseis, quisiesen

reír   *(see p. 390)*

saber   *to know*

PRESENT INDICATIVE	sé, sabes, sabe, sabemos, sabéis, saben
PRETERITE	supe, supiste, supo, supimos, supisteis, supieron
FUTURE	sabré, sabrás, sabrá, sabremos, sabréis, sabrán
CONDITIONAL	sabría, sabrías, sabría, sabríamos, sabríais, sabrían
PRESENT SUBJUNCTIVE	sepa, sepas, sepa, sepamos, sepáis, sepan
IMPERFECT SUBJUNCTIVE	(-ra) supiera, supieras, supiera, supiéramos, supierais, supieran
	(-se) supiese, supieses, supiese, supiésemos, supieseis, supiesen

salir   *to go out, leave*

PRESENT INDICATIVE	salgo, sales, sale, salimos, salís, salen
FUTURE	saldré, saldrás, saldrá, saldremos, saldréis, saldrán
CONDITIONAL	saldría, saldrías, saldría, saldríamos, saldríais, saldrían
PRESENT SUBJUNCTIVE	salga, salgas, salga, salgamos, salgáis, salgan
IMPERATIVE	sal, salid

ser   *to be*

PRESENT INDICATIVE	soy, eres, es, somos, sois, son
IMPERFECT INDICATIVE	era, eras, era, éramos, erais, eran
PRETERITE	fui, fuiste, fue, fuimos, fuisteis, fueron
PRESENT SUBJUNCTIVE	sea, seas, sea, seamos, seáis, sean
IMPERFECT SUBJUNCTIVE	(-ra) fuera, fueras, fuera, fuéramos, fuerais, fueran
	(-se) fuese, fueses, fuese, fuésemos, fueseis, fuesen
IMPERATIVE	sé, sed

tener   *to have*

PRESENT INDICATIVE	tengo, tienes, tiene, tenemos, tenéis, tienen
PRETERITE	tuve, tuviste, tuvo, tuvimos, tuvisteis, tuvieron
FUTURE	tendré, tendrás, tendrá, tendremos, tendréis, tendrán

CONDITIONAL	tendría, tendrías, tendría, tendríamos, tendríais, tendrían
PRESENT SUBJUNCTIVE	tenga, tengas, tenga, tengamos, tengáis, tengan
IMPERFECT SUBJUNCTIVE	(-ra) tuviera, tuvieras, tuviera, tuviéramos, tuvierais, tuvieran
	(-se) tuviese, tuvieses, tuviese, tuviésemos, tuvieseis, tuviesen
IMPERATIVE	ten, tened

traer   *to bring*

PRESENT INDICATIVE	traigo, traes, trae, traemos, traéis, traen
PRETERITE	traje, trajiste, trajo, trajimos, trajisteis, trajeron
PRESENT SUBJUNCTIVE	traiga, traigas, traiga, traigamos, traigáis, traigan
IMPERFECT SUBJUNCTIVE	(-ra) trajera, trajeras, trajera, trajéramos, trajerais, trajeran
	(-se) trajese, trajeses, trajese, trajésemos, trajeseis, trajesen
PRESENT PARTICIPLE	trayendo
PAST PARTICIPLE	traído

valer   *to be worth*

PRESENT INDICATIVE	valgo, vales, vale, valemos, valéis, valen
FUTURE	valdré, valdrás, valdrá, valdremos, valdréis, valdrán
CONDITIONAL	valdría, valdrías, valdría, valdríamos, valdríais, valdrían
PRESENT SUBJUNCTIVE	valga, valgas, valga, valgamos, valgáis, valgan
IMPERATIVE	val(e), valed

venir   *to come*

PRESENT INDICATIVE	vengo, vienes, viene, venimos, venís, vienen
PRETERITE	vine, viniste, vino, vinimos, vinisteis, vinieron
FUTURE	vendré, vendrás, vendrá, vendremos, vendréis, vendrán
CONDITIONAL	vendría, vendrías, vendría vendríamos, vendríais, vendrían
PRESENT SUBJUNCTIVE	venga, vengas, venga, vengamos, vengáis, vengan

IMPERFECT SUBJUNCTIVE	(-ra) viniera, vinieras, viniera, viniéramos, vinierais, vinieran
	(-se) viniese, vinieses, viniese, viniésemos, vinieseis, viniesen
PRESENT PARTICIPLE	viniendo
IMPERATIVE	ven, venid

ver *to see*

PRESENT INDICATIVE	veo, ves, ve, vemos, veis, ven
IMPERFECT INDICATIVE	veía, veías, veía, veíamos, veíais, veían
PRESENT SUBJUNCTIVE	vea, veas, vea, veamos, veáis, vean
PAST PARTICIPLE	visto

Glossary of grammatical terms

Active voice   A construction in which the subject does the action of the verb. *John buys the book.*

Adjective   A word that is used to describe a noun: *high* mountain, *interesting* book.

Adverb   A word that modifies a verb, an adjective, or another adverb. It answers the questions "Where?" "How?" "When?": He will be *there.* They do it *well.* I will see you *soon.*

Agree (agreement)   A term generally applied to adjectives. An adjective is said to agree or show agreement with the noun it modifies, when its ending changes in accordance with the gender and number of the noun. In Spanish, a feminine, singular noun, for instance, will require a feminine, singular ending in the adjective that describes it: **camisa blanca;** and a masculine, plural noun will require a masculine, plural ending in the adjective: **zapatos rojos.**

Apposition   When a noun or a pronoun is placed after another noun or pronoun in order to explain it, it is said to be in apposition to that noun or pronoun: John Smith, *president* of the company.

Article   See *Definite article* and *Indefinite article.*

Auxiliary verb   A verb which *helps* in the conjugation of another verb: I *have* spoken. We *will* play. They *were* called.

Clause   A group of words that includes at least a subject and a verb and forms part or the whole of a sentence. The following sentence consists of two clauses: We saw the boy *who set fire to the house.*

Comparison   The change in the endings of adjectives and adverbs to denote degree. There are three levels of comparison: the *positive* (warm), the *comparative* (warmer), and the *superlative* (warmest).

Compound tense   A tense formed by the auxiliary verb *have* and the past participle: *We will have eaten.*

Conjugation   The process by which the forms of the verb are given in their different moods and tenses: *I am, you are, he is,* etc.

Conjunction   A word which serves as a link between words, phrases, clauses, or sentences: *and, but, that, because,* etc.

Definite article   A word standing before a noun and indicating a definite person and thing: *The* house.

Demonstrative   A word *pointing* to a definite person or object: *this, that, these,* etc.

Dependent (or subordinate) clause   A clause which by itself has no complete meaning, but depends on an independent, or principal, clause: I did not know *that he was ill.*

Dependent infinitive   An infinitive that follows a verb or, in Spanish, a preposition: He wants *to rest.*

Diphthong   A combination of two vowels forming one syllable. In Spanish, a diphthong is composed of one *strong* vowel (**a, e, o**) and one *weak* vowel (**u, i**) or two weak vowels: **ai, oi, ui.** Remember: **U** and **I** are weak, and everyone else is strong.

Exclamation   A word used to express emotion: *How* beautiful! *What* grace!

Finite verb form   Any form of the verb except the infinitive and the present and past participles.

Gender   A distinction of nouns, pronouns, or adjectives, based on sex, or on grammatical categorizations. In Spanish, there are only two types of nouns, *masculine* and *feminine,* but there are neuter pronouns.

Gerund   In English, a noun which is formed from a verb and shows the ending **-ing:** *Drinking* is bad for the health. In Spanish, the infinitive takes the place of the gerund in this sense. The present participle in Spanish is also called the gerund.

Indefinite adjective and pronoun   Words which refer to an indefinite person or thing. Important indefinite adjectives are *any* and *some,* and important indefinite pronouns are *somebody, someone, nobody,* and *no one.*

Indefinite article   A word standing before a noun and indicating an indefinite person or object: *A* man, *an* article.

Independent (or principal) clause   A clause which has complete meaning by itself: *I shall tell it to him* when he comes.

Infinitive   The form of the verb generally preceded in English by the word *to* and showing no subject or number: *to speak, to sleep.*

Interrogative   A word used in asking a question: *Who? What? Which?*

Intransitive verb   A verb which cannot have a direct object: The man *goes* away.

Modify   To describe a noun, adjective, or adverb, or the action expressed by the verb: A *good* man (adj.), he drives *poorly* (adv.).

Mood   A change in the form of the verb, showing the manner in which its action is expressed. There are three moods: *indicative, subjunctive,* and *imperative.*

Nonrestrictive clause   A clause which is not essential to the meaning of a sentence and is generally set off from the rest of the sentence by commas: My friend Joe, *who has just returned from Europe,* will come to see me tomorrow.

Noun   A word that names a person, place, thing, etc.: *Henry, Paris, table,* etc.

Number   Number refers to *singular* and *plural.*

Object   Generally a noun or a pronoun that is the receiver of the verb's action. A direct object answers the question "What?" or "Whom?": I see *him.* Do *it.* An indirect object answers the question "To whom?" or "To what?": Give *Mary* the ball. Nouns and pronouns can also be objects of prepositions: This book is *for Mary.* He was speaking *of you.*

Passive voice   A construction in which the subject receives the action of the verb: *The window was broken by Charles.*

Past participle   That form of the verb having in English the endings *-ed, -t, -en,* etc. (*raised, wept, eaten,* etc.), and in Spanish, the endings, **-do, -da, dos, -das** (hablado, hablada, hablados, habladas).

Person   The form of the pronoun and of the verb that shows the person referred to. There are three persons: *I, we, me, us, mine, our,* etc. (first person); *you, thou, your,* etc. (second person); *he, she, it, they, him, her, their,* etc. (third person). In Spanish, the polite forms **Ud.** and **Uds.** *(you)* are in the third person.

Phrase   A group of two or more words used together to form a part of speech, but not containing a subject and verb. Most phrases are introduced by prepositions: They stayed *in the hotel.*

Possessive   A word that denotes ownership or possession: *My* hat is bigger than *hers.*

Predicate   That part of a sentence which contains the verb and states something about the subject: The students of this class *have been studying very hard.*

Predicate adjective   An adjective which is used after many verbs of being (*to be, to seem, to become,* etc.) and which describes the subject: My friend is *poor.*

Predicate noun   A noun which is used after a number of intransitive verbs (*to be, to seem, to become,* etc.) and which is the equivalent of the subject: That man is an *engineer.*

Preposition   A word that introduces a noun, pronoun, adverb, infinitive, or present participle, and which indicates their function in the sentence. The group of words so introduced is known as a prepositional phrase: I plunged *into the water.*

Present participle   In English, an invariable verb form ending in *-ing;* They were *singing.* It may also be used as an adjective or a noun: The *singing* birds. *Singing* is fun. In Spanish, the present participle may be used only as a verb.

Pronoun   A word that is used to replace a noun: *he, us, them,* etc. A subject pronoun refers to the person or thing that is spoken of: *He* eats. *It* is beautiful. An *object pronoun* receives the action of the verb: He sees *us* (direct object pronoun). He spoke to *them* (indirect object pronoun). A pronoun can also be the object of a preposition: They went with *me.*

Reflexive pronoun   A pronoun that refers back to the subject: *myself, yourself, himself,* etc. A reflexive pronoun is the object of a verb (he punished *himself*) or of a preposition (I prepared it for *myself*).

Relative pronoun   A pronoun that introduces a dependent clause and refers back to a previously mentioned noun; I saw the man *who* did it. In this sentence the antecedent is the word *man.*

Restrictive clause   A clause that is essential to the meaning of the whole sentence and cannot be dispensed with. I asked for the room *which I had occupied two years before.*

Simple tense   A tense which is not formed with the auxiliary verb *to have:* I *go,* we *saw,* etc.

Subject   The person, place, or thing that is spoken of: *John* sleeps, The *tree* is old.

Subordinate clause   See *Dependent clause.*

Superlative   See *Comparison.*

Tense   The group of forms in a verb which serves to show the time in which the action of the verb takes place.

Transitive verb   A verb that may have a direct object: Henry *eats* the apple.

Verb   A word that expresses an action or a state: He *works*. The rose *is* red. In Spanish, *regular* verbs follow a set pattern in which the stem (the infinitive minus the ending) remains unchanged (except for a *patterned* change in the case of radical changing verbs) and only the endings show a change determined by the person and the tense. *Irregular* verbs show deviations from the set pattern in the stem as well as in the endings. In *radical changing* verbs the stem vowel changes when *stressed* or in certain other situations, but a systematic pattern is always followed. The endings are regular.

Numbers, names, and gender

Cardinal numbers

0	cero	26	veintiséis (veinte y seis)
1	uno (m.), una (f.)	27	veintisiete (veinte y siete)
2	dos	28	veintiocho (veinte y ocho)
3	tres	29	veintinueve (veinte y nueve)
4	cuatro	30	treinta
5	cinco	41	treinta y uno, -a[1]
6	seis	40	cuarenta
7	siete	50	cincuenta
8	ocho	60	sesenta
9	nueve	70	setenta
10	diez	80	ochenta
11	once	90	noventa
12	doce	100	ciento (cien)
13	trece	101	ciento uno, -a
14	catorce	110	ciento diez
15	quince	200	doscientos, -as
16	dieciséis (diez y seis)	300	trescientos, -as
17	diecisiete (diez y siete)	400	cuatrocientos, -as
18	dieciocho (diez y ocho)	500	quinientos, -as
19	diecinueve (diez y nueve)	600	seiscientos, -as
20	veinte	700	setecientos, -as
21	veintiuno, -a (veinte y uno, -a)	800	ochocientos, -as
22	veintidós (veinte y dos)	900	novecientos, -as
23	veintitrés (veinte y tres)	1000	mil
24	veinticuatro (veinte y cuatro)	1100	mil ciento
25	veinticinco (veinte y cinco)	1200	mil doscientos, -as

2000	dos mil
100,000	cien mil
200,000	doscientos, (-as) mil
1,000,000	un millón
2,000,000	dos millones
1,000,000,000	mil millones (a billion)

5,637,215	cinco millones
	seiscientos (-as)
	treinta y siete mil
	doscientos (-as)
	quince

[1] Above 29, the one-word forms are not used.

Note that **uno** becomes **un** before a masculine noun; that **ciento**, which in the plural shows agreement in gender, becomes **cien** before a noun and before **mil** and **millones**; that **millón** is a masculine noun preceded in the singular by the indefinite article and followed by the preposition **de** before a following noun:

treinta y un libros	*thirty-one books*
ciento dos[2] mesas	*one hundred and two tables*
cien mujeres	*one hundred women*
cien mil hombres	*one hundred thousand men*
trescientas treinta copias	*three hundred and thirty copies*
un millón de habitantes	*one million inhabitants*

Beyond nine hundred the form **mil** must be used:

mil novecientos cincuenta y siete	*Nineteen (hundred) fifty-seven*
Gana tres mil seiscientos dólares al año.	*He earns thirty-six hundred dollars per year.*

Ordinal numbers

1st	primer(o), -a		6th	sexto, -a
2nd	segundo, -a		7th	séptimo, -a
3rd	tercer(o), -a		8th	octavo, -a
4th	cuarto, -a		9th	noveno, -a
5th	quinto, -a		10th	décimo, -a

Note that **primero** and **tercero** drop the **o** before a masculine singular noun, that with dates of the month only **primero** may be used, and that beyond **décimo** cardinal numbers are generally used:

el primer soldado	*the first soldier*
el tercer presidente	*the third president*
el primero de abril	*April first*
el dos de marzo	*March second*
la Quinta Avenida	*Fifth Avenue*
la Calle Ochenta y Seis	*Eighty-Sixth Street*
Carlos Tercero[3]	*Charles the Third*
Alfonso Doce	*Alfonso the Twelfth*

When the ordinal number has a descriptive function, it precedes the noun. When its purpose is to distinguish one thing from another, it follows the noun.

---

[2] Note the omission of *y.*
[3] Note the omission of the definite article with titles of royalty, rulers, etc.

Fractions

Through *tenth,* ordinal numbers are used, except in the case of *half* and *third,* where **medio** and **tercio** are used respectively. **Medio,** used with a noun, is an adjective[4] and therefore shows agreement. No article appears before it, nor before the accompanying noun. Above *tenth,* **-avo** is usually added to the cardinal number, though there are some irregular forms. The feminine noun **mitad,** which is preceded by the article **la** and followed by the preposition **de** before a noun, is used to indicate half of a definite amount:

un medio	*one-half*	un décimosexto	*one-sixteenth*
dos tercios	*two-thirds*	un décimonono	*one-nineteenth*
tres cuartos	*three-fourths*	un veintavo	*one-twentieth*
un octavo	*one-eighth*	media taza	*half a cup*
un décimo	*one-tenth*	hora y media	*an hour and a half*
siete quinzavos	*seven-fifteenths*	la mitad de sus discos	*half of his records*

La tercera parte, la quinta parte, la décima parte, etc., may be used when the upper numeral of the fraction is *one:* one-third, one-fifth, one-tenth, etc.

Time of day

Time of day is expressed by the cardinal numbers preceded by the article **la (las).** The verb *to be* is translated by **ser:**

¿Qué hora es?	*What time is it?*
¿Qué hora era?	*What time was it?*
Es la una.	*It is one o'clock?*
Son las dos.	*It is two o'clock?*
Era la una.	*It was one o'clock?*
Eran las cinco.	*It was five o'clock?*
Es la una y cuarto.	*It is a quarter past one.*
Son las tres y media.	*It is half-past three.*
Eran las nueve menos cuarto.	*It was a quarter to nine.*
Eran las ocho y veinte.	*It was twenty past eight.*
Son las diez menos diez.	*It is ten to ten.*
A las siete un punto	*At seven o'clock sharp*
A las diez de la mañana	*At ten o'clock in the morning*
A las cuatro de la tarde	*At four o'clock in the afternoon*
A las once de la noche	*At eleven o'clock at night*
A mediodía	*At noon*
A medianoche	*At midnight*

[4] **Medio** can also be used as an adverb: **No estaba más que medio despierto.** *He was only half-awake.*

Days of the week

lunes	*Monday*	viernes	*Friday*
martes	*Tuesday*	sábado	*Saturday*
miércoles	*Wednesday*	domingo	*Sunday*
jueves	*Thursday*		

el lunes	*on Monday*
los jueves	*on Thursdays*

Months of the year

enero	*January*	julio	*July*
febrero	*February*	agosto	*August*
marzo	*March*	se(p)tiembre	*September*
abril	*April*	octubre	*October*
mayo	*May*	noviembre	*November*
junio	*June*	diciembre	*December*

el primero de febrero	*February 1st*
el dos de marzo	*March 2nd*
el diecisiete de junio	*June 17th*

Seasons

la primavera	*spring*
el verano	*summer*
el otoño	*fall*
el invierno	*winter*

Gender

All nouns in Spanish are either masculine or feminine. There are no neuter nouns.

A. Masculine nouns

The following types of nouns are generally masculine.

1. Nouns that refer to a masculine person:

el hijo	*the son*	el padre	*the father*
el dentista	*the dentist*	el policía	*the policeman*
el poeta	*the poet*	el déspota	*the despot*

2. Nouns ending in **o**:

el fonógrafo *the phonograph*   el suelo *the floor*

The most common exception is:

la mano *the hand*

3. Certain nouns (of Greek origin) ending in **-ma, -ta, -pa**, especially those ending in **-grama, -orama, -ema**, and **-eta**:

el mapa	*the map*	el sistema	*the system*
el clima	*the climate*	el planeta	*the planet*
el programa	*the program*	el panorama	

4. Infinitives used as nouns:

El vivir aquí cuesta mucho.	*Living here costs a great deal.*
El comer demasiado es peligroso.	*Eating too much is dangerous.*

B. Feminine nouns

The following categories are generally feminine.

1. Nouns that refer to a female being:

la mujer	*the woman*	la escritora	*the writer*
la emperatriz	*the empress*	la artista	*the artist*

2. nouns ending in **-a**, except if they refer to a male being:

la barba	*the beard*	la ropa	*the dress*
la mejilla	*the cheek*	la periodista	*the newspaperwoman*

The most important exceptions to this rule are the Greek nouns ending in **-ma, -pa, -ta**, referred to above and **el día** *(the day)*.

Note also that **la persona** and **la víctima** are always feminine, even when referring to male beings. Similarly, **el testigo** and **el personaje** are always masculine, even when they refer to females. Nouns ending in **-ista** are either masculine or feminine, according to the person to whom they refer:

el turista, la turista	*the tourist*
el artista, la artista	*the artist*

3. All nouns ending in **-ción, -tad, -dad, -tud,** and **-umbre,** and most nouns that end in **-ie** and **-ión**

The endings **-ción** and **-ión** correspond regularly to the English *-tion* and *-ion,* **-dad** and **-tad** to the Egnlish *-ty* and **-tud** to the English *-tude:*

la nación	*the nation*	la libertad	*liberty*
la unión	*the union*	la multitud	*the multitude*
la ciudad	*the city*	la costumbre	*the custom*
la serie	*the series*		

Plural of nouns

Nouns are made plural by adding **-s** to a final vowel, **-es** to a final consonant or to a stressed final **-í** or **-ú.** Nouns that end in **-z** change the **-z** to **-c** before **-es:**

casa, casas	rubí, rubíes
mujer, mujeres	lápiz, lápices
lección, lecciones	bambú, bambúes

Notice that the addition of another syllable often makes the accent mark on the singular form unnecessary.

Punctuation, capitalization, and syllabication

Punctuation and capitalization

1. An inverted question mark is placed at the beginning of the interrogative part of the sentence and an inverted exclamation point is placed at the beginning of the exclamatory part of the sentence:

¿Cómo está Ud.?	*How are you?*
Es buen estudiante, ¿verdad?	*He is a good student, isn't he?*
¡Por Dios!	*For Heaven's sake!*
Está vivo, ¡gracias a Dios!	*He is alive, thank God!*

2. Instead of quotation marks, a dash is generally used in Spanish to indicate a change of speaker in a dialogue:

—¿Cuánto valen estos zapatos, señor García?	*"How much are these shoes, Mr. García?"*
—Se los dejo en diez pesos.	*"I'll let you have them for ten pesos."*

3. In Spanish, the names of languages, nationalities, days of the week, and months are not capitalized. The names of countries *are:*

Hablamos francés.	*We speak French.*
Es un escritor alemán.	*He is a German writer.*
La reunión tendrá lugar (el) viernes, dieciséis de marzo.	*The meeting will take place on Friday, March 16th.*

BUT:

La reina de Inglaterra . . .	*The Queen of England . . .*

4. **Usted(es), señor(es),** and **don** are capitalized only when abbreviated.

Siéntese Ud. (usted).	*Sit down.*
Muy señores míos:	*Dear Sirs:*
Buenos días, Sr. Blanco.	*Good morning, Mr. Blanco.*
Acabo de hablar con D. Fernando Plaza.	*I have just spoken with Don Fernando Plaza.*
¿Has visto ya a don Enrique?	*Have you seen Don Enrique yet?*

5. Accent marks need not appear on capital letters. The *tilde,* however, because it signals a separate letter, cannot be deleted from capitals.

MEJICO, ESPAÑA   *Mexico, Spain*

Syllabication

1. A single consonant, including the combinations **ch, ll, rr,** must go with the following vowel: **pa-lo-ma, ca-ba-llo, mu-cha-cho.**

2. Consonant groups between vowels are usually separated: **cas-ta, sal-do, mar-ca.**

3. If the second consonant is **l** or **r,** the combination cannot usually be separated: **Pa-blo, po-tro, o-tra.**

4. In groups of more than two consonants, only the last consonant (or inseparable combination of consonant followed by **l** or **r**) goes with the next vowel: **cons-tan-te, des-pren-der, den-tro.**

Self-Correcting Exercises

Lección 1: Present tense

A. Regular and radical-changing verbs

Cambie las frases siguientes según los sujetos indicados:

1. Llevo ropa muy ligera hoy. (El niño, Uds., tú, Pablo y yo, vosotros)
2. ¿No metes las camisas en el cajón? (nosotros, yo, los chicos, vosotros, la muchacha)
3. ¿A qué hora abren la tienda? (Ud., el señor González, tú, vosotros, yo)
4. Volvemos en seguida. (Yo, ¿tú?, ¿Uds.?, todos, tu hermano)
5. Pienso ir hoy. (Mi familia, nosotros, ¿Uds.?, ¿tú?, ¿Paco y tú?)
6. ¿Qué le cuento? (tú, Ud., Ud. y yo, el jefe, vosotras, Uds.)
7. Duermo muy poco. (Los niños, tú, Uds., nosotros, vosotros)
8. No recuerdan nada. (yo, nosotras, ¿vosotros?, ¿Uds.?, ¿tú?)
9. ¿Cuánto pedimos por la casa? (Los dueños, Ud., tú, yo, Lisa y tú)
10. Sigue adelante, ¿verdad? (nosotros, yo, tú, el camino, los otros)

B. Irregular verbs

1. Diga las formas correctas del presente de indicativo:

yo: hacer, poner, salir, valer, traer, caer, tener, venir, decir, oír
tú: hacer, poner; **Ud.:** salir, valer; **nosotros:** traer, caer; **vosotros:** tener, venir; **ellos:** decir, oír

2. Ahora use los verbos arriba para completar las frases siguientes:

a. ¿Estás ocupado? —No. No . . . nada en este momento. b. ¿Quién . . . los discos para la fiesta? —Yo los . . . , si quieres. c. Yo . . . de casa a las siete. ¿A qué hora . . . Uds.? —Nosotros . . . normalmente a las ocho. d. Cuidado o te . . . —¿Yo? Yo no . . . nunca . . . ¡Ayyy! e. ¿Tú . . . a mi casa? —Hoy no. (Yo) . . . mucho que hacer. ¿Por qué no . . . Uds. a la mía? f. Si me lo piden, ¿qué les . . . ? —(Ud.) les . . . que no. g. ¿Dónde . . . (yo) las llaves? —Las . . . detrás del armario. h. ¿Me . . . (tú)? —Sí, te . . . —Entonces, ¿por qué no me contestas? —Porque (tú) no . . . nada de interés.

3. Indique las formas singulares (yo, tú, él). . . :

ir, dar, estar; ser; ver, saber; conocer, parecer; producir, conducir

4. Indique las formas plurales (nosotros, vosotros, Uds.):

ir, dar, estar; ser, saber; conocer, producir

5. Ahora use los verbos arriba para completar estas frases:

a. ¿Adónde . . . (tú)? —No . . . a ninguna parte. (Yo) . . . cansada. b. Ud. . . . a Javier Rosado, ¿verdad? —Sí, lo . . . bien. c. ¿Qué . . . de ellos? —No . . . nada. No los . . . casi nunca. d. ¿Cuánto me . . . Ud. por el carro? —No le . . . nada. Me . . . que está en mala condición. e. ¿Uds. . . . el grupo? —No. Solamente . . . los materiales que llevan en la excursión.

C. Responda según las indicaciones:

1. ¿A qué hora se acuesta Ud.? (A las doce) 2. ¿Desde cuándo viven Uds. aquí? (Desde abril) 3. ¿Cuántas materias estudias este año? (Sólo tres) 4. ¿Desde cuándo aprendes español? (Desde el año pasado) 5. ¿Adónde van Uds. el domingo? (A ninguna parte) 6. ¿Conoces a muchos hispanos? (Sí, a muchísimos) 7. ¿Cuándo terminan Uds.? (Esta tarde) 8. ¿Venís a mi casa? (No, . . . *Use ir, not venir!*). 9. ¿En qué mes comienzan Uds. el semestre? (En septiembre) 10. ¿Pierden Uds. mucho tiempo? (No, muy poco)

D. Hace . . . que

Cambie según los sujetos y verbos indicados:

1. Hace diez años que **vivimos** en el mismo lugar. (trabajar) 2. Hace siete meses que **estoy casada.** (Donado y yo) 3. ¿Cuánto tiempo hace que **estudias** aquí? (Uds.) 4. Hace años que los **tratamos.** (conocer) 5. Hace muchos años que los **ayuda.** (mantener) 6. ¿**Hace** mucho tiempo que nos esperáis? (Ud.) 7. Hace cuatro días que **llueve.** (nevar)

E. Acabar de

Conteste usando **acabar de** *. . . Por ejemplo:*

*¿Llegan pronto? —**Ya acaban de llegar.***

1. ¿Vas a ver a Beatriz? 2. ¿Vienen pronto? 3. ¿Les apetece (a Uds.) comer algo? 4. ¿Queréis leer el artículo? 5. ¿Está muriendo el pobre?

Lección 2: Imperfect and preterite

A. Preterite: regular, spelling-changing and -ar, -er radical changing

Conteste según las indicaciones:

1. ¿Ya cerró Ud. el negocio? (Sí, hace unas semanas) 2. ¿Respondí bien? (Sí, perfectamente.) 3. ¿Lo entendiste? (Sí, del todo.) 4. ¿A qué hora llegaste? (Antes de la una) 5. ¿Oyeron Uds. la noticia? (No, nada.) 6. ¿Ya la encontraron Uds.? (Sí, ayer) 7. Ud. sacó dinero del banco? (Sí, un poco) 8. ¿Cuánto pagaste? (Menos de cien dólares) 9. ¿La creyeron Uds.? (No, en lo más mínimo) 10. ¿Caminaron Uds.?

(No, ... Tomamos el autobús.)   11. ¿Volvieron todos juntos? (No, nosotros solos)
12. ¿Ya empezó Ud.? (Sí, hace tiempo)

B. Preterite of irregular verbs

*1. Indique las formas correspondientes de **yo, él** y **Uds.**:*

tener, estar, andar, haber; poner, poder, saber; venir, hacer, querer; decir, traer,
conducir, introducir

*2. Indique las formas singulares de **ser, ir** y **dar.***

*3. Indique las formas singulares de **sentir, pedir** y **dormir.***

*4. Indique las formas plurales de **mentir, servir,** y **morir.***

5. Ahora conteste:

a. ¿Les dijiste algo? (No, nada)   b. ¿Quién introdujo ese tema? (Nosotros)
c. ¿Durmió Ud. bien? (Sí, toda la noche)   d. ¿Tuvo Ud. tiempo? (No suficiente)
e. ¿Qué les trajo Ud.? (Un regalo hermoso)   f. ¿Cuándo supieron Uds. la noticia?
(Esta mañana)   g. ¿Adónde fue Ud.? (A la biblioteca)   h. ¿Viniste con alguien?
(No, con nadie)   i. ¿Por qué mintió Ud.? (¿Yo? Yo no ... Ellos ...)   j. ¿Pagaste
mucho? (No, poquísimo)   k. ¿Ya comenzaste el curso? (Sí, la semana pasada)
l. ¿Pudieron Uds. verlo? (Sí, en seguida)   m. ¿Dónde estuviste anoche? (En casa)

C. Cambie al pretérito:

1. Se limpia con la mano el sudor.   2. Arrojo el remo hacia la costa.   3. No conse-
guían cambiar el rumbo del bote.   4. Lo examinaba con los ojos a medio cerrar.
5. Los gritos lo despertarán.   6. ¿Trabajas todo el día?   7. ¿Vas con ellos? Pues, ¿qué
haréis?   8. Los ponemos sobre la mesa.   9. Comienzo de nuevo.   10. ¿Dónde estarán Uds. esta mañana?

D. Indique las formas correspondientes del imperfecto:

yo, tú, Ramón: bailar, jugar, recordar, pensar; comprender, perder, volver, escribir,
sentir, dormir; ser, ir, ver
nosotros, vosotros, ellas: dar, estar, contar, arrendar; entender, mover, pedir, morir; ser,
ir, ver

E. Cambie al imperfecto:

1. Parecen no pensar en lo que hacen.   2. Está puliendo un diente de oro.
3. Acaricia su revólver.   4. Yo no entiendo por qué lo persiguen.   5. Lo odiamos hasta
tal punto que no aguantamos verlo siquiera.   6. Se sienten cansados de tanto remar.
7. ¿No quieres ayudarnos?   8. Es tarde ya para salvarlo. Los enemigos ya le dan
alcance y su lancha se está hundiendo. ¿Qué va a hacer?   9. ¿No lo sabéis? Pero si
todo el mundo lo sabe ya.   10. Siempre vamos juntos. Somos muy buenos amigos.

F. Special time expressions

1. Hacía . . . que—Cambie al pasado:

a. **Hace** cinco años que le **sirvo.** (Hacía . . .)   b. ¿Hace mucho tiempo que nos esperáis? c. Hace meses que no tenemos noticias suyas.   d. Hace años que desea vengarse del alcalde. e. Hace días que llueve.

2. Hace (ago)—Cambie según los verbos nuevos:

a. Le hablé hace poco. (ver) b. Llegué hace media hora. (venir) c. Se lo dimos hace una semana. (devolver) d. Tocaba muy bien hace unos años. (cantar) e. Hace tres meses que nació. (morir)

*3. **Acabar de**—Cambie al pasado:*

a. Acabo de verla. b. Acabamos de llegar. c. El programa acaba de comenzar. d. ¿Acabas de despertarte? e. Acabáis de comer, ¿verdad? f. ¿Acaban de terminar la lección? g. Acabo de explicárselo. h. Acabas de leerlo, ¿no? i. Acaba de llover. j. Acaban de llamarnos.

4. Responda según las indicaciones:

a. ¿Cuánto tiempo hace que asiste Ud. a esta universidad? (Dos años) b. ¿Dónde estaban Uds. hace media hora? (En el laboratorio) c. ¿Cuánto tiempo hacía que conoces a tu mejor amigo? (Diez años) d. ¿Cuánto tiempo hacía que se conocían tus padres antes de casarse? (Seis meses) e. ¿Cuánto tiempo hacía que estaban casados cuando nació su primer hijo? (Un año) f. ¿Cuánto tiempo hacía que estudiabas español cuando ingresaste en esta escuela? (Tres años) g. ¿Acababas de graduarte de la escuela superior cuando viniste acá? (Sí . . .)

Lección 3: Future and conditional

A. Future

Cambie según el verbo o el sujeto nuevo:

1. Ya lo **verá** Ud. (tú, Uds., nosotros, vosotros)
2. **Iré** con Miguelín. (Ricardo, Los otros, Ud. y yo, Tú y los niños)
3. **Se lo traerán** mañana. (dar, decir, llevar, poner, devolver)
4. **Saldremos** el lunes. (venir, regresar, hacerlo, decírtelo)
5. No los **perderé.** (necesitar, tener, dejar, abandonar, querer)

B. Conditional

Cambie otra vez según el verbo o el sujeto nuevo:

1. Dijo que lo **haría.**
   (traer, escribir, darme, decirnos)

2. De todas maneras **yo** no sabría contestarle.
   (nosotros, Ud., Carmen, los obreros, tú, vosotras, Uds.)
3. Prometiste que **vendrías** a tiempo.
   (llegar, salir, terminarlo, entregármelos)
4. Te dijimos que no podríamos.
   (ir, venir, tenerla, hacerlo, dártelos, decíroslo)

C. Conteste según las indicaciones:

1. ¿En qué mes terminarán Uds. el curso? (En mayo)   2. ¿Cuándo empezará el próximo año escolar? (En septiembre)   3. ¿A qué hora se levantará Ud. mañana? (A las siete y media)   4. ¿Adónde irás mañana? (A trabajar)   5. ¿Qué harás este fin de semana? (Nada de importancia)   6. ¿Podrán Uds. ayudarme? (Sí, si hay tiempo)   7. ¿Valdrá tanto tiempo? (No, mucho menos)   8. ¿Sabréis hallarlos? (Claro . . . en seguida)   9. ¿Qué les dirás? (La verdad)   10. ¿Iréis hoy? (No, pasado mañana)

D. Exprese en el modo potencial (o "condicional"):

1. ¿Qué harás en ese caso?   2. ¿Se lo dirás todo?   3. Ellos no lo harán por nosotros.
4. ¿Quién sabrá contestar?   5. Nosotros iremos con ellos.   6. No valdrá la pena.
7. ¿Querrás quedarte?   8. Yo la pondré allí.   9. Se lo daremos en seguida.   10. Será tarde.

E. Conjecture or "probability"

Cambie para expresar conjetura:

1. a. ¿Qué hora **es**? —**Son** las tres y pico.   b. La pobre **está** muy cansada. —Sí. **Trabaja** día y noche.   c. ¿**Tienen** hambre? —Muchísima. **Hace** días que no comen.
   d. ¿Cómo se **dice** eso en portugués? —No sé. ¿**Hay** algún nativo aquí?
2. a. ¿Qué hora **era**? —**Eran** las tres en punto.   b. El pobre **estaba** loco de angustia. —Con razón. **Acababa** de recibir una mala noticia.   c. ¿**Sabían** la verdad? —¡Qué va! No **tenían** la menor idea.

Lección 4

A. The past participle

Cambie según las indicaciones:

1. Fuimos despertados por el ruido.
   (sobresaltar, asustar, sacudir)
2. ¡Ojalá que seas despedido por el jefe!
   (ascender, recomendar, reconocer)
3. Yo no he hecho nada.
   (decir, romper, escribir, abrir)
4. Estaban demasiado agitadas para responder.
   (cansar, sorprender, asombrar, emocionar)

B. The present perfect tense

Responda según el modelo, usando siempre el presente perfecto:

*¿Vas a hacerlo? —**Lo he hecho ya.***

1. ¿Quieres oír la cinta?   2. ¿Uds. van a preparar el almuerzo?   3. ¿Cuándo darán el examen?   4. ¿Ud. les va a hablar?   5. ¿Se lo vais a pedir?   6. ¿Os casáis en diciembre?   7. ¿Llegarán para la Navidad?   8. ¿Crees que voy a ganar?   9. ¿La admitirán al programa?   10. ¿Van a venir aquí?

C. Present perfect → Pluperfect

Cambie al pluscuamperfecto:

1. Hemos llegado en avión.   2. ¿Has estado aquí antes?   3. No he almorzado todavía.
4. ¿Se han levantado ya los otros?   5. ¿Los habéis visto?   6. Uds. lo han hecho muy bien.   7. No los hemos roto.   8. No les he escrito todavía.   9. ¿Han venido todos?
10. ¿No lo habéis resuelto ya?

D. Future and conditional perfect to express probability

Cambie para expresar probabilidad:

1. Han llamado ya.   2. Me ha reconocido.   3. Ya se lo he dicho cien veces.   4. No has perdido nada.   5. Han estado trabajando.   6. No habéis entendido.   7. Lo habían comprado muy barato.   8. Nos habíamos equivocado.   9. Habías estado soñando.
10. Os habían engañado.

E. Conditional perfect

*Responda indicando siempre lo que **habría pasado.** Por ejemplo:*

*Ellos fueron. —Pues yo no **habría ido.***

1. Lo hicieron mal. —Pues nosotros . . . mejor.   2. Salieron a la una. —Pues yo . . . antes.   3. La Dra. Romero me puso «C» en matemáticas. —Menos mal. Yo te . . . «F».
4. Dejamos el dinero sobre el tocador. —Mamá . . . en una gaveta.   5. Nadie hizo nada para ayudarlos. —Pues, ¿qué . . . tú? ¿Qué . . . vosotros?

Lección 5

A. The true passive

Cambie según los sujetos nuevos:

1. El laboratorio fue descubierto por la policía. (Los planes, La conspiración, Los ladrones, Las materias primas)
2. Las drogas han sido confiscadas por el gobierno. (El contrabando, Los folletos, Las visas, La obra)

3. La casa será reconstruida para fines del año. (El edificio, Los puentes, Los barrios pobres, Las antiguas iglesias)

B. Complete en la voz pasiva, usando estos verbos:

| educar | respetar | influir | destruir | afectar | amar | llevar | elegir |

1. Los niños deben ser bien . . . por los padres. —Y deben ser . . . también. —De acuerdo.   2. Ese joven era muy . . . por sus amigos. —Y así fue . . . a una vida de delincuencia.   3. Parece que toda la región ha sido . . . por el terremoto. —Sí, y muchos pueblos han sido . . .   4. El alcalde es muy poco . . . , hasta de sus propios ayudantes. —Por eso no será . . . la segunda vez.

C. The reflexive passive

Cambie según el elemento nuevo:

1. Se **vendió** la casa hace tres meses.
   (renovar, reconstruir, quemar, comprar)
2. Se han **destruido** todos los documentos.
   (encontrar, traducir, firmar, corregir)
3. **A mí** se me ha dicho otra cosa.
   (A él, A ellos, A nosotros, ¿A ti . . .?)
4. Se les **ascenderá** por eso seguramente.
   (alabar, castigar, condenar, denunciar)

D. The third person plural for passive voice

Exprese la voz pasiva usando siempre la tercera persona plural:

1. Se dice que va a haber una huelga.   2. Se van a derribar las casas viejas.   3. Ya se aprobó la ley de reforma.   4. Fuimos expulsados de la sociedad.   5. He sido ascendido a gerente.   6. Se les debe castigar por su crimen.

❖ ▬▬▬▬▬▬ **PARTE SEGUNDA** ▬▬▬▬▬▬ ❖

Lección 6: Personal pronouns (1)

A. Subject pronouns

Exprese en español:

1. *You* can say that but *I* don't agree. You're wrong. —I don't care. *They* agree with me.

2. Who's the boss here? —He (is). 3. Why do you permit such a thing? —Who, me? —Yes, you. —I don't have anything to do with it. *They're* responsible, not I.

B. Pronouns that follow a preposition

Substitúyanse las palabras indicadas por el pronombre apropiado:

1. Este ascensor es para **los profesores,** no para nosotros. 2. El dinero es **para mí y para mi hermano.** 3. No me di cuenta de **las complicaciones.** 4. No iremos con **los demás.** 5. ¿Sabes? Soñé **contigo y con Juanita.** 6. Se fue sin despedirse de **mí ni de mi esposo.** 7. No me hablen de **sus problemas.** 8. Hazlo por **tu madre y por tu papá.** 9. Se reía de todo el mundo, incluso de **Ud. y de su familia.** 10. Pídaselo primero **al señor González,** y si él no se lo da, pídaselo a **su esposa.** 11. No se lo demos a **ese tipo.** No lo merece. 12. Se lo preguntaré a **mis hermanas.** Ellas lo sabrán.

Lección 7: Pronouns (2)

A. Object pronouns—first and second persons

Conteste afirmativamente:

1. ¿Me amas? ¿Me llamaste? ¿Me trajiste algo? ¿Me dirás la verdad?
2. ¿Te dieron el empleo? ¿Te invitarán? ¿Te abrieron la puerta? ¿No te ayudé?
3. ¿Nos visteis anoche? ¿Nos daréis el dinero? ¿Nos mandasteis la carta? ¿No nos invitaréis?
4. ¿Os llamo mañana? ¿Os vemos en clase? ¿Os pagaron? ¿Os permitieron entrar?

B. Direct object pronouns—third person

1. Substituya los objetos directos por el pronombre apropiado:

a. Ya pagué **la cuenta.** b. Vendimos **la propiedad** hace tres años. c. Lavemos **los vasos** primero. d. Echaré **la carta** al correo. e. Me pidió prestada **la pluma.** f. No había visto **a Juanito.** g. Habrían robado **el dinero.** h. Colocó **las flores** en una vasija.

2. Conteste afirmativamente, substituyendo el objeto por un pronombre.

a. ¿Has hecho ya **las tareas?** b. ¿Recibiste **el recado?** c. ¿Habrán encontrado **a los ladrones?** d. ¿Conoce Ud. **a mi cuñado?** e. ¿Firmarán Uds. **los contratos?** f. ¿Habéis invitado **a Lila?** g. ¿Han roto **el espejo?**

3. Ahora conteste negativamente:

a. ¿Ha podido Ud. arreglar **el motor?** b. ¿Veías mucho **a Ana?** c. ¿Me ocultarás **la verdad?** d. ¿Uds. habrían creído **eso?** e. ¿Quieres oír **un chiste?** f. ¿Pongo **la radio** ahora?

C. Indirect object with **gustar**, etc.

Cambie según las personas, verbos o sujetos indicados:

1. Me gusta esa música.
   (Nos, ¿Te . . .?, A Juanito, ¿Les . . .?, ¿Os . . .?)
2. No nos gustó la comida.
   (el café, los entremeses, los postres)
3. Siempre le gustará su ayuda.
   (faltará, faltaría, quedará, quedaría)
4. ¿Les gustaría bailar?
   (a María, a ti, a Ud., a ti y a Pepe, a los chicos)

D. Two object pronouns together

1. *Substituya las palabras indicadas por los pronombres apropiados:*

   a. Ya he mandado los documentos a Luis.   b. No muestre las radiografías *(X-rays)* al paciente.   c. Vendieron la finca a Jorge Pérez.   d. Pidamos el dinero al Sr. Moreno.   e. Ya había dicho a todos lo que pasó.   f. Vamos a enviar flores a Rosario.   g. ¿Cuándo piensas entregar el informe al profesor?   h. No quiero que cuentes la historia a todos los vecinos.   i. ¿Vas a pedir prestado el disco a Francisco?   j. Enseñemos las fotos a los demás.

2. *Conteste afirmativamente siguiendo los modelos:*

¿Se lo di a Ud.?	*Sí, me lo dio.*
¿Me la mandarán?	*Sí, se la mandarán.*
¿Nos lo dirá Ud.?	*Sí, se lo diré.*

   a. ¿Me lo pidió Ud.?   b. ¿Nos lo dijeron Uds.?   c. ¿Se lo hemos explicado ya a Uds.? (Sí, nos...)   d. ¿Me lo preguntó Ud.?   e. ¿Nos los comprarás?   f. ¿No se lo he dado a Uds.?   g. ¿Nos la han enviado tus padres?   h. ¿Se lo traigo a Ud.?   i. ¿Nos lo dirán Uds.?   j. ¿Os lo habíamos recomendado?

Lección 8: Reflexive pronouns

A. *Cambie según las indicaciones:*

1. No se queme.
   (cortar, preocupar, molestar, hacerse daño)
2. Vamos a divertirnos mucho.
   (Tú, Tú y los demás, Ud., Tus amigos)
3. Cuídese mucho.
   (Uds., nosotros, tú, vosotros)

4. ¿Se ha fijado?
   (arrepentirse, olvidarse, acordarse, darse cuenta)
5. ¿Os atreveréis?
   (Ud., Uds., tú, yo, nosotros)
6. Lo compró para sí.
   (yo, Pepe, Jorge y yo, ¿Tú...?, ¿Ellos...?)
7. Siempre habla de sí mismo.
   (tú, vosotros, ese tipo, esas chicas)

B. Responda según las indicaciones:

1. ¿A qué hora suele Ud. despertarse? (Antes de las ocho)   2. ¿Se levanta Ud. tan temprano los sábados y domingos? (No, más tarde)   3. ¿A qué hora suele acostarse? (Después de la medianoche)   4. En su opinión, ¿cuál es la mejor edad para casarse? (A los veinticinco años)   5. ¿Piensa Ud. casarse este año? (No, cuando me gradúe) 6. ¿Se enfada Ud. mucho? (De vez en cuando)   7. ¿Se enfadan con Ud. otras personas? (A veces)   8. ¿Te gusta quejarte de muchas cosas? (No, . . .)   9. ¿Se quejan de ti tus padres? (A veces, sí)   10. ¿Te preocupas mucho por el futuro? (Sí, muchísimo) 11. ¿Te das cuenta de tus propias habilidades? (Hasta cierto punto)   12. ¿De quién te acuerdas más de tu niñez? (De mi abuela)

Lección 9: Possessives

A. Possession with **de**

Diga en español:

my parents's house; Paul's brother; the child's hands; the doctor's car; my sister's friends; the children's teacher

B. Possessives that go before the noun

1. *Cambie:*

mi libro (papeles); su casa (cuartos); tu familia (primos); nuestra escuela (colegio); sus profesores (maestra); vuestra idea (planes); nuestra madre (abuelos); su hijo (hermanos); mi mano (pies); sus clientes (tienda)

2. *Diga en español:*

a. our room; our family; their mother; your (*fam. sing.*) friend; my TV set; your record player (Ud.); her husband; your house (*fam. pl.*); your clothing (Uds.)
b. our classes; his parents; their brothers and sisters; your (*fam. sing.*) friends; her children; my possessions; their wives; your customers (Ud.); your (*fam. sing*) gloves; your (*fam. pl.*) shoes

C. mi → mío

Cambie según el modelo:

Esta es mi casa. → ***Esta casa es mía.***

1. ¿Estos son tus papeles? 2. ¿Es ésta su cartera? 3. Esos son mis discos. 4. Esa era su casa. 5. Esta será nuestra alcoba. 6. ¿Esa fue tu idea? 7. ¿Esas fueron vuestras propuestas? 8. Estos serán nuestros asientos. 9. ¿Todos ésos eran tus vestidos? 10. Ese sería nuestro programa.

Lección 10: The demonstratives

A. Cambie según los sujetos indicados:

1. Esta **camisa** es nueva.
   (traje, corbatas, zapatos, anillo, calzones)
2. Ese **cuarto** será más grande.
   (pieza, lámparas, muebles, salón)
3. Aquella **reunión** fue la mejor.
   (plan, propuestas, momento, días)

B. Conteste según el modelo, escogiendo siempre la primera opción:

*¿Cuál prefiere, este modelo o aquél? —****Prefiero éste.****

1. ¿Compraron aquella casa o la más cerca? 2. ¿Vas con estos muchachos o con ésos? 3. ¿Te refieres a este curso o a aquél? 4. ¿Debemos alojarnos en esa posada o en ésta?

 PARTE TERCERA

Lección 11: Commands

A. Affirmative commands to **Ud.** and **Uds.**

Cambie a mandatos:

1. ¿Me habla Ud.? ¿Los lleva ahora? ¿Me cree? ¿Nos la lee? ¿Se levanta ya? ¿Lo permite Ud.?   Ud. se queda con nosotros, ¿está bien?
2. ¿Lo recuerda? ¿Se siente feliz? ¿Se duerme ahora? ¿Piensa mucho en ello? ¿Se lo pide a Miguel? ¿Se viste en seguida?
3. ¿Nos hace un favor? ¿Sale esta noche? ¿Nos lo dice todo? ¿Me oye? ¿Lo pone allí? ¿Tiene paciencia? ¿Lo sabrá para mañana? ¿Los conoce bien? Ud. viene hoy, ¿eh?

*Ahora exprese los mismos mandatos en la forma de **Uds.***

B. Negative commands to **Ud.** and **Uds.**

1. Haga negativas las frases siguientes:

a. Hábleme. Abralas. Ciérrelo. Cómprelos. Dénosla. Dígaselo. Muévase.
b. Pónganlo ahí. Déjenle en paz. Pónganse los guantes. Pregúntenselo. Háganme un favor. Vístanse ahora. Sírvanse. Guárdenmela.

2. Ahora haga afirmativas las siguientes:

No lo haga. No se lo digan. No le escuchen. No la olvide. No nos llame. No se lo quiten. No se siente.

C. Commands to **nosotros**

1. Cambie a mandatos, usando siempre el presente de subjuntivo:

a. La cantaremos otra vez. b. Lo visitamos a menudo. c. Comeremos más tarde. d. Tomamos una copita. e. Bebemos a su salud. f. Les daremos algo. g. No le prestamos el coche. h. Nos sentamos por un rato. i. No nos levantamos tan tarde. j. Se lo diremos en seguida. k. Nos ayudamos siempre. l. Nos escribimos todos los días. m. Se lo preguntaremos. n. No se lo pedimos nunca. o. No se los devolvemos todavía.

2. Ahora exprese de otra manera las frases a–f, g, h, j, k, l y m arriba. (Vamos a . . .)

D. Commands to **tú** and **vosotros**

Cambie al imperativo:

1. Comes mucho. Hablas bien. Trabajas fuerte. ¿Abres la puerta? Haces mejor. Vienes temprano. ¿Sales ahora? Tienes paciencia.
2. No compras nada. No lo rompes. No le escribes nunca. No le llamas a menudo. No la pones ahí. No me dices nada. No lo haces así. No les escuchas.
3. Habláis con el jefe. Tomáis mucho. Bebéis de lo mejor. ¿Abrís todas las cajas? ¿Ponéis la radio? ¿Venís en seguida?
4. No lo creéis. ¿No la vendéis? ¿No las compráis? No cocináis tanto. No barréis los pisos hoy. No lo escribís ahora.

E. Review of commands

Cambie según las indicaciones. Por ejemplo:

Siéntate. (No...)   **No te sientes.**
Tomémoslo. (Ud....)   **Tómelo Ud.**

1. Póngalos ahí. (No...)   2. Llámame por la mañana. (No...)   3. Vamos a sentarnos aquí. (No...)   4. Devolvámoselo en seguida. (Ud....)   5. No se lo vendamos. (comprar)   6. Mándenmelo. (traer)   7. Vamos a decírselo ahora mismo. (Uds....)   8. Hágame un favor (tú...)   9. Déjenlo en paz. (vosotros)   10. Cuéntame lo que sea. (Ud.)   11. No los molestes. (vosotros)   12. Perdóname. (Uds.)

Lección 12: The three concepts of subjunctive

A. Indirect command

1. Cambie según las indicaciones:

  a. **Quiero que** lo haga Jorge.
     (Insistiré en que, Aconsejan que, ¿Pides que...?, Dirán que)
  b. **Insisten en que** ella venga también.
     (Prefiero que, ¿Decís que...?, Sugerimos que, No quiero que)
  c. **Les** dirá que **se vayan.**
     (Me, Te, a Juan, a Ud., Nos, Os)
  d. **¿Nos** recomiendan que lo **compremos**?
     (Te, Os, Me, a mi esposa, a sus clientes)
  e. Devuélvamelos en seguida.
     (Quiero que, Le ruego que, Insisto en que, Les pido que, Te pido que)

2. Conteste las preguntas siguientes ateniéndose al modelo:

  ¿Quiere Ud. verlo?   **No, quiero que lo vea Juan.**

  a. ¿Espera Ud. recibirlo?   No, _____ mi hijo.
  b. ¿Siente Ud. tener que
     marcharse?   No, _____ ellos.
  c. ¿Le sorprende sacar esa
     nota?   No, _____ María.
  d. ¿Insiste Ud. en dársela?   No, _____ tú.
  e. ¿Teme Ud. perder el
     puesto?   No, _____ mi ayudante.

B. Emotion

Cambie según las indicaciones:

1. **Es lástima** que no quieran quedarse.
   (Siento, Tememos, Me ofende, Ojalá, ¿Les molesta...?)
2. No me gusta que **digáis** tal cosa.
   (pensar, creer, hacer, repetir, mostrar, discutir)
3. **¡Ojalá** que sea como su padre!
   (Espero, Temo, No nos gusta, Deseamos)

C. Unreality

Cambie según las indicaciones:

1. Dudamos que acepten. (No creemos...)   2. ¿Niega Ud. que los conozca? (sostener)
3. Creíamos que no llegaríamos nunca. (terminar)   4. ¿Crees que lo cojan? (encontrar)
5. No dudo que dominas bien la materia. (saber más que yo)   6. ¿No crees que tenían razón? (equivocarse)   7. ¿Está seguro de que lo sepan ya? (tener)   8. No negamos que estuvimos allí. (pasar un rato) 9. Dudan que podamos hacerlo. (saber)   10. No es posible que vuelvan tan pronto. (llegar)

Lección 13: The tenses of the subjunctive

A. Imperfect subjunctive

1. Cambie según el verbo nuevo:

   a. Me alegré de que **ganaras.**
     (volver, acabar, venir, hacerlo, verlos, decidirte)
   b. Temíamos que no lo **supiera.**
     (querer, decir, hacer, creer, tener, terminar, devolver)
   c. **¿No le escribiste** que viniera lo antes posible?
     (¿No le pediste, ¿No me pediste, ¿No les dijiste, ¿No nos dijiste...?)
   d. Les rogamos que no lo **hicieran,** y no nos hicieron caso.
     (decir, dejar, vender, repetir, revelar, discutir, castigar)

2. Responda según el modelo:

¿Sentía Ud. perderlo?   **No, sentía que lo perdiera Ud.**

   a. ¿Le gustaría asistir?   No, _____ mi esposa.
   b. ¿Querían Uds. descansar?   No, _____ los otros primero.
   c. ¿Deseaba Ud. comérselo?   No, _____ tú.
   d. ¿Esperabas ir con él?   No, _____ vosotros.
   e. ¿Le disgustó oírlo?   No, _____ Uds.

B. Present subjunctive and imperfect subjunctive

Cambie según las frases indicadas entre paréntesis:

1. Acabaremos esta semana.
   (Importa mucho que, Es posible, Será mejor, Es verdad, ¡Ojalá!)
2. Tenían razón.
   (Era imposible que, Claro está, Parecía mentira, Es de esperar, No era fácil)
3. La noticia no se diseminará entre el público.
   (Conviene que, Urge, Es dudoso, ¡Ojalá!, Es evidente)
4. Valía mucho más de lo que costó.
   (Era probable que, No cabía duda de, Puede ser, Era aparente)
5. No lo vieron nunca.
   (Era sorprendente que, Era increíble, No había duda de, Era difícil, Era evidente)

C. Present perfect subjunctive

Cambie para indicar que la acción está recién concluida. Por ejemplo:

Espero que lo haga.   **Espero que lo haya hecho.**

1. ¡Ojalá que no se muera!   2. Me alegro de que vuelvas.   3. Tememos que sea Anita.   4. Es lástima que estés tan malo.   5. Me molesta que no quiera recibirnos. 6. ¿Le sorprende que yo diga tal cosa?   7. Me gusta que toques esa pieza.   8. No es posible que las terminen tan pronto.   9. Siento que no asistáis.   10. Es dudoso que puedan alcanzarlo.

D. Imperfect and pluperfect subjunctive

Ahora cambie al pasado. Por ejemplo:

Quiero que me llame.   **Quería que me llamara.**
Es posible que hayan salido ya.   **Era posible que hubieran salido ya.**

1. Quiero verte en seguida.   2. Quiero que lo veas en seguida.   3. ¡Ojalá que no haya más problemas!   4. Tememos que se hayan perdido.   5. No me gusta que se vayan tan temprano.   6. Nos alegramos de que se hayan casado.   7. Sienten tener que marcharse.   8. Sentimos que tengan que marcharse.   9. Os ruego que volváis pronto. (Os rogué...)   10. Insisto en que me paguen en seguida. (Insistí...)

Lección 14

A. Indefinite antecedent

Cambie las frases siguientes según las indicaciones:

1. No hay nadie que lo **crea** todavía.
   (saber, tener, hacer, seguir, usar, negar)
2. Busco un esposo que **sea muy rico e inteligente.**
   (quererme, tener intereses diversos, pensar en otras personas, saber de muchas cosas)
3. Buscaba una mujer que lo **amara.**
   (comprenderlo, poder ayudarlo, saber cocinar, interesarse por los deportes)
4. Nico **hará** lo que le digamos.
   (siempre hace, nunca hacía, nunca hizo, prometió que haría, no quiso hacer)
5. **Hay** un almacén aquí cerca donde venden muy barato.
   (Había, Conocemos, Te mostraré, ¿Hay...? ¿Habrá...?)

B. Conditions contrary to fact

Cambie para indicar una condición contraria al hecho:

1. Si puedo, te escribiré todos los días.   2. Si sabe hacerlo, con mucho gusto lo hará. 3. Si escribo mis memorias, todo el mundo se sorprenderá.   4. Si ama a su esposo,

no podrá engañarlo.   5. Si no llueve, haremos la fiesta en el jardín.   6. Si hay otra persona que nos ayude (!), no te molestaremos a ti.   7. Si ensucias la casa, tu mamá se enfadará.   8. Si no cuestan demasiado, los compraré.   9. Se matará si se entera de lo que pasó.   10. Si es por la mañana, podremos asistir.   11. Si me hago rico algún día, no sabré qué hacer con el dinero.   12. Si han pagado ya, no tenemos que recordárselo.   13. Si has practicado bastante, no hay necesidad de practicar más.   14. Si he aprobado el curso, no tendré que tomar el examen comprensivo.   15. Si habéis dicho la verdad, nadie sospechará de vosotros.   16. Si han estado tan enfermos, no podrán hacer el viaje.

C. Para que

Cambie según las indicaciones:

1. Lo estoy preparando ahora **para** no tener que cocinar mañana.
   (para que tú, para que mi madre, para que las chicas, para que Julia y yo)
2. Lo leyó la segunda vez para **entenderlo** mejor.
   (para que la clase, para que nosotros, para que Uds., para que tú)
3. Se lo mandaré en seguida **para** estar seguro.
   (para que los clientes, para que Ud., para que vosotros)

D. Subjunctive after conjunctions of unreality

Emplee los verbos en paréntesis para completar las oraciones:

1. Así que . . . de lo que sucedió, se lo comunicaré a Uds. (enterarme)   2. Así que . . . de lo que sucedió, se lo comuniqué a Ud. (enterarme)   3. Cuando alguien me . . . , me enfado muchísimo. (mentir)   4. Por favor, hágalo antes de que . . . (ser tarde)   5. Cuando . . . su cara, me asusté. (ver)   6. Antes de que yo . . . , se fueron. (poder hablarles)   7. No se vayan a menos que el jefe . . . (darles permiso)   8. Se quedaron hasta que nosotros . . . (regresar)   9. Les prometí que no haría nada hasta que ellos . . . (pedírmelo)   10. No habría sido justo condenarlos hasta que . . . todo el testimonio. (oírse)   11. En cuanto . . . un momento libre, lo acabaré. (tener)

 PARTE CUARTA

Lección 15: ser and estar

A. Uses of estar

Responda según las indicaciones:

1. ¿Dónde estuviste anoche? (En casa)   2. ¿Estabas sola? (No, con Nelson y Pati)
3. ¿Está lloviendo? (No, nevando)   4. ¿A qué hora quieren que estemos allí? (A las

diez)   5. ¿Uds. estarán libres para ir? (No . . . muy ocupados)   6. ¿Les dijo Ud. que estuvieran listos? (Sí, para las seis y media)   7. ¿Están verdes todavía las bananas? (No . . . maduras ya)   8. ¿Está bien escrita la novela? (No, muy mal)   9. ¿Están curados ya? (No del todo, pero muy mejorados)   10. ¿Estabais dormidos cuando sonó el teléfono? (No . . . despiertos ya)   11. ¿Estás cansada? (Sí, rematada)   12. ¿A qué estabais jugando? (Al fútbol)   13. ¿Estás satisfecha ahora? (Sí, del todo)

B. ser

Otra vez, responda según las indicaciones

1. ¿Dónde será la conferencia? (En el Salón Verde)   2. ¿A qué hora será? (A la una en punto)   3. ¿De qué universidad son Uds.? (De la Central)   4. ¿De quiénes eran esos papeles? (Nuestros)   5. ¿Será para Robi toda esa ropa? (Dudo que . . .)   6. ¿Qué hora era cuando regresaron? (Las doce, más o menos)   7. ¿Crees que el pueblo ha sido destruido por el temblor? (Espero que no . . .)   8. Si tú fueras yo, ¿qué harías? (Si yo . . ., no haría nada.)   9. ¿Para qué cuarto serían esos muebles? (Para la sala pequeña)   10. ¿Cómo era Joaquín? (Feo, pero simpatiquísimo)   11. ¿Era de ladrillos la casa? (No. De madera)

C. Complete usando **ser** o **estar:**

1. Mi familia y yo . . . en Lima, Perú, el verano pasado. —¿. . . interesante el viaje? —. . . fantástico, sobre todo porque mi familia . . . de allí. Había tanto que ver. (Nosotros) . . . ocupados desde la mañanita hasta la noche.   2. Elenita, . . . tarde ya. ¿. . . lista para salir? —Casi. Pero no . . . vestida todavía. Dime, ¿dónde . . . mis zapatos?   3. Es importante que Uds. . . . aquí a la hora debida. —Gracias. Ud. puede . . . seguro de que . . . aquí a tiempo.   4. Cuando compremos el televisor nuevo, . . . para nuestra alcoba. —Entonces, ¿no . . . para la familia entera? ¡Qué egoístas . . .!   5. ¡Ay, no! ¿. . . muerto o vivo el pobre? —. . . vivo, pero . . . mal herido. —¿Qué le pasó? —. . . atropellado por un coche. —Por Dios, ¿dónde . . . la ambulancia?   6. Si yo . . . Ud., no lo haría. —¿Ah, no? Y si tú . . . en mi lugar la otra vez, ¿qué habrías hecho?   7. Si . . . tan descontentos, ¿por qué no os quejáis al jefe? —Porque . . . posible que nos despida. ¿Y tú quieres que (nosotros) . . . sin empleo?   8. Cuando nosotras los vimos, . . . sentados a la mesa. —¿. . . comiendo? —Ya no. La comida . . . terminada. (Ellos) . . . charlando, no más.

Lección 16: All about adjectives

A. Cambie:

1. **pelo** rubio (cabellos); un **baile** encantador (sonrisa); la **poesía** francesa (perfumes); el **arte** japonés (mujeres); un **alemán** (una); el **gobierno** holandés (colonias); mi hermano **mayor** (hermanos); **un** chico muy charlatán (una); **un** empleado holgazán (unos); un **nene** pequeñín (nena); un ejercicio **fácil** (lección); una **respuesta** cortés (palabras); un **estudiante** superior (clase); un **acto** atroz (actos); San **Luis** (Tomás); en alguna **época** (tiempo)

2. facciones **toscas** (irregular); una mentira **descarada** (descomunal); un comentario **profundo** (pesimista); un hambre **tremenda** (feroz); unos niños **vivaces** (precoz); una persona **habladora** (murmurador); unos días **alegres** (feliz); el paisaje **danés** (belga); ideas **nuevas** (joven); una mujer **chismosa** (preguntón); **mil** dólares (100); una **famosa** novelista (grande); su **primer** esposo (tercero)

B. Diga en español:

1. an old friend; a great city; great opportunities; the poor (unfortunate) woman; an old building
2. the young and the old; the wealthy and the poor; the French (people); Italian women
3. cold soup; the cold snow; a red shirt; the red blood; the beautiful models
4. an easy new method; the rich Chinese food; an expensive English car; her beautiful blue eyes; an important and lucrative profession; the most important and dangerous decision of my whole life
5. a silk tie; a tennis ball; a movie theater; a summer home; a gold and diamond ring

Lección 17: Adverbs and comparisons

A. Cambie para expresar una comparación de igualdad. Por ejemplo:

Sé **más que** tú.	**Sé tanto como tú.**
Saldrás **mejor que** los demás.	**Saldrás tan bien como los demás.**

1. No hay nadie **más** astuto **que** él.   2. Su hermana es **más** delgada **que** ella. 3. Habrá **más** adultos **que** niños en la reunión.   4. No quiere trabajar **más**.   5. Hemos leído **más** obras **que** la otra clase.   6. Gary tiene **más** discos **que** un almacén. 7. Ahora estoy **más** confundido **que** antes.   8. Nuestro coche es **más** nuevo **que** el suyo.   9. ¡Ojalá que tuviéramos **más** tiempo para acabar!   10. ¿Ahora estás **menos** preocupada **que** esta mañana?   11. No había nada que nos gustara **más que** bailar. 12. Era **más** valiente **que** inteligente.

B. Símiles zoológicos—Complete las comparaciones utilizando los sujetos siguientes:

un león	un puerco	un zorro	un caballo	un elefante	un toro
una mula	un burro	un pajarito	un ciervo	un murciélago (*bat*)	

1. Era tan fuerte como . . .   2. ¡Niño! Estás tan sucio como . . .   3. ¡Qué hombre! Era tan valiente como . . .   4. Ese tipo come tanto como . . .   5. No te fíes de él. Es tan astuto como . . .   6. Jamás he visto una cosa tan grande—tan grande como . . .   7. Sin mis anteojos, estoy tan ciego como . . .   8. No seas así, ¿eh? Eres tan terco como . . . 9. ¡Cómo corre! Es tan ligera como . . .   10. ¡Tonto! A veces te encuentro tan torpe como . . .   11. ¡Ah, divino! Tenía una voz tan dulce como . . .'

Lección 18: Indefinites and negatives

A. Diga lo contrario:

algo . . . alguien . . . algún día . . . alguna persona . . . siempre . . . o él o ella . . . ambos . . . yo también . . . alguna vez . . . de alguna manera . . . todo . . . por todas partes (. . . parte) . . . ya no (**más que** . . .)

B. Negativas—Responda de la manera más negativa posible:

1. ¿Ud. le contó **algo** a **alguien**? 2. ¿Hablaste **alguna vez** con **alguno** de ellos? 3. ¿Han estado Uds. **alguna vez** en **alguna parte** de este pueblo? 4. ¿**Alguien** estuvo contigo anoche? 5. ¿Conociste en **alguna ocasión** a **algún** amigo suyo? 6. ¿**Alguna vez** le dio **algo** a Ud. **alguna** de ellas **en alguna forma, de alguna manera**? (¡Bastante!)

Lección 19: Questions and exclamations

A. Complete insertando el interrogativo más lógico:

1. ¿. . . es la dirección de su casa? Ahora, ¿. . . es su número de teléfono? 2. ¿. . . personas han venido ya? —Casi cien. 3. ¿. . . significa esto?—Nada. 4. ¿. . . se dice eso en español? 5. Dios mío, ¿. . . van a aprender esos niños a portarse como se debe? —Jamás. 6. ¡. . . veces he tratado de hablar con él, pero en vano! 7. ¿. . . son los mejores estudiantes de la clase? 8. ¿. . . película pondrán esta noche? 9. ¿. . . le gusta la carne—bien asada o a punto? 10. Dígame, ¿. . . le pareció la fiesta? 11. ¿. . . se siente hoy? 12. ¿. . . son sus días favoritos del año? 13. ¿. . . hiciste una cosa tan tonta? —Porque me dio la gana. 14. Debieras concentrarte más en tu trabajo. —¿. . .? No me van a pagar más.

B. Diga en español:

1. What a president! How brilliant he is! And how handsome! And what a wonderful person! —Oh, what a 'dream! 2. Who's the most beautiful woman in the world? —Dracula's sister. —What! 3. How was the concert last night? —Fabulous. —What did they play? —How (*What*) do I know? I didn't go. —¡Caramba!

 PARTE QUINTA

Lección 20: About the articles

A. The definite articles

Cambie:

1. No nos gusta **el agua.**
   (aguas minerales, arma de fuego, armas de fuego)
2. El pajarito se lastimó **el ala.**
   (alas, pico, cabecita, ojo derecho, los ojos)

3. Mañana iremos a **la boda.**
   (estadio, clases, universidad, concierto, juegos olímpicos, iglesia)
4. ¿Han llegado noticias del **frente**?
   (capitán, misioneros, jefe, patrona, aeropuerto, ejército)

B. Using the definite article

Llene los blancos, sólo si es necesario:

1. Te veré . . . lunes, . . . 13 de agosto a . . . tres y cuarto. 2. . . . historia se repite.
—Así es . . . vida. 3. . . . hombres gastan más que . . . mujeres. 4. ¿Ya conociste a . . .
doctora Rojas? 5. Buenos días, . . . don Fernando. 6. ¿Dónde estará mi paraguas?
—No sé. ¿Quieres llevarte . . . mío? 7. Tiene . . . nariz un poco grande, ¿no te parece?
8. Acabo de comprar algo para teñirme . . . pelo. —¡Buena suerte! 9. . . . lengua es
más fuerte que . . . espada. 10. Hoy es . . . viernes, ¿verdad? —Sí, ¡de . . . semana
pasada!

C. The definite article in place of a noun

Substituya las palabras indicadas por el artículo apropiado:

1. Me gustaría comprar un abrigo como **el abrigo** de María. —¡Ay, no! **Los abrigos** de
esa categoría cuestan muchísimo. 2. Hemos tenido noticias del Ministerio de Defensa
pero no **del Ministerio** de Educación. 3. La sección de las nueve y las **secciones** de
la una y de las tres se van a reunir juntas esta tarde. 4. Los diputados conservadores
se han unido sobre esa cuestión con **los diputados** liberales. 5. Tanto mi novia como
la novia de mi hermano son mexicanas.

D. Definite article vs. possessives

¿Cómo relaciona Ud. las ideas de los grupos A y B?

A	B
1. Sus ojos son más grandes que su estómago.	a. Debes aprender a guardar la lengua.
2. Vamos a estirar un poco las piernas.	b. Es muy goloso. Siempre pide más de lo que puede comer.
3. Tienes la boca muy grande.	c. Hablo muchas veces sin pensar.
4. Siempre meto la pata en la boca.	d. Mi corazón está en tus manos.
5. Tengo ojos solamente para ti.	e. Demos un paseíto, ¿eh?

E. The indefinite articles

Cambie según las indicaciones:

una **tarde** hermosísima (alba); un **arma** de fuego (armas); **una sed** inaguantable
(hambre); una **pierna** quebrada (ala); una **pintora** famosa (artista); una **marina** poderosa
(armada); una **idea** extraordinaria (planes); un **corazón** purísimo (alma)

F. Omitting the indefinite article

Inserte el artículo indefinido, sólo si hace falta:

1. ¡Qué . . . día más hermoso! —Sí, es . . . día perfecto para ir a la playa. —¡Vaya . . . idea fabulosa!   2. No tengo . . . cabeza para números. —Ni . . . estómago para exámenes.   3. ¡Qué tonto es! Tiene un cerebro de . . . pájaro. —Sí, y una lengua de . . . serpiente.   4. ¿Entramos? —No podemos. No tengo . . . llave.   5. ¿Qué era Pedro Rufino? —Era . . . mecánico —. . . mecánico experto.   6. ¿Hay . . . manera de comunicarnos con ellos? —No. Aquí no hay . . . teléfono ni nada.

G. The neuter article **lo**

Busque en el grupo 2 la conclusión lógica:

1	2
a. Lo más difícil de entender era	es creer en uno mismo . . . comenzar de
b. Lo más importante en la vida	nuevo . . . nunca ha querido contactar a
c. En mi opinión, lo mejor sería	su familia . . . por qué robó el dinero,
d. Lo curioso es que	siendo tan rico . . . es acabar este ejer-
e. Lo más interesante de esta clase	cicio . . . han sido las conversaciones
f. Lo único que nos queda ahora	

Lección 21: **por** and **para**

A. *Responda según las indicaciones:*

1. ¿Para cuándo tendrás que estar lista? (Para el jueves)   2. ¿Lo compraste para mí? (Sí, para tu aniversario)   3. ¿Se fueron para Chile? (No, para Argentina)   4. ¿Para qué sirve ese aparato? (Para abrir latas)   5. ¿Lo hiciste para molestarme? (No, . . . ayudarte)   6. ¿Por dónde salimos? (Por la puerta de atrás)   7. ¿Será para mi cuarto? (Sólo por ahora)   8. ¿Lo absolvieron por compasión? (No, por temor a sus partidarios)   9. ¿El puente se terminará para principios del año? (No, . . . fines)   10. ¿Para qué estudia Josefa? (arquitecta)   11. ¿Pasamos por aquí? (Sí, por favor)   12. ¿Por quién fue escrito *Don Quijote*? (Cervantes)   13. ¿Me llamarás? (Por supuesto)   14. ¿Lo harás por mí? (No, por todos)   15. ¿Voy por el médico? (Sí, en seguida)

B. *¿Por o para?*

1. . . . una persona de tu edad, eso es ridículo. —¡ . . . favor! Déjame en paz . . . cinco minutos, ¿está bien?   2. ¿ . . . cuándo acabarán el proyecto? — . . . fines de 1999. —¡ . . . Dios! ¿ . . . qué tan tarde?   3. ¿Uds. venden tazas grandes . . . café? —¿De porcelana o de plástico?   4. Pasé . . . tu casa ayer, pero no estabas. —¿ . . . qué no me avisaste primero . . . teléfono?   5. Si no fuera . . . la ayuda de Marta, habríamos fracasado. —Es verdad. . . . una muchacha tan joven, sabe muchísimo.   6. ¿Pagaste mucho . . . el televisor? —Veinte mil pesos. — . . . ese precio, habrías podido comprar uno de color.   7. ¿Vendrán . . . la mañana o . . . la tarde? — . . . la mañana, . . . lo menos si no comienza a llover.

Lección 22: Prepositions (2)

A. a

*Complete con la preposición **a**, si es necesario:*

1. Vamos . . . comenzar en seguida.   2. ¿Me quieres . . . esperar?   3. ¿Vienen . . . visitar o . . . quedarse?   4. ¿ . . . quién conociste primero? — . . . Juan, y después, . . . Luisa.   5. Teníamos . . . parientes en el Brasil.   6. . . . mis padres no les gustan mis amigos. —¿Y . . . tus amigos les gustan tus padres?   7. Acabamos de emplear . . . una abogada fantástica.   8. Busco . . . una secretaria que sepa hablar español. 9. ¿Me enseñarás . . . manejar? —Sí, si aprendes primero . . . leer las instrucciones. 10. ¿Ya llegaron . . . Madrid? —Sí, . . . las ocho y cuarto.   11. Acércate . . . él y pídele que te ayude.   12. Deseamos un cuarto que dé . . . frente.

B. de, en, con

Use estas conjunciones para completar las siguientes oraciones:

1. Insistieron . . . acompañarnos. —¿Estás seguro . . . que eran sinceros?—Sí. Confío mucho . . . ellos.   2. Pienso . . . Marisa todo el día. Sueño . . . ella todas las noches. —Entonces, ¿te vas a casar . . . ella? —No. Estoy enamorado . . . Elena.   3. ¿Cuánto tiempo tardaremos . . . llegar?   4. Los platos estaban cubiertos . . . grasa. —Sí, y las ollas estaban llenas . . . comida vieja. —¡Uf!   5. No te olvides . . . cerrar las ventanas antes . . . salir. Y trata . . . regresar temprano, ¿eh? — . . . el mayor gusto. Si me acuerdo . . . llevar mi reloj.   6. ¿Qué pensaste . . . la obra? —Era brillante. —Me alegro . . . saberlo.   7. ¿Se van Uds. . . . vacaciones o . . . negocios? —Te lo diré después . . . la primera semana.   8. Salió mal porque lo hiciste . . . mucha prisa. —Es verdad. No me daba cuenta . . . las consecuencias. Me arrepiento ahora . . . no haber esperado.

Lección 23: Relatives and conjunctions

A. que, quien, el que, el cual . . .

1. Complete con el relativo más apropiado:

a. La alfombra . . . compramos en ese almacén no sirve para nada.   b. Los papeles entre . . . hallamos el documento eran de máxima seguridad.   c. La piscina . . . construyeron en el gimnasio nuevo es tan grande como . . . tienen en el Estadio Olímpico.   d. . . . estuvieron allí aquella noche lo vieron con sus propios ojos. e. El juez delante de . . . presentaron el caso era cruelísimo.   f. La hermana de Esteban, . . . se va a casar con mi primo, es una de las personas más simpáticas . . . (yo) conozco.   g. Los pañuelos . . . nos trajeron del Japón eran de seda pura, pero . . . compramos en Suiza eran más bonitos.   h. . . . fracasen en este examen serán . . . no hayan estudiado.   i. La persona a . . . se dirigió no era la persona . . . pudiera ayudarla.   j. He perdido mis anteojos, sin . . . no veo nada. —¿No servirán por ahora . . . compraste el año pasado?

2. Cambie según las indicaciones:

a. El **chico** de quien se enamoró . . . (chicos)   b. Las personas con quienes **via-jaremos** . . . (cantar)   c. El **regalo** que me diste . . . (regalos)   d. La **comida** que sirvieron . . . (platos)   e. El **señor** a quien te presentaré . . . (caballeros)   f. La **gente** que ocupará aquella casa . . . (familias)   g. El **ministro** a quien se dirigió . . . (funcionarios)   h. El **pintor** de quien les hablé . . . (obras)

B. cuyo

Cambie según las indicaciones:

1. Esta es la señora cuya **novela** acaba de ser premiada.
   (ensayos, poesía, drama, pinturas)
2. ¿Es Ud. el estudiante cuyos **profesores** le recomendaron para la beca?
   (maestras, profesora, compañeros)
3. ¿Cómo se llama la modelo cuya **foto** apareció en la cubierta?
   (fotos, retrato, marido, hijos)

C. lo que and lo cual

Escoja siempre la conclusión más lógica:

1. Dicen que va a llover muy fuerte hoy, (lo cual es muy bueno para la salud, lo cual significa que no podremos usar el jardín para la ceremonia, lo cual no debe ocurrir nunca en el centro).
2. Papá ha perdido todo su dinero en la Bolsa, (lo cual significa que alquilará un piso de más lujo, lo cual me obligará a mí a trabajar, lo cual le hace muy orgulloso).
3. El jefe le regaló un reloj de oro, (lo que significa que lo estima mucho, lo que indica que ha fracasado totalmente, lo cual le ha obligado a renunciar).
4. Lo que nuestro profesor pide es imposible. (No habrá tiempo para entregarle dos informes en una semana. Hay demasiado tiempo para hacerlo ahora. Nos queda muy poco trabajo que hacer.)
5. Lo que acabas de hacer ha resultado mal, ¿verdad? Pues, lo que debes hacer es (comenzar de nuevo, no hacerme caso, pensar que estuvo bien hecho).
6. La temperatura ha bajado a 5 grados y el cielo está nublado, por lo cual parece que (va a hacer mucho sol, va a llover, va a nevar).

Lección 24: Infinitives and participles

A. Using the infinitive as a noun

Use el grupo 2 para completar las ideas del grupo 1

1	2
Ver	es bueno para la salud . . . es comenzar a
Querer	amarla . . . es carísimo . . . puede afectar
El fumar	los pulmones . . . es creer . . . es poder
El hacer ejercicios	
El vivir aquí en el centro	
Conocer a una persona	

B. The participles

Cambie:

1. ¿Has estado trabajando todo el día?
   (Ud., Uds., vosotros, la pobre)
2. Estábamos **bailando** cuando se apagaron las luces.
   (comer, cocinar, leer, mirar la televisión, hablar por teléfono)
3. **Yo** estaba dormido cuando sonó el teléfono.
   (Nosotros, ¿Tú . . .?, ¿Vosotros . . .?. ¿Uds. . . .?)
4. ¿Está bien **escrita** la obra?
   (construir, editar, documentar, dirigir)

Answers to Self-Correcting Exercises

Lección 1

A

1. Llevo ropa . . .   el niño lleva, Uds. llevan, tú llevas, Pablo y yo llevamos, vosotros lleváis
2. ¿No metes . . .   metemos, meto, no meten (los chicos), metéis, mete (la muchacha) . . .?
3. ¿A qué hora abren . . .   abre Ud., abre el Sr. González, abres, abrís, abro . . .?
4. Volvemos . . .   Vuelvo, ¿Vuelves?, ¿Vuelven Uds.?, todos vuelven, tu hermano vuelve
5. Pienso . . .   Mi familia piensa, nosotros pensamos, ¿Uds. piensan?, ¿tú piensas?, ¿Paco y tú pensáis?
6. ¿Qué le cuento? . . .   cuentas, cuenta Ud., contamos, cuenta el jefe, contáis, cuentan Uds.
7. Duermo . . .   Los niños duermen, tú duermes, Uds. duermen, nosotros dormimos, vosotros dormís . . .
8. No recuerdan . . .   recuerdo, recordamos, ¿recordáis?, ¿recuerdan (Uds.)?, ¿recuerdas? . . .
9. ¿Cuánto pedimos . . .   piden los dueños, pide Ud., pides, pido, pedís . . .?
10. Sigue . . .   seguimos, sigo, sigues, el camino sigue, los otros siguen . . .

B

1. **yo:** hago, pongo, salgo, valgo, traigo, caigo, tengo, vengo, digo, oigo; **tú:** haces, pones; **Ud.:** sale, vale; **nosotros:** traemos, caemos; **vosotros:** tenéis, venís; **ellos:** dicen, oyen
2. a. No hago nada. b. ¿Quién trae . . .?—Yo los traigo c. Salgo ¿. . . salen Uds.? Salimos . . . d. Cuidado o te caes. —Yo no caigo nunca. e. ¿Tú vienes . . .? —Hoy no. Tengo mucho que hacer. ¿Por qué no vienen Uds. . . .? f. . . . ¿qué les digo? —Les dice que no. g. ¿Dónde pongo . . .? —Las pones . . . h. ¿Me oyes? —Sí, te oigo. (. . .) Porque tú no dices . . .
3. voy, vas, va; doy, das, da; estoy, estás, está; soy, eres, es; veo, ves, ve; sé, sabes, sabe; conozco, conoces, conoce; parezco, pareces, parece; produzco, produces, produce; conduzco, conduces, conduce
4. vamos, vais, van; damos, dais, dan; estamos, estáis, están; somos, sois, son; sabemos, sabéis, saben; conocemos, conocéis, conocen; producimos, producís, producen
5. a. ¿Adónde vas . . .? —No voy . . . Estoy cansada. b. Ud. conoce (ve) . . .—Sí, lo conozco . . . c. ¿Qué sabes . . .? —No sé nada. No los veo . . . d. ¿Cuánto me da . . .? —No le doy nada. Me parece . . . e. ¿Uds. conducen . . .? —No, solamente producimos . . .

C

1. Me acuesto a las . . . 2. Vivimos aquí desde . . . 3. Estudio . . . 4. Aprendo español desde . . . 5. No vamos a . . . 6. Sí, conozco a . . . 7. Terminamos . . . 8. No, no vamos. 9. Comenzamos . . . 10. No, perdemos muy poco . . .

D

1. que trabajamos . . . 2. que Donado y yo estamos casados 3. ¿. . . que Uds. estudian . . .? 4. que los conocemos 5. que los mantiene 6. ¿. . . que Ud. nos espera? 7. que nieva

E

1. No, acabo de verla. 2. No, acaban de venir. 3. No, gracias. Acabamos de comer. 4. No, acabamos de leerlo. 5. No, acaba de morir.

Lección 2

A

1. Si, lo cerré hace . . .   2. Sí, respondiste (Ud. respondió) . . .   3. Sí, lo entendí . . .   4. Llegué antes . . .
5. No, no oímos nada. 6. Sí, la encontramos . . . 7. Sí, saqué . . . 8. Pagué menos de . . . . 9. No, no la creímos . . . 10. No, no caminamos . . . 11. No, nosotros volvimos solos. 12. Sí, empecé hace tiempo.

B

1. tuve, tuviste, tuvo; estuve, estuviste, estuvo; anduve, anduviste, anduvo; hube, hubiste, hubo; puse, pusiste, puso; pude, pudiste, pudo; supe, supiste, supo; vine, viniste, vino; hice, hiciste, hizo; quise, quisiste, quiso; dije, dijiste, dijo; traje, trajiste, trajo; conduje, condujiste, condujo
2. fui, fuiste, fue; fui, fuiste, fue; di, diste, dio
3. sentí, sentiste, sintió; pedí, pediste, pidió; dormí, dormiste, durmió
4. mentimos, mentisteis, mintieron; servimos, servisteis, sirvieron; morimos, moristeis, murieron
5. a. No, no les dije nada. b. Nosotros lo introdujimos. c. Sí, dormí . . . d. No, no tuve suficiente . . . e. Les traje . . . j. La supimos . . . g. Fui a . . . h. No, no vine con nadie. i. Yo no mentí. Ellos mintieron. j. No, pagué poquísimo. k. Sí, lo comencé . . . l. Sí, pudimos verlo . . . m. Estuve . . .

C

1. Se limpió . . .   2. Arrojé . . .   3. No consiguieron . . .   4. Lo examinó . . .   5. lo despertaron
6. ¿Trabajaste . . .? 7. ¿Fuiste . . .? Pues, ¿qué hiciste? 8. Los pusimos . . . 9. Comencé . . .
10. ¿Dónde estuvieron . . .?

D

yo, tú, Ramón: bailaba, bailabas, bailaba; jugaba(s); recordaba(s); pensaba(s); comprendía(s); perdía(s); volvía(s); escribía(s); sentía(s); dormía(s); era(s); iba(s) veía(s)

nosotros, vosotros, ellas: dábamos, dabais, daban; estábamos, estabais, estaban; contábamos, contabais, contaban; arrendábamos, arrendabais, arrendaban; entendíamos, entendíais, entendían; movíamos, movíais, movían; pedíamos, pedíais, pedían; moríamos, moríais, morían; éramos, erais, eran; íbamos, ibais, iban; veíamos, veíais, veían

E

1. Parecían . . . en lo que hacían. 2. Estaba puliendo . . . 3. Acariciaba . . . 4. Yo no entendía por qué lo perseguían. 5. Lo odiábamos . . . no aguantábamos verlo . . . 6. Se sentían . . . 7. ¿No querías . . .?
8. Era tarde . . . Los enemigos ya le daban alcance y su lancha se estaba hundiendo. ¿Qué iba a hacer?
9. ¿No lo sabíais? . . . todo el mundo lo sabía . . . 10. Siempre íbamos . . . Éramos . . .

F

1. a. Hacía . . . que le servía b. ¿Hacía . . . que nos esperabais? c. Hacía . . . que no teníamos . . .
d. Hacía . . . que deseaba . . . e. Hacía . . . llovía.
2. a. Le vi . . . b. Vine . . . c. Se lo devolvimos . . . d. Cantaba . . . e. que murió.
3. a. Acababa de verla. b. Acabábamos de llegar. c. El programa acababa de comenzar.
d. ¿Acababas de despertarte? e. Acababais de comer . . . f. ¿Acababan de terminar . . .?
g. Acababa de explicárselo. h. Acababas de leerlo, ¿no? i. Acababa de llover. j. Acababan de llamarnos.

4. a. Hace dos años que asisto . . .   b. Estábamos en el laboratorio hace . . .   c. Hace diez años que conozco a mi mejor amigo   d. Hacía seis meses que se conocían . . .   e. Hacía un año que estaban casados . . .   f. Hacía tres años que (yo) estudiaba español cuando ingresé . . .   g. Sí, acababa de graduarme . . . cuando vine . . .

Lección 3

A

1. Ya lo verá Ud. . . .   verás, verán Uds., veremos, veréis
2. Iré . . .   Ricardo irá, Los otros irán, Ud. y yo iremos, Tú y los niños iréis (irán—Lat. Am.)
3. Se lo traerán . . .   dará, dirán, llevarán, pondrán, devolverán
4. Saldremos . . .   Vendremos, Regresaremos, Lo haremos, Te lo diremos . . .
5. No los perderé . . .   necesitaré, tendré, dejaré, abandonaré, querré

B

1. Dijo que lo haría . . .   traería, escribiría, me lo daría, nos lo diría
2. . . . yo no sabría contestarle   . . . no sabríamos, Ud. no sabría., Carmen no sabría, los obreros no sabrían, tú no sabrías, vosotras no sabríais, Uds. no sabrían
3. Prometiste que vendrías . . .   llegarías, saldrías, lo terminarías, me los entregarías
4. Te dijimos que no podríamos   . . . que no iríamos, vendríamos, la tendríamos, lo haríamos, te los daríamos, os lo diríamos

C

1. El curso terminará . . .   2. El próximo año escolar empezará . . .   3. Me levantaré mañana . . .   4. Iré a trabajar.   5. No haré nada . . .   6. Sí, podremos ayudarle (la, lo, te) si . . .   7. No, valdrá mucho menos.   8. Claro, sabremos hallarlos . . .   9. Les diré la verdad.   10. No. Iremos pasado mañana.

D

1. ¿Qué harías . . .?   2. ¿Se lo dirías todo?   3. Ellos no lo harían . . .   4. ¿Quién sabría contestar?   5. Nosotros iríamos . . .   6. No valdría la pena.   7. ¿Querrías quedarte?   8. Yo la pondría allí.   9. Se lo daríamos . . .   10. Sería tarde.

E

1. a. ¿Qué hora será? —Serán . . .   b. La pobre estará muy cansada. —Sí, trabajará . . .   c. ¿Tendrán hambre? —Muchísima. Hará días . . .   d. ¿Cómo se dirá eso . . .? —No sé. ¿Habrá algún nativo aquí?
2. a. ¿Qué hora sería? —Serían . . .   b. El pobre estaría loco . . . —Con razón. Acabaría de recibir . . .   c. ¿Sabrían la verdad? —¡Qué va! No tendrían la menor idea.

Lección 4

A

1. Fuimos despertados . . .   sobresaltados, asustados, sacudidos
2. ¡Ojalá que seas despedido . . .!   ascendido, recomendado, reconocido

3. Yo no he hecho . . .   dicho, roto, escrito, abierto
4. Estaban demasiados agitadas . . .   cansadas, sorprendidas, asombradas, emocionadas

B

1. La he oído ya.   2. Lo hemos preparado ya.   3. Lo han dado ya.   4. Les he hablado ya.   5. Se lo hemos pedido ya.   6. Nos hemos casado ya.   7. Han llegado ya.   8. Has ganado ya.   9. La han admitido ya. 10. Han venido ya.

C

1. Habíamos llegado . . .   2. ¿Habías estado aquí . . .?   3. (Yo) No había almorzado . . .   4. ¿Se habían levantado ya . . .?   5. ¿Los habíais visto?   6. Uds. lo habían hecho . . .   7. No los habíamos roto.   8. (Yo) No les había escrito . . .   9. ¿Habían venido todos?   10. ¿No lo habíais resuelto ya?

D

1. Habrán llamado ya.   2. Me habrá reconocido.   3. Ya se lo habré dicho . . .   4. No habrás perdido nada. 5. Habrán estado trabajando.   6. No habréis entendido.   7. Lo habrían comprado . . .   8. Nos habríamos equivocado.   9. Habrías estado soñando.   10. Os habrían engañado.

E

1. Pues nosotros lo habríamos hecho mejor.   2. Pues yo habría salido antes.   3. Yo te habría puesto «F». 4. Mamá lo habría dejado en una gaveta.   5. Pues, ¿qué habrías hecho tú? ¿Qué habríais hecho vosotros?

Lección 5

B

1. Los niños deben ser bien educados . . . —Y deben ser amados (respetados) también.   2. Ese joven era muy influido . . . —Y así fue llevado . . .   3. . . . toda la región ha sido afectada (destruida) . . . —Sí, y muchos pueblos han sido destruidos (afectados).   4. El alcalde es muy poco respetado (amado) . . . —Por eso no será elegido . . .

C

1. Se vendió . . .   Se renovó, reconstruyó, quemó, compró . . .
2. Se han destruido . . .   Se han encontrado, traducido, firmado, corregido . . .
3. A mí se me ha dicho . . .   A él se le ha dicho . . .   A ellos se les ha dicho . . .   A nosotros se nos ha dicho . . .   ¿A ti se te ha dicho . . .?
4. Se les ascenderá . . .   Se les alabará, Se les castigará, Se les condenará, Se les denunciará . . .

D

1. Dicen que va a haber . . .   2. Van a derribar . . .   3. Ya aprobaron . . .   4. Nos expulsaron . . .   5. Lo ascendieron . . .   6. Deben castigarlos (castigarles) . . .

▬▬▬▬▬▬▬ **PARTE SEGUNDA** ▬▬▬▬▬▬▬

Lección 6

A

1. Tú puedes (Ud. puede) decir eso, pero yo no estoy de acuerdo. Está(s) equivocado (equivocada). (No tienes razón. Piensas mal.) —No me importa. Ellos están de acuerdo conmigo.   2. ¿Quién manda aquí? —Él.   3. ¿Por qué permite(s) tal cosa? —¿Quién? ¿Yo? —Sí, Ud. (tú). —(Yo) no tengo nada que ver con ello. Ellos son (los) responsables, no yo.

B

1. Este ascensor es para ellos . . .   2. El dinero es para nosotros.   3. No me di cuenta de ellas.   4. No iremos con ellos.   5. ¿Sabes? Soñé con vosotros (vosotras, Uds.)   6. Se fue sin despedirse de nosotros. 7. No me hablen de ellos.   8. Hazlo por ellos.   9. . . . incluso de Uds.   10. Pídaselo primero a él, . . . pídaselo a ella.   11. No se lo demos a él.   12. Se lo preguntaré a ellas . . .

Lección 7

A

1. Sí, te amo . . .   te llamé, te traje algo, te diré la verdad.
2. Sí, me dieron . . .   me invitarán, me abrieron la puerta, me ayudaste.
3. Sí, os vi . . .   os daremos . . .   os mandamos . . .   os invitaremos.
4. Sí, nos llamas . . .   Nos vemos . . .   Nos pagaron . . .   Nos permitieron entrar.

B

1. a. Ya la pagué. b. La vendimos . . .   c. Lavémoslos . . .   d. La echaré . . .   e. Me la pidió prestada. f. No lo (le) había visto. g. Lo habrían robado. h. Las colocó . . .
2. a. Sí, las he hecho. b. Sí, lo recibí. c. Sí, los habrán encontrado. d. Sí, lo (le) conozco. e. Sí, los firmaremos. f. Sí, la hemos invitado. g. Sí, lo han roto.
3. a. No, no he podido arreglarlo (no lo he podido arreglar). b. No, (yo) no la veía mucho. c. No, no te la ocultaré. d. No, no lo habríamos creído. e. No, no quiero oírlo (no lo quiero oír). f. No, no lo ponga(s) ahora.

C

1. Me gusta esa música. Nos gusta . . .   ¿Te gusta . . .? A Juanito le gusta . . .   ¿Les gusta . . .? ¿Os gusta . . .?
2. No nos gustó la comida   . . . el café. No nos gustaron los entremeses   . . . los postres.
3. Siempre le gustará . . .   le faltará, le faltaría, le quedará, le quedaría . . .
4. ¿Les gustaría bailar? ¿A María le gustaría . . .? ¿A ti te gustaría . . .? ¿A Ud. le gustaría . . .? ¿A ti y a Pepe os (les) gustaría . . .? ¿A los chicos les gustaría . . .?

D

1. a. Ya se los he mandado.   b. No se las muestre.   c. Se la vendieron.   d. Pidámoselo (a él).   e. Ya se lo había dicho.   f. Vamos a enviárselas.   g. ¿Cuándo piensas entregárselo?   h. No quiero que se la cuentes a todos.   i. ¿Vas a pedírselo prestado?   j. Enseñémoselas.
2. a. Sí, se lo pedí.   b. Sí, se lo dijimos.   c. Sí, Uds. nos lo han explicado.   d. Sí, se lo pregunté (a Ud.).   e. Sí, os (se) los compraré.   f. Sí, Ud. nos lo ha dado.   g. Sí, os (se) la han enviado mis padres.   h. Sí, me lo trae (Ud.).   i. Sí, se lo diremos.   j. Sí, nos lo habíais recomendado.

Lección 8

A

1. No se queme.   No se corte, preocupe, moleste, se haga daño.
2. Vamos a divertirnos . . .   Vas a divertirte . . .   Tú y los demás vais a divertiros (van a divertirse— Sp. Am.) . . .   Ud. va a divertirse . . .   Tus amigos van a divertirse . . .
3. Cuídese mucho.   Cuídense . . .   Cuidémonos . . .   Cuídate . . .   Cuidaos . . .
4. ¿Se ha fijado?   ¿Se ha arrepentido, olvidado, acordado, dado cuenta?
5. ¿Os atreveréis?   ¿Ud. se atreverá?   ¿Uds. se atreverán?   ¿Tú te atreverás?   ¿Me atreveré?   ¿Nos atreveremos?
6. Lo compró para sí.   Lo compré para mí.   Pepe lo compró para sí.   Jorge y yo lo compramos para nosotros.   ¿Tú lo compraste para ti?   ¿Ellos lo compraron para sí?
7. Siempre habla de sí mismo.   Siempre hablas de ti mismo.   . . . habláis de vosotros mismos (vosotras mismas).   Ese tipo siempre habla de sí mismo.   Esas chicas siempre hablan de sí mismas.

B

1. Suelo despertarme antes . . .   2. No, me levanto . . .   3. Suelo acostarme después . . .   4. La mejor edad para casarse es . . .   5. No, pienso casarme cuando . . .   6. Sí, me enfado . . .   7. Sí, a veces se enfadan conmigo . . .   8. No, no me gusta quejarme . . .   9. A veces, sí se quejan de mí . . .   10. Sí, me preocupo . . .   11. Hasta cierto punto me doy cuenta . . .   12. Me acuerdo más de mi abuela.

Lección 9

A

la casa de mis padres; el hermano de Pablo; las manos del niño (muchacho, de la niña, etc.); el coche (carro) del médico (doctor, de la médica, etc.); los amigos (las amigas) de mi hermana; el maestro (la maestra) de los niños

B

1. mis papeles; sus cuartos; tus primos; nuestro colegio; su maestra; vuestros planes; nuestros abuelos; sus hermanos; mis pies, su tienda
2. a. nuestro cuarto; nuestra familia; su madre; tu amigo (amiga); mi televisor (televisión); su tocadiscos; su esposo; vuestra casa; su ropa
   b. nuestras clases; sus padres; sus hermanos y hermanas; tus amigos; sus hijos; mis posesiones; sus esposas; sus clientes; tus guantes; vuestros zapatas

C

1. ¿Estos papeles son míos? 2. ¿Esta cartera es suya? 3. Esos discos son míos. 4. Esa casa era suya.
5. Esta alcoba será (la) nuestra. 6. ¿Esa idea fue tuya? 7. ¿Esas propuestas fueron vuestras? 8. Estos asientos serán nuestros. 9. ¿Todos esos vestidos eran tuyos? 10. Ese programa sería nuestro.

Lección 10

A

1. Esta camisa es nueva. Este traje es nuevo. Estas corbatas son nuevas. Estos zapatos son nuevos. Este anillo es nuevo. Estos calzones son nuevos.
2. Ese cuarto será más grande. Esa pieza será más grande. Esas lámparas serán más grandes. Esos muebles serán grandes. Ese salón será más grande.
3. Aquella reunión fue la mejor. Aquel plan fue el mejor. Aquellas propuestas fueron las mejores. Aquel momento fue el mejor. Aquellos días fueron los mejores.

B

1. Compraron (Compramos) aquélla. 2. Voy con éstos. 3. Me refiero a éste. 4. Debemos alojarnos en ésa.

 PARTE TERCERA

Lección 11

A

1. Hábleme Ud. Llévelos. Créame. Léanosla. Levántese ya. Permítalo. Quédese . . .
2. Recuérdelo. Siéntase feliz. Duérmase . . . Piense mucho . . . Pídaselo . . . Vístase . . .
3. Háganos un favor. Salga . . . Díganoslo . . . Óigame. Póngalo . . . Tenga paciencia. Sépalo . . . Conózcalos bien. Venga hoy.

Uds.: 1. Háblenme. Llévenlos. Créanme. Léannosla. Levántense . . . Permítanlo. Quédense . . .
2. Recuérdenlo. Siéntanse felices. Duérmanse. Piensen . . . Pídanselo . . . Vístanse. 3. Hágannos . . . Salgan . . . Dígannoslo . . . Óiganme . . . Pónganlo . . . Tengan . . . Sépanlo . . . Conózcanlos . . . Vengan . . .

B

1. a. No me hable. No las abra. No lo cierre. No los compre. No nos la dé. No se lo diga. No se mueva.
   b. No lo pongan ahí. No le dejen . . . No se pongan . . . No se lo pregunten. No me hagan ningún favor. No se vistan . . . No se sivan. No me la guarden.
2. Hágalo. Díg1anselo. Escúchenle. Olvídela. Llámenos. Quítenselo. Siéntese.

C

1. a. Cantémosla . . .   b. Visitémoslo . . .   c. Comamos . . .   d. Tomemos . . .   e. Bebamos . . . f. Démosles . . . g. No le prestemos . . . h. Sentémonos . . . i. No nos levantemos . . . j. Digámoselo . . . k. Ayudémonos . . . l. Escribámonos . . . m. Preguntémoselo. n. No se lo pidamos . . . o. No se los devolvamos . . .
2. a. Vamos a cantarla. b. Vamos a visitarlo. c. Vamos a comer. d. Vamos a tomar . . . e. Vamos a beber . . . f. Vamos a darles . . . g. Vamos a prestarle . . . h. Vamos a sentarnos . . . j. Vamos a decírselo. k. Vamos a ayudarnos. l. Vamos a escribirnos . . . m. Vamos a preguntárselo.

D

1. Come . . . Habla . . . Trabaja . . . Abre . . . Haz . . . Ven . . . Sal . . . Ten paciencia.
2. No compres . . . No lo rompas. No le escribas . . . No le llames . . . No la pongas ahí. No me digas nada. No lo hagas así. No les escuches.
3. Hablad . . . Tomad . . . Bebed . . . Abrid . . . Poned . . . Venid . . .
4. No lo creáis. No la vendáis. No las compréis. No cocinéis . . . No barráis . . . No lo escribáis . . .

E

1. No los ponga . . .   2. No me llames . . .   3. No nos sentemos . . .   4. Devuélvaselo . . .   5. No se lo compremos. 6. Tráiganmelo. 7. Díganselo Uds. 8. Hazme un favor. 9. Dejadlo . . . 10. Cuénteme . . . 11. No los molestéis . . . 12. Perdónennos.

Lección 12

A

1. a. Quiero que lo haga . . .   Insistiré en que lo haga, Aconsejan que lo haga, ¿Pides que lo haga . . .?, Dirán que lo haga
   b. Insisten en que ella venga . . .   Prefiero que ella venga, ¿Decís que ella venga?, Sugerimos que ella venga, No quiero que ella venga . . .
   c. Les dirá que se vayan. Me dirá que me vaya. Te dirá que te vayas. Le dirá a Juan que se vaya. Le dirá a Ud. que se vaya. Nos dirá que nos vayamos. Os dirá que os vayáis.
   d. ¿Nos recomiendan que lo compremos? Te recomiendan que lo compres. Os recomiendan que lo compréis. Me recomiendan que lo compre. Le recomiendan a mi esposa que lo compre. Les recomienda a sus clientes que lo compren.
   e. Devuélvamelos en seguida. Quiero que me los devuelva, Le ruego que me los devuelva, Insisto en que me los devuelva, Les pido que me los devuelvan. Te pido que me los devuelvas . . .
2. a. No, espero que lo reciba mi hijo. b. No, siento que tengan que marcharse ellos. c. No, me sorprende que la saque María. d. No, insisto en que se la des tú. e. No, temo que lo pierda mi ayudante.

B

1. Es lástima que no quieran . . .   Siento que, Tememos que, Me ofende que, Ojalá que, ¿Les molesta que no quieran quedarse?
2. No me gusta que digáis . . .   que penséis, creáis, hagáis, repitáis, mostréis, discutáis . . .
3. ¡Ojalá que sea . . .! Espero, Temo, No nos gusta, Deseamos que sea . . .

C

1. No creemos que acepten. 2. ¿Niega Ud. que los sostenga? 3. Creíamos que no terminaríamos . . . 4. ¿Crees que lo encuentren? 5. No dudo que sabes . . . 6. ¿No crees que se equivocaban? 7. ¿Está

seguro de que lo tengan . . .?   8. No negamos que pasamos un rato . . .   9. Dudan que sepamos hacerlo.
10. No es posible que lleguen . . .

Lección 13

A

1. a. Me alegré de que ganaras . . .   volvieras, acabaras, vinieras, lo hicieras, los vieras, te decidieras
   b. Temíamos que no lo supiera . . . quisiera, dijera, hiciera, creyera, tuviera, terminara, devolviera
   c. ¿No le escribiste que viniera . . .?   ¿No le pediste que viniera . . .?   ¿No me pediste que viniera . . .?
   ¿No les dijiste que vinieran . . .? ¿No nos dijiste que viniéramos . . .?
   d. Les rogamos que no lo hicieran . . .   dijeran, dejaran, vendieran, repitieran, revelaran, discutieran,
   castigaran
2. a. No, me gustaría que asistiera mi esposa.   b. No, queríamos que descansaran los otros . . .   c. No,
   quería que te lo comieras tú.   d. No, esperaba que fuerais con él vosotros.   e. No, me disgustó que lo
   oyeran Uds.

B

1. Acabaremos . . . Importa mucho que acabemos . . . Es posible que acabemos . . . Será mejor que acabemos . . . Es verdad que acabaremos (acabamos) . . . ¡Ojalá que acabemos . . .!
2. Tenían razón.   Era imposible que tuvieran . . . Claro está que tenían . . . Parecía mentira que tuvieran . . .
   Es de esperar que tuvieran . . . No era fácil que tuvieran . . .
3. La noticia no se diseminará . . . Conviene que no se disemine . . . Urge que no se disemine . . . Es dudoso
   que no se disemine . . . ¡Ojalá que no se disemine . . .! Es evidente que no se diseminará . . .
4. Valía más . . . Era probable que valiera . . . No cabía duda de que valía . . . Puede ser que valiera . . . Era
   aparente que valía . . .
5. No lo vieron . . . Era sorprendente que no lo vieran . . . Era increíble que no lo vieran . . . No había duda
   de que no lo vieron . . . Era difícil que no lo vieran . . . Era evidente que no lo vieron nunca.

C

1. . . . que no se haya muerto.   2. . . . de que hayas vuelto.   3. . . . que haya sido Anita.   4. . . . que hayas
estado tan malo.   5. . . . que no haya querido recibirnos.   6. ¿ . . . que yo haya dicho tal cosa?   7. . . . que
hayas tocado esa pieza.   8. . . . que las hayan terminado . . .   9. . . . que no hayáis asistido.   10. . . . que
hayan podido alcanzarlo.

D

1. Quería verte . . .   2. Quería que lo vieras . . .   3. . . . que no hubiera . . .   4. Temíamos que se hubieran
perdido.   5. No me gustó (gustaba) que se fueran . . .   6. Nos alegrábamos (alegramos) de que se hubieran
casado.   7. Sentían tener que marcharse.   8. Sentíamos (Sentimos) que tuvieran que marcharse.   9. Os
rogué que volvierais pronto.   10. Insistí en que me pagaran . . .

Lección 14

A

1. No hay nadie que lo crea . . .   sepa, tenga, haga, siga, use, niegue . . .
2. Busco un esposo que sea . . .   que me quiera, que tenga intereses diversos, que piense en otras personas,
   que sepa de muchas cosas

3. Buscaba una mujer que lo amara.   . . . que lo comprendiera, que pudiera ayudarlo, que supiera cocinar, que se interesara por los deportes

4. Nico hará lo que le digamos . . . siempre hace lo que le decimos . . . nunca hacía lo que le decíamos . . . nunca hizo lo que le dijimos . . . prometió que haría lo que le dijéramos . . . no quiso hacer lo que le dijimos.

5. Hay un almacén aquí cerca donde venden . . .   Había . . . donde vendían . . .   Conocemos . . . donde venden (vendían) . . .   Te mostraré . . . donde venden . . .   ¿Hay . . . donde vendan . . .?   ¿Habrá . . . donde vendan . . .?

B

1. Si pudiera, te escribiría . . .   2. Si supiera hacerlo, . . . lo haría.   3. Si escribiera mis memorias . . . se sorprendería.   4. Si amara a su esposo, no podría . . .   5. Si no lloviera, haríamos la fiesta . . .   6. Si hubiera otra persona que nos ayudara, no te molestaríamos.   7. Si ensuciaras la casa, tu mamá se enfadaría.   8. Si no costara demasiado, los compraría.   9. Se mataría si se enterara . . .   10. Si fuera por la mañana, podríamos asistir.   11. Si me hiciera rico . . . no sabría . . .   12. Si hubieran pagado . . . no tendríamos . . .   13. Si hubieras practicado . . . no habría necesidad . . .   14. Si (yo) hubiera aprobado . . . no tendría (habría tenido) que tomar . . .   15. Si hubierais dicho la verdad, nadie sospecharía (habría sospechado) . . .   16. Si hubieran estado enfermos, no podrían (habrían podido) . . .

C

1. Lo estoy preparando para no tener que cocinar . . .   para que tú no tengas, para que mi madre no tenga, para que las chicas no tengan, para que Julia y yo no tengamos que cocinar mañana.

2. Lo leyó la segunda vez para entenderlo . . .   para que la clase lo entendiera, para que nosotros lo entendiéramos, para que Uds. lo entendieran, para que tú lo entendieras mejor.

3. Se lo mandaré en seguida para estar . . .   para que los clientes estén seguros, para que Ud. esté seguro, para que vosotros estéis seguros (Os lo mandaré . . .).

D

1. Así que me entere . . .   2. Así que me enteré . . .   3. Cuando alguien me miente . . .   4. . . . antes de que sea tarde.   5. Cuando vi su cara . . .   6. Antes de que yo pudiera hablarles . . .   7. . . . a menos que el jefe les dé permiso.   8. . . . hasta que nosotros regresamos.   9. . . . hasta que ellos me lo pidieran.   10. . . . hasta que se oyera . . .   11. En cuanto tenga . . .

 PARTE CUARTA

Lección 15

A

1. Estuve en casa.   2. No, estaba con Nelson y Pati.   3. No, está nevando.   4. Quieren que estemos allí . . . (Queremos que Uds. estén . . .)   5. No, estaremos muy ocupados.   6. Sí, les dije que estuvieran listos para las . . .   7. No, están maduras ya.   8. No, está muy mal escrita.   9. No están curados del todo, pero están muy mejorados.   10. No, estábamos despiertos ya.   11. Sí, estoy rematada.   12. Estábamos jugando al fútbol.   13. Sí, estoy satisfecha del todo.

B

1. Será en el Salón Verde.   2. Será a la una . . .   3. Somos de la Universidad Central.   4. Eran nuestros.
5. Dudo que sea para él . . .   6. Eran las doce, más o menos.   7. Espero que no haya sido destruido . . .
8. Si yo fuera tú, no haría nada.   9. Serían para la sala pequeña.   10. Era feo pero simpatiquísimo.   11. No,
la casa era de madera.

C

1. Mi familia y yo estuvimos . . . —¿Fue interesante . . .? —Fue fantástico, . . . mi familia es (era) de allí. (. . .)
Estuvimos (estábamos) ocupados . . .   2. Elenita, es tarde ya. ¿Estás lista . . .? —Casi. Pero no estoy vestida
. . . Dime, ¿dónde están mis zapatos?   3. Es importante que Uds. estén aquí . . . —Ud. puede estar seguro
de que estaremos . . .   4. . . . será para nuestra alcoba. —Entonces, ¿no será para . . .? ¡Qué egoístas son
(sois)!   5. ¿Está muerto o vivo . . .? —Está vivo, pero está mal herido. (. . .) Fue atropellado . . . —Por Dios,
¿dónde está (estará) . . .?   6. Si yo fuera Ud. . . . —¿Ah, no? Y si tú hubieras estado (estuvieras) en mi lugar
la otra vez, . . .   7. Si estáis tan descontentos . . . —Porque es posible que nos despida. ¿Y tú quieres que
estemos sin empleo?   8. Cuando nosotras los vimos, estaban sentados a la mesa. —¿Estaban comiendo?
—Ya no. La comida estaba terminada. Estaban charlando, no más.

Lección 16

A

1. cabellos rubios; una sonrisa encantadora; los perfumes franceses; las mujeres japonesas; una alemana;
   las colonias holandesas; mis hermanos mayores; una chica muy charlatana; unos empleados holgazanes;
   una nena pequeñina; una lección fácil; unas palabras corteses; una clase superior; unos actos atroces;
   Santo Tomás; en algún tiempo
2. facciones irregulares; una mentira descomunal; un comentario pesimista; un hambre feroz; unos niños
   precoces; una persona murmuradora; unos días felices; el paisaje belga; ideas jóvenes; una mujer
   preguntona; cien dólares; una gran novelista; su tercer esposo

B

1. un viejo amigo; una gran ciudad; grandes oportunidades; la pobre (desafortunada) mujer; un edificio viejo
   (antiguo)
2. los jóvenes y los ancianos (viejos, mayores); los ricos y los pobres; los franceses (el pueblo francés); las
   (mujeres) italianas
3. sopa fría; la fría nieve; una camisa roja; la roja sangre; las hermosas modelos
4. un método fácil y nuevo (un método nuevo y fácil, un fácil método nuevo); la rica comida china; un costoso
   carro (coche) inglés (un coche inglés costoso); sus hermosos ojos azules; una profesión importante y
   lucrativa; la decisión más importante y (más) peligrosa de mi vida entera
5. una corbata de seda; una pelota de tenis; un teatro de cine; una casa de verano; un anillo de oro y
   diamantes

Lección 17

A

1. . . . tan astuto como él.   2. . . . tan delgada como ella.   3. Habrá tantos adultos como niños . . .   4. No
quiere trabajar tanto.   5. . . . tantas obras como la otra clase.   6. . . . tantos discos como un almacén.
7. . . . tan confundida como antes.   8. . . . tan nuevo como el suyo.   9. ¡Ojalá que tuviéramos tanto tiempo
. . .!   10. ¿. . . tan preocupada como esta mañana?   11. . . . que nos gustara tanto como bailar.   12. Es tan
valiente como inteligente.

B

1. Era tan fuerte como un toro (caballo, león). 2. Estás tan sucio como un puerco. 3. Era tan valiente como un león. 4. Ese tipo come tanto como un caballo (un puerco, cerdo, elefante). 5. Es tan astuto como un zorro. 6. . . . tan grande como un elefante. 7. . . . estoy tan ciego como un murciélago. 8. Eres tan terco como una mula. 9. Es tan ligera como un ciervo. 10. . . . te encuentro tan torpe como un burro. 11. Tenía una voz tan dulce como un pajarito.

Lección 18

A

nada; nadie; ningún día; ninguna persona (nadie); nunca, jamás; ni él ni ella; ninguno de ellos; ni yo tampoco; nunca, jamás; de ninguna manera; nada; por (o en) ninguna parte; más que nunca

B

1. No, no le conté nada a nadie. 2. No, no hablé jamás (nunca) con ninguno de ellos. 3. No, no hemos estado nunca (jamás) en ninguna parte . . . 4. No, nadie estuvo conmigo anoche. 5. No conocí nunca (jamás, en ninguna ocasión) a ningún amigo suyo. 6. No, nunca (jamás) me dio nada ninguna de ellas, en ninguna forma, de ninguna manera.

Lección 19

A

1. ¿Cuál es la dirección . . .? Ahora, ¿cuál es su número . . .? 2. ¿Cuántas personas . . .? 3. ¿Qué significa . . .? 4. ¿Cómo se dice . . .? 5. Dios mío, ¿cuándo van a aprender . . .? 6. ¡Cuántas veces he tratado . . .! 7. ¿Quiénes (Cuáles) son los mejores . . .? 8. ¿Qué película (Cuál película) pondrán . . .? 9. ¿Cómo le gusta la carne . . .? 10. Dígame, ¿qué (qué tal) le pareció . . .? 11. ¿Cómo se siente hoy? 12. ¿Cuáles son sus días favoritos . . .? 13. ¿Por qué hiciste . . .? 14. (. . .) ¿Para qué?

B

1. ¡Qué (Vaya un) presidente! ¡Qué brillante (genial) es! ¡Y qué guapo! ¡Y qué persona más (tan) agradable (maravillosa, etc.)! —¡Ay, qué sueño! 2. ¿Quién es la mujer más hermosa del mundo? —La hermana de Drácula. —¡Cómo! 3. ¿Qué tal (Cómo) estuvo (resultó) el concierto anoche? —Fabuloso. —¿Qué tocaron? —¿Qué sé yo? No fui.

 PARTE QUINTA

Lección 20

A

1. No nos gusta el agua. No nos gustan las aguas minerales. No nos gusta el arma de fuego. No nos gustan las armas de fuego.

2. El pajarito se lastimó el ala. . . . las alas, el pico, la cabecita, el ojo derecho, los ojos
3. Mañana iremos a la boda.   . . . al estadio, a las clases, a la universidad, al concierto, a los juegos olímpicos, a la iglesia
4. ¿Han llegado noticias del frente? . . . del capitán, de los misioneros, del jefe, de la patrona, del aeropuerto, del ejército

B

1. Te veré el lunes, 13 de agosto a las tres y cuarto.   2. La historia se repite. —Así es la vida.   3. Los hombres gastan más que las mujeres.   4. ¿Ya conociste a la doctora Rojas?   5. Buenos días, don Fernando.   6. (. . .) ¿Quieres llevarte el mío?   7. Tiene la nariz un poco grande . . .   8. . . . para teñirme el pelo.   9. La lengua es más fuerte que la espada.   10. Hoy es viernes . . . —Sí, ¡de la semana pasada!

C

1. . . . como el de María. —Ay, no. Los de esa categoría . . .   2. . . . pero no del de Educación.   3. . . . y las de la una . . .   4. . . .con los liberales.   5. Tanto mi novia como la de mi hermano . . .

D

Groups A and B are related this way: 1—b, 2—e, 3—a, 4—c, 5—d

E

un alba hermosísima; unas armas de fuego; un hambre inaguantable; un ala quebrada; una artista famosa; una armada poderosa; unos planes extraordinarios; un alma purísima

F

1. ¡Qué día más hermoso! —Sí, es un día perfecto . . . —¡Vaya una idea fabulosa!   2. No tengo cabeza para números. —Ni estómago para exámenes.   3. (. . .) Tiene un cerebro de pájaro. —Sí, y una lengua de serpiente.   4. (. . .) No tengo llave.   5. (. . .) Era mecánico—un mecánico experto.   6. ¿Hay manera de comunicarnos . . .? —No. Aquí no hay teléfono . . .

G

a. Lo más difícil de entender era por qué robó el dinero . . .   b. Lo más importante en la vida es creer en uno mismo.   c. En mi opinión, lo mejor sería comenzar de nuevo.   d. Lo curioso es que nunca ha querido contactar a su familia.   e. Lo más interesante de esta clase han sido las conversaciones.   f. Lo único que nos queda ahora es acabar este ejercicio.

Lección 21

A

1. Tendré que estar lista para el jueves.   2. Lo compré para ti, para tu aniversario.   3. Se fueron para Argentina.   4. Sirve para abrir latas.   5. No, lo hice para ayudarte.   6. Salimos (Uds. salen) por la puerta de atrás.   7. Será para tu (su) cuarto, sólo por ahora.   8. Lo absolvieron por temor a sus partidarios.   9. Se terminará para fines del año.   10. Estudia para arquitecta.   11. Sí, pasen por aquí, por favor.   12. Fue escrito por Cervantes.   13. Por supuesto te llamaré.   14. No, lo haré por todos.   15. Sí, ve (vaya) por el médico en seguida.

B

1. Para una persona de tu edad . . . —¡Por favor! Déjame en paz por cinco minutos . . .   2. ¿Para cuándo acabarán . . .? —Para fines de 1999. —¡Por Dios! ¿Por qué tan tarde?   3. ¿Uds. venden tazas grandes para café?   4. Pasé por tu casa . . . —¿Por qué no me avisaste primero por teléfono?   5. Si no fuera por la ayuda de Marta . . . —Es verdad. Para una muchacha tan joven . . .   6. ¿Pagaste mucho por el televisor? (. . .) Por ese precio, habrías podido comprar . . .   7. ¿Vendrán por la mañana o por la tarde? —Por la mañana, por lo menos si no comienza a llover.

Lección 22

A

1. Vamos a comenzar . . .   2. ¿Me quieres esperar?   3. ¿Vienen a visitar o a quedarse?   4. ¿A quién conociste primero? —A Juan, y después a Luisa.   5. Teníamos parientes en el Brasil.   6. A mis padres no les gustan mis amigos. —¿Y a tus amigos les gustan tus padres?   7. Acabamos de emplear a una abogada . . .   8. Busco una secretaria . . .   9. ¿Me enseñarás a manejar? —Sí, si aprendes primero a leer las instrucciones.   10. ¿Ya llegaron a Madrid? —Sí, a las ocho y cuarto.   11. Acércate a él y pídele . . . 12. Deseamos un cuarto que dé al frente.

B

1. Insistieron en acompañarnos. —¿Estás seguro de que eran sinceros? —Sí. Confío mucho en ellos. 2. Pienso en Marisa . . . Sueño con ella . . . —Entonces, ¿te vas a casar con ella? —No. estoy enamorado de Elena.   3. ¿Cuánto tiempo tardaremos en llegar?   4. Los platos estaban cubiertos de grasa. —Sí, y las ollas estaban llenas de comida vieja.   5. No te olvides de cerrar las ventanas antes de salir. Y trata de regresar temprano. —Con el mayor gusto. Si me acuerdo de llevar mi reloj.   6. ¿Qué pensaste de la obra? (. . .) —Me alegro de saberlo.   7. ¿Se van Uds. de vacaciones o de negocios? —Te lo diré después de la primera semana.   8. Salió mal porque lo hiciste con mucha prisa. —Es verdad. No me daba cuenta de las consecuencias. Me arrepiento ahora de no haber esperado.

Lección 23

A

1. a. La alfombra que compramos . . .   b. Los papeles entre los cuales (los que) hallamos . . .   c. La piscina que construyeron . . . es tan grande como la que tienen en . . .   d. Los que (Quienes) estuvieron allí . . .   e. El juez delante de quien (del cual) presentaron el caso . . .   f. La hermana de Esteban, la que (la cual) se va a casar . . . es una de las personas más simpáticas que conozco.   g. Los pañuelos que nos trajeron . . . pero los que compramos . . .   h. Los que (Quienes) fracasen en este examen serán los que (quienes) . . .   i. La persona a quien (a la que) se dirigió no era la persona que pudiera ayudarla. j. . . . sin los cuales (los que) no veo nada. —¿No servirán por ahora los que compraste el año pasado?

2. a. Los chicos de quienes . . .   b. Las personas con quienes cantaremos . . .   c. Los regalos que me diste . . .   d. Los platos que sirvieron . . .   e. Los caballeros a quienes te presentaré . . .   f. Las familias que ocuparán aquella casa . . .   g. Los funcionarios a quienes se dirigió . . .   h. Las obras de que (de las que) les hablé . . .

C

1. . . . lo cual significa que no podremos usar el jardín . . .   2. . . . lo cual me obligará a mí a trabajar. 3. . . . lo que significa que lo estima mucho.   4. (. . .) No habrá tiempo para entregarle dos informes en una

semana.   5. (. . .) Pues, lo que debes hacer es comenzar de nuevo.   6. . . ., por lo cual parece que va a nevar.

Lección 24

A

Ver es creer.   Querer es poder.   El fumar puede afectar los pulmones.   El hacer ejercicios es bueno para la salud.   El vivir aquí en el centro es carísimo.   Conocer a una persona es comenzar a amarla.

B

1. ¿Has estado trabajando . . .?   ¿Ha estado Ud. . . ., Han estado Uds., Habéis estado vosotros, La pobre ha estado . . .?
2. Estábamos bailando cuando se apagaron las luces.   Estábamos comiendo, cocinando, leyendo, mirando la televisión, hablando por teléfono . . .
3. Yo estaba dormido cuando sonó . . .   Estábamos dormidos, ¿Tú estabas dormido (dormida)?, ¿Vosotros estabais dormidos?, ¿Uds. estaban dormidos . . .?
4. ¿Está bien escrita la obra?   ¿Está bien construida, editada, documentada, dirigida . . .?

VOCABULARIES

The gender of all nouns, except masculine nouns ending in **-o** and feminine nouns ending in **-a,** or nouns that refer to a masculine or feminine person, is indicated by *m.* or *f.* Parts of speech are abbreviated as follows: *n.* noun; *v.* verb; *adj.* adjective; *adv.* adverb; *conj.* conjunction; *prep.* preposition; *pron.* pronoun; *refl.* reflexive; *part.* participle; *rel.* relative; *dem.* demonstrative. Radical-changing verbs are followed by the change that the verb undergoes placed in parentheses. Thus: **perder (ie), pedir (i), contar (ue).** Irregular verbs that appear in full in the verb reference guide are marked with an asterisk. Verbs derived from these are also marked with an asterisk. Thus: ***componer, *detener.** The conjugation of verbs ending in **-ducir** may be found under **conducir.** Thus: ***pro***ducir,* ***tra***ducir.* Verbs of the types of **huir** and **conocer,** and those that have a change in accentuation are followed by the ending of the first person singular of the present indicative placed in parentheses. Thus: **destruir (uyo), merecer (zco), enviar (ío).** Spelling-changing verbs show the affected consonant in italics: **co***g***er, sa***c***ar.** The Spanish-English vocabulary includes all verbs and idioms that appear in the reading passages and exercises, except for exact or close cognates. The English-Spanish vocabulary includes all words and idioms that are used in the exercises, plus many high-frequency expressions that may be useful in preparing the *Creación* sections.

Spanish—English

A

a to; at
abandono abandonment, neglect
abastecerse (zco) to get provisions, "load up"
abierto open; opened
abogado lawyer; advocate
abogar (por) to plead (for), intercede; advocate
aborrecer (zco) to hate, abhor
aborto abortion; miscarriage
abrazo hug
abreviado abbreviated
abrigo (over)coat
abrir (*past part.* **abierto**) to open
abrochar to buckle, button, fasten
abrogar to abrogate, nullify
absoluto: en — not at all!
abuela grandmother
abuelo grandfather
aburrido bored; boring
aburrir to bore
acá here
acabar to finish; **— de** + *infin.* to have just (done something)
acalorado heated (*figurative*)
acceder to accede, yield; to have access to
acechar to stalk
aceite, *m* oil; ointment
acentuar (úo) to accentuate, heighten, increase
acera sidewalk
acerca de about (a topic)
acercarse (a) to approach
acero steel
aclarar to clear up, clarify
acoger to accept, welcome
acogida reception; sale
aconsejar to advise
acoplar to hook up, couple
acordarse (de) (ue) to remember (about)
acosar to beset, besiege
acostar (ue) to put to bed; **—se** to go to bed
acostumbrarse (a) to become accustomed (to)
actitud, *f.* attitude
actual present, current
actualidad: en la — at present
actuar (úo) to act
acudir (a) to hasten (to); to seek support (of)
acuerdo accord, agreement; **De —.** Agreed. OK.; **de — con** in accordance with; ***estar de —** to agree
acusado, *m* (the) accused, defendant

adelante forward; onward; **de aquí en —** from now on
adelanto advance
ademán, *m.* gesture
adentro, *adv.* inside, within
adherirse (ie) to adhere; stick (to)
adivinador(a) fortune teller
adjuntar to enclose, attach
adjunto enclosed; attached
admirador(a) admirer; admiring
¿Adónde? (To) Where?
adondequiera wherever
aduana customs(house)
advenimiento advent
advertir (ie) to warn; advise
afectar to affect; impress
afición, *f.* fondness, liking
aficionado, *n.* fan; **— a,** *adj.* fond of
afirmar to affirm, confirm
aflojar(se) to weaken
afortunado lucky; fortunate
afuera, *adv.* (on the) outside
agarrar to seize; catch, grab, take
agitar to agitate, shake; upset, irritate
agotar to exhaust, use up; **—se** to become exhausted; be out (of print, etc.)
agradable pleasant
agradecer (zco) to thank (for)
agregar to add
agua (el agua, las aguas) water; **— aromática** cologne
aguantar to stand (for), endure
ahí, *adv.* there (near you)
ahora now; **— mismo** right now
ahorrar to save
ajá aha!
ajeno, *adj.* belonging to someone else
ajillo (*diminutive of* **ajo**) garlic; **al —** with garlic
ajustado tight
ala (el ala, las alas) wing
alba dawn
alabar to praise
alcalde mayor
alcaldesa mayoress; mayor's wife
alcance, *m.* reach; range; **dar — a** to pursue; catch up with
alcanzar to reach; attain; catch up with
alcoba bedroom
alegar to allege; declare, assert
alegrar to make happy, please; **—se de** to be happy (about)

alegre   happy, jovial, gay
alegría   joy; merriment
alejar   to move or drive (something) away; **—se**   to move off or away
alemán (-ana)   German
alfiler, *m.*   pin
algodón, *m.*   cotton
algún (alguno, -a, -os, -as)   some, any (of a group); **alguna vez**   ever, at any time; **alguno que otro**   a few, an occasional; **de algún modo, de alguna manera**   somehow; **en alguna parte**   somewhere
alhaja   piece of jewelry
aliento   breath
alimentar   to feed; **—se**   to eat
alimento   food
alma (el alma, las almas)   soul
almacén, *m.*   store (Sp. Am.); warehouse (Spain)
almorzar (ue)   to have lunch
almuerzo   lunch
alquilar   to rent
alquiler, *m.*   rent
alrededor (de)   around
alto   tall; high; loud
altura   height
alumno   pupil
allí   (over) there
amable   nice, pleasant (of a person)
amanecer (zco)   to dawn; wake up (early); *m.* dawn
amar   to love
amargo   bitter
amasar   to knead (dough)
ambiente, *m.*   atmosphere; environment
ambos   both
amenazar   to threaten; **—de muerte**   to threaten with death
amigote   crony, "pal"
amistad, *f.*   friendship
amontonar   to pile up
amor, *m.*   love; darling
amorcito   darling, sweetie
amplio   ample, broad; full
anales, *m.pl.*   annals, records
anciano   elderly, old (of a person)
ancho   wide; **a mis anchas**   at my leisure, with ease
andaluz   Andalusian
*andar   to walk
angosto   narrow
angustia   anguish
anillo   ring
anoche   last night
anodino   insignificant
anotar   to note, jot down
ante, *prep.*   before, in front of, faced with
anteayer   the day before yesterday
antemano: de —   in advance, beforehand
anterior   previous; preceding

antes, *adv.*   before(hand); first; **cuanto —**   as soon as possible; **— de,** *prep.*   before; **— de que,** *conj.*   before; **— que,** *conj.*   rather than
antigüedades, *f. pl.*   antiques
antiguo   old, ancient; former; antique; **a la antigua**   in the old style
antipático   nasty, unlikable
antojo   whim, desire for something
anudar   to tie in a knot; join
anunciar   to announce; advertise
anuncio   announcement; ad
añadir   to add
año   year; **al —**   per year; **tener . . . años de edad**   to be . . . years old
apaciguar (güe)   to appease, soothe
apagar   to turn out (a light, etc.), put out; extinguish
aparato   apparatus; device; set (TV, etc.)
aparecer (zco)   to appear
aparentar   to pretend (to be); seem like, appear
apariencia   appearance, aspect
aparte, *adv.*   aside
apasionado   heated; passionate, impassioned
apatía   apathy, indifference
apellido   surname
apenas   hardly, scarcely
apéndice, *m.*   appendix
apetecer (zco)   to have a desire or appetite for; want
aplastado   crushed; dismayed
aplazar   to postpone
aplicar   to apply
apodo   nickname
aportación, *f.*   contribution
apoyar   to support, uphold; aid, abet
apreciable   esteemed
apresurar(se)   to hurry
apretar (ie)   to press; squeeze
aprisa, *adv.*   hurriedly
aprobar (ue)   to approve; pass (an exam, etc.)
apropiado   appropriate
aprovechar(se de)   to take advantage of; avail oneself of
apuntar   to jot down, note
apurar(se)   to worry; hurry
apuro   jam, tough spot
aquel (aquella, -os, -as)   those (over there); **en aquel entonces**   in those (remote) times
aquí   here; **— mismo**   right here; **de — en adelante**   from now on; **por —**   around here
árbol, *m.*   tree
arco   arch; **— iris**   rainbow
archivo   file; archive
ardiendo, *adj.*   burning
ardiente   ardent
arena   sand
argumento   plot (of a novel, etc.)
arma   arm, weapon; **— de fuego**   firearm
armario   closet; cabinet; wardrobe

arrancar   to pull out; snatch; to start off (as a car)
arrastrar   to drag, pull away
arrebatar   to snatch, take away
arreglar   to arrange; fix
arremolinarse   to hover, "hang around"
arrepentirse (ie) de   to repent of; be sorry about
arriba, *adv.*   above; at the top; upstairs
arrodillarse   to kneel
arrojar   to throw, hurl
arruinar   to ruin
arte, *m.*   art; **bellas artes**, *f.*   fine arts
asaltante   assailant, mugger
asaltar   to assault, "mug"
ascender (ie)   to promote; ascend, go up
ascenso   promotion
ascensor, *m.*   elevator
asegurar   to assure; assert; insure
asentir (ie)   to assent, agree
asesinar   to assassinate; murder
asesinato   murder; assassination
asesino   murderer; assassin
aseverar   to assert
así   thus; so; — **que,** *conj.*   so . . . ; as soon as
asiento   seat
asistencia   attendance
asistir a   to attend (a function)
asociar(se)   to associate
asomar   to peek through
asombrar   to surprise, astonish
asombroso   astonishing
aspecto   aspect; (physical) appearance
aspiradora   vacuum cleaner
asumir   to assume
Asunción   capital of Paraguay
asunto   matter; affair
asustar   to frighten; scare; —**se**   get scared
ataque, *m.*   attack; — **cardíaco**   heart attack
atar   to tie
atardecer, *m.*   nightfall, dusk
atender (ie)   to attend (to some one or thing)
atentamente   attentively
aternerado   whining
aterrado   terrified
aterrizar   to land (as a plane)
atractivo, *m.*   attraction; attractiveness; *adj.*   attractive
atrás, *adv.*   behind; ago; **de —**   in back
atraso   delay; **con —**   belatedly
atreverse a   to dare to
atropellar   to run over; knock down
atroz (*pl.* atroces)   atrocious
atto. y afmo. (atento y afectísimo)   yours truly
aturdir   to confuse, bewilder; dazzle, stun
aula   classroom
aumentar   to increase
aun   even
aún   still; yet
aunque   although, even though, even if
ausente   absent

autobús, *m.*   bus
auxilios, *m. pl.*   aid
avenida   avenue
aventurero   adventurer; *adj.*   adventurous
avergonzado   ashamed
averiguar (gü)   to find out, ascertain, verify; look into
avión, *m.*   airplane
avioneta   small airplane
avisar   to warn; advise, tell
aviso   notice; warning
¡Ay de mí!   Oh, me, oh my!
ayer   yesterday
ayuda   aid; — **social**   welfare
ayudante   helper; assistant
ayudar   to help, aid, assist
azaroso   risky
azúcar, *m.*   sugar
azul   blue

B

bailar   to dance
baile, *m.*   dance
bajar   to go down, come down; take down, lower; get off or out of (a vehicle); — **de peso**   to lose weight
bajo, *adj.*   low; short; soft (as a voice); *prep.*   under
balanza   balance; scale
balazo   bullet shot or wound
balcón, *m.*   balcony
baloncesto   basketball
banco   bank
bandera   flag
banquete, *m.*   banquet
bañar(se)   to bathe
baño   bath; bathroom
barato   cheap
barba   beard
bárbaro   barbarous, savage
barco   ship
barrer   to sweep
barrenar   to bore (a hole), drill
barrigón, *adj.*   big-bellied
barrio   neighborhood, district
base, *f.*   base; basis; — **de datos**   data base
bastante   enough; rather, quite
bastar   to be enough, suffice
bastón, *m.*   cane; (a) stick
bata   (bath)robe; housecoat
batir   to beat; whip (cream, etc.)
baúl, *m.*   trunk
beber   to drink
bebida   drink
bebido   drunk, "high"
beca   scholarship
Bélgica   Belgium
belga   Belgian

*ben*decir* to bless
bendito blessed; "damned"
beneficio benefit
besar to kiss
biblioteca library
bicicleta bicycle
bien well; más — rather; *m.* good; well-being;
　pl. possessions
bienestar, *m.* welfare, well-being
bienvenida welcome
bigote, *m.* mustache
bilingüe bilingual
billete, *m.* ticket (Spain); bill (money)
bisabuelo great-grandfather; ancestor
bisté, *m.* steak
blanco white; blank
boca mouth
bocata snack
bochorno heat wave
boda wedding
bodega wine cellar (Spain); grocery story (Puerto
　Rico)
bolígrafo ballpoint pen
bolsa purse; bag; la B— stock market
bolsillo pocket
bolso purse, pocketbook
bombero fireman
bondad, *f.* kindness, goodness
bonito pretty
boquiabierto open-mouthed, agape
bosque, *m.* forest
bosquejo sketch
bota boot
botar to throw out
bote, *m.* small boat; — de vela sailboat
botica drugstore
boticaria druggist's wife; lady druggist
botón, *m.* button
bracear to wave one's arms
brazo arm
breve brief
brevedad, *f.* brevity
brillo shine
broche, *m.* clasp; brooch
broma joke
bronco hoarse
buen mozo, *adj.* handsome
bufanda scarf
burgués, *adj.* bourgeois, middle-class
burlar to deceive; —se de to make fun of, mock
busca search, quest
buscar to look for, seek

C

cabellera head of hair
cabello (often *pl.*—poetic) hair
cabecita little head
*caber to fit; No cabe duda. There is no doubt.

cabeza head; heading
cabo end; llevar a — to bring about, fulfill
cada each
cadena chain
cadera hip
*caer to fall; befall; —se to fall down; — de
　bruces to fall headlong
café, *m.* coffee; café
cafetera coffee pot
caja box; cashier's office
cajón, *m.* drawer
calcetín, *m.* sock
calculadora calculator
calefacción, *f.* heating
calidad, *f.* quality (opp. of quantity)
caliente hot; warm
calificación, *f.* grade, mark; *pl.* qualifications
calmar(se) to calm down
calor, *m.* heat; hacer — to be warm out; tener —
　to be (feel) warm
calzar to put on, wear (shoes or pants)
calzones, *m. pl.* trousers
callar to keep still, hush up; —se to remain quiet
calle, *f.* street
cama bed
camada layer; "den"
cámara camera; chamber; bedroom; C— de Dipu-
　tados Chamber of Deputies, House of Repre-
　sentatives
camarero waiter; steward
cambiar to change; exchange
cambio change; exchange; a — de in exchange
　for; en — on the other hand; in exchange
caminar to walk
camino road; way
camioneta station wagon
camisa shirt
camiseta undershirt; T-shirt
campaña campaign
campeón (-ona) champion
campeonato championship
campesino farmer; country person
campo country (opp. of city); field
Canadá, *m.* Canada
cancha field; court
cansado tired; bored
cansar to tire; bore
cantante singer; *adj.* singing
cantar to sing
cantidad, *f.* quantity
capataz foreman
capaz (*pl.* capaces) capable
capilla chapel
capital, *f.* capital city; *m.* capital (money)
capítulo chapter
captar to capture
cara face; — y cruz two sides of a coin, head or
　tails
carácter, *m.* character; trait

cárcel, *f.* jail
carecer (zco) de to lack
cargo job, position; charge
cariño affection; "darling"
cariñoso affectionate
carne, *f.* meat; flesh
caro expensive
carrera career; race
carreta cart
carretera highway
carro car
carta letter; playing card
cartera wallet; briefcase; handbag
cartón, *m.* cardboard
cartucho cartridge; cassette
casa house; C— de Socorro hospital, first aid station; asylum; — rodante mobile home
casado married; married person
casamiento marriage, wedding
casar to marry (off), to wed (someone else); —se to get married
caserón, *m.* mansion
casi almost
caso case; en — de que, *conj.* in case; hacerle — a alguien to pay attention to, heed (someone)
castigar to punish
castigo punishment
casucha hovel, shack
catalán Catalonian
catarro (a) cold
catástrofe, *f.* catastrophe
causa cause; a — de because of
cegar (ie) to blind; —se to be blinded
celebrar to celebrate; hold, take place (as an event)
celoso jealous
cena supper
cenar to have supper
censura censorship; censure
centavo cent
céntimo cent
céntrico, *adj.* downtown, in the heart of the city
centro center; downtown area
cerca, *adv.* near(by); — de, *prep.* near
cercano, *adj.* near
cerebro brain
cerrar (ie) to close; — con llave to lock; — con cerrojo to bolt
cerrojo bolt
cerveza beer
cesar to stop, cease
césped, *m.* grass; lawn
ciego blind
cielo sky; Heaven
ciencia science
cierto certain, sure; a certain, so-called
cima top, summit

cine, *m.* movies; movie theater
cinematográfico (referring to) movies
cinta ribbon; tape
cinturón, *m.* belt; seat belt
cirujano surgeon; — estético plastic surgeon
cita date, appointment
citar to quote, cite; mention; —se to make a date
clara, *f.* white of egg
claro clear; light (in color); ¡Claro! Of course.
clase, *f.* class; kind; (school) class; classroom
clima, *m.* climate
cobre, *m.* copper
cocina kitchen
cocinar to cook
cocinero (-a) cook, chef
cóctel, coctel cocktail party
coche, *m.* car
codicia greed
codiciar to covet
coger to catch; seize, grab
cojear to limp
coleccionista collector
colega colleague
colgar (ue) to hang (an object)
colegio school (usually secondary)
colmo limit; top; (the) height; far-out end
colocación, *f.* position, job; placement
colocar to place, put
collar, *m.* necklace
comarca township; area surrounding a town
combate, *m.* combat; fight
combustible, *m.* fuel
comedor, *m.* dining room
comenzar (ie) to begin
comer to eat; —se to eat up
cometer to commit
comida meal; food; dinner
comienzo beginning
comité, *m.* committee
como as; like
¿Cómo? How?; ¡—! What!
cómoda chest (of drawers)
cómodo comfortable
compañero companion; — de cuarto roommate
comparación, *f.* comparison
compartir to share
compasivo understanding, sympathetic
competencia competition; competence
competición, *f.* competition (contest)
complacerse (zco) en to be pleased to, take pleasure in
complejo complex
completo: por — completely
componer to compose; fix
compositor(a) composer
comprar to buy
comprender to understand
comprensivo understanding; comprehensive

comprobar (ue)   to prove
comprometerse   to make a commitment; get engaged
compromiso   appointment; commitment; engagement
computador(a)   computer
común   common; ordinary
con   with; **conmigo, contigo**   with me, with you; **— tal que**   provided that
concebir (i)   to conceive
conceder   to grant, award; concede
concernir (ie)   to concern
conciencia   conscience; consciousness
concluir (uyo)   to conclude
concurso   contest
condenar   to condemn; convict
*con*ducir*   to conduct; lead; **—se**   to act, behave
conducta   behavior, conduct; management
conducto   pipe, conduit
conductor(a)   driver
confesar (ie)   to confess
confianza   confidence, trust
confiar (ío) en   to trust (in); confide
confidencia   confidence, secret
confites, m. pl.   sweets; candy
conforme   in agreement
confundido   confused
confuso   confused
congelado   frozen
congelador, m.   freezer
congestionar   to congest
conjetura   guess; conjecture
conocedor(a)   connoisseur; adj.   knowledgeable
conocer (zco)   to know, be acquainted or familiar with; (preterite) meet for the first time
conocido, adj.   well-known; n.   (an) acquaintance
conocimiento   (usually pl.)   knowledge
conque, conj.   so, . . . ,
consagrado   dedicated, devoted
consagrar   to devote, dedicate
conseguir (i)   to get, obtain; achieve
consejero   adviser; counselor
consejo (often pl.)   advice
conservador   conservative
conservar   to keep, preserve; **—se**   to remain
consignar   to consign; deposit (money); make an entry (in a ledger)
consistir en   to consist of or in
consolar (ue)   to console
consonante con, prep.   in keeping with
conspiración, f.   conspiracy
constar   to be clear, evident
construir   to build, construct
consulta   consultation
contador   accountant
contar (ue)   to count; tell, relate; **— con**   to count on
contemporáneo   contemporary

contestación, f.   answer
contestar   to answer
continuación: a —   following
continuar (úo)   to continue
contra   against; **en — (de)**   against
contrabando   contraband; smuggling
contrapunto   (music)   counterpoint
contrario   contrary, opposite; **por lo —, al —**   on the contrary
contrato   contract
*contrib*uir*   to contribute
convencer   to convince
*con*venir*   to be advisable, suitable; **— en**   to agree to
convertir (ie)   to convert; change; **—se en**   to become
convivencia   living together
conyugal, adj.   referring to marriage, conjugal
cónyuge   spouse
copa   goblet; (a) drink; "cup" (sports)
coraje, m.   boldness; anger; "guts"
corazón, m.   heart
corbata   tie
coronel   colonel
corpulento   heavy-set
correa   leather belt
corredor, m.   corridor; broker
correo   mail; **echar al —**   to mail
correr   to run; **echar a —**   to break into a run
correspondiente   corresponding
corriente, f.   current; adj.   current, present; running (water)
cortar   to cut
cortés   polite
corteza   bark (of a tree)
cortina   curtain
corte, f.   court; m.   cut
corto   short (in length)
cosa   thing
cosecha   harvest
coser   to sew; **— a mano**   to sew by hand
costa   coast
costar (ue)   to cost
coste, m.   cost; **— de la vida**   cost of living
costumbre, f.   custom
costurera   dressmaker, seamstress
cotidiano   everyday; humdrum
cotizar   to quote; value
crear   to create
crecer (zco)   to grow; increase
creciente   increasing; rising
crecimiento   growth
creer   to believe; think
crema   cream
criada, criado   maid, servant
criadero   breeding place; kennel
criar (ío)   to raise; rear
crimen, m.   crime

criterio   opinion, judgment; criterion
crítico, *m.*   critic; *adj.*   critical; grave, serious
crudo   harsh; raw
crueldad, *f.*   cruelty
cruz, *f.*   cross; tail side of a coin
cuadrado   square
cuadro   picture
¿Cuál(es)?   Which?; *rel. pron.*   el cual, la cual, los cuales, etc.   which, that
cualidad, *f.*   quality, trait
cualquier   any at all; **— cosa**   anything
cuando   when
cuanto, *rel. pron.*   all that; **— antes**   as soon as possible; **en —,** *conj.*   as soon as; **en — a,** *prep.*   as for; **— más . . ., tanto menos . . .**   the more . . ., the less . . . ; **unos cuantos**   a few
¿Cuánto?   How much?; *pl.*   How many?
cuarto   room; fourth
cubierto (de)   covered (with)
cubrir   to cover; (*past participle,* **cubierto**)
cuchara   tablespoon
cucharita   teaspoon
cuchillazo   cutting tool; large knife
cuello   neck; collar
cuenta   account; bill; count; **— de crédito**   charge account; **darse — de**   to realize
cuento   story
cuerpo   body
cuestión, *f.*   question, issue
cueva   cave
cuidado   care, carefulness, **tener —**   to be careful
cuidadoso   careful
cuidar   to take care (of)
culminante   climactic
culpa   blame; fault; guilt
culpable, *m.*   culprit; *adj.*   guilty
cumpleaños, *m. sing.*   birthday
cumplir (con)   to fulfill, comply (with); **— años**   to have a birthday
cuñado   brother-in-law
cura, *m.*   priest; *f.*   cure
curso   course
cuyo, *rel. adj.*   whose

CH

champaña, *m.*   champagne
chaqueta   jacket
charla   chat
charlar   to chat
charlatán   talkative
chico   boy
chicuelo   little boy, "kid"
chiquillo, chiquito   cute little boy
chismear   to gossip
chisme, *m.* (often *pl.*)   gossip
chiste, *m.*   joke

chocar   to collide, run into, hit; **— con**   to crash into
chofer, chófer   chauffeur
chuleta   chop, cutlet; **hacer —(s)**   to cheat (on an exam)

D

dado   given; **— que;** *conj.*   granted that
dama   lady
danés   Dane; Danish
daño   harm; **hacerse —**   to hurt oneself
*dar   to give; **— miedo**   to frighten; **— por hecho**   to take for granted; **—se cuenta de**   to realize
debajo de, *prep.*   under, beneath
deber   to owe; ought, should; (also expresses probability)
débil   weak
década   decade
decenas, *f. pl.*   tens
decepcionar   to disappoint, disillusion
décimo   tenth
*decir   to say; tell; **querer —**   to mean
declamación, *f.*   declamation; oratorical style
dedo   finger; toe
de*ducir*   to deduce; deduct
defender (ie)   to defend; **Me defiendo.**   I get by.
definitivo   definite
dejar   to let, allow; to leave (behind); **— de**   to stop (doing something)
delante de, *prep*   in front of
delatar   to inform on, turn in
delgado   slim, thin
delicia   delight
delincuente   criminal
demás: lo —   the rest (what is left); **los, las —**   the rest, the others; **por lo —**   furthermore
demasiado   too; too much; *pl.*   too many
demora   delay
demorar   to delay; be late
demostrar (ue)   to show; demonstrate
denominador, *m.*   denominator (math.)
dentadura   denture
dentro, *adv.*   inside; **— de,** *prep.*   inside; **por —**   on the inside, within
denuncia   accusation; denunciation
denunciar   to denounce
depender (de)   to depend (on)
dependienta, dependiente   salesclerk; employee
deporte, *m.*   sport
deportivo, *adj.*   (referring to) sport
derecho, *m.*   right, privilege; law; *adj.*   right; straight; upright; **a la derecha**   on the right
derretir(se) (i)   to melt
derribar   to knock down or over
derrochar   to waste, squander
derrota   defeat

derrumbar to knock down; —se to fall down, collapse
desafortunado unfortunate
desagradable disagreeable
desagradecido ungrateful
desagradable unpleasant; nasty
desagrado displeasure
desaparecer (zco) to disappear
desaparición, f. disappearance
desarrollar(se) to develop
desarrollo development
desayunar(se) to eat breakfast
desayuno breakfast
descansar to rest; — en Dios to pass away
descompuesto out of order
descomunal enormous, monstrous; extraordinary
desconocido unknown
descontentadizo malcontent, hard to please
descortés impolite
descubrir to discover
descubierto discovered
desde, prep. from; since (a certain time); — luego of course; — más allá from afar, from the beyond; — que, conj. since
desear to desire; wish
desempeñar to fulfill, hold (a position, role, etc.)
desempleo unemployment
desengaño disillusionment; disappointment
desenvolver(se) (ue) to develop, unfold
deseo desire, wish
desesperado desperate
desgracia misfortune (NOT disgrace!)
desgraciado miserable, unfortunate
deshecho undone; messed up
desierto desert; deserted area; adj. deserted
desigual unequal
deslizarse to slide, slip; glide — de largo to glide by (unnoticed)
desmayarse to faint
desmontable able to be taken apart
desnudo bare, nude; unadorned
desobedecer (zco) to disobey
desocupado unoccupied; vacant
desorden, m. disorder
desorientar to confuse
despacio slow; slowly
despacito "nice and slow"
despachar to dispatch, send out
despacho office
desparramado scattered, far-flung; helter-skelter
despedida farewell
despedir (i) to discharge, fire; —se de to say good-bye to
despegar to take off (an airplane); to launch, shoot
desperdiciar to waste, squander
despertar (ie) to awaken (someone); —se to wake up
despierto awake

desplegar (ie) to unfold, open up
desposarse to get married
desprecio contempt, scorn
desprenderse to come loose, fall off
después, adv. afterwards; then; later: — de, prep. after; — de que, conj. after
desquitarse to get even
destacar(se) to stand out; excel
destapar to uncork, unseal
destemplado raucous
destino destiny; destination
destrozar to ruin, shatter, destroy
destruir to destroy (completely)
desvanecer(se) (zco) to disappear
detalladamente in detail
detalle, m. detail
*detener to detain; stop; arrest; —se to stop
determinado (a) specific (time, case, etc.)
detrás de, prep. behind
deuda debt
devolver (ue) to return, give back
día, m. day; hoy (en) — nowadays
diablillo little devil, "brat"
diablo devil
diamante, m. diamond
diario daily
dibujar to draw, sketch
dibujo drawing, sketch; design
dichoso happy; lucky; (ironic) darned, unlucky
diente, m. (front) tooth
difícil difficult; unlikely
dificultar to make difficult, complicate
digerir (ie) to digest
dilema, m. dilemma
diminuto tiny
dinerito small sum of money
dinero money
Dios God; ¡— mío! For Heaven's sake!
diputado representative, delegate
dirección, f. direction; address
dirigir to direct; lead; — la palabra to address; —se a to approach, turn to
disco record
disculpar to pardon; —se to apologize
discurso speech
discusión, f. discussion; argument
discutir to discuss; dispute, argue
diseminar to disseminate, spread
disfrazar to hide, mask; disguise
disfrutar (de) to enjoy; make use (of)
disgustar to displease
disgusto displeasure; (an) upset, argument
disminuir (uyo) to diminish
disparo shot
dispareja unequal
*disponer to dispose; make ready; — de to have at one's disposal
dispuesto ready; disposed, willing

distinto   distinct; different
distribuidor   distributor
diverso (usually *pl.*)   diverse, varied, sundry
divertir (ie)   to amuse; —se   to have a good time, enjoy oneself
divisar   to perceive, devise, make out (as from a distance)
doble   double
docena   dozen
docto   learned
doler (ue)   to ache, hurt
dolor, *m.*   pain; ache; sorrow
doloroso   sad; painful; sorrowful
dominar   to command (a language); dominate
donde   where; in which; ¿Dónde?   Where?   ¿A —?   (To) Where?
dondequiera   wherever
dorado   golden, gold-colored; gilded
dormir (ue)   to sleep; —se   to fall asleep
dotado   gifted, endowed
droga   drug
duda   doubt; sin —   undoubtedly
dudar   to doubt
dudoso   doubtful
dulce   sweet
dulzura   sweetness
dueño   owner
durante   during
durar   to last
duro   hard; harsh

E

e   and (before a word beginning with *i* or *hi,* but not *hie*)
ecuatoriano   Ecuadorian
echar   to throw out; pour; — a   to begin to; — al correo   to mail; — la llave   to lock; — por tierra   to destroy; overthrow; — una llamada   to telephone
edad, *f.*   age
editar   to publish
efecto   effect; en —   in fact
efectuar (úo)   to effect, carry out
eficacia   effectiveness
egoísta   selfish
ejemplar, *m.*   copy (of a book, etc.)
ejemplificar   to exemplify
ejercer   to exert, exercise; conduct (a profession), fill (a position)
ejército   army
elegir (i)   to elect
elemental   elementary
embargo: sin —   nevertheless; however
emborracharse   to get drunk
embustero   liar, cheat, fraud
emocionante   exciting
emocionar   to excite, thrill; stir up, agitate; —se   to get excited

empapar   to soak
emparejarse   to pull up to
emperador   emperor
empezar (ie)   to begin
empleado   employee
emplear   to employ: use
empleo   job; employment
emporio   department store
emprender   to undertake, take on
empresa   enterprise; undertaking; business firm, company
empresarial   (referring to) management
empujar   to push
empuñar   to wield
enamorado   in love; lover
enamorarse (de)   to fall in love (with)
encabezamiento   heading, opening words of a letter
encallar   to go aground
encantador(a)   charming; delightful
encantar   to delight; charm; Me encanta.   I love it.
encanto   charm; enchantment; mi —   darling
encarcelar   to jail
encarecer (zco)   to praise
encargado   in charge of
encargar   to order (merchandise); put in charge; —(se)   to take charge, be in charge
encender (ie)   to light; turn on
encima, *adv*   above; por —   above; — de, *prep.*   over, above
encolerizado   furious, enraged
encontrar (ue)   to find; meet; —se   to find oneself, be (in a place or condition)
enchufe, *m.*   outlet, socket; plug
enemistad, *f.*   enmity; hatred
enfadar   to anger; —se   to get angry
enfermedad, *f.*   illness; disease
enfermera   nurse
enfermizo   sickly
enfermo   sick
enfrentarse con   to face
enfrente: de —   facing, opposite (in location)
enfriar (ío)   to cool, chill; —se   to cool off; freeze
engañar   to deceive; cheat
engaño   deception; fraud
engendrar   to engender, instill, produce
engordar   to get fat; fatten
enlazar   to entwine, enlace; link
enloquecer (zco)   to go crazy
enmarcar   to frame
ennoviarse   to get engaged, "go steady"
enojado   angry
enojar   to anger; —se   to get angry
ensalada   salad
enseñar   to teach; show
ensuciar   to dirty, soil
entender (ie)   to understand; —se con   to come to an understanding with

enterar   to inform; —se de   to learn, find out about
enterrar   to bury
entonces   then; en aquel —   in those times
entrada   entrance; (theater) ticket
entrante   coming up; la semana —   this coming
   week
entrar en   (Spain); — a   (Span. Am) to enter
entre   between; among
entrecortado   uneven (as in rapid breathing)
entregar   to deliver; hand over, give up
entremés, *m.*   hors d'oeuvre; (theater) a short farce
entresemana: días de —   weekdays
entrevista   interview
entrevistar   to interview
enturbiar   to muddy, becloud; to confuse
entusiasta   fan, devotee
entusiasmado   enthusiastic
enviar (ío)   to send
equipo   team; apparatus, "set"
equivocación, *f.*   mistake
equivocado   mistaken
equivocarse   to make a mistake
equívoco, *adj.*   equivocal, ambiguous
errar (yerro)   to make a mistake
escala   stop (of a plane); port of call; scale, ladder;
   en — menor   (on a) small scale
escalera   suitcase; — de salvamento   fire escape
escaso   scarce; slight
Escocia   Scotland
escoger   to select, choose
escolar, *adj.*   (referring to) school
esconder(se)   to hide
escribir   to write (*past part.* escrito); — a máquina
   to type
escrito   written
escritor(a)   writer
escritorio   desk
escuchar   to listen (to)
esforzarse (ue)   to strive, make an effort
esfuerzo   effort
eso   that (neuter); por —   therefore, that's why . . .
espacial, *adj.*   space; spatial
espacio   space; period (of time)
espacioso   spacious
espectador(a)   spectator
espectro   specter, ghost
espejo   mirror
espera   wait; sala de —   waiting room; a la — de
   awaiting
esperanza   hope; expectation
esperar   to wait for; hope; expect
espíritu, *m.*   spirit
esquí, *m.*   ski; skiing
esquiar (ío)   to ski
esquina   (outside) corner
ésta   (business) this city
establecer (zco)   to establish
estación, *f.*   station; season (of the year)
estacionar   to park (a car)

estadio   stadium
estadista   statesman
estado   state
estallar   to burst; explode; break out
Estambul   Istanbul (Turkey)
*estar   to be (in a certain place, condition or posi-
   tion)
estatua   statue
estatura   stature; height, build
estentóreo   stentorean, very loud
estético   aesthetic, artistic
estimar   to esteem; estimate
estirar   to stretch
estorbar   to disturb
estrecho   narrow; small
estrella   star
estremecerse (zco)   to shudder; tremble
estudio   study; studio
estufa   stove; heater
etapa   phase
etiqueta   label; tag; etiquette
europeo   European
evitar   to avoid; prevent
evocar   to evoke, bring forth
exaltación, *f.*   excitement; exaltation
excerta   excerpt
exigir   to demand, require, exact
éxito   success; tener —   to be successful
expedito   unhampered, ready to go
explicar   to explain
explicación, *f.*   explanation
*exponer   to expound, explain
exposición, *f.*   exhibition; exposition
expulsar   to expel
extender(se) (ie)   to extend
extenso   extensive
extenuado   emaciated
extranjero, *adj.*   foreign; *n.* foreigner; el —
   abroad
extrañar   to miss, long for; to surprise
extraño   strange
extremadamente   extremely

F

fábrica   factory
fabricar   to manufacture; make up
facción, *f.*   (facial) feature; faction
fácil   easy; likely
factible   do-able
factura   invoice, bill
falda   skirt
falsario   counterfeiter
falta   fault; mistake; need; hacer —   to be lacking
   or needed; sin —   without fail
faltar   to be lacking, short (of), — a   to be absent
   from; to be remiss in
fallar   to fail, not function; to make a judicial decision

fallecer (zco)   to die; expire
fallo   failure; (judicial) decision
fama   fame; reputation; **tener — de**   to be known
   for
familiar, *m. or f.*   relative; *adj.*   (referring to) family;
   familiar
farmacia   pharmacy
faro   headlight; spotlight
fascinante   fascinating
fastidiante   exasperating
fastidiar   to annoy; bore
fastidio   boredom; frustration
fastidioso   annoying; boring
fatigado   tired, worn out
favorecer (zco)   to favor
fe, *f.*   faith
fecha   date (of the month)
felicitar   to congratulate
feliz (*pl.* felices)   happy
feo   ugly
feriado: día —   holiday; day off
feroz (*pl.* feroces)   fierce, ferocious
férreo, *adj.*   iron; steely
figurar   to be included in, figure; **—se**   to imagine
fijar   to affix, post, stick; to set (a date, etc.); **—se**
   en   to notice
fijo   fixed; set
fin, *m.*   end; goal, objective; **a — de que,** *conj.*   in
   order that; **en —**   so, anyway, in short; **por —**
   at last, finally
financiero   financial
finca   property, estate; farm
firma   business firm; signature
firmar   to sign
fiscal   prosecutor, D.A.
fisonomía   face
flaco   thin, skinny
flan, *m.*   custard
flojo   loose; weak, disjointed
flor, *f.*   flower
folletín, *m.*   "dime" novel
folleto   pamphlet, booklet
fondo   bottom; back, rear; **a —**   thoroughly; *pl.*
   funds
fontanero   plumber
forastero   stranger, outsider
fornido   well-built, husky, muscular
fósforo   match
fracasar   to fail
franco   frank; free
frasco   small bottle, flask
frase, *f.*   sentence; phrase, expression
frecuentar   to frequent, habituate
frente, *f.*   forehead; *m.*   front
fresa   strawberry; dentist's drill
fresco   fresh; cool; **hacer —**   to be cool out
frío   cold; **hacer —**   to be cold (weather); **tener —**
   to be (feel) cold
fuego   fire

fuente, *f.*   fountain; source
fuerte   strong; loud; hard, rough
fuerza   force; strength; **a la —**   by force
fuga   flight, escape; abscondence; elopement
fugar(se)   to flee, escape; elope
fulano   fellow, guy
fumar   to smoke
función, *f.*   function; performance, showing
funcionar   to function; run, work (a machine)
funcionario   (public) official; civil servant
fundar   to found, establish

G

gabinete, *m.*   office
gafas, *f. pl.*   eyeglasses
galán, *m.*   suitor; leading man; *adj.*   gallant, amo-
   rous
gallego   Galician; **a lo —**   (in) Galician style
gamín   urchin, street kid
gana   desire; **darle a uno —(s) de, tener —(s) de**
   to feel like, get an urge to; **de buena —**   will-
   ingly
ganador(a)   winner
ganancia   profit, gain; win
ganar   to gain; earn; win
ganga   bargain
ganso   goose
garantizar   to guarantee
garganta   throat
gastar   to spend (money, not time!)
gato   cat
gaveta   drawer (furniture)
gazpacho   cold Andalusian soup
gemelo   twin; *pl.*   cufflinks
genial, *adj.*   brilliant, (of) genius
genio   genius; temperament, mood
gente, *f.*   people
gerente   manager
gesto   gesture
gigante   giant
gimnasio   gymnasium
giro   expression, word; (banking) draft, check
gitano   gypsy
gobernar (ie)   to govern
gobierno   government
golpe, *m.*   blow, strike, hit
gordo   fat
gordura   fatness, corpulence
gorra   cap
gozar (de)   to enjoy
grabadora   tape recorder
grabar   to record; engrave
grabadora   tape recorder
gracia   grace; wit; **hacer —**   to be funny
gracioso   funny; witty
graduar(se) (úo)   to graduate
gráfico   graphic; vivid
gran   (before noun)   great

grande   large; great
grandeza   greatness; grandeur
grandote (-a)   big, hulking
grasoso   greasy
grata (business)   short for **grata carta**   your letter
grato   pleasing, pleasant; welcome
gritar   to shout, scream, cry out
grito   (a) shout
grosero   coarse, vulgar, gross
guagua   bus (Cuba and Puerto Rico)
guante, *m.*   glove
guapo   handsome
guardar   to keep, hold; — la lengua   to hold one's tongue
guerra   war
guía   guide; (telephone) directory
guijarro   pebble
gustar   to be pleasing; —le algo a alguien   to like something
gusto   pleasure; taste; **Con mucho —.**   I'd be glad to.

H

*haber, (auxiliary verb to form compound tenses) to have; — de   to be supposed or expected to; to be probable. See also: **hay**
habitación, *f.*   room
habitar   to live, dwell
habla   speech; language
hablador(a)   talkative
hace   (+ *verb in past*) ago; hace + period of time + que   to have been going on for a certain time
hablar   to speak, talk
*hacer   to do; make; — frío, calor, viento, etc.   to be cold, warm, windy; —se   to become; por — yet to be done
hacia   towards
hacienda   ranch; farm; estate; property, wealth, possessions; treasury; finance
¡Hala!   Come on! Go on!
hallar   to find
hambre, *f.* (BUT el hambre)   hunger
harapo   rag
harto   fed up, sated
hasta, *prep.*   until; as far as, up to (a certain point or time); even; — que, *conj.*   until
hay   there is, there are; — que   one must, it is necessary
he aquí   here is . . . ; helos aquí   here they are
hecho, *past part.* of hacer   made, done; *m.* fact; deed; el — de que, *conj.*   the fact that
helado, *adj.*   frozen, iced; cold; *m.*   ice cream
hembra   female (animal)
herido   injured, wounded
herir (ie)   to wound, hurt, injure
hermoso   beautiful
héroe   hero

hervir (ie)   to boil
hielo   ice
hierba   grass
hierro   iron
hinchar(se)   to swell
hirviendo, *adj.*   boiling
historieta   anecdote; comic strip
hogar, *m.*   hearth; (fig.) home
hoguera   bonfire
hoja   leaf; sheet (of paper)
holandés   Dutch(man)
holgazán   lazy
hombrazo   huge, awkward fellow
hombrecito   little man
hombro   shoulder
hombrón   big, burly man
honorario, *m.*   fee; salary
honradez, *f.*   honesty
honrado   honest; honorable
hora   hour; time (of day)
horario   schedule; timetable
horrendo   horrible
hoy   today; — (en) día   nowadays; — mismo   this very day; de — en ocho días   a week from today
huelga   strike (labor)
huella   track, footprint; trace, imprint, mark
hueso   bone
huésped   guest
*huir (uyo)   to flee
húmedo   damp, humid; wet
humareda   cloud of smoke
humilde   humble; ordinary
humo   smoke; — de colorines   colored smoke
hundir(se)   to sink
huracán, *m.*   hurricane
hurgar   to poke around, reach into

I

ida   (act of) going; departure
identidad, *f.*   identity; identification
identificar(se)   to identify
idioma, *m.*   language
iglesia   church
igual   equal; same, similar
igualar   to equal
igualdad, *f.*   equality
ileso   uninjured
impedir (i)   to prevent; hinder, impede
impermeable, *m.*   raincoat
ímpetu, *m.*   impetus, impulse; haste
*imponer   to impose; —se   to rule, dominate, get one's way
importar   to matter, be important; to import
impresionante   impressive
impresionar   to impress
impresora   printer (machine)
imprimir   to print

impuesto tax
impulsar to push; impel
inadvertido thoughtless, careless; unnoticed
inaguantable unbearable
inamovible immovable; changeless
incapaz (*pl.* incapaces) incapable
incendio fire
inclinación, *f.* inclination; leaning, sloping
*incluir (uyo) to include
incluso including; even
incómodo uncomfortable
inconsciente unaware, unwitting, unconscious (of)
incorporarse to get up, rise; — a to join (up) with
increíble unbelievable, incredible
inculto coarse, uncultivated
indeciso undecided
indeterminado indefinite
índice, *m.* index
indicio indication
indignado indignant
individuo, *m.* (an) individual
industrial, *m./f.* industrialist
inequívocamente unmistakeably
inesperado unexpected
infeliz (*pl.* infelices) unhappy
infierno Hell; inferno
ínfimo terrible; humblest, least
*influir (en) (uyo) to influence
informática computer science
informe, *m.* (a) report; *pl.* information
ingenio wit; engine, apparatus
ingeniero engineer
Inglaterra England
ingresar to enter, be admitted
ingresos, *m. pl.* income
iniciar to initiate, begin
injusto unjust, unfair
inolvidable unforgettable
insatisfecho dissatisfied
inscribirse to enroll
inseguro unsure; insecure
insinuar (úo) to insinuate, hint
inspirado (-a) inspiring
instalar to install; —se to go out on one's own
instantánea snapshot
integrar to make up, comprise
interés, *m.* interest; *m. pl.* bank interest, dividends
interpelar to interrupt, chime in
interrumpir to interrupt
*intervenir to intervene
intimidad, *f.* confidence; intimacy
íntimo close; intimate
intrigante intriguing
intrínsecamente intrinsically, innately, basically
intruso intruder
inútil useless

invadir to invade
invencible invincible
invierno winter
invitado guest
*ir to go; —se to go away; leave
irónico ironic; sarcastic
irradiar to give off, radiate
isabelino Elizabethan
izquierdo left; a la izquierda on or to the left

J

jaleo much activity or commotion; vivaciousness; Spanish dance; (sarcastic) a mess, nuisance
jamás never, (not) . . . ever
jardín, *m.* garden
jefe, *m.* boss; chief
jersey, *m.* knitted shirt or sweater
joven (*pl.* jóvenes) young; *n.* youth, young person(s)
joya jewel
juego game; — de manos sleight-of-hand; educational game
juez judge
jugador(a) player
jugar (ue) to play; — a to play a sport, cards, etc.
juicio judgment
junto, (usually *pl.* together; — a, *prep.* near, next to
juramento oath
jurar to swear
justificar to justify
justo just, fair; righteous; just, exact(ly)
juventud, *f.* youth
juzgar to judge

K

kilómetro kilometer, approx. 1/6 of a mile

L

labio lip
lacito little bow
lado side; de al — on the other side, next door
ladrar to bark
ladrillo brick
ladrón thief
lámpara lamp
lana wool
lancha launch, small boat
lanzar to launch; fling, throw
lápiz (*pl.* lápices) pencil
largo long (NOT large!)
lástima pity; dar — to be pitiful
lastimar to hurt

lata (tin) can; ¡Qué —! What a spot! What a mess!

lavaplatos, *m. sing.* sink; **— eléctrico** dishwasher

lavar(se) to wash

lector(a) reader

lectura reading (NOT lecture)

leche, *f.* milk

lecho bed

***leer** read

legitimar to make lawful

lejano, *adj.* faraway, distant

lejos, *adv.* far away; **a lo —** in the distance; **— de,** *prep.* far from

lengua language; tongue

lenguaje, *m.* language, usage

lentes, *m. pl.* eyeglasses; lenses

lento slow

león lion

lesionar to wound, injure

letrero sign, placard

levantar to raise, pick or lift up; **—se** to rise, get up

leve slight

levis, *m. pl.* jeans

ley, *f.* law

leyenda legend; caption

libra pound

libre free, at liberty

líder leader

ligero light (not heavy); slight; swift

límite, *m.* limit; boundary, bound

limón, *m.* lemon

limpiar to clean

limpio clean

línea line

lino linen

lista list; roll

listo ready; smart, bright, quick

liviano slight, thin; licentious

lo de the matter or question of

lo que, *rel. pron.* what

local, *m.* place, locale

loco crazy; **volverse —** to go mad

locura madness

lodo mud

lograr to succeed (in), manage (to)

lonchería luncheonette (Americanism)

Londres London

lucir (zco) to shine; wear, show off

lucha struggle

luchar to fight; struggle

lugar, *m.* place; **tener —** take place

luego then; later, afterwards

lujo luxury; **de —** deluxe

lujoso luxurious

luna moon; **— de miel** honeymoon; **hay —** the moon is out

lunes Monday; **el —** on Monday

luz, *f.* light

LL

llamada call; knock (at the door)

llamar to call; **—se** to be named

llanto weeping

llave, *f.* key; **cerrar con —** to lock

llegada arrival

llegar (a) to arrive (at), reach; **— a ser** to become

llenar (de) to fill (with)

llevar to wear; carry, bring, take; **— la contraria** take the opposite side; **—se** to take away, make off with

lleno (de) full (of), filled (with)

llorar to cry

llover (ue) to rain

lluvia rain

M

madera wood

madrugada dawn, daybreak

madrugador(a) early riser; *adj.* early rising

madrugar to get up early; to dawn

maduro mature; ripe

magia magic

mal, *adj.* (before masc. sing. noun) bad; *adv.* badly; *m.* evil; bad; **de — en peor** from bad to worse

maldito damned

maleta suitcase

malvado evil; evildoer

mandar to order, command; send

mandato command, order

manejable manageable

manejar to manage; handle; drive (a car, etc.)

manera way, means; **de alguna —** somehow; **de — que,** *conj.* so (that), so that's how . . . ; in order that; **de ninguna —** in no way, by no means

manía mania, passion (for something)

manicomio madhouse, asylum

mano, *f.* hand

mantel, *m.* tablecloth

***man*tener** to maintain; keep; support (a person)

manubrio handle, crank

mañana, *adv.* tomorrow; *f.* morning; **— por la —** tomorrow morning

máquina machine; car; **— de coser** sewing machine; **— de escribir** typewriter; **escribir a —** to type

mar, *m.* sea; *f.* (poet.) sea; (figurative) a whole lot; **— adentro** toward the sea, seaward

maravilla . marvel

maravillarse (de) to be amazed (at or by), marvel (*at*)

marca brand; trademark; mark (German currency)

marcar to mark; dial (a number); set (hair)

marco frame

marcharse to leave, go away

marejada swell of the sea

marina navy

marinero marine, sailor

mariscos shellfish

más more; most; better; — bien rather; a — no poder uncontrollably; full blast; sin — ni — just like that; suddenly; por — que, *conj.* no matter how much

mascar to chew

matar to kill

materia material; subject, course; — prima raw material

material, *m.* material; matter, copy (printing, etc.); *adj.* material; significant

matrícula registration fees

matrimonio marriage; married couple

mayor older; larger, major; oldest; largest; greatest, — de edad adult; elderly

mayoría majority

mayorista wholesaler

mayormente mainly; mostly

mecánica mechanics

mecanografía typing

mediano medium; fair, mediocre

medianoche, *f.* midnight

medicamento (a) medicine

medida measure; means, step

medio, *m.* middle; half; *adv.* half; a — cerrar half closed

medir (i) to measure

mejor better; best; lo — the best (part, etc.); a lo — perhaps

mejorar to improve

memoria memory; *pl.* memories; de — by heart

mendigo beggar

menor younger; lesser; youngest; least; smallest

menos less; least; fewer; fewest; minus; except; a — que unless; a —, al —, por lo — at least; ni mucho — not in the least, not at all

mensaje, *m.* message

mente, *f.* mind

mentir (ie) to lie

mentira lie; Parece —. It's incredible.

mentiroso, *n.* liar; *adj.* lying

menudo small, minute; a — often

mercado market

merecer (zco) to deserve, merit

meridional southern

mes, *m.* month

meter to put (into); —se to get into, get involved; —se a to begin to

metro subway

miedo fear; tener — to be afraid

miel, *f.* honey; luna de — honeymoon

mientras (que), *conj.* while; — tanto in the meanwhile

mil thousand

militar, *n.* military man; *adj.* military

milla mile

mimar to pamper, spoil

minar to consume, undermine; obsess

mínimo least, slightest; minimum

ministerio ministry, cabinet post

ministro minister (government and church)

minorista retailer

mirada look, glance; stare

mirar to look at, gaze on

misericordioso merciful; generous

misionero missionary

mismo same; (intensifying *adj.* or *adv.*) self; very; yo — I myself; hoy — this very day; lo — que the same as

mitad. *f.* half

moda fashion

modalidad, *f.* way (of doing something)

modo way, means; de algún — in some way, somehow; de ningun — no way, not at all; de — que, *conj.* so (that); in order that; and so

molde, *m.* mold

molestar to bother, annoy

molestia bother, trouble

monógamo monogamous; monogamist

montaña mountain

montar to mount; set (a stone, etc.); to climb

Montevideo capital of Uruguay

mordaza gag

morder (ue) to bite

morir (ue) (*past part.* muerto) to die

mosca fly (insect)

mostrar (ue) to show

moto, *f.* motorcycle

mover(se) (ue) to move

móvil motive

mozo youth, young man; waiter; buen — handsome

mucho, *adj.* much; (*pl.*) many; *adv.* (very) much; por — que no matter how much

mudar(se) to move; change

mudo mute; still, quiet

mueble, *m.* piece of furniture

muela back tooth, molar

muelle, *m.* dock; pier

muerte, *f.* death

muerto dead; killed

mujerona large woman

mujeruca sloppy, disagreeable woman

mundo world; todo el — everybody

músculo muscle

músico musician
muy very; **M— señor mío** Dear Sir

N

nacer (zco) to be born
nada nothing; not at all; **más que —** more than anything, above all
nadar to swim
nadie no one, nobody
narcomanía drug addiction
narcómano drug addict
nariz, *f.* nose
nata whipped cream
naturaleza nature
nave, *f.* ship; **— espacial** spaceship
Navidad, *f.* Christmas
neblina fog; haze
necesitar to need
necio silly; dumb
negar (ie) to deny; **—se a** to refuse
negativa refusal; denial
negocio business matter, deal; place of business; *pl.* business; **de —s** on business
nena, nene baby
neoyorquino New York(er)
nevar (ie) to snow
nevera refrigerator
ni neither; **— . . . —** neither . . . nor; **— mucho menos** not in the least; **— siquiera** not even
nieve, *f.* snow
nimbo aura
ningún, ninguno (-a, -os, -as) none (of a group); **de ningún modo** in no way; by no means; **en ninguna parte** nowhere
niñez, *f.* childhood
nivel, *m.* level
nocturno nocturnal, at night
noche, *f.* night; **de —** at night; **esta —** tonight
Nochebuena, *f.* Christmas Eve
nombrar to name; appoint
nombre, *m.* name; **— de pila** given name
norma norm, criterion
norte, *m.* north
nota grade, mark; note; **sacar una —** to get a grade
notar to notice
noticia piece of news; *pl.* news
noveno ninth
novia sweetheart; bride
noviazgo engagement
nube, *f.* cloud
nubecilla little cloud, puff
nublado cloudy
nudillo knuckle
nuevas, *f. pl.* news
nuevo new; **de —** over again

número (*abbrev.* **núm.**) number
nunca never

O

o or
obedecer (zco) to obey
obeso obese
objetivo objective
objeto object
obra work (of art, etc.)
obrero worker
obscuridad, *f.* darkness, obscurity
obsequiar to "treat"; give as a gift
obstante: no — nevertheless; however; **no — que,** *conj.* despite the fact that
*obtener to obtain, get
ocasionar to cause
octavo eighth
ocultar to hide
ocupado busy
ocurrir to occur; take place; **Se me ocurre . . .** It occurs to me . . .
odiar to hate
odio hatred
OEA OAS (Organization of American States)
oferta (an) offer
oficial, *m.* military officer; *adj.* official
oficina office
oficio occupation; trade
ofrecer (zco) to offer
ofrecimiento offering
oído (inner) ear; **al —** into someone's ear
*oír to hear
¡Ojalá . . . ! Oh, if only . . . !
ojera circle under eye, "bag"
ojo eye
ojuelo small eye
ola wave
oler (huelo) to smell
olvidar(se de) to forget (about)
opinar to express an opinion, remark
*oponer(se a) to oppose
oposiciones, *f. pl.* test for a civil service or teaching job
opuesto opposite; opposing
oración, *f.* sentence; prayer
orador orator
orden, *f.* command, order; *m.* order, orderliness
ordenador, *m.* computer; **— de textos** word processor
ordenar to arrange, put in order; order
oreja (outer) ear
orgullo pride
orgulloso proud
orilla shore
oro gold
oscuro dark; obscure

oso bear
otoño autumn
otro other; another
ovalado oval-shaped
oxidado faded, discolored; oxidized
oxigenado bleached

P

paciente patient
pactar to make a deal
paga pay, wages
pagano victim, scapegoat
pagar to pay
página page
pago payment
país, *m.* country (nation)
paisaje, *m.* landscape
paja straw
pájaro bird
pajarraco big, ugly bird
palabra word
pálido pale
pan, *m.* bread
pantalón, *m.* (usually *pl.*) trousers
pañuelo handkerchief
papel, *m.* paper
paquete, *m.* package
par, *m.* pair
para, *prep.* (in order) to; for; — siempre forever;
    — que, *conj.* in order that, so that
paracaidismo parachuting
parada (a) stop; parade
parado stopped, at a halt; standing
paraguas, *m. sing.* umbrella
parar to stop; —se to (come to a) stop; to stand
    up
parecer (zco) to seem, appear, look; —se a to
    resemble, look like; *m.* opinion; a mi — in
    my opinion
parecido, *adj.* similar; *m.* resemblance
pared *f.* wall
pareja couple; pair
parienta, pariente relative
parque, *m.* park
parqueo parking place or field
párrafo paragraph
parte, *f.* part; place; en alguna — somewhere;
    en cualquier — anywhere; en ninguna —
    nowhere; en otra — elsewhere; en o por to-
    das —s everywhere
participar to participate; inform
particular private; special
partida departure; entry in a ledger
partido game, match; (political) party; "good
    catch," matrimonial candidate
partir to leave; depart; divide, share, cut up
pasado, *adj.* last; past; *n.* past
pasajero, *adj.* fleeting, passing; *n.* passenger

pasaporte, *m.* passport
pasar to pass; happen; spend (time)
pase, *m.* pass
pasear(se) to stroll, take a walk or short ride
paseíto little stroll or ride
paseo stroll, walk; ride; dar un — to take a stroll
    or ride; irse de — to go on a little trip
paso step (walk)
pastel, *m.* cake, pie; — de boda wedding cake
pata paw; meter la — "stick your foot into it"
patinar to skate
pato duck
patria fatherland, country; — chica local home-
    land
patrón, *m.* boss
patrona boss; boss's wife
pavoroso frightening
paz, *f.* peace
pecho chest; breast
pedalear to pedal
pedido business order
pedir (i) to ask for, request; — prestado ask for a
    loan, borrow
pegar to hit, beat; affix, stick, glue; — un tiro to
    shoot; —se to fight
peinar to comb
peldaño step (of a staircase)
pelear to fight
película motion picture; film
peligro danger
peligroso dangerous
pelo hair
peluquería hairdresser's; barbershop
pena grief; trouble; pain; sentence; — de muerte
    death penalty
penetrante penetrating
pensamiento thought
pensar (ie) to think; — de to have an opinion of;
    — en to think about; — + *infin.* to intend to,
    plan to
pequeñín tiny
pequeño little, small (in size)
perder (ie) to lose; waste: miss (a train, class,
    etc.)
perdonar to forgive, pardon
perdurar to last; persist
periódico, *n.* newspaper
periodismo journalism
periodista journalist
periodístico journalistic
perjudicar to harm, damage
permanecer (zco) to remain
permiso permission
perorar to orate, "sound off"
perro dog
perseguidor pursuer
perseguir (i) to pursue; persist
personaje, *m.* personage; character (literary)
personal, *m.* personnel

perspectiva prospect; perspective
perturbar to disturb, upset; confuse, perturb
pesadilla nightmare
pesado heavy; massive; boring
pesar to weight; **a — de,** *prep.* in spite of; **a — de que** despite the fact that
pescado (caught) fish
peseta monetary unit of Spain
peso weight; monetary unit of many Spanish American countries
pico peak; beak
pie, *m.* foot; **a —** on foot; **en —** standing; **nota al — de página** footnote
piel, *f.* skin; fur
pierna leg
pieza piece, part; room
pila computer chip; fount; **nombre de —** given name
pintar to paint
pintor(a) painter
pintura painting
piña pineapple; cone; cluster
pisado trampled; hard-packed
pisar to tread, walk upon, step on
piso floor; story; apartment; **— bajo** main floor
placer, *m.* pleasure; **a —** at will
plagiar to copy, plagiarize
plan, *m.* a "date" (slang); plan
planchar to iron
plantear to raise (a question); set forth
plata silver; money
plateado silver-plated; silvery
plato plate; dish (of food)
playa beach
plaza town square; (*commercial use*) city
plazo installment; deadline
plegable foldable, folding
plegar to fold up
pleito law suit; **levantar — a** to sue
plomo lead
pluma pen; feather; **— fuente** fountain pen
pluscuamperfecto (*gram.*) pluperfect tense
pobre poor; unfortunate
poco little (in amount); *pl.* few; **por — que** no matter how little
***poder** to be able; can; may (permission); *m.* power; **a más no —** as hard as possible, to the limit; uncontrollably; **—lo todo** to be capable of doing anything
poderoso powerful
poesía poetry; poem
polaco Pole; Polish
policía, *f.* police force; **(agente de) policía** *m./f.* police officer
política, *f. sing.* politics
polvo dust; powder; **hay —** it is dusty out
pollo chicken
***poner** to put; place; put on (someone); **—se** to put on (oneself); set (the sun); **—se +** *adj.* to

become, turn; **—se a** to begin; **—se de pie** to stand up
poniente, *adj.* setting; *m.* dusk
poquísimo very little
por by; for; through; along; during; around; **— aquí** around or through here; **— completo** completely; **— eso** therefore; **— fin** at last; **— hacer** yet to be done; **— lo general** generally; **— lo pronto** for the moment; **— lo tanto** therefore; **— lo visto** apparently; **— más que** no matter how much; **— supuesto** of course
porcentaje, *m.* percentage
portátil portable
porvenir, *m.* future
posada inn; resting place
posar(se) to land, rest, alight
posguerra postwar
postizo false, artificial
postrer(o) last
postre, *m.* dessert
potación, *f.* drink
poza deep hole
práctica, *n.* practice
práctico, *adj.* practical
Praga Prague, Czechoslovakia
precio price
precipitado hurried
predilecto favorite
preferir (ie) to prefer
pregunta question; **hacer una —** to ask a question
preguntar to ask (a question); **—se** to wonder
preguntón (ona) inquisitive
premio prize
prender to seize; arrest
prensa press
preocupado worried; preoccupied
preocupar to worry; preoccupy; **—se de** to worry about
preparativos, *m. pl.* preparation(s)
presa dam
presenciar to witness
presentar to present; introduce; **—se** to occur
presente, *m.* present (time); (*commerce*) this month
presidio jail
presión, *f.* pressure
preso prisoner; under arrest
prestación (gen. *pl.*) perk, extra (on the job)
préstamo (a) loan
prestar to lend
***pre*venir** to forewarn; prevent
primavera spring
principio beginning; **al —** at first
prisa hurry; **tener —** to be in a hurry; **a —** in a hurry
probar (ue) to prove; taste; test, try; **—se** to try on

procesador (de textos) word processor
procurar to try to
*producir to produce
prójimo, *m.* fellow man; "the other guy"
prometer to promise
pronombre, *m.* pronoun
pronto soon; de — suddenly
propiedad, *f.* property
propietario owner
propio own
*proponer to propose; plan to
proporcionar to supply, give
propósito purpose; a — by the way; de —
    on purpose
propuesta proposal, proposition
prorrumpir to burst forth
proseguir (i) to continue on, proceed; pursue (a
    course)
protagonizar play the lead role
proteger to protect
provecho advantage; use; profit; benefit; de —
    beneficial
*proveer (like ver) to provide
proveniente coming from
provocar to provoke; arouse; cause
próximo next; — a next to, near
proyectar to project
proyecto (a) project
prueba proof; a — de resistant to
psiquiatra psychiatrist
publicar to publish
pudoroso shy; self-conscious; modest
pueblo town; people, race; public
puente, *m.* bridge
puerta door
puerto port
pues well, . . . ; — bien well, then
puesto, *n.* post; position, job
pulgada inch
pulir to polish
pulmón, *m.* lung
pulular to be teeming
punto point; dot; — de vista viewpoint; en —
    on the dot, sharp (time)
puñado handful
puñalada stab thrust or wound
purificar to purify

Q

que, *conj.* and *rel. pron.* that; who; which; el —, la
    —, etc. who, which; — viene coming
¿Qué? What? Which?
quebrar (ie) to break
quedar to be left or remaining; —se to stay, re-
    main
quedo soft, quiet
quejarse (de) to complain (about)
quemado burnt; tanned

quemar to burn
*querer to want; like; love; — decir to mean,
    signify
quesería cheese store or factory
queso cheese
quien(es) *rel. pron.* who; whom
¿Quién(es)? Who? . . . Whom?
quinto fifth
quitar to take away or off (someone); —se to take
    off (oneself)
quizá(s) perhaps, maybe

R

ración, *f.* portion; ration
radiografía X-ray
raro strange; rare
raíz, *f.* root
rapidez, *f.* speed
rascacielos, *m. sing.* skyscraper
rascar to scratch
rasgo trait, characteristic; feature; trace
raso satin
ratero thief; pickpocket
rato short while
raya stripe; a —s striped
rayo ray
raza race (people)
razón, *f.* reason; tener — to be right
realizar to bring about, accomplish, realize, make
    real
realzar to enhance
rebelde rebel; rebellious
recado message
receta recipe; prescription
recibir to receive
recién (abbrev. form of recientemente, before cer-
    tain past participles) recently
reciente recent
recio strong, well built
reclamar to claim; demand
recluso internee; live-in resident
recoger to pick up; gather
recomendar (ie) to recommend
reconocer (zco) to recognize
reconstruir (uyo) to reconstruct
recordar (ue) to remember; remind of
rectificar to rectify; —se to make amends
recto straight; upright
recuerdo souvenir; remembrance; *pl.* regards
rechazar to reject
redactar to write up; edit; be editor of
redoblar to redouble
redondo round
reemplazar to replace
referir(se a) (ie) to refer (to)
reflejar to reflect
reforzar (ue) to reinforce, strengthen
refrán, *m.* refrain; proverb, saying

refrescar   to refresh; cool off
refrigerado   air-conditioned; refrigerated
regalar   to give as a gift
regalo   present, gift
régimen, *m.*   regime; diet; **ponerse a —**   to go on a diet
registrar   to examine, search, inspect; to register, record
regordete   pudgy
regresar   to return, come back
reinado   reign
reinar   to reign
reír (i)   to laugh; **—se de**   to laugh at
relacionar   to relate; **—se con**   to be related or associated with
relatar   to relate, tell
relicario   curio cabinet
reloj, *m.*   watch; clock
remar   to row
remesa   shipment
remo   oar
remordimiento   remorse
rencor, *m.*   grudge; rancour
rendija   slit
rendir (i)   to render, to produce; **—se**   to give up, surrender
renovar (ue)   to renovate; renew
renunciar (a)   to renounce, resign (from), give up
repartir   to distribute
repasar   to review
repente: de **—**   suddenly
repentino   sudden
repetir (i)   to repeat
reportaje, *m.*   (newspaper) report
reprimir(se)   to repress, contain (oneself)
requerir (ie)   to require
requisito   requirement
reserva   reserve; reservation
resolver (ue) (*past part.* **resuelto**)   to solve; resolve; **—se a**   to resolve to
resorte, *m.*   lever; spring
respecto   respect, aspect; **(con) — a**   concerning
respetar   to respect
respeto   respect, admiration
respirar   to breathe
respuesta   reply
resto   rest, remainder; *pl.*   remains, vestiges
restorán, *m.*   restaurant
resuelto   resolute, determined
resultado   result
resultar   to turn out, result
retirada   retreat; withdrawal
retirar   to withdraw; **—se**   to retire; draw back
retratar   to make a portrait or photograph of
retrato   portrait; picture
retumbar   to resound
reunión, *f.*   meeting
reunir (uno)   to reunite; **—se**   to meet, get together

revelar   to reveal; develop (photo)
revisar   to check, review; revise
revista   magazine
revivir   to relive
rey   king
rezar   to pray
riesgo   risk
riña   quarrel; fight
riñón, *m.*   kidney
río   river
riqueza   wealth
risa   laughter
ritmo   rhythm
robar   to steal; rob
robo   robbery; theft
rodar (ue)   to go around; roll
rodeado (de)   surrounded (by)
rodear   to surround
rodilla   knee
rogar (ue)   to beg; request; pray
rojo   red
romance, *m.*   ballad; romance (language)
romper (*past part.* **roto**)   to break
ropa   clothing; dress
ropero   wardrobe, closet
rosado   pink
rostro   face
roto   broken
rubio   blond
ruborizarse   to blush
rueda   wheel
ruido   noise
ruidoso   noisy
rumbo   course, route, direction; **— a**   bound for
ruso   Russian

S

S.A. (Sociedad Anónima)   Inc.
sábana   sheet
*saber   to know (a fact); know how to
sabroso   tasty, delicious
sacar   to take out or from; get
sacerdote   priest
saco   jacket, suit coat; sack, bag
sacudir   to shake
sacrificar(se)   to sacrifice
sala   living room; **— de clase**   classroom
salida   exit; departure
*salir   to go out, come out; leave, depart; turn out, work out
salita   little room; **— de espera**   small waiting room
salón, *m.*   salon; hall; classroom
saltar   to jump; **— a la vista**   to be obvious
salto   jump; **dar un —**   to jump
salud, *f.*   health; **¡S—!**   God bless you.
saludable   healthy; healthful
saludar   to greet; wave to

saludo greeting
salvador saviour; rescuer
salvaje savage
salvar to save
salvo safe; except; a — safe
sanar to cure; get cured
sangrar to bleed
sangre, *f.* blood
San Saint
sano healthy; wholesome
santo saint; holy, sacred
sarmentoso gnarled
satisfecho satisfied
seco dry
secuestro kidnapping; hijacking
sed, *f.* thirst; tener — to be thirsty
seda silk
seguida; en — immediately, at once
*seguir (i) to continue; follow
según according to
seguridad, *f.* security; safety; certainty
seguro sure, certain; safe; accurate, reliable; *n.*
   security; insurance
semana week; fin de — weekend
sembrador sower
semejante similar
semejanza similarity
sencillez, *f.* simplicity
sencillo simple
sendos, *pl. adj.* respective; each his own
sentar (ie) to seat; —se to sit down
sentido sense; direction, way
sentir (ie) to feel; regret, feel sorry; to sense; —se
   to feel (in a certain condition or way)
señal, *f.* sign, indication
señalar to point out, indicate; signal
séptimo seventh
*ser to be (characteristically) (For uses of *ser*, Cf.
   Lesson 15; a no — que, *conj.* unless; un ser
   humano a human being;
serie, *f.* series
serio serious; en — seriously
servidor servant; su — your humble servant,
   yours truly
servilleta napkin
servir (i) to serve; be good for; be of use; —se de
   to make use of
sexto sixth
siempre always; para — forever; — que, *conj.*
   whenever
sierra mountain range
siglo century
significado meaning
significar to mean
signo sign, indication
siguiente following, next
silbido whistle
silla chair

sillón, *m.* armchair; — de resortes adjustable
   chair
simpatizar to sympathize; empathize
sin, *prep.* without; — que, *conj.* without; — más
   ni más just like that, without further ado
sino but; except for
sitio place
sobre on; upon; about, concerning
sobrepasar to surpass; exceed
sobresaltar to frighten, startle
sobrina, sobrino niece, nephew
sofá, *m.* sofa
sol, *m.* sun; hacer — to be sunny. Hay —. The
   sun is out.
soldado soldier
soler (ue) to happen generally, to do customarily
solicitud, *f.* application; solicitousness
solo alone
sólo only
soltar (ue) to let go, release; to loosen, let out
soltero bachelor
solucionar solve
sombra shade; shadow; ghost
sombrío somber
sonar (ue) to sound; ring
sonrojarse to blush
sonreír (i) to smile
sonrisa smile
soñar (con) (ue) to dream (about)
sopa soup
sorbito a little sip
sorprendente surprising
sorprender to surprise
sorpresa surprise
sospechar to suspect
*sostener to sustain; hold up, support
suave smooth; soft (to the touch)
súbdito subject (political); subordinate
subir to go up; rise; get into (a vehicle)
subrepticiamente surreptitiously
subscribirse to "sign off" (in a letter)
*substituir (uyo) to substitute
suceso event, happening (NOT success!)
sucio dirty
sucursal, *f.* branch (store, etc.)
sudor, *m.* perspiration, sweat
sueco Swede; Swedish
suegra mother-in-law
sueldo salary
suelo ground; earth; floor
sueño dream; sleep; tener — to be sleepy
suerte, *f.* luck; fate
sufijo suffix
sufrimiento suffering
sufrir to suffer; endure, stand
sugerencia (a) suggestion
sugerir (ie) to suggest
Suiza Switzerland

sujeto subject; (a) person, "guy"
suma sum; **en —** to sum up
sumisión, *f.* submission; submissiveness
sumo, *adj.* extreme, high, great
superficie, *f.* surface
suplicar to beg
***su**poner* to suppose; imagine, think
suprimir to suppress; eliminate
supuesto supposed; **por —** of course
sur, *m.* South
surgir to arise
suspender to suspend; fail, flunk; stop, call off
sustancia substance; material
susto fright

T

tabla board; table (of contents, etc.)
tacaño stingy
tajante cutting
tal such (a); **un —** a certain, so-called; **— como si** as if; **— o cual** one or another; **— vez** perhaps; **con — que**, *conj.* provided that, as long as: **¿Qué —?** How . . . ,? What do you think of . . . ?; How are things?
talismán, *m.* charm; talisman
talla size; figure
tallado carved
taller, *m.* workshop; factory; **— de mecánica** machine shop
tamaño size
tambalearse to stagger
también also, too
tampoco neither
tan as; so; **— . . . como** as . . . as
tanto as much, so much; *pl.* as many, so many; **— . . . como** as many . . . as; **por lo —** therefore
tapar to cover up; hide
taquigrafía shorthand, stenography
tardar (en) to delay; take a certain length of time (to)
tarde, *f.* afternoon; early evening; *adv.* late
tarea task, chore; assignment
tarjeta card (not for playing)
tarta cake; tarte
taza cup
técnica technique
técnico technical; *n.* technician
techo roof
tela cloth; material
tele, *f.* TV
televisor, *m.* TV set
tema, *m.* theme; composition
temer to fear, be afraid
temporada season; period of year for certain events
temprano early

tender (ie) to tend; to stretch out; spread (a bed)
***tener** to have (hold and possess) **— calor, frío, hambre, miedo, etc.** to be warm, cold, hungry, afraid, etc.: **— que** to have to; **— que ver con** to have to do with
teoría theory
terapia therapy
tercer(o) third
terciopelo velvet
terminal, *f.* terminal (bus, etc.)
terminante absolute, definitive
término term; expression, word; end
termodinámico thermodynamic
termogenerador, *m.* thermogenerator
ternura tenderness
terraza terrace
terremoto earthquake
tesis, *f.* thesis; theory
testigo witness
tibio mild; lukewarm
tiempo time; weather; **a —** on time
tienda store
tierra land; earth; soil
tipo type, class; guy
tirada printing, issue
tirano tyrant
tiranuelo petty tyrant
tirar to throw; pull; shoot; fling, hurl
tiro shot; **pegar** or **dar un —** to shoot
tirón, *m.* pull, yank
titular, *m.* headline
título title; (university) degree
tocador, *m.* dresser
tocar to touch; play (an instrument); **—le a uno** to be someone's turn
todavía still; yet
todo all; whole; every; **— el mundo** everybody; **del —** completely; **todos los días** every day
tomar to take; take food or drink; **— prestado** to borrow
tontería nonsense, stupidity
tonto dumb, foolish, silly
tornarse to turn (pale, etc.)
torta cake
tortuoso winding
tosco coarse, crude
trabajador(a) worker; *adj.* hardworking
trabajar to work
trabajo work; job; task
***tra**ducir* to translate
***traer** to bring
tragar(se)** to swallow (up)
traición, *f.* treason
traicionar to betray
traje, *m.* suit; outfit
trampa trick; scheme
trance, *m.* tough spot, predicament
tranquilizar(se) to calm down

transcurrir   to happen; lapse
transcurso   passage of time
transeúnte   passerby; pedestrian
tránsito   traffic
transparencia   (photo) slide; transparency
transporte, *m.*   transport(ation)
tranvía, *m.*   streetcar
tras, *prep.*   after, behind
trascendental   important
trasero, *adj.*   back
trasladar   to transfer, move over
traslucir(se) (zco)   to show through
trastornado   upset
tratamiento   treatment
tratar   to treat; — a   to deal with (someone); — de   to try to; have to do with; ¿De qué se trata?   What's it all about?
tratarse   to "see each other" socially
través: a — de   across; through
trazar   to draw; trace
trémulo   trembling
tren, *m.*   train
trifulca   fracas, brawl
triste   sad
tristeza   sadness
triunfar   to triumph
trofeo   trophy
tropa   troop; troupe (theater)
tropezar (con) (ie)   to stumble or happen upon, bump into
tropezón, *m.*   stumble; collision; chance meeting
trotar   to jog
trozo   piece; excerpt, selection

U

u   or (before a word beginning with o or ho)
últimamente   lately; finally
último   last (in a series); latest
único   only; unique; lo —   the only thing
uranio   uranium
urbanización, *f.*   development (real estate); urban planning
urgir   to be urgent
usar   to use; wear
usuario   user
uva   grape

V

vacaciones, *f. pl.*   vacation; de —   on vacation
vacilación, *f.*   hesitation
vacilar (en)   to hesitate (to)
vacío   empty; vacant
vagar   to roam, wander
vajilla   "silver", tableware
*valer   to be worth; — la pena   to be worthwhile; —se de   to utilize

valiente   brave
valor, *m.*   value; courage; share, stock (commercial)
vanidoso   vain; arrogant, proud
vapor, *m.*   ship; steam
vaquero   cowboy
Varsovia   Warsaw
vasija   vase
vaso   (drinking) glass
¡Vaya (un) . . . !   What a . . . !
vecindad, *f.*   neighborhood; vicinity
vecindario   neighborhood
vecino   neighbor
vegetal, *f.*   vegetable
vejez, *f.*   old age
velocidad, *f.*   speed
vena   vein
vencer   to overcome, conquer; win over
vendedor   seller
vender   to sell
venganza   revenge
vengar   to avenge; —se (de)   to take revenge (on)
venida   coming; arrival
*venir   to come
venta   sale
ventaja   advantage
ventana   window
*ver   to see; —se   to appear, look
verano   summer
veras: de —   truly, really
verdad, *f.*   truth; ¿V—?   Really?
verdadero   real, true
verde   green
verdura   greenery; vegetable
vergüenza   shame; tener — de   to be ashamed to or of
vestido, *n.*   dress; outfit; *adj.* — de   dressed as or in
vestir (i)   to dress (someone); —se de   to dress in or as
vez, *f.*   time, instance, occasion; a la —   at the same time; alguna —   ever, at some time; a mi —   in my turn; de una —   once and for all; de — en cuando   from time to time; rara —   seldom; a veces   at times
viaje, *m.*   trip
vida   life
vidriera   glass case
vidrio   glass (substance)
viejo   old
viento   wind; hacer —   to be windy
vigilar   to watch over
vincular   to join
vino   wine
viñeta   vignette, word portrait
virar   to turn
virtud, *f.*   virtue
visita   visit; visitor, guest
vista   view

visto   seen; evident; **por lo —**   apparently, evidently

viuda   widow

viudo   widower

¡Viva!   Long live . . . !

vivaz (*pl.* **vivaces**)   lively

vivienda   living quarters; dwelling

vivir   to live

vivo   alive; lively; sharp, acute

volar (ue)   to fly

volumen, *m.*   volume

voluntad, *f.*   will; desire

voluntario   volunteer; voluntary

volver (ue) (*past part.* **vuelto**)   to return, go back; **— a**   to do (something) again; **— en sí**   to come to (one's senses); **—se**   to turn around; **—se loco, etc.**   to become crazy, etc.

votación, *f.*   vote, voting; election

votante   voter

voz, *f.*   voice

vuelo   flight

vuelta   turn; return; turnabout; **dar una —**   to take a turn, stroll, ride, etc.; **dar —s**   to spin around

Y

ya   already; **— no**   no longer

yerba (also **hierba**)   grass; herb

yeso   plaster

Z

zapatería   shoestore

zapatilla   slipper

zapato   shoe

zapatón   big shoe, "clodhopper"

English–Spanish

A

abandon, *v.* abandonar
able: to be — *poder; *adj.* capaz
about de, sobre (**concerning**); alrededor de
     (**around**); unos; cerca de (**nearly**); en cuanto a
     (**concerning**)
absence ausencia
accept aceptar
accident accidente, *m.*
accomplice cómplice
according to según
accuse acusar
accustomed acostumbrado; to be — to *estar
     acostumbrado a; soler (ue)
action acción, *f.*
actually en realidad, realmente; actualmente
     (**presently**)
address, *n.* dirección, *f.*; señas, *f. pl.*
adequate adecuado, suficiente
admit admitir
adore adorar
adult adulto, mayor de edad
advance: in — de antemano
advice consejo (often *pl.*)
after, *prep.* después de; *conj.* después de que;
     — all a fin de cuentas, después de todo
afternoon tarde, *f.*
afterwards después; luego; más tarde
again otra vez; de nuevo
against contra; en contra de; to be — *oponerse
     a, *estar (en) contra
age edad, *f.*; época
agree *estar o *ponerse de acuerdo; llegar a un
     acuerdo; (gram.) concordar (ue); to — to
     *convenir en
aid, *v.* ayudar; *n.* ayuda
aide ayudante
all todo(s); — right está bien; de acuerdo
allow permitir
almost casi
alone solo, a solas
Alps Alpes, *m. pl.*
already ya
although aunque
aluminum aluminio
always siempre
American (norte)americano
among entre, en medio de
amusing gracioso, divertido
ancient viejo; anciano; antiguo

and y; e (before *i* or *hi*, but not *hie*)
Andes Andes, *m. pl.*
angry enojado, enfadado; to get — enojarse, en-
     fadarse
Ann Ana
another otro
answer contestar, responder
any algún, alguno, etc. (**some**); ningún, ninguno,
     etc. (*neg.*); cualquier(a) (**any, at all**); (**not**) . . .
     —more ya no, no más
anybody cualquiera, cualquier persona; nadie
     (*neg.*); anyone (someone—usually in a ques-
     tion) alguien
anyone (Cf. anybody) alguien
anyhow en cualquier caso; en fin
anything cualquier cosa; algo (**something**); nada
     (*neg.*)
anyway en fin; conque, de modo que
anywhere en cualquier parte; dondequiera; en
     ninguna parte (*neg.*)
apparently por lo visto; al parecer
applicant solicitante
approach, *v.* acercarse a, dirigirse a
approve aprobar (ue)
April abril
arrange arreglar; *dis*poner*
arrive llegar (a)
art arte, *m.*
Arthur Arturo
article artículo; ensayo (**essay**)
as tan (**so**); como (**like**); — much (many) . . . —
     tanto(s) . . . como; — soon — tan pronto
     como
ask preguntar (**a question**); pedir (i) (**request**);
     ro*gar (ue); to — for pedir (i)
asleep dormido
ass asno, burro
assault asaltar
astronomical astronómico
at en; a; — last por fin; — least a lo, (por lo, al)
     menos
atmosphere atmósfera, ambiente, *m.*
attend asistir a (**function, etc.**); — to atender (ie)
     a
attention atención, *f.*; to pay or give — prestar
     atención; *hacer caso (**to heed**)
attitude actitud, *f.*
attorney abogado; procurador
attract **atraer(se); — attention llamar la aten-
     ción
aunt tía

author autor(a)
autobiography autobiografía
automobile coche, *m.,* automóvil, *m.,* carro
average, *adv.* ordinario, cualquiera, medio
awfully muy; —ísimo

B

back, *n.* espalda (*anat.*); envés, *m.;* parte de atrás
o trasera; in —, *adv.* por atrás, *adj.* trasero,
de atrás; in — of detrás de
bad mal(o)
badly mal
bag saco; bolsa; bolso (**purse**)
bank banco
bankrupt en la bancarrota; quebrado
basic básico
basis base, *f.*
bathroom baño
be *estar (location, position, condition); *ser (characteristic) Cf. Lesson 15. — cold, warm, hungry, etc. *tener frío, calor, hambre, etc. (Cf.
expressions with *tener*); — warm, cold, windy,
etc. *hacer calor, frío, viento, etc. (Cf.
weather expressions); — supposed to *haber
de; — able *poder; turn out to — resultar
bear, *v.* aguantar, sufrir
beautiful hermoso; lindo; bello
beauty belleza, hermosura
because porque; — of a causa de, debido a
become llegar a ser; *hacerse; *ponerse; volverse
(ue); convertirse en (ie); to — of *hacerse de,
*ser de
bed cama, lecho; in — acostado; to go to —
acostarse (ue)
bedroom alcoba, dormitorio, recámara
before, *adv.* antes; anteriormente; *prep.* antes
de; delante de, ante; *conj.* antes de que
beg rogar (ue), suplicar
begin empezar (ie), comenzar (ie)
behave portarse, *conducirse; actuar (úo)
behind, *prep.* detrás de; *adj.* atrasado
believe *creer
beloved amado, adorado, querido
beside al lado de, junto a (**alongside of**); además
de (**in addition**)
besides, *adv.* además; *prep.* además de; fuera
de
best mejor
bet, *v.* apostar (ue); *n.* apuesta
better mejor
between entre
big grande
bite, *v.* morder (ue)
black negro
blanket manta, cobija
bless *ben*decir*
blessed bendito
blond rubio

blue azul
body cuerpo; cadáver, *m.* (**dead**)
bone hueso
book libro
bore, *v.* aburrir, cansar; barrenar (**drill**)
bored aburrido, cansado
boring aburrido, cansado, pesado
boss jefe, jefa; patrón, patrona
both ambos, los dos
bother, *v.* molestar; *n.* molestia
bottle botella; small — frasco
boy niño, chico, muchacho; hijo (**son**); mozo; little
— niñito, chiquito, etc.
box caja
bread pan, *m.*
break romper (*past part.* roto), quebrar, quebrantar
brilliant brillante; genial
bring *traer; — in intro*ducir*
broken roto
brutal brutal, cruel
bull toro
bullfight corrida de toros
burst reventar (ie), explotar; romper
business negocio (often *pl.*); empresa (**enterprise**); on — de negocios
businessman hombre de negocios, negociante;
comerciante
busy ocupado
but pero; sino (**on the contrary**)
butter mantequilla
buy comprar
by por; para (**a certain date or time**); por medio
de (**means**)

C

call, *v.* llamar; telefonear, llamar por teléfono; *n.*
llamada; llamado (figurative)
camera cámara
can, *v.* *poder (**to be able**); *ser capaz de; *n.*
lata; tarro
capable capaz (*pl.* capaces)
capacity capacidad, *f.*
capital capital, *f.* (**city**); capital, *m.* (**money**)
car coche, *m.,* automóvil, *m.,* carro
card tarjeta; naipe, *m.,* carta (**playing**); to play —s
jugar a las cartas (los naipes)
care, *v.* importarle a uno; — for, take — of cuidar de o a, atender (ie) a; cuidarse; *n.* cuidado
careful cuidadoso; to be — *tener cuidado
carefully con cuidado, cuidadosamente
case caso; pleito (**suit**); in —, *conj.* en caso de
que
catalog catálogo
catch coger; agarrar, atrapar (Mexico); to — cold
acatarrarse, resfriarse (ío)
celebrate celebrar(se)

celebrated célebre
century siglo
certain cierto, seguro; a — cierto; un cierto (a
    so-called)
certainly seguramente; ¡Cómo no!; por supuesto,
    claro
chair silla, sillón, m. (large)
chamber alcoba, habitación f., dormitorio; cámara
chance oportunidad, f.; by — por casualidad; to
    take a — arriesgarse; aprovecharse del mo-
    mento
change, v. cambiar; convertirse (ie) en; n. vuelta,
    vuelto (money); cambio (exchange)
charge, n. cargo, cobro; in — of a cargo de; to
    be in — *estar encargado de; to take — en-
    cargarse (de); v. cobrar (money); acusar (de)
    (law)
charming encantador(a)
cheat, v. engañar, estafar, defraudar; n. estafador
child niño; hijo (son)
children niños; hijos
choose escoger, elegir (i)
chum amigo, amigote (crony); compañero
city ciudad, f.; centro
clap, v. aplaudir; golpear (hit)
class clase, f.
clear claro
clearly claramente
clientele clientela
close, v. cerrar (ie); adv. cerca; adj. cercano;
    íntimo; prep. cerca de
closet armario, guardarropa
clothing ropa; vestidos, m. pl. vestuario; — store
    tienda de ropa, ropería
coast costa
cocaine cocaína
cognac coñac, m.
collapse derrumbarse, desplomarse; sufrir un co-
    lapso (a person)
collar cuello
colleague colega
come *venir; — closer acercarse; — over to
    acercarse a; — out *salir; Come on! ¡Vamos!
comfort comodidad, f.
commercial, adj. comercial
commit cometer
communicate comunicar(se)
complain quejarse (de)
complaint queja
complete, adj. completo, acabado; v. completar,
    terminar, acabar
completely por completo, completamente, del
    todo
conclude *concluir, acabar
conduct, v. *conducir; — oneself (behave)
    (com)portarse, llevarse; n. conducta, comport-
    amiento
conference conferencia
consult consultar

contact, v. *ponerse en contacto, comunicarse
    con; n. contacto
continue continuar (úo), seguir (i)
convince convencer
cool fresco; fresquito; It is — out. Hace fresco.
corporation empresa; sociedad anónima
could Cf. *poder
country país, m. (nation); campo (opp. of city);
    patria (fatherland)
couple pareja; matrimonio (married); a — of un
    par de
course curso; materia (school); of — por su-
    puesto, ¡cómo no!
court corte, f., tribunal, m.
crazy loco; to go — volverse (ue) loco, enloque-
    cer (zco)
create crear, engendrar
crime crimen, m.
criminal, n. criminal, ladrón, malhechor; adj.
    criminal
crony amigote, compinche
cry, v. llorar; gritar (shout)
Cuban cubano
cup taza; copa (goblet; also, in sports)
Customs Aduana
cut, v. cortar; n. corte, m.

D

Dad papá
danger peligro
dangerous peligroso
dare, v. atreverse (a)
dark oscuro; a oscuras
darling mi vida, amor mío, cariño, encanto; adj.
    precioso, encantador, querido
dash, v. *venir o *ir corriendo, correr
daughter hija
day día, m.
dead muerto
deal: a great — muchísimo
dear querido; costoso (expensive)
decide decidir(se a)
dedicate dedicar, consagrar
dedicated consagrado, dedicado
defy desafiar (ío); resistir, *oponerse a
delighted encantado; to be — to encantarle a
    uno; deleitarse en
delightful encantador(a); deleitoso; delicioso
demand, v. demandar; n. demanda
denounce denunciar
deny negar (ie)
depend (on) depender (de)
deserve merecer (zco)
desire, v. desear; n. deseo
desk mesa; escritorio; pupitre, m. (school)
desperate desesperado
despise odiar; despreciar, desdeñar
determine determinar; averiguar; resolverse (ue) a

determined resuelto
dictator dictador
dictatorship dictadura
die morir (ue) (*past part.* muerto)
diet dieta; régimen, *m.*; to be on a — seguir (i) un régimen, *estar a dieta o a régimen
difference diferencia; to make a — importar
different (from) diferente, distinto (de o a)
difficult difícil
diffuse, *v.* difundir; *adj.* difuso
dining room comedor, *m.*
dinner comida
direct, *v.* dirigir, *conducir; *adj.* and *adv.* directo, derecho
directly directamente, derecho
disagreeable desagradable, antipático
disappear desaparecer (zco)
discourteous descortés
discover descubrir (*past part.* descubierto)
discovery descubrimiento
disillusion, *v.* desengañar, desilusionar; *n.* (-ment) desilusión, *f.*, desengaño
disobey desobedecer (zco)
displace desplazar, tomar el lugar de
displeasure desagrado, disgusto
distinguished distinguido
divorce, *v.* divorciar(se); *n.* divorcio
do *hacer; realizar; — good, harm hacer bien, mal
doctor médico; doctor (title)
dog perro
door puerta
dormitory dormitorio
doubt, *v.* dudar; *n.* duda
downtown, *n.* el centro; *adj.* céntrico
dozen docena
drama drama, *m.*
dream, *v.* soñar (ue); — of soñar con; *n.* sueño
dress, *v.* vestir(i); vestirse; to — as vestir(se) de; *n.* vestido, ropa; vestimenta
drink, *v.* beber; *n.* bebida, potación, *f.*
drive, *v.* manejar, *conducir; *n.* vuelta; paseo (en coche)
drop, *v.* dejar caer, caérsele (a alguien)
drug droga
drugstore farmacia, botica
drunk ebrio, borracho, bebido; to get — emborracharse
during durante

E

each cada; to — other *Use reflexive* (Cf. Lesson 4); todos los . . .
early temprano
earn ganar
earth tierra
East, *n.* este, *m.,* oriente, *m.; adj.* oriental
eat comer; — up comerse

egg huevo
eight octavo
either . . . or o . . . o; (*neg.*) ni . . . ni; (not) — tampoco
elastic elástico, de goma
elect elegir (i)
election elecciones, *f. pl.*
elegant elegante, lujoso
Elizabeth Isabel
elope fugarse
emperor emperador
employ, *v.* emplear; *n.* empleo
employee empleado
empty vacío
end fin, *m.,* terminación, *f.*
enemy enemigo
engender engendrar
enough bastante, suficiente; to be — bastar
enter entrar a (Sp. Am.) o en (Spain)
enterprise empresa
entertaining, *adj.* entretenido, gracioso, divertido
entity entidad, *f.*
equality igualdad, *f.*
erase borrar
escape escapar(se); *huir; fugarse; *n.* escape, *m.*; escapada
evaporate evaporarse
even aun, hasta; incluso; not — ni siquiera; — though aunque
evening tarde, *f.*
event suceso
ever alguna vez; jamás (negative implication); not . . . — jamás, nunca
every cada; todos los . . .
everyday diario, cotidiano; ordinario; de todos los días
everyone todo el mundo, todos; — who todos los que
everything todo
everywhere en o por todas partes
exact exacto, preciso
exactly exactamente, precisamente
exaggerate exagerar
exam examen, *m.*
excuse, *v.* perdonar, disculpar; *n.* excusa, disculpa
exercise, *n.* ejercicio
exist existir
expect esperar
explain explicar
explore explorar
explorer explorador
exploration exploración, *f.*
eye ojo

F

face, *v.* encararse (con), enfrentar(se con); *n.* cara; rostro

fact   hecho; dato; **in —**   en efecto; **the — that**   el hecho de que
factory   fábrica
faint, *v.*   desmayarse
fair   justo; claro (**light**), rubio; blanco (**skin**); honrado, juicioso
fall, *v.*   *caer; **— asleep**   dormirse (ue); **— down**   *caerse; **— in love**   enamorarse
false   falso; postizo, artificial
family, *n.*   familia; *adj.*   familiar
fantastic   fantástico
farmer   campesino, labrador, agricultor
fascinating   fascinante
fat   gordo
father   padre
fear, *v.*   temer, *tener miedo de o a; *n.*   miedo; temor, *m.*
feel   sentir (ie); sentirse (a physical or emotional state); *verse, hallarse
fellow   tipo, tío; fulano
few   pocos; **a —**   unos, algunos; unos cuantos, unos pocos
fewer   menos
fiancé   novio
fifteen   quince
fifty   cincuenta
fight, *v.*   pelear, luchar; reñir (i), discutir, disputar; *n.*   pelea, lucha; riña, discusión, *f.*
figure   figura
finally   por fin, finalmente; al fin; en fin
find   hallar, encontrar (ue); **— out**   enterarse de, averiguar, descubrir; (also preterite of *saber*)
fine   fino; sobresaliente, excelente
finish   acabar, terminar, completar
fire, *v.*   despedir (i); *n.*   fuego; incendio
firm, *adj.*   firme; sólido, estable; *n.*   firma, casa, empresa (**business**)
first   primer(o)
fish, *v.*   pescar; *n.*   pez (**live**); pescado (**caught**)
fishing   pesca; el pescar
five   cinco; **— hundred**   quinientos
fix   arreglar, *componer
flask   frasco
flee   *huir, fugarse
floor   suelo; piso
flunk   suspender; quedar suspendido
foliage   follaje, *m.*
follow   seguir (i)
fond *of*   aficionado a; **to be — of** (a person) encariñarse con, *querer a
food   comestible, *m.* (often *pl.*)   alimento(s); comida
fool, *v.*   engañar, defraudar; *n.*   necio, tonto
foot   pie, *m.*
footstep   pisada; paso
for   para; por (Cf. Lesson 21)
forget   olvidar(se de)
forgive   perdonar, disculpar

fork   tenedor, *m.*
former   antiguo; anterior; pasado; **the —**   aquél
fortune   fortuna; suerte, *f.*
forty   cuarenta
fracas   trifulca, pelea
France   Francia
Francis   Francisco
frank   franco
Frank   Paco, Pancho
Fred   Federico
free   libre; gratis, gratuito (**of charge**); *v.*   libertar, *poner en libertad
French   francés; **—man**   francés
fresh   fresco. fresquecito; **to get —**   *ponerse fresco (con alguien)
Friday   viernes, *m.*
friend   amigo
friendship   amistad, *f.*
frighten   espantar, asustar
from   de; desde
fulfill   cumplir (con); realizar; desempeñar, llenar
fun   diversión, *f.*; burla; **to make — of**   burlarse de, reírse (i) de
furious   furioso, enfurecido, encolerizado, rabiando
furniture   muebles, *m. pl.*
future, *n.*   futuro, porvenir, *m.*; *adj.*   futuro, venidero

G

gain, *v.*   ganar; alcanzar; **to — on**   *darle alcance a; *n.*   ganancia
game   juego; partido (**match**)
generally   por lo general; **to (do) —**   soler (ue)
gentleman   caballero, señor
get   *obtener, conseguir (i); recibir; alcanzar; llegar a (a place); **— sick, pale, etc.**   *ponerse enfermo, pálido, etc. (cf. reflexive, Lesson 8); **to — (become)**   *hacerse (rico, etc.); **to — along with**   entenderse (ie) con, llevarse con, *ponerse de acuerdo con; **— angry**   enojarse; **— away**   escapar, huir (uyo); ausentarse; **— back**   regresar, volver (ue); **— divorced**   divorciarse; **— married**   casarse; **— out**   *salir; *huir; *irse; soltarse (ue); **— up**   levantarse; despertarse (ie)
giggle   reírse (i) nerviosamente
girlfriend   novia; amiga
give   *dar; proporcionar; **to — a job to**   emplear a uno
given to   dado a, inclinado a
glad   contento, satisfecho; alegre; **to be —**   alegrarse de (que); **to be — to**   *tener mucho gusto en *or* de
gladly   con mucho gusto; de buena gana
glass   vaso (**drinking**); vidrio (**substance**)
go   *ir; **— away**   *irse, marcharse; alejarse; desaparecer (zco); **— down**   bajar; **— in**   entrar;

— **mad** volverse (ue) loco; — **on** (happen) ocurrir, pasar, suceder; — **out** *salir; — **over to** acercarse a; diri*g*irse a; — **up** subir; **Go on!** ¡Vaya! ¡Vamos! ¡No me diga!
God Dios
good buen(o); **to be** — **for** servir (i) para
govern gobernar (ie)
governor's wife gobernadora
grab co*g*er
grade grado; nota (**mark**)
grain cereal, *m.*
grandfather, -mother abuelo, abuela
grass hierba, césped, *m.*, prado
grateful agradecido
great gran(de), magnífico, estupendo; **a** — **deal** muchísimo
green verde
greet saludar
groom novio, desposado
group grupo
guarantee, *v.* garantizar; *n.* garantía
guess, *v.* adivinar (figure out); imaginarse, su-*poner*; Also use future of probability
guest invitado, huésped
gun revólver, pistola; arma de fuego; rifle, *m.*; escopeta
guy tipo, tío, sujeto, fulano

hire emplear (**a person**); alquilar (**a car,** etc.)
historic histórico
history historia
hold guardar, *tener; — **up** *sos*tener*, soportar; atracar (**rob**)
home casa, hogar, *m.*, residencia; **at** — en casa; **(to)** — a casa
homely feo
hope, *v.* esperar; *f.* esperanza
hospital clínica, hospital, *m.*
hot caliente, cálido, caluroso; **to be** — **out** *hacer mucho calor; **to feel** — *tener mucho calor
hotel hotel, *m.*, albergue, *m.*, posada
hour hora
house casa, vivienda
How? ¿Cómo?; ¿Qué tal?; — **much (many)?** ¿Cuánto(s)?
however, *adv.* no obstante, sin embargo
humor humor, *m.*; humorada
hundred cien(to)
hunger hambre, *f.* (BUT el hambre); **to be** — *tener hambre
hurried precipitado
hurry, *v.* *darse prisa, apresurarse, **to be in a** — estar de prisa
hurt *hacerle daño a uno, lastimar
husband marido, esposo

H

half, *n.* mitad, *f.*; medio; *adj.* and *adv.* medio
hamburger hamburguesa
hand mano, *f.*; **by** — a mano; **on the other** — en cambio; **to** — **in** or **over** entre*g*ar
handsome guapo, buen mozo
happen pasar, suceder, ocurrir
happiness felicidad, *f.*
happy feliz (*pl.* felices); alegre; contento, satisfecho; **to be** — **to** *tener mucho gusto en
hard duro (**a substance**); difícil; **to work** — trabajar mucho o fuerte
hardly apenas
harm *v.* *hacerle daño a uno; *n.* daño; perjuicio
harsh áspero; duro; severo
hate odiar
hatred odio
have *tener; *haber (*auxiliary verb in compound tenses*); **to** — **just** acabar de; **to** — **to** tener que
health salud, *f.*
hear *oír; escuchar
Heaven cielo; **For** —**'s sake** ¡Por Dios! ¡Dios mío!
heavy pesado
help, *v.* ayudar; *n.* ayuda, *f.*; socorro (**danger**)
here aquí; acá
hide esconder(se); ocultar(se)
high alto

I

idea idea, ocurrencia
if si
ill enfermo, malo
illustrious ilustre
imagine imaginarse, figurarse
imbalance desequilibrio
immediate inmediato
immediately en seguida, inmediatamente
imperative imperativo
implication implicación, *f.* (often *pl.*)
important importante, significativo
impossible imposible
impression impresión. *f.*
in en; dentro de
incapable incapaz (*pl.* incapaces); incapacitado
incidentally a propósito
include *incl*u*ir
including incluso, inclusive
incredible increíble
indecent indecente
independent independiente
indistinguishable indistinguible
individual, *adj.* individual; *n.* individuo
industry industria
inept inepto
infant criatura, nena, nene

influence, v. influenciar, *influir en; f. influencia, influjo
information información, f., datos, informes, m. pl.
inhabit habitar
inhabitant habitante
injure lastimar, herir (ie)
innocence inocencia; candor, m.
innocent inocente; candoroso
inquire preguntar (por)
insecure inseguro
inside, adv. (por) dentro; adentro; prep. dentro de; from the — de(sde) adentro
insincere insincero, poco sincero
insure asegurar
interested interesado
interesting interesante
intern, v. internar, *recluir
international internacional
interview, v. entrevistar; n. entrevista
into en
introduce presentar (a person); *introducir (a topic, etc.)
invent inventar
invite invitar, convidar
involve envolver (past part. envuelto), implicar
issue, v. proclamar; emitir; publicar; n. asunto, tema, m. cuestión, f.; tirada (publication)

J

Jack Joaquín, Juanito
jacket saco
jail cárcel, f., presidio
jealous celoso
jest broma; chiste, m.
Joan Juana, Juanita
job empleo, trabajo, puesto, cargo
Joe Pepe
Johnny Juanito
June junio
just justo (fair); sólo (only); to have — acabar de + infin.
justice justicia

K

keep guardar; to — (on) seguir (i), continuar (úo) (+ present part.)
key llave, f.
kid chico, niño; v. tomarle el pelo a uno
kidding broma; to be — *decirlo en broma
kill matar
killed muerto
king rey
kitchen cocina
knife cuchillo
know *saber (know how, know a fact thoroughly); conocer (zco) (know a person, be fa-

miliar or acquainted with); for all we — a lo mejor
known conocido

L

lack, v. faltar; *hacer falta; carecer (zco) de; n. falta
language lengua, idioma, m.; lenguaje, m., habla
large grande
last último; pasado; at — por fin
late tarde
later más tarde, después
latter éste, ésta, etc.
laugh, v. reír (i); — at reírse de, burlarse de; — out loud reír(se) a carcajadas
lazy perezoso, holgazán
lead dirigir, conducir (zco)
leader jefe, líder
learn aprender; enterarse de; *darse cuenta de; also, preterite of *saber (found out)
least menos; at — al, a lo, por lo menos
leave, v. dejar, abandonar; *salir, partir; *irse, marcharse; to — (someone) alone dejar en paz
left, adj. izquierdo; n. izquierda; on the — a la izquierda
less menos
lesson lección, f.
let permitir, dejar
Let's ... Vamos a ...
letter carta; letra (alphabet)
liar mentiroso, embustero
lie, v. mentir (ie); — down recostarse (ue); n. mentira
life vida; — sentence (condena a) perpetuidad
lifetime vida; por toda una vida
like, v. *querer (a person); gustarle a uno; prep. como; — that así, de esa manera, de ese modo
lip labio
listen (to) escuchar; prestar atención a; *hacer caso de (heed)
little pequeño (size); poco (amount)
live, v. vivir; habitar; Long —! ¡Viva!
living room sala (de estar), el "living"
local local; localizado
locate localizar, encontrar (ue), hallar
lock, v. cerrar (ie) con llave; echar la llave; n. cerrojo
long largo; How —? ¿(Por) cuánto tiempo?
longer más largo; no — ya no, no más
look, v. parecer (zco); *verse, *tener cara de; — at mirar; — for buscar; n. mirada
lose perder (ie)
lot: a — mucho, muchísimo; a — of muchos, gran número o cantidad de
loud alto, fuerte (voice); ruidoso; subido (color, etc.)

Louis Luis
love, *v.* amar, *querer; **to — to** encantarle a uno,
    gustarle mucho; *n.* amor; cariño
lover amante
luck suerte, *f.*
lucky afortunado
Lucy Lucía
luxurious lujoso, de lujo

M

mad loco; furioso, enfurecido, enojado, enfadado;
    to get — enojarse, enfurecerse (zco); **to go —**
    enloquecer (zco), volverse (ue) loco
magic, *n.* magia; *adj.* mágico
main mayor, principal
majority mayoría; mayoridad, *f.,* mayor de edad
    (of age)
make *hacer; **— money** ganar dinero; confec-
    cionar (a dress, etc.)
many muchos; **How — ?** ¿Cuántos?
marriage matrimonio; boda **(wedding)**
married casado; **to get —** casarse **(con)**
marry casar(se con)
matter, *v.* importar, *tener importancia; *n.* asunto,
    cuestión, *f.* **What's the —?** ¿Qué pasa? ¿Qué
    hay?; ¿Qué tiene(s)?
maybe quizá(s), tal vez; puede ser
mayor alcalde; **—'s wife** alcaldesa
mean, *v.* significar, *querer decir; *adj.* malvado,
    antipático
meanwhile, (in the) meantime mientras tanto, en-
    tretanto
meet, *v.* encontrar (ue); conocer (zco) **(for the first
    time)**; encontrarse con, tropezar (ie) con **(hap-
    pen upon)**
meeting reunión, *f.,* sesión, *f.,* asamblea
memoirs memorias, *f. pl.*
metal metal, *m.*
Michael Miguel
midnight medianoche, *f.*
mild suave; blando; tibio **(lukewarm)**; gentil
military militar
millionaire millonario
mine mío, mía, etc.
minute, *n.* minuto
mirror espejo
misery miseria, tristeza
miss, *v.* perder (ie) **(a train, an opportunity, etc.)**;
    faltar a **(not attend)**; extrañar, echar de menos
    (long for)
Mom mamacita, madrecita
moment momento
money dinero; plata
month mes, *m.*
more más; **not any —** ya no, no más; **no —**
    nada más; **the —, . . . , the —** cuanto más
    . . . , tanto más

morning mañana; **Good —.** Buenos días
most más; los más, la mayor parte, la mayoría
motive motivo, motivación, *f.*
mouth boca
movies cine, *m.*
much mucho; **as —, so —** . . . **as** tanto . . . como;
    How — ? ¿Cuánto?
murder matar, asesinar
must *tener que **(have to)**; deber **(probability)**
my mi(s); **— goodness!** ¡Dios mío!
mysterious misterioso

N

Natalie Natalia
necessary necesario
necklace collar, *m.*
need, *v.* necesitar; *hacerle falta a uno; *n.* nece-
    sidad, *f.*
neighbor vecino
neighborhood vecindad, *f.,* barrio
neither ni; **— . . . nor** ni . . . ni; tampoco **(not ei-
    ther)**
nervous nervioso
never nunca; jamás
new nuevo
newlyweds recién casados
news noticias, nuevas, *f. pl.*
newspaper periódico
newspaperman or woman periodista
next próximo; que viene; **— to,** *prep.* al lado de,
    junto a
nice simpático, amable; agradable
night noche, *f.;* **last —** anoche
nine hundred novecientos
nineteen diecinueve
ninety noventa
no, *adj.* ningún, ninguno, a, etc.; **— one** nadie;
    ninguna persona; **— way** de ninguna manera
nobody nadie
noise ruido
noisy ruidoso
nonsense tontada, tontería; **¡—!** ¡Qué va!
noon mediodía, *m.*
normal normal, usual, acostumbrado
not no; **— a** ni un(a); **— even** ni siquiera
nothing nada
notice, *v.* fijarse en, observar, notar; *n.* aviso
notify avisar, notificar
notorious notorio
novel, *n.* novela
now ahora; ya; **well, —** ahora bien, pues bien;
    right — ahora mismo
number número; **phone —** número de teléfono

O

oar remo
obedience obediencia

obesity   gordura, obesidad, *f.*
obliged   obligado
obtain   *obtener,* conseguir (i)
obviously   evidentemente; por supuesto
occasion   ocasión, *f.*
occupy   ocupar; habitar
occur   ocurrir, suceder
o'clock   a la(s) . . .
of   de
offer, *v.*   ofrecer (zco); *n.*   oferta
office   oficina; oficio, cargo; consulta, consultorio (doctor's)
often   a menudo, con frecuencia
old   viejo; anciano; mayor de edad; antiguo (former); to be . . . years — *tener . . . años de edad
on   en; sobre
once   una vez; — again una vez más
only, *adj.*   sólo, único; *adv.*   sólo, solamente, únicamente; no más que
open, *v.*   abrir; *past part. and adj.*   abierto
opera   ópera
opinion   opinión, *f.,* criterio; in my — a mi parecer
opposite   opuesto; frente a (facing)
or   o; u (before a word beginning with o or ho)
order   orden, *f.,* mandato; orden, *m.* (orderliness; succession); in — to para, a fin de; in — that para que, a fin de que
other   otro
ought   (*Eng. defective verb*) deber
our   nuestro(s)
outlandish   estrafalario, descomunal
outside, *adv.*   (por) fuera; afuera; *prep.*   fuera de
outskirts   afueras, *f. pl.,* inmediaciones, *f. pl.*
own, *v.*   *tener, *poseer; *adj.*   propio
owner   dueño, propietario

P

page   página
pain   dolor, *m.,* pena
painful   doloroso; penoso, triste
painting   pintura
pal   camarada, amigo(te), compañero
pale   pálido
pants   pantalones, *m. pl.,* calzones, *m. pl.*
paper   papel, *m.*
paralized   paralizado; paralítico
pardon, *v.*   perdonar, disculpar
parents   padres
part, *n.*   parte, *f.;* pieza (piece, mechanical, etc.); the bad — lo malo
party   fiesta; partido (political)
pass, *v.*   pasar; aprobar (ue) (a course)
Paul   Pablo
pay   pagar; — attention   prestar atención
peace   paz, *f.*
pedestrian   peatón, transeúnte

people   gente, *f. sing.;* gentes; personas, individuos; pueblo (race or nation); público
perhaps   quizá(s); tal vez
period   período; época, era, tiempo; punto (*punct.*)
periodical   periódico
permit, *v.*   permitir, dejar; *n.*   licencia; permiso
person   persona (always *f.*)
personally   personalmente
petition   solicitud, *f.;* petición, *f.*
philosophical   filosófico
philosophy   filosofía
phone, *v.*   llamar por teléfono, telefonear; *n.*   teléfono
physical   físico
pianist   pianista
pity   lástima; compasión; It's a —.   ¡Qué lástima!
place, *v.*   *poner, colocar; *n.*   lugar, *m.*
plane   avión, *m.;* plano
planet   planeta, *m.*
plastic, *adj.*   (de) plástico
play   *jugar (ue) a (a game); tocar (an instrument); *n.*   juego; obra de teatro; comedia, drama
please   por favor; Hágame el favor de . . . ; Tenga la bondad de . . . ; Sírvase . . . ; *v.*   complacer (zco); gustar
pleased   contento, satisfecho; to be — to *tener mucho gusto en; gustarle a uno
pneumonia   pulmonía
poet   poeta, *m.;* poetisa
point   punto; punta (knife, etc.)
pole   polo; vara, palo
police   policía, *f.* (corps); —man   (agente de) policía
polish   pulir, brillar
poor   pobre; desafortunado
popular   popular; célebre
possible   posible
position   posición, *f.;* puesto (job)
pound, *n.*   libra
pour   echar; derramar, verter (ie)
powerful   poderoso
Prague   Praga
prefer   preferir (ie), gustarle más a uno
prepare   preparar(se)
presence   presencia
present, *v.*   presentar; *n.*   regalo
preserve   conservar
president   presidente
pretty   bonito
price   precio
privilege   privilegio, derecho
probably   probablemente; quizá(s) (see future of probability—Lesson 2)
problem   problema, *m.,* dificultad, *f.*
produce, *v.*   *producir; engendrar
profession   profesión, *f.*
program   programa, *m.*
project, *n.*   proyecto
prominent   importante; destacado

promise, *v.* prometer; *n.* promesa, *f.*
property propiedad, *f.*
propose *pro*poner
prove probar (ue), comprobar (ue)
provided that con tal que
provision providencia; —s alimentos
psychiatrist psiquiatra, alienista
psychological psicológico
psychologist psicólogo (-a)
public público
Puerto Rican puertorriqueño
punish castigar
purse bolsa, bolso; cartera
pursue perseguir (i)
pursuer perseguidor
push, *v.* empujar; *n.* empuje, *m.*; empujón, *m.*
put *poner; colocar; — in meter; — up with
    aguantar, soportar, sufrir

Q

quality calidad, *f.*; cualidad, *f.* (**trait**)
quantity cantidad, *f.*
quarrel, *v.* reñir (i), discutir, disputar; *n.* riña; dis-
    cusión, *f.*
queen reina
question, *v.* interrogar; preguntar; *n.* pregunta
    (**inquiry**); cuestión, *f.* (**issue**)
quick rápido

R

radio radio (*f.* or *m.*)
rain, *v.* llover (ue); *n.* lluvia
range (of mountains) sierra, cordillera
rather, *adv.* bastante; algo; más bien; mejor dicho,
    por lo contrario; *v.* preferir (ie)
reach alcanzar; llegar a
read *leer
reader lector(a)
reading lectura; — room sala de lectura
ready listo, preparado; — -made ya confeccio-
    nado
real verdadero, real; legítimo
realize *darse cuenta de; realizar (**bring about**)
really realmente, verdaderamente; ¿R—? ¿De
    veras? ¿De verdad?; ¿Verdad?
reason, *n.* razón, *f.*; motivo, causa; for that —
    por eso; así es que
receive recibir
recent reciente
recently recientemente, hace poco; (abbrev. be-
    fore certain *past part.*) recién
recognize reconocer (zco)
recommend recomendar (ie)
red rojo
refuse, *v.* rechazar; — to negarse (ie) a
region región, *f.*
regret, *v.* lamentar, sentir (ie); arrepentirse (ie)

reject rechazar
relative, *n.* parienta, pariente; familiar
remain quedar(se)
remember acordar(se de) (ue); recordar (ue)
remind (of) recordar (ue)
remove quitar; alejar
rent, *v.* alquilar; *n.* alquiler, *m.*
repairman mecánico
repeat repetir (i)
reporter reportero, periodista
represent representar
require exigir, requerir (ie)
resemble parecerse a (zco)
residence residencia
resident residente
rest, *v.* descansar; *n.* el resto, lo demás (**remain-
    der**); los demás (**the others**); descanso
result, *v.* resultar; *n.* resultado
resultant resultante
return volver (ue) (*past part.* vuelto), regresar
    (**come, go back**); de*volver* (**give back**)
revolution revolución, *f.*
rice arroz, *m.*
rich rico
ride, *n.* vuelta, paseo en coche; to take a — *dar
    una vuelta o un paseo en coche
right *adj.* derecho (*direction*); bien; bueno; co-
    rrecto; verdad; *adv.* directo, derecho; *n.* de-
    recho; derecha (**location**); on the — a la de-
    recha; to be — *tener razón; — away ahora
    mismo, en seguida
river río
road camino
roll, *v.* rodar (ue)
room cuarto, habitacion, *f.*, pieza
ruin, *v.* arruinar; destrozar
rule, *v.* gobernar (ie); (pre)dominar; *n.* regla, re-
    glamento; as a — por lo general
run correr; funcionar (**a machine**); — off with
    *huir, fugarse con

S

sack saco
sad triste
safe seguro; sano y salvo; a salvo
same mismo; igual; the — as lo mismo que
sanatorium sanatorio
sand arena
sarcastic sarcástico, irónico
save salvar (**life, etc.**); ahorrar (**money**)
say *decir
scandal escándalo
scene escena; lugar, *m.*, sitio
school escuela, colegio; *adj.* escolar, académico
science ciencia
scorn, *v.* despreciar, desdeñar; *n.* desprecio,
    desdén, *m.*
sea mar, *m.*

seamstress costurera
section barrio (**of a city**); sección, *f., parte, f.*
security seguridad, *f.;* Social S— Seguro Social, Seguridad Social
see *ver
seem parecer (zco)
senator senador
send enviar (ío), mandar; — **to jail** sentenciar, condenar
sensational sensacional
sense sentido; — **of humor** sentido de humor
sentence frase, *f,* oración, *f;* sentencia (**prison**); *v.* sentenciar, condenar
sentimental sentimental
serious serio; grave
seriously en serio
seventy setenta
several unos, algunos, various, unos cuantos
sew coser; — **by hand** coser a mano
share, *v.* compartir
sharp agudo; puntiagudo; listo, astuto
shiny brillante, lustroso
shirt camisa
short bajo (**height**); corto, breve (**length**); poco (**time**); a — **while** un rato
should deber
shout, *v.* gritar; *n.* grito
show, *v.* mostrar (ue), demostrar (ue); presentar; *n.* demostración, *f.;* exposición, *f.;* función de teatro o dramática
shudder estremecerse (zco)
shut, *v.* cerrar (ie); *adj.* cerrado
sick enfermo, malo; mal de salud; **to get** or **take** — enfermar; *ponerse enfermo
sickly enfermizo
silent silencioso; callado
silly tonto
simple sencillo; simple
simply sencillamente; simplemente; con sencillez
since, *prep.* desde; *conj.* desde que (**time**); ya que, dado que, puesto que (**cause**)
sincerely sinceramente, con sinceridad
sincerity sinceridad, *f.*
single un(o); único, solo; soltero (**unmarried**); a — un solo
sister hermana
sit down sentarse (ie)
situation situación, *f.,* circunstancia
sixty sesenta
sleep, *v.* dormir (ue); **to go to** — acostarse (ue); dormirse (ue) (**fall asleep**); *n.* descanso; sueño
sleepy soñoliento; **to be** — *tener sueño
slim delgado
slow despacio, lento; despacioso
slow(ly) despacio, lentamente
small pequeño
smaller más pequeño; menor

smart listo; astuto; inteligente; **to get too** — pasarse de listo
smile, *v.* sonreír (i); *n.* sonrisa
smoke, *v.* fumar; *n.* humo
snore, *v.* roncar; *n.* ronquido
snow, *v.* nevar (ie); *n.* nieve, *f.*
so, *adv.* tan; — **much, many** tanto(s); así, por eso (**thus**); *conj.* así que; de modo que, de manera que; — **that** para que
society sociedad, *f.*
sociologist sociólogo
solvent solvente
some unos, varios, unos cuantos; algún, alguno, etc.; — **day** algún día; — **other** (algún) otro
somebody, someone alguien; — **else** otra persona
somehow de alguna manera, de algún modo
something algo
somewhere en alguna parte
son hijo
soon pronto; **as** — **as** tan pronto como, así que; **as** — **as possible** cuanto antes, tan pronto como sea posible, lo más pronto que sea posible
sorry arrepentido; triste; **to be** — sentir (ie), lamentar; arrepentirse (ie) de
south sur, *m.,* sud, *m.*
southern del sur, sureño; meridional
speak hablar; conversar, charlar
speaker orador; locutor
special especial
species especie, *f.*
spend pasar (**time**); gastar (**money**)
spite despecho; **in** — **of** a pesar de; **in** — **of the fact that** a pesar de que
sport deporte, *m.*
stagger tambalearse
stair peldaño, grada; *pl.* escalera
staircase escalera
stand *ponerse de pie, pararse, levantarse; *estar de pie; aguantar, soportar, sufrir (**put up with**)
start, *v.* empezar (ie), comenzar (ie); iniciar; *n.* comienzo, principio
starve pasar hambre; — **to death** morir (ue) de hambre
state, *v.* declarar; *n.* estado
stay, *v.* quedarse
steal robar
still, *adv.* todavía, aún; *adj.* quieto; callado
stop, *v.* parar(se); *de*tenerse; cesar; dejar de, cesar de (**stop doing something**); *n.* parada; escala (**ship, plane**)
stooped encorvado
store, *n.* tienda, almacén, *m.*
story cuento, relato, narración, *f.*
storyteller narrador, cuentista; embustero, mentiroso (**liar**)
stout-hearted intrépido, valiente, valeroso

strange   extraño, raro; extraordinario; descomunal
stranger   forastero; desconocido
street   calle, *f.*
striped   rayado, a rayas
strong   fuerte
stuck   pegado; atrancado; **to get —**   atrancarse; pe*g*arse
student   estudiante
study, *v.*   estudiar; *n.*   estudio, gabinete, *m.,* despacho
succeed   *tener éxito; **— in**   lograr
success   éxito; triunfo
such, *adj.*   tal(es); **— a**   tal; *adv.*   tan
sudden   repentino
suddenly   de repente, de pronto
suffer   sufrir, padecer (zco) de; aguantar, soportar
suggest   sugerir (ie), recomendar (ie)
suggestion   sugerencia; sugestión, *f.* (*See p. 368*)
suit, *v.*   *con*ve*nir; satisfacer (zco); ajustarse, acomodarse; *n.*   traje, *m.*
suitcase   maleta, valija
sultan   sultán
sunny   asoleado; **to be —**   *hacer sol; *haber sol
supper   cena; comida (**dinner**); **to have —**   cenar; comer
suppose   *su*po*ner; **to be supposed to**   *haber de . . . ; estar supuesto a
sure   seguro, cierto
surface   superficie, *f.*
surgeon   cirujano
surprise, *v.*   sorprender; asombrar; *n.*   sorpresa; asombro
suspend   suspender; suprimir (**cancel**)
suspenders   cargadores (elásticos), *m. pl.*
suspicious   sospechoso
sweet   dulce; querido; cariñoso, amable
swell, *v.*   hinchar(se), henchir(se) (i); aumentar, crecer (zco) (**waters, etc.**)
swim   nadar
swimming   natación, *f.*

T

take   tomar; llevar (**to or from someone or someplace; take a person**); coger   (**a train, etc.**) (In Mexico, use *agarrar* or *tomar* instead of *coger*. **— away**   quitar; **— a walk or ride**   *dar un paseo o una vuelta; **— a chance**   correr el riesgo, arries*g*ar(se); **— care**   cuidar(se), *tener cuidado (**be careful**); **— off**   quitar(se); **— out**   sacar
talk, *v.*   hablar, conversar, charlar; **— on the phone**   hablar por teléfono; *n.*   habla; charla, discurso
teach   enseñar
teacher   profesor(a), maestro
telephone   teléfono; **on the —**   al teléfono; **to talk on the —**   hablar por teléfono
television set   televisor, *m.,* tele, *f.* (colloq.)

tell   *decir; contar (ue), relatar
tennis   tenis, *m.*
term   término; semestre, *m.* (**school**)
terrace   terraza
than   que; de (**before a number**); del que, de la que, de los que, de las que; de lo que
thank, *v.*   agradecer (zco); *dar (las) gracias
that, *demonstr. adj.*   ese, esa; aquel, aquella; *pron.*   eso; aquello; **— one**   ése; aquél, etc.; *conj.*   que
theater   teatro; **movie —**   cine, *m.*
their   su(s)
theirs   suyo(s), etc.
theme   tema, *m.*
then   entonces; luego, después; en aquel entonces; **well**   pues bien, ahora bien
there   allí; allá; **— is, are**   hay; **— was, were**   había
therefore   por eso, por lo tanto; así es que . . .
these, *adj.*   estos, estas; *pron.*   éstos, etc.
thin   delgado; flaco; tenue
thing   cosa; **the best —**   lo mejor; **the only —**   lo único; **the same old —**   lo de siempre
think   pensar (ie); *creer; parecerle (zco) a uno; **— about** or **of**   pensar en; pensar de (**opinion**); pensar + *infin.* (**plan**)
thirty   treinta
this, *adj.*   este, esta; *pron.* esto; **— one**   éste, etc.
those, *adj.*   esos, esas; aquellos, aquellas; *pron.*   ésos, etc.; aquéllos, etc.; **— who**   los que; aquellos que; **all — who**   cuantos
thousand   mil
threaten   amenazar
through   por, por medio de; a través de
throw   echar; tirar, lanzar
tie, *v.*   atar; *n.*   corbata
till   hasta
time   tiempo; vez (**instance**); hora (**of day**); época; **a short —**   un rato; **a short — ago**   hace poco; **at the same —**   a la vez, al mismo tiempo; **for the — being**   por ahora, por lo pronto; **from — to —**   de vez en cuando, de vez en vez, de tiempo en tiempo, de cuando en cuando; **at times**   a veces
timid   tímido, cohibido
timidness   timidez, *f.*
tired   cansado, fatigado, rendido, agotado
to   a; hacia
today   hoy
together   junto(s)
Tokyo   Tokio
tomorrow   mañana; **— night**   mañana por la noche (o por la tarde)
tonight   esta noche
too   también; demasiado; **— much, many**   demasiado(s)
tooth   diente, *m.*; muela
torn   roto

touch, *v.*   tocar
toward(s)   hacia
town   pueblo, aldea
train, *n.*   tren, *m.*
transport, *v.*   transportar; *n.*   transporte, *m.*
trembling   trémulo, tembloroso
trite   llevado y traído; trivial, cursi
trouble   dificultad, *f.,* problema, *m.*; lío (tight spot)
true   verdadero; legítimo
trusting   confiado; candoroso
truth   verdad, *f.*
try   tratar, probar (ue), ensayar; — to   tratar de;
    esforzarse por
turn, *v.*   volverse (ue); *dar una vuelta; doblar; pa-
    sar a; virar; — around   volverse; volver la es-
    palda; revolver (ue); — out   resultar; *salir
twenty   veinte
twice   dos veces
type *m.*   escribir o pasar a máquina; *n.*   tipo
typewriter   máquina de escribir

U

umbrella   paraguas, *m. sing.,* sombrilla
unambitious   poco ambicioso
unaware   inconsciente; ajeno, abstraído
uncle   tío
uncontrollably   a más no poder
uncultivated   sin cultivar; inculto (not cultured)
under   debajo de, bajo
understand   comprender; entender (ie)
understanding   comprensión, *f.*; entendimiento;
    acuerdo
underworld   hampa, *f.* (BUT el hampa)
unequivocal   inequívoco
unexpected   inesperado
unfortunate   desafortunado
unhappy   infeliz (infelices); descontento
unintelligent   poco inteligente; tonto, zonzo
united   unido(s)
university, *adj.*   universitario; *n.*   universidad, *f.*
unjust   injusto
unknown   desconocido
unless   a menos que, a no ser que, no sea que
unnecessary   innecesario, poco necesario
unpleasant   desagradable, antipático
unskillful   inhábil
unsympathetic   antipático; poco comprensivo, in-
    diferente
until, *prep.*   hasta; *conj.*   hasta que
upset   agitado, perturbado; inquieto; *v.*   agitar, in-
    quietar, perturbar
upstairs   arriba, en el piso de arriba
use, *v.*   usar, emplear; *n.*   uso, empleo; to be of —
    servir (i); *valer la pena
used to   acostumbrado a [See imperfect tense and
    soler (ue).]
usually   usualmente, generalmente [See imperfect
    tense and *soler* (ue).]

V

vacation   vacaciones, *f. pl.*
various   diversos, varios
very   muy; -ísimo; mucho, muchísimo (with idioms
    with tener); the very idea   la misma idea
violent   violento
visit, *v.*   visitar; *n.*   visita
vivacious   vivaz (*pl.* vivaces)
voice   voz, *f.*
vote, *v.*   votar; *n.*   voto; votación, *f.* (general pub-
    lic)
vulgar   grosero

W

wait, *v.*   esperar; aguardar; — for   esperar; *n.*   es-
    pera; waiting room   sala de espera
wake, *v.*   despertar (ie) (someone else); desper-
    tarse
walk, *v.*   caminar, *andar; *dar un paseo
wallet   billetera, cartera
want, *v.*   *querer, desear
warm, *adj.*   caliente, cálido; caluroso; cariñoso,
    amoroso
warn   avisar; advertir (ie)
Warsaw   Varsovia
watch, *v.*   vigilar, velar; espiar (ío); *n.*   vela, vigilia;
    reloj (de pulsera), *m.*
water   agua, *f.* (BUT el agua)
way   camino, ruta; modo, manera; in this —   de
    esta manera, de este modo; así; así es que . . .
weak   débil
wealth   riqueza, opulencia; lujo
wealthy   riquísimo
wear   llevar, usar
wedding   boda, casamiento, nupcias, *f. pl.*; *adj.*
    nupcial; — cake   pastel (*m*) de boda; —
    dress   traje de boda o de novia
week   semana; last —   la semana pasada; next
    —   la semana que viene
weird   extraño, curioso, estrafalario
well   bien; — then   pues bien; as — as   tan bien
    como, tanto como; — known   conocido, re-
    nombrado
well-being   bienestar, *m.*
west, *n.*   oeste, occidente; *adj.*   occidental
what   lo que
What?   ¿Qué? ¿Cuál(es) . . .?; ¿Cómo?; — good is
    it?   ¿De qué sirve?
What a . . . !   ¡Qué . . . !, ¡Vaya (un) . . . !
when   cuando
whenever   siempre que; cuandoquiera
where   donde; adonde
wherever   dondequiera, adondequiera
whether   si
which   que; el que, la que, etc.; el cual, la cual,
    etc.
Which?   ¿Cuál(es)?; ¿Qué . . .?

while   mientras (que); *n.* a — un rato

who   quien(es)

whole   entero; completo; todo el . . . ; **the — day** todo el día, el día entero

whom   (a) quien(es), (con) quien(es), etc.

whose   cuyo

Whose . . .?   ¿De quién(es) . . .?

Why?   ¿Por qué?; ¿Para qué?

wife   esposa, señora; mujer

will, *v.*   *querer, desear (see future tense); *n.* voluntad, *f.*

windfall   golpe (*m.*) de suerte

winding   tortuoso; sinuoso

window   ventana; ventanilla (**car**)

winter   invierno

wise   sabio; **— guy** socarrón

wish, *v.*   desear; **How I —!** ¡Ojalá (que) . . . !; *n.* deseo

with   con; **— me, you** conmigo, contigo

within, *adv.*   (por) dentro, adentro; *prep.* dentro de

without, *prep.*   sin; *conj.* sin que

witness, *v.*   presenciar; atestiguar; *n.* testigo

woman   mujer; dama, señora

wonder, *v.*   preguntarse (Also see future of probability)

wonderful   maravilloso, magnífico

wood   madera; *adj.* de madera

word   palabra

work, *v.*   trabajar; obrar (*fig.*); funcionar (**a ma-** chine); resultar, *dar resultado; *n.* trabajo; obra; empleo, trabajo, puesto, cargo (**job**)

worker   trabajador; obrero

world   mundo

worried   preocupado

worry, *v.*   preocupar(se) (de), apurar(se); inquietarse; *n.* preocupación; *n.* inquietud, *f.*

worse   peor(es); **from bad to —** de mal en peor

worst   peor(es); **the — part or thing** lo peor

worth, *n.*   valor, *m.*; **to be —** *valer; **to be —while** valer la pena

write   escribir (*past part.* escrito)

written   escrito

wrong   incorrecto; equivocado; malo; **to be —** no *tener razón; *estar equivocado, equivocarse; *n.* mal, *m.*; **to do —** *hacer mal

Y

year   año

yellow   amarillo

yesterday   ayer

yet   todavía; **not —** todavía no

young   joven (jóvenes)

young person   joven, *m.* and *f.*

Z

zipper   cremallera, cierre relámpago, *m.*

Index